2022

PIETRA DANELUZZI
QUINELATO

PREÇOS PERSONALIZADOS À **LUZ** DA **LEI GERAL** DE **PROTEÇÃO** DE **DADOS**

VIABILIDADE ECONÔMICA E JURIDICIDADE

2022 © Editora Foco

Autor: Marcelo Abelha Rodrigues
Diretor Acadêmico: Leonardo Pereira
Editor: Roberta Densa
Assistente Editorial: Paula Morishita
Revisora Sênior: Georgia Renata Dias
Revisora: Simone Dias
Capa Criação: Leonardo Hermano
Diagramação: Ladislau Lima e Aparecida Lima
Impressão miolo e capa: FORMA CERTA

Dados Internacionais de Catalogação na Publicação (CIP) de acordo com ISBD

Q7p   Quinelato, Pietra Daneluzzi
        Preços personalizados à luz da Lei Geral de Proteção de Dados: viabilidade econômica e juridicidade / Pietra Daneluzzi Quinelato. - Indaiatuba, SP : Editora Foco, 2022.

        224 p. ; 17cm x 24cm.

        Inclui bibliografia e índice.

        ISBN: 978-65-5515-444-3

        1. Direito. 2. Direito digital. 4. Lei Geral de Proteção de Dados. I. Título.

2021-4769   CDD 340.0285   CDU 34:004

Elaborado por Vagner Rodolfo da Silva - CRB-8/9410

Índices para Catálogo Sistemático:

1. Direito digital 340.0285

2. Direito digital 34:004

DIREITOS AUTORAIS: É proibida a reprodução parcial ou total desta publicação, por qualquer forma ou meio, sem a prévia autorização da Editora FOCO, com exceção do teor das questões de concursos públicos que, por serem atos oficiais, não são protegidas como Direitos Autorais, na forma do Artigo 8º, IV, da Lei 9.610/1998. Referida vedação se estende às características gráficas da obra e sua editoração. A punição para a violação dos Direitos Autorais é crime previsto no Artigo 184 do Código Penal e as sanções civis às violações dos Direitos Autorais estão previstas nos Artigos 101 a 110 da Lei 9.610/1998. Os comentários das questões são de responsabilidade dos autores.

NOTAS DA EDITORA:

Atualizações e erratas: A presente obra é vendida como está, atualizada até a data do seu fechamento, informação que consta na página II do livro. Havendo a publicação de legislação de suma relevância, a editora, de forma discricionária, se empenhará em disponibilizar atualização futura.

Erratas: A Editora se compromete a disponibilizar no site www.editorafoco.com.br, na seção Atualizações, eventuais erratas por razões de erros técnicos ou de conteúdo. Solicitamos, outrossim, que o leitor faça a gentileza de colaborar com a perfeição da obra, comunicando eventual erro encontrado por meio de mensagem para contato@editorafoco.com.br. O acesso será disponibilizado durante a vigência da edição da obra.

Impresso no Brasil (01.2022) – Data de Fechamento (01.2022)

2022

Todos os direitos reservados à
Editora Foco Jurídico Ltda.
Avenida Itororó, 348 – Sala 05 – Cidade Nova
CEP 13334-050 – Indaiatuba – SP

E-mail: contato@editorafoco.com.br
www.editorafoco.com.br

Aos meus pais e irmã, que sempre me apoiaram e torceram por mim.

AGRADECIMENTOS

Esta obra é fruto da minha dissertação de mestrado. Fui aprovada no Programa de Pós-Graduação *Strictu Sensu* da Faculdade de Direito de Ribeirão Preto no dia do meu aniversário, em 2019. Não existiria um presente melhor e não foram poucos que merecem meus agradecimentos.

Agradeço a Deus, primeiramente.

À minha orientadora, Juliana Domingues, que sempre me incentiva.

Ao meu coorientador, Gabriel Lochagin.

Aos meus pais, que sempre estiveram do meu lado, vibrando a cada passo.

À minha irmã, que alegra meus dias e torna tudo mais leve.

Ao Diego, que esteve presente desde o primeiro momento.

Aos meus amigos, que acompanharam de perto com palavras de carinho.

À minha avó Meire, que releu com cuidado todas as páginas.

À Flavia, que há anos apoia meus sonhos e me inspira.

Ao Pedro, que me ensina um pouco sobre o tema todos os dias.

Aos professores Eduardo Tomasevicius Jr., Ana Frazão e Miriam Wimmer que participaram da banca de defesa e foram grandes influenciadores para esta publicação.

Por fim, a todos que discutiram parte da pesquisa comigo, tornando-a possível.

Knowledge is power. To scrutinize others while avoiding scrutiny oneself is one of the most important forms of power.

Frank Pasquale

SUMÁRIO

AGRADECIMENTOS V

PREFÁCIO XI

INTRODUÇÃO XV

1. A dinâmica de mercados digitais fundada em dados pessoais 1

1.1 Fundamentos da era da informação 1

1.2 Vetores das transformações digitais de acordo com a OCDE 6

1.3 A inovação como característica da transformação digital 8

1.4 A economia movida a dados 12

    1.4.1 O conceito de Big Data em mercados digitais 16

    1.4.2 Plataformas digitais na Era da Informação 20

        1.4.2.1 Classificações das plataformas digitais 21

        1.4.2.2 Características das plataformas digitais 25

    1.4.3 A dinâmica de mercados de múltiplos lados 27

    1.4.4 Conceito de comércio eletrônico como plataforma digital 31

    1.4.5 Exploração de algoritmos em plataformas digitais 32

2. O CONSUMIDOR NA ERA DIGITAL 39

2.1 Caraterísticas e necessidades do consumidor na era digital 39

    2.1.1 As alterações no comportamento do consumidor e o seu empoderamento 41

    2.1.2 Instrumentos de empoderamento do consumidor e melhores práticas conforme UNCTAD e OCDE 47

2.2 Vulnerabilidades do consumidor na era digital 50

    2.2.1 Paradoxo da Privacidade do consumidor digital 52

    2.2.2 Custos de atenção e informação nas plataformas digitais 55

2.3 A criação de perfis do consumidor 56

    2.3.1 Publicidade comportamental nas plataformas digitais 59

2.4 O comportamento do consumidor em tomada de decisões 62

    2.4.1 A tomada de decisões enviesada e a Economia Comportamental 63

3. A PRÁTICA DE PREÇOS PERSONALIZADOS EM MERCADOS DIGITAIS.................. 69

3.1 Preços discriminatórios em mercados digitais 69

3.2 Preços personalizados como uma espécie de preços discriminatórios 74

    3.2.1 Preços personalizados no cenário internacional: casos concretos............ 77

    3.2.2 Preços personalizados no Brasil: o caso Decolar.com.................................. 81

3.3 Condições e limitadores para dinâmica de preços personalizados..................... 84

    3.3.1 Discriminação de preços quase perfeita 88

3.4 Efeitos dos preços personalizados em relação ao mercado e aos consumidores ... 92

    3.4.1 Percepção dos consumidores em relação aos preços personalizados: exemplo dos consumidores em ambiente digital internacional.............. 99

4. PREÇOS PERSONALIZADOS: CONSIDERAÇÕES À LUZ DA LGPD 107

4.1 Pressupostos da licitude de preços personalizados no Brasil 107

    4.1.1 Breve perspectiva dos Direitos Humanos e do Direito Constitucional....... 108

    4.1.2 Breve perspectiva do Direito do Consumidor 111

    4.1.3 Breve perspectiva do Direito Econômico e Concorrencial..................... 116

4.2 A incidência da LGPD na prática de preços personalizados 118

4.3 Requisitos principiológicos para preços personalizados 123

4.4 Direitos dos titulares de dados na prática de preços personalizados.............. 131

4.5 Decisões automatizadas diante da LGPD 134

4.6 Bases legais para a prática de preços personalizados............................... 138

    4.6.1 Consentimento como base legal para preços personalizados.................. 141

    4.6.2 Execução de contratos ou procedimentos preliminares e preços personalizados........ 146

    4.6.3 O legítimo interesse como base legal para preços personalizados 150

        4.6.3.1 O teste de proporcionalidade do legítimo interesse 153

        4.6.3.2 O teste de proporcionalidade e a precificação personalizada....... 159

4.7 Da necessidade de realização de um relatório de impacto à proteção de dados.... 162

4.8 A viabilidade da precificação personalizada perante a LGPD 167

CONSIDERAÇÕES FINAIS.. 175

REFERÊNCIAS.. 185

PREFÁCIO

"Não se pode escrever nada com indiferença".

Referida frase não é minha. Trata-se de frase de Simone de Beauvoir, muito significativa para qualquer escritor ou escritora. Quero crer que essa frase reflita, genuinamente, uma das poucas verdades absolutas que um escritor(a) e pesquisador(a) apaixonado(a) carrega no coração.

Como uma testemunha real da trajetória da minha querida ex-aluna, ex-orientanda, pesquisadora, autora e profissional já reconhecida, Pietra Daneluzzi Quinelato, posso confirmar a paixão genuína que Pietra carrega em seu coração. Não sem razão, eu recebi com muita alegria o honroso convite de para prefaciar a presente obra, fruto de anos de pesquisa, que trata de um tema que traz uma contribuição inestimável ao mundo jurídico e ambiente acadêmico mundial.

O crescimento do mercado digital foi maximizado por fatores não imaginados nos últimos anos, especialmente diante de uma pandemia jamais vista ou imaginada no século XXI. Ao longo da última década, o surgimento de ferramentas e de instrumentos que passaram a monitorar de forma fácil – e quase instantânea – as informações pessoais, hábitos e preferências de diversos cidadãos conectados, por empresas que investiram em tecnologia (as chamadas *Big Techs*), pode movimentar mudanças potencializadas pela chamada economia 4.0. Testemunhamos mudanças de paradigmas que o mundo jamais poderia imaginar, tornando lugar comum dizer, atualmente, que "os dados são o novo petróleo".

É um fato que, ano após ano, as grandes empresas de tecnologia reforçam seu poder econômico com base no acesso aos dados disponíveis. Diante de suas respectivas posições dominantes[1], houve reforço da posição de vulnerabilidade dos consumidores nas relações de consumo. Os dados são infungíveis, podendo ser compartilhados inúmeras vezes e utilizados de diferentes maneiras pelas empresas ou pelas plataformas de processamento e de coleta de dados, tal como demonstra a autora em sua primorosa pesquisa.

Nesse cenário, a pesquisa de Pietra Daneluzzi Quinelato tem o foco em uma prática que pode ser analisada por meio de diferentes lentes jurídicas: a prática conhecida como precificação personalizada, espécie do gênero de preços discriminatórios.

---

1. Cf. GABAN, E. M. DOMINGUES, J. O. *Direito Antitruste*. 4. ed. São Paulo: Saraiva, 2016.

Portanto, o presente estudo analisa a prática em plataformas digitais de forma muito atualizada e transdisciplinar. De fato, essas práticas são cada vez mais presentes em mercados digitais, derivadas do tratamento de dados pessoais dos usuários e da obtenção do preço pelo qual esses pretendem pagar por determinado bem ou serviço. As implicações práticas e jurídicas dessas práticas corroboram a importância da presente obra. Os achados da pesquisa certamente em muito transcendem o "óbvio" esperado da comunidade jurídica.

É importante destacar, ainda, a escassez de publicações científicas relevantes referentes à precificação personalizada, principalmente no cenário nacional e com a preocupação transdisciplinar na autora. Diante dessa perspectiva, a obra se propõe a analisar a viabilidade da precificação personalizada em plataformas digitais, sob o enfoque da proteção de dados pessoais e da Lei Geral de Proteção de Dados.

Além disso, é importante destacar que a pesquisa não olvida destaque à legislação consumerista que, após mais de 30 anos em vigor no Brasil, preza pela proteção contra as práticas abusivas. Dessa forma, a precificação deve respeitar os princípios da transparência, informação, boa-fé, liberdade de contratar, livre-iniciativa e incentivo ao desenvolvimento econômico, tal como prega o artigo 170 da nossa Constituição Federal de 1988 além dos preceitos fixados no Código de Defesa do Consumidor.

De modo a auxiliar ao leitor, a autora é arrojada ao apresentar as premissas de licitude da precificação, baseando-se na legislação constitucional, consumerista e concorrencial, trazendo, também, a experiência internacional. Posteriormente, o enfoque voltou-se ao objeto principal da pesquisa, o qual analisa as exigências estabelecidas pela LGPD para a referida prática. A autora também se debruçou em contextualizar o cenário digital e analisar o funcionamento das plataformas digitais e a dinâmica dos algoritmos de precificação, tema que motiva diversos pesquisadores no mundo todo atualmente.

Não sem razão, é motivo de orgulho ter participado da trajetória da pesquisadora que enfrenta um dos temas mais instigantes do momento, sem desconectar os fundamentos jurídicos das outras áreas afetas ao cerne da sua pesquisa. É motivo de honra e de grande satisfação ter sido a primeira leitora da presente obra. Foi um processo profundo e belíssimo acompanhar o enfrentamento do presente tema, diante do dinamismo social que temos observado na era digital.

Por essa razão, nas páginas que se seguirão, há um convite genuíno à reflexão de temas atuais, pelos quais os leitores – não apenas estudantes e juristas – indubitavelmente se debruçarão em reflexões profundas. Tais reflexões serão o foco de grandes debates nos próximos anos.

Resta augurar à obra e à autora seu merecido êxito. Sem dúvida alguma, o texto motiva reflexões jurídicas desafiadoras para a tradicional forma de análise dos fenômenos jurídicos. Assim, a leitura é mais que obrigatória àqueles que romperam com a dogmática tradicional e que buscam olhar os fenômenos jurídicos com feixes diferentes de análise.

Pietra Daneluzzi Quinelato foi corajosa, arrojada, fiel a si mesma e ao que acredita. Assim, termino o prefácio com uma passagem de Clarisse Lispector que reflete uma autora e pesquisadora "na essência":

> Viver em sociedade é um desafio porque às vezes ficamos presos a determinadas normas que nos obrigam a seguir regras limitadoras do nosso ser ou do nosso não ser... Quero dizer com isso que nós temos, no mínimo, duas personalidades: a objetiva, que todos ao nosso redor conhece; e a subjetiva... Em alguns momentos, esta se mostra tão misteriosa que se perguntarmos – Quem somos? Não saberemos dizer ao certo! Agora de uma coisa eu tenho certeza: sempre devemos ser autênticos, as pessoas precisam nos aceitar pelo que somos e não pelo que parecemos ser... Aqui reside o eterno conflito da aparência x essência. E você... O que pensa disso?
>
> Que desafio, hein? "Nunca sofra por não ser uma coisa ou por sê-la." (Clarice Lispector, *Perto do Coração Selvagem*, p. 55).

Desejo excelente leitura a todos e todas!

Juliana Oliveira Domingues

Professora-Doutora de Direito Econômico da Universidade de São Paulo – FDRP/USP, com pós-doutorado financiado pela American Bar Association pela Georgetown University. Líder do Grupo CNPq de Direito, Inovação e Fashion Law da Universidade de São Paulo. Secretária Nacional do Consumidor do Ministério da Justiça e Segurança Pública (MJSP). Presidente do Conselho Nacional de Combate à Pirataria e do Conselho Nacional de Defesa do Consumidor.

INTRODUÇÃO

O avanço da tecnologia ocasiona transformações que alteram a dinâmica social, composta, atualmente, por uma economia movida pela informação. Nesse cenário, destacam-se empresas cujo modelo de negócio é fundado em dados pessoais e plataformas digitais. Entretanto, dados pessoais, quando tratados, permitem a personalização de produtos e serviços de acordo com as preferências dos indivíduos, titulares[1] de tais dados, inclusive a personalização de preços.

Apesar destes usuários terem se tornado sujeitos ativos no mundo digital, com ferramentas e instrumentos que permitem acesso facilitado e instantâneo às informações, empresas contam com uma ampla gama de tecnologias que os mantém como parte vulnerável nas relações de consumo. Há, portanto, assimetria informacional, técnica e econômica, impulsionada pelas dinâmicas muitas vezes incompreensíveis de algoritmos baseados em inteligência artificial, gerando "muitas questões que emergem diante dos novos mecanismos tecnológicos que surgiram e se desenvolveram nas últimas décadas"[2].

A prática que se estuda na presente pesquisa é conhecida como precificação personalizada, espécie do gênero de preços discriminatórios[3], e o estudo se limitou a analisá-la em plataformas digitais. A ocorrência de tal prática é cada vez mais presente em mercados digitais, sendo derivada do tratamento de dados pessoais dos usuários e da obtenção do preço que estes pretendem pagar por determinado produto e serviço.

Tal valor, chamado pela doutrina[4] como preço de reserva ou willingness-to-pay, pode ser formado a partir do perfil de consumo e comportamento do indivíduo, resultado do trabalho de algoritmos e decisões automatizadas, possibilitando que seja aferido quanto cada indivíduo está disposto a pagar por certo bem. Dentro de um contexto de etiqueta de preço, obrigatória no Brasil com a Lei 10.962/2004, que dispôs sobre a oferta e a forma de afixação de preços de produtos e serviços para o consumidor, o preço de reserva permite que o valor seja modificado a depender do seu destinatário e apresentado de forma personalizada ao usuário.

A escolha deste tema justifica-se por três principais motivos. O primeiro é a escassez de publicações científicas sobre a precificação personalizada, principalmente em cenário nacional. O segundo relaciona-se à ausência de transparência sobre a prática no mercado, sendo que corrobora com isso o funcionamento opaco de algoritmos de inteligência artificial responsáveis pela precificação. O terceiro motivo justifica-se com o desenvolvimento exponencial de tecnologias e a tendência cada vez maior de exploração da prática no mercado digital.

Diante desse cenário, esta pesquisa tem como objetivo principal analisar a viabilidade da precificação personalizada em plataformas digitais sob o enfoque da proteção de dados pessoais e da não violação de direitos e princípios fundamentais do sujeito de dados, com base na Lei Geral de Proteção de Dados Pessoais (LGPD).

Como as publicações sobre o tema não são vastas, os objetivos mais específicos da pesquisa pretendem contextualizar o leitor por meio da descrição de conceitos relacionados à prática, visando construir um cenário para encontrar a resposta à pergunta: a precificação personalizada é viável em plataformas digitais sob o enfoque da LGPD?

Tendo em vista que a presente pesquisa foca na proteção de dados pessoais, não houve pretensão de esgotar a licitude da prática diante de outras legislações no ordenamento jurídico nacional. Assim, parte-se do pressuposto de que não existe vedação expressa para a precificação personalizada diante das esferas constitucional, consumerista e concorrencial, que serão explicados oportunamente[5].

Na primeira, atém-se ao fato de que a personalização de preços incentiva a livre iniciativa e a livre concorrência, expandindo a produção e o alcance a diversos consumidores na medida do seu poder de consumo, isto é, cobrando-se mais de uns e menos de outros. Como consequência, desiguais seriam tratados na medida da sua desigualdade, diminuindo a diferença de poder econômico e um abismo social já existentes, com base nos ensinamentos de Robert Alexy[6] sobre conceito de igualdade material ou substancial. Não haveria, portanto, uma discriminação ou desigualdade entre os indivíduos, mas um incentivo à liberdade econômica, tendo em vista que a livre iniciativa é um dos pilares da Constituição Federal.

No âmbito consumerista, cuja legislação e sistema de proteção ao consumidor prezam por evitar abusividades em relação aos indivíduos, a prática seria possível desde que respeitados requisitos da transparência, informação, boa-fé, liberdade de contratar, livre iniciativa e incentivo ao desenvolvimento econômico. Partindo-se disso, não se aplicaria a alegação de que a precificação personalizada consiste em vantagem manifestadamente excessiva ou uma prática abusiva. Nesse sentido, destaca-se entendimento da Nota Técnica 11/2019/CGEMM/DPDC/SENACON/MJ[7] da Secretaria Nacional do Consumidor (SENACON) que não considerou ilícita a prática de diferenciação de preços em casas de show com base em gênero.

Em termos concorrenciais, visa-se evitar um abuso de poder dominante e ilícitos concorrenciais por parte de agentes econômicos. Nesse cenário, a precificação personalizada não seria vista como uma infração à ordem econômica pois, a depender do caso concreto, não haveria abuso de posição dominante. Esse foi o entendimento do Conselho Administrativo de Defesa Econômica (CADE) em julgamento sobre

---

5. Nesse sentido, a Constituição Federal, em seu artigo 170, prevê os princípios da ordem econômica fundada na livre iniciativa, entre eles a livre concorrência e a defesa do consumidor.

6. ALEXY, Robert. *Teoria dos direitos fundamentais*. 2. ed. São Paulo: Malheiros, 2011.

7. BRASIL. Governo Federal. Ministério da Justiça e Segurança Pública. *Seus direitos*. Consumidor. Disponível em: <https://www.justica.gov.br/seus-direitos/consumidor/notas-tecnicas/anexos/11-2019.pdf>. Acesso em: 27 fev. 2021.

o tema[8] que, apesar de possuir particularidades que influenciam no resultado, foi usado como base para compreender o racional da autoridade.

Em tal decisão, afirmou-se que a discriminação de preços ou de condições contratuais se configuraria um ilícito antitruste se preenchidos os seguintes requisitos: (i) o agente econômico discriminador em posição dominante no mercado relevante de origem[9]; (ii) existência de prejuízo, ainda que potencial, à livre concorrência; e, (iii) inexistência de justificativas objetivas que demonstrem racionalidade econômica legítima na conduta[10].

Apresentadas as premissas, que serão mais bem delineadas no decorrer da pesquisa, em especial no item 4.1, a metodologia escolhida dividiu o estudo em duas etapas. A primeira delas se resumiu em um levantamento bibliográfico sobre conceitos chaves para a compreensão da tecnologia que envolve a precificação personalizada, contemplando os avanços que já foram feitos pela comunidade científica sobre o problema central. Foram utilizadas obras de literatura corrente, obras de referência, artigos de periódicos científicos, teses e dissertações, diretivas e opiniões de organizações nacionais e internacionais sobre o tema.

Após o material ter sido reunido e analisado, por meio da dedução, foi realizada análise legislativa e feitas considerações teóricas sobre a viabilidade da precificação personalizada em plataformas digitais com base na legislação vigente no ordenamento jurídico nacional, destacando-se a LGPD.

No primeiro Capítulo, visando contextualizar o leitor, pretendeu-se apresentar conceitos chaves que fazem parte da base da pesquisa, de forma a encontrar subsídios para as considerações teóricas a serem realizadas. Assim, apresentou-se a dinâmica

---

8. BRASIL. Conselho Administrativo de Defesa Econômica. *Nota Técnica 26/2016/CGAA4/SGA1/SG/CADE*. Processo administrativo **08700.002600/2014-30**. Representante: Companhia de Gás de São Paulo. Representada: Petróleo Brasileiro S.A. Suposta conduta unilateral de discriminação de preços e condições de contratação. Setor de transporte e distribuição de gás natural canalizado. Hipótese dos incisos IV e X do § 3° do art. 36 da Lei Federal 12.529/2014, combinados com os incisos I e IV do *caput* do mesmo dispositivo, correspondentes ao art. 20, incisos I e IV, combinados com o art. 21, incisos V e XII, da Lei Federal 8.884/1994. Configuração da infração. Disponível em: <https://sei.cade.gov.br/sei/modulos/pesquisa/md_pesq_documento_consulta_externa.php?DZ2uWeaYicbuRZEFhBt-n3BfPLlu9u7akQAh8mpB9yPNifv2SSmeYbiYXhI9nM0cdHf5tZ-8BlsLWGH-UgVGe1zE9-0bARFFscWtr1-sb8wvm6ajgG0Y8iif4icMYCGrl#_Toc432066715>. Acesso em: 20 maio 2021.
9. Para mais informações nesse sentido, inclusive a definição de mercado relevante como universo físico-material onde se perpassa a prática da conduta ou condutas tidas como lesivas à livre concorrência, ver DOMINGUES, Juliana; GABAN, Eduardo. *Direito antitruste*. São Paulo: Saraiva, 2016, p. 106 e ss.
10. BRASIL. Conselho Administrativo de Defesa Econômica. Nota Técnica 26/2016/CGAA4/SGA1/SG/CADE. Processo administrativo **08700.002600/2014-30**. Representante: Companhia de Gás de São Paulo. Representada: Petróleo Brasileiro S.A. Suposta conduta unilateral de discriminação de preços e condições de contratação. Setor de transporte e distribuição de gás natural canalizado. Hipótese dos incisos IV e X do § 3° do art. 36 da Lei Federal 12.529/2014, combinados com os incisos I e IV do *caput* do mesmo dispositivo, correspondentes ao art. 20, incisos I e IV, combinados com o art. 21, incisos V e XII, da Lei Federal 8.884/1994. Configuração da infração. Disponível em: <https://sei.cade.gov.br/sei/modulos/pesquisa/md_pesq_documento_consulta_externa.php?DZ2uWeaYicbuRZEFhBt-n3BfPLlu9u7akQAh8mpB9yPNifv2SSmeYbiYXhI9nM0cdHf5tZ-8BlsLWGH-UgVGe1zE9-0bARFFscWtr1-sb8wvm6ajgG0Y8iif4icMYCGrl#_Toc432066715>. Acesso em: 20 maio 2021.

de plataformas digitais e modelos de negócios com base em dados pessoais, bem como conceitos relevantes relacionados à tecnologia utilizada para a dinâmica da precificação personalizada. Ainda, traçou-se o funcionamento de plataformas digitais, mercados de múltiplos lados e a dinâmica de algoritmos nesse meio.

O segundo Capítulo teve como escopo descrever caraterísticas e necessidades do consumidor na Era Digital, bem como o seu processo de empoderamento diante das ferramentas tecnológicas, suas vulnerabilidades e vieses na tomada de decisões. Por esse motivo, apresentam-se boas práticas preconizadas especialmente pela Organização para a Cooperação e Desenvolvimento Econômico (OCDE) e pela Conferência das Nações Unidas sobre Comércio e Desenvolvimento (UNCTAD) quanto ao empoderamento e proteção do consumidor diante das transformações tecnológicas.

Ademais, como preços personalizados são derivados e relacionados com a escolha feitas pelos indivíduos e estas não são sempre racionais e utilitárias, foram apresentados conceitos e dinâmicas da Economia Comportamental. A partir disso, pretendeu-se possibilitar o entendimento do seu comportamento diante da prática da precificação personalizada.

O terceiro Capítulo abrange a conceituação de preços discriminatórios e a espécie de preços personalizados de acordo com a teoria de Artur Pigou[11], as condições para a prática, as limitações, bem como os efeitos no mercado e as percepções dos consumidores sobre o tema, diante de pesquisas realizadas, que mostram, majoritariamente, seu desconforto.

Apresentados conceitos fundamentais para a contextualização do tema, no quarto Capítulo foi concentrada a análise jurídica da questão proposta para a presente pesquisa. Apresentou-se, primeiramente, as premissas de licitude da precificação personalizada diante do ordenamento jurídico nacional, com enfoque na legislação constitucional, consumerista e concorrencial. Em seguida, voltou-se ao objeto principal da presente pesquisa, em que são analisadas as exigências trazidas pela LGPD para que a prática seja viável, em teoria.

Por fim, as considerações finais retomam a discussão apresentada durante a pesquisa, assim como as inferências que foram realizadas, sintetizando as conclusões e respostas encontradas. Além disso, apresenta-se a importância de explorar e estudar o tema, o que inclui a publicação de diretrizes e guias de boas práticas pelas autoridades competentes, para que haja a conscientização dos consumidores e uma maior transparência pelas empresas praticantes, ao invés de a precificação personalizada continuar ocorrendo de forma oculta e desregulada, prejudicando os indivíduos e, até mesmo, outras empresas.

---

11. PIGOU, A. C. *The Economics of Welfare*. London: Macmillan. 1920.

1
A DINÂMICA DE MERCADOS DIGITAIS FUNDADA EM DADOS PESSOAIS

O estudo de preços personalizados em plataformas digitais, como é um tema pouco explorado e recente, exige uma contextualização do cenário digital. Por esse motivo, o presente Capítulo pretende descrever as principais características da economia digital e dos novos modelos de negócios que funcionam a partir da exploração de dados pessoais. Para tanto, apresenta-se o funcionamento de plataformas digitais, a dinâmica de mercados de múltiplos lados e de algoritmos de precificação. É possível que tais conceitos sejam transformados com o decorrer do tempo diante da exponencial transformação vivida em tal contexto.

Posto isso, adotam-se os conceitos de sociedade informacional de Manuel Castells, sociólogo espanhol precursor no tema; de destruição criadora de Joseph Schumpeter, economista cujas obras se tornam essenciais para compreender as transformações do capitalismo; e de inovação disruptiva de Clayton M. Christensen, professor de Harvard criador da nomenclatura.

A análise descritiva tem como eixo central documentos da Organização para a Cooperação e Desenvolvimento Econômico (OCDE), referência no tema, além de outras referências.

1.1 FUNDAMENTOS DA ERA DA INFORMAÇÃO

Conhecimento e informação, como pilares para a produtividade da humanidade, sempre foram importantes para o crescimento econômico e desenvolvimento social, diretamente relacionados com o progresso social[1]. No final da década de 60, o surgimento da Internet foi um dos fatores que contribuiu para o impulsionamento de tal crescimento, desenvolvimento e progresso ao permitir maior acesso à informação.

Esse movimento se intensificou na década seguinte devido à implementação de novas formas de comunicação e compartilhamento de informações, que passaram

---

1. Cf. CASTELLS, Manuel. *The rise of the network society*. The information age: economy, society, and culture. v. 1. 2 ed. Oxford/West Sussex: Wiley-Blackwell, 2010. p. 78.

a fazer parte de uma dinâmica social inédita, caracterizada pelo desenvolvimento de tecnologias informacionais[2].

O uso da Internet se tornou comum no mundo todo: compras passaram a ser feitas online, as buscas e pesquisas onlines se popularizaram e validaram um poderoso modelo de publicidade, sites de mídia social ganharam milhões de usuários, houve uma grande ascensão de dispositivos móveis pessoais e a comunicação se tornou instantânea[3-4].

Nesse contexto, surgiu uma economia que tem como características o caráter informativo, global e interconectado, conforme elucida o sociólogo Manuel Castells[5]. De acordo com seus ensinamentos, seu elemento informativo decorre do fato de a produtividade das empresas depender da capacidade de gerar e de processar conhecimento a partir da informação. Ou seja, quanto mais informações as empresas puderem processar, mais conhecimento será gerado, o que impacta, consequentemente, em sua produtividade e no progresso social.

O caráter global, segundo o autor, é proveniente da organização de produção, consumo e circulação de bens que são feitos em escala planetária, pois a economia passou a ter capacidade de trabalhar como uma unidade em tempo real. Já a interconectividade provém de interações entre negócios em rede. Em suas palavras:

> Uma nova economia surgiu nos últimos anos do século XX em escala mundial. Eu chamo de informativa, global e em rede para identificar suas características distintivas fundamentais e enfatizar sua interligação. É informativa porque a produtividade e a competitividade de unidades ou agentes nesta economia (sejam empresas, regiões ou nações) dependem fundamentalmente de sua capacidade de gerar, processar e aplicar com eficiência informações baseadas em conhecimento. É global porque as atividades principais de produção, consumo e circulação, bem como seus componentes (capital, trabalho, matérias-primas, administração, informação, tecnologia, mercados) são organizados em escala global, diretamente ou através de uma rede de vínculos entre agentes econômicos. Está em rede porque, sob as novas condições históricas, a produtividade é gerada e a concorrência é realizada em uma rede global de interação entre redes de negócios[6].

---

2. Nesse contexto, surge o termo "Sociedade da Informação", cuja origem é controversa, enquanto alguns defendem a obra de 1962 de Fritz Machlup, "The production and distribution of knowledge in the United States", enquanto outros entendem ter sido cunhada por Kisho Kurokawa e Tudao Umesao e Yujiro Hayashi e Yoneji Masuda, na mesma década. Maiores informações podem ser encontradas em DUFF, Alistair. *Information Society Studies*. Londres: Routledge, 2000.

3. Cf. CRAIG, Terence; LUDLOFF, Mary E. *Privacy and Big Data*. Sebastopol: O'Reilly Media, 2011. p. 3.

4. No contexto de emergência sanitária vivido pelo mundo todo desde o início do ano 2020, vimos que a internet se torna uma ferramenta mais essencial e passa a ser ainda mais explorada por diversas empresas. Os dados da Associação Brasileira de Comércio Eletrônico (Abcomm) informam um aumento de 30% nas vendas pela internet durante o mês de abril de 2020. Cf. ABCOMM. *E-commerce de produtos durante a pandemia da Covid-19*. Disponível em: <https://abcomm.org/Pesquisas/ecommerce-no-covid-konduto--abcomm.pdf>. Acesso em: 25 maio 2020.

5. CASTELLS, Manuel. *The rise of the network society*. The information age: economy, society, and culture. v. 1. 2. ed. Oxford/West Sussex: Wiley-Blackwell, 2010. p. 77 e ss.

6. No original: "A new economy emerged in the last quarter of the twentieth century on a worldwide scale. I call it informational, global, and networked to identify its fundamental distinctive features and to emphasize their intertwining. It is informational because the productivity and competitiveness of units or agents in this

Em decorrência disso, Castells explica que apesar de a produtividade estar ligada com a informação e o conhecimento em um contexto que nomeia como Era da Informação, ela não é o fim último. O objetivo final seria a lucratividade das empresas, impulsionada pelo desenvolvimento de ferramentas tecnológicas que facilitam a transmissão, a recepção e o armazenamento de informações[7]. Assim, tais sociedades buscam adquirir novos processos tecnológicos e captar mais informações que serão posteriormente exploradas em seu negócio.

Com as alterações proporcionadas principalmente pela velocidade no desenvolvimento das tecnologias, a possibilidade de processar e transmitir novas informações, diversas relações foram impactadas, não apenas no âmbito jurídico, mas econômico. Assistiu-se, em poucas décadas, o nascimento de empresas como Google Inc., Amazon.com Inc., Apple Inc. e Facebook Inc. – atualmente Meta Platforms, Inc., que ocupam lugar de destaque na economia mundial e têm como peça fundamental a exploração de dados pessoais para a publicidade.

Além disso, destacam-se diferentes mecanismos de interação social, resultantes de uma nova percepção de espaço e tempo. A mudança na forma em que os indivíduos se relacionam e consomem bens continua ocorrendo de forma cada vez mais rápida. Há poucas décadas, acessava-se a Internet de forma discada. Com o tempo, os mesmos computadores, com Unidades Centrais de Processamento (CPUs) de grandes dimensões, foram substituídos por *laptops, tablets* e celulares que podem desempenhar não apenas as mesmas funções, mas outras bem mais avançadas. As fronteiras territoriais foram diluídas e o tempo acelerado na Internet diante das inovações tecnológicas.

Essa evolução de ferramentas tecnológicas é visível ao observar que desde os anos 2000 os dispositivos eletrônicos se aprimoram e passam a ter capacidade de acessar a Internet e a ser carregados em bolsos. Com isso, indivíduos passaram a se conectar e interagir instantaneamente, além de organizarem seus compromissos por tais dispositivos, escolhendo os locais em que irão fazer suas refeições, a forma de se deslocar e o quanto gastar[8].

---

economy (be it firms, regions, or nations) fundamentally depend upon their capacity to generate, process, and apply efficiently knowledge-based information. It is global because the core activities of production, consumption, and circulation, as well as their components (capital, labor, raw materials, management, information, technology, markets) are organized on a global scale, either directly or through a network of linkages between economic agents. It is networked because, under the new historical conditions, productivity is generated through, and competition is played out in a global network of interaction between business networks". (CASTELLS, Manuel. *The rise of the network society*. The information age: economy, society, and culture. v. 1. 2. ed. Oxford/West Sussex: Wiley-Blackwell, 2010. p. 77).

7. Cf. CASTELLS, Manuel. *The rise of the network society*. The information age: economy, society, and culture. v. 1. 2. ed. Oxford/West Sussex: Wiley-Blackwell, 2010. p. 95.

8. Cf. LEMOS, André. Comunicação e práticas sociais no espaço urbano: as características dos Dispositivos Híbridos Móveis de Conexão Multirredes (DHMCM). *Revista Comunicação Mídia e Consumo*, v. 4, n. 10, jul., p. 23-40, 2007.

Acorda-se com o despertador do celular, checa-se qual foi a qualidade do nosso sono por meio de aplicativos em relógios inteligentes, aciona-se aplicativos de mapas no celular para verificar o caminho e evitar possíveis congestionamentos. Nas refeições, encomenda-se comida ou são feitas reservas em restaurantes por aplicativos, após buscar referências e opiniões de outros consumidores na Internet, os chamados *reviews*.

Além disso, as agendas se tornam virtuais, integradas com os celulares, o que permite o recebimento de notificações sobre compromissos e tarefas a serem cumpridas. Indivíduos se relacionam por meio de redes sociais e aplicativos de mensagens permitem que essa comunicação seja instantânea. Há a possibilidade de acessar jornais do mundo todo com um simples clique em uma página da web.

Em troca, dados pessoais passaram a ser coletados e processados, transformados em informações valiosas aos interessados. Em 1973, o jurista italiano Stefano Rodotà já afirmava que as mudanças realizadas pelas novas tecnologias refletiriam, principalmente, na transformação da informação dispersa em informação organizada[9], de forma que os dados tratados passariam a agregar valor às empresas. Conforme explica Shoshana Zuboff:

> O desenvolvimento da internet e de métodos para acessar a world wide web disseminaram a mediação por computador, antes restrita a locais de trabalho delimitados e ações especializadas, para a ubiquidade global tanto na interface institucional quanto nas esferas íntimas da experiência cotidiana. [...] Novas oportunidades de monetização estão assim associadas a uma nova arquitetura global de captura e análise de dados que produz recompensas e punições destinadas a modificar e transformar em mercadoria o comportamento visando à obtenção de lucro[10].

É a partir de dados tratados que empresas como Google, Amazon, Apple e Facebook (ou, recentemente, Meta) constroem seus bancos de dados, utilizando-os para aprimorar seus produtos e serviços, entender o perfil de seu público consumidor, vender espaços publicitários para, por exemplo, permitir que terceiros apresentem seus anúncios de uma forma direcionada, de acordo com as necessidades ou preferências já demonstradas por determinado indivíduo.

Assim, tais dados coletados podem ser explorados como insumos para produzir e personalizar bens e serviços, auxiliando na criação de conhecimento e na automatização da tomada de decisões. Nesse sentido, o relatório da OCDE indica que:

> As propriedades econômicas dos dados sugerem que eles são um recurso de infraestrutura que, em teoria, pode ser usado por um número ilimitado de usuários e para um número ilimitado de propósitos, como insumo para produzir bens e serviços. Os retornos crescentes de escala e escopo que o uso de dados gera estão na origem do crescimento da produtividade orientado a dados realizado pelas empresas quando os dados são usados, por exemplo, o desenvolvimento

---

9. Cf. RODOTÁ, Stefano. *Elaboratori elettronici e controlo sociale*. Bologna: Il Mulino, 1973. p. 14.
10. ZUBOFF, Shoshana. Big other: capitalism de vigilância e perspectivas para uma civilização de informação. p. 58. *In*: BRUNO, Fernanda et al. (Orgs.). *Tecnopolíticas da vigilância*: perspectivas da margem. São Paulo: Boitempo, 2018. p. 17-69.

1 • A DINÂMICA DE MERCADOS DIGITAIS FUNDADA EM DADOS PESSOAIS

de mercados multilaterais, nos quais a coleta de dados de um lado do mercado permite a produção de novos bens e serviços no (s) outro (s) lado (s) do mercado (por exemplo, o uso de dados gerados pelos serviços de redes sociais para fins publicitários). Os mecanismos de criação de valor da análise de dados, que incluem o uso da análise de dados para: - Obter insights (criação de conhecimento): a análise de dados é o meio técnico para extrair insights e as ferramentas de capacitação para melhor entender, influenciar ou controlar os objetos de dados desses insights (por exemplo, fenômenos naturais, sistemas sociais, indivíduos). Por exemplo, as organizações dependem cada vez mais de simulações e experimentos não apenas para entender melhor o comportamento dos indivíduos, mas também para entender, avaliar e otimizar o possível impacto de suas ações sobre esses indivíduos. Automatizar a tomada de decisão (automação de decisão): a análise de dados (por meio de algoritmos de aprendizado de máquina) capacita máquinas e sistemas autônomos capazes de aprender com dados de situações anteriores e tomar decisões autonomamente com base na análise desses dados[11].

Portanto, a tecnologia possibilitou que, em troca do compartilhamento de dados, insumos para empresas, fosse concedido acesso a algumas ferramentas que facilitam afazeres diários (como a busca de determinada informação no buscador Google ou o pedido de um almoço por aplicativo) e permitem a interação entre indivíduos, empresas, governos e outras organizações (como as redes sociais e o aplicativo WhatsApp).

Com isso, surgem questões relativas à privacidade, proteção de dados pessoais e limites de atuação de tais empresas, que serão endereçados nos próximos Capítulos. Nesse sentido, afirma Tomasevicius Filho que "a informática, que permite o processamento de grande volume de informações, e a Internet, que ampliou em escala colossal a quantidade de informações circulando entre as pessoas, modificaram irreversivelmente essa situação [a privacidade]"[12].

---

11. No original: "The economic properties of data suggest that data is an infrastructural resource which in theory can be used by an unlimited number of users and for an unlimited number of purposes as an input to produce goods and services. The increasing returns to scale and scope, that the use of data generates, are at the origin of datadriven productivity growth realised by firms when data is used for e.g. the development of multi-sided markets, in which the collection of data on one side of the market enables the production of new goods and services on the other side(s) of the market (e.g. the use of data generated by social network services for advertisement purposes). The value-creation mechanisms of data analytics, which include using data analytics to: - Gain insights (knowledge creation): Data analytics are the technical means to extract insights and the empowering tools to better understand, influence or control the data objects of these insights (e.g. natural phenomena, social systems, individuals). For example, organisations increasingly rely on simulations and experiments not only to better understand the behaviour of individuals, but in order to better understand, assess, and optimize the possible impact of their actions on these individuals. Automate decision-making (decision automation): Data analytics (through machine learning algorithms) empower autonomous machines and systems that are able to learn from data of previous situations and to autonomously make decisions based on the analysis of these data." (ORGANIZAÇÃO PARA A COOPERAÇÃO E O DESENVOLVIMENTO ECONÔMICO – OCDE. *DATA-driven Innovation for Growth and Well-being*: interim synthesis Report. Paris: OECD Publishing, 2014. Disponível em: <http://www.oecd.org/sti/inno/data-driven-innovation-interim-synthesis.pdf>. Acesso em: 12 fev. 2020. Tradução nossa).

12. TOMASEVICIUS FILHO, Eduardo. Em direção a um novo 1984? A tutela da vida privada entre a invasão de privacidade e a privacidade renunciada. *Revista da Faculdade de Direito*, Universidade de São Paulo, dez. 2014, 109, 129-169. Disponível em: <https://www.revistas.usp.br/rfdusp/article/view/89230>. Acesso em: 17 jul. 2021.

1.2 VETORES DAS TRANSFORMAÇÕES DIGITAIS DE ACORDO COM A OCDE

Com o desenvolvimento da tecnologia, é possível que empresas detenham o poder de prever, ditar e influenciar ações dos indivíduos pelo tratamento de seus dados, transformados em informações úteis. Isso se torna possível a partir da digitalização, cujo conceito representa a conversão de dados em um formato legível por uma máquina, utilizando tecnologias digitais. Culmina-se, assim, em uma transformação digital, que se refere aos efeitos sociais e econômicos de tal digitalização[13].

Nesse cenário, dados estão relacionados diretamente ao ecossistema da tecnologia digital, enquanto a digitalização e a interconectividade representam pilares da transformação digital. Entre os exemplos gerados em tal contexto, podem ser citados a mobilidade, a computação em nuvem, a Internet das Coisas, a inteligência artificial e o Big Data. Diante disso, surgem desafios jurídicos, conforme afirma Baptista abaixo, sendo que alguns serão discutidos na presente pesquisa, como a precificação personalizada à luz da LGPD.

> O *big data*, assim como a evolução de outras tecnologias atreladas, como Internet das Coisas, inteligência artificial, e o *machine learning* que perpassa todos os demais, tem exigido de legisladores, juízes e operadores do direito um exercício de desconstrução analítica. Se no passado nos habituamos a atomizar os direitos de acordo com os bens, fossem eles tangíveis ou intangíveis, hoje é evidente que tal atividade não proporciona resultados práticos eficientes diante do conceito de dados, ou na sua forma agregada, do *big data*. Isto porque as operações realizadas com os dados, do ponto de vista técnico, não guardam muitas similitudes ou compatibilidade com os modelos jurídicos tradicionais[14].

Existem três dimensões inter-relacionadas na transformação digital: escala, escopo e velocidade[15]. A primeira está ligada à prestação de serviços em larga quantidade, com custos fixos e baixos ou, até mesmo, zero custos marginais para empresas[16]. Por exemplo, um sistema pode funcionar para uma ou para milhões de pessoas com os mesmos custos operacionais.

---

13. Cf. ORGANIZAÇÃO PARA A COOPERAÇÃO E O DESENVOLVIMENTO ECONÔMICO – OCDE. Vector of digital transformation. *OCDE Digital Economy Papers*. Paris: OECD Publishing, 2019. p. 7. Disponível em: <https://www.oecd-ilibrary.org/science-and-technology/vectors-of-digital-transformation_5ade2bba-en>. Acesso em: 20 abr. 2020.
14. BAPTISTA, Adriane. Big Data: os indivíduos, seus dados e as mudanças de paradigma tecnológico e jurídico. *In:* DOMINGUES, Juliana; GABAN, Eduardo; MIELE, Aluísio; SILVA, Breno. *Direito Antitruste 4.0* – fronteiras entre concorrência e inovação. São Paulo: Ed. Singular. 1ª ed. 2019. p. 36.
15. Cf. ORGANIZAÇÃO PARA A COOPERAÇÃO E O DESENVOLVIMENTO ECONÔMICO – OCDE. Vector of digital transformation. *OCDE Digital Economy Papers*. Paris: OECD Publishing, 2019. p. 8. Disponível em: <https://www.oecd-ilibrary.org/science-and-technology/vectors-of-digital-transformation_5ade2bba-en>. Acesso em: 20 abr. 2020.
16. Reconhece-se "empresa" como um fenômeno econômico poliétrico. Na pesquisa, será adotado o perfil subjetivo de empresa da Teoria Asquiliana, como sinônimo de empresário, sociedades empresárias e Eirelis. Para mais informações nesse sentido, recomenda-se a leitura de ASQUINI, Alberto. Perfis da empresa. *Revista de Direito Mercantil*, São Paulo, v. 35, n. 104, p. 109-126, 1996.

Nessa forma de produção, explora-se um maquinário para produzir mais em menos tempo e, assim, reduzir eficientemente o custo de produção de cada produto a mais fabricado. Como exemplo de produção com baixo custo, destaca-se o funcionamento do aplicativo WhatsApp: em 2014, a empresa possuía 300 milhões de usuários ativos, processando 50 bilhões de mensagens por dia, com apenas 55 empregados[17].

Já a segunda dimensão, denominada economia de escopo, possibilita que muitas linhas de produtos e serviços sejam exploradas pela mesma empresa, compartilhando diferentes custos como os jurídicos, financeiros, contábeis e estruturais. Ou seja, a redução no custo médio da operação da empresa se dá pela produção conjunta de mais de um produto ou serviço. Logo, se uma mesma empresa produzir conjuntamente dois bens, ela terá um custo total menor do que se duas empresas produzirem esses dois bens separadamente.

Como exemplos clássicos dessas economias de escopo, encontram-se os supermercados, que aproveitaram a sua estrutura física e logística para comercializar, além de produtos alimentícios, uma vasta opção de eletrodomésticos. No contexto digital, plataformas de comércio eletrônico como as Lojas Americanas e Magalu (Magazine Luíza) que além de comercializar produtos próprios, vendem produtos de terceiros e, ainda, intermedeiam a venda de produtos de terceiros.

A transformação digital permite que seja possível oferecer produtos e serviços adaptados às necessidades dos indivíduos em tempo real. Tal fato é possível devido à captação de mais dados dos consumidores que, diante de uma maior variedade de bens disponíveis, exploram ainda mais a mesma plataforma.

A última dimensão, relacionada à velocidade, demonstra que a digitalização também impactou nas atividades econômicas e sociais pela rapidez no processamento de informações, diluindo barreiras de espaço e tempo. Entre os exemplos existentes, está a rapidez das compras online, independentemente do local do consumidor; a difusão de ideias além-fronteiras, criando laços que extrapolam países; um maior engajamento social a partir da identificação e do desenvolvimento de determinada comunidade.

Apesar da transformação dos países não caminhar de forma linear, é notável que todas as indústrias foram afetadas pela mudança digital em âmbito global. Devido a esse novo contexto social, novas funções e vagas de trabalho foram criadas[18], além de serem dispendidos maiores esforços para aprendizagem de outras capacidades,

---

17. Cf. ORGANIZAÇÃO PARA A COOPERAÇÃO E O DESENVOLVIMENTO ECONÔMICO – OCDE. Vector of digital transformation. *OCDE Digital Economy Papers*. Paris: OECD Publishing, 2019. p. 9. Disponível em: <https://www.oecd-ilibrary.org/science-and-technology/vectors-of-digital-transformation_5ade2bba-en>. Acesso em: 20 abr. 2020.

18. Cf. ORGANIZAÇÃO PARA A COOPERAÇÃO E O DESENVOLVIMENTO ECONÔMICO – OCDE. *Measuring the digital transformation*: a roadmap for the future. Paris: OECD Publishing, 2019. p. 45. Disponível em: <https://www.oecd.org/going-digital/measurement-roadmap.pdf>. Acesso em: 20 abr. 2020.

principalmente aquelas relacionadas a desenvolvimento de sistemas[19]. Há poucas décadas, por exemplo, sequer se falava em cargos de marketing digital, gestores de mídia social, influenciadores, designers de aplicativos, especialistas de serviços em nuvem ou analistas de Big Data.

A crescente importância de fontes de valor intangível, como softwares e dados, é um dos vetores da transformação digital, ao lado das dimensões mencionadas, isto é, economias de escala, escopo e velocidade.

Cumula-se a tais vetores o alcance global da Internet, permitindo que, por meio dela, indivíduos construam as suas próprias redes. Assim, usuários podem interagir instantaneamente com outros indivíduos, empresas, organizações ou comunidades em geral, o que impulsiona mercados multifacetados digitalmente capacitados, também conhecidos como plataformas online ou plataformas digitais, que terão alguns de seus aspectos estudados nesta pesquisa[20].

A transformação digital, portanto, com suas dimensões e vetores, se destaca em relação à sua velocidade e amplitude. Contudo, não é um fenômeno simples, mas uma gama complexa de desenvolvimento contínuo e desenvolvimentos inter--relacionados, assim como desenvolvimentos imprevisíveis, como as inovações.

1.3 A INOVAÇÃO COMO CARACTERÍSTICA DA TRANSFORMAÇÃO DIGITAL

No contexto de transformação digital, faz-se necessário apontar certas questões sobre a inovação. Tal termo [inovação] se popularizou através do economista Joseph Schumpeter em seu livro "Teoria do Desenvolvimento Econômico" publicado em 1911, representando o principal mecanismo pelo qual ocorre o desenvolvimento do capitalismo.

Em decorrência disso, a inovação se torna peça central para compreender o capitalismo moderno. Em outra obra, "A Instabilidade do Capitalismo", o autor a define como: "o que chamamos de progresso econômico não-científico significa essencialmente colocar recursos produtivos em usos até então não experimentados na prática e retirá-los dos usos a que serviram até agora. Isso é o que chamamos de inovação"[21].

---

19. Cf. ORGANIZAÇÃO PARA A COOPERAÇÃO E O DESENVOLVIMENTO ECONÔMICO – OCDE. *Measuring the digital transformation*: a roadmap for the future. Paris: OECD Publishing, 2019. p. 50. Disponível em: <https://www.oecd.org/going-digital/measurement-roadmap.pdf>. Acesso em: 20 abr. 2020.
20. ORGANIZAÇÃO PARA A COOPERAÇÃO E O DESENVOLVIMENTO ECONÔMICO – OCDE. *Digital Economy Outlook 2017*. Paris: OECD Publishing, 2017. p. 26. Disponível em: <https://www.oecd.org/Internet/oecd-digital-economy-outlook-2017-9789264276284-en.htm>. Acesso em: 20 abr. 2020.
21. No original: "What we, unscientifically, call economic progress means essentially putting productive resources to uses hitherto untried in practice, and withdrawing them from the uses they have served so far. This is what we call 'innovation'" (SCHUMPETER, Joseph. The instability of Capitalism. *The Economic Journal*, v. 38, n. 151, p. 361-386, 1928. p. 378. Disponível em: <http://www.jstor.org/stable/2224315>. Acesso em: 23 jun. 2020.

Segundo Schumpeter, tais inovações podem ser classificadas em radicais e incrementais. Enquanto a primeira envolve mudanças no sistema econômico, as inovações incrementais trazem melhorias nas inovações radicais[22]. Ambos os tipos de inovação no sistema econômico aparecem no lado da produção, diante da combinação de materiais e forças para a criação de ferramentas a serem utilizadas na vida cotidiana, o que gera o desenvolvimento econômico.

Essas inovações podem ser representadas de diversas formas, entre elas a introdução de (i) um novo bem ou de uma nova qualidade de um bem; (ii) um novo método de produção; (iii) abertura de um novo mercado; (iv) conquista de uma nova fonte de matéria-prima ou bens semimanufaturados; (v) uma nova organização de qualquer indústria. De acordo com o autor:

> 1) Introdução de um novo bem - ou seja, um bem com que os consumidores ainda não estejam familiarizados – ou de uma nova qualidade de um bem. 2) Introdução de um novo método de produção, ou seja, um método que ainda não tenha sido testado pela experiência no ramo próprio da indústria de transformação, que, de modo algum, precisa ser baseado numa descoberta cientificamente nova, e pode consistir também em nova maneira de manejar comercialmente uma mercadoria. 3) Abertura de um novo mercado, ou seja, de um mercado em que o ramo particular da indústria de transformação do país em questão não tenha ainda entrado, quer esse mercado tenha existido antes ou não. 4) Conquista de uma nova fonte de matérias-primas ou de bens semimanufaturados, mais uma vez independentemente do fato de que essa fonte já existia ou teve que ser criada. 5) Estabelecimento de uma nova organização de qualquer indústria, como a criação de uma posição de monopólio (por exemplo, pela trustificação) ou a fragmentação de uma posição de monopólio[23].

Assim, tais inovações não seriam provenientes das necessidades dos consumidores ou de seus desejos no sistema capitalista, o que diverge do senso comum, apesar de não se descartar um nexo com seu surgimento. Segundo Schumpeter, é o produtor que inicia a mudança econômica, sendo o empresário o agente econômico que traz novos produtos para o mercado por meio de combinações mais eficientes dos fatores de produção ou pela aplicação prática de alguma invenção ou inovação tecnológica[24]. Em suas palavras:

> As inovações no sistema econômico não aparecem, via de regra, de tal maneira que primeiramente as novas necessidades surgem espontaneamente nos consumidores e então o aparato produtivo se modifica sob sua pressão. Não negamos a presença desse nexo. Entretanto, é o produtor que, igualmente, inicia a mudança econômica, e os consumidores são educados por ele, se necessário; são, por assim dizer, ensinados a querer coisas novas, ou coisas que diferem em um aspecto ou outro daquelas que tinham o hábito de usar. Portanto, apesar de ser permissível, e até mesmo necessário, considerar as necessidades dos consumidores como uma força independente e,

---

22. Cf. FAZION, Cintia B.; MEROE, Giuliano P. S. de.; SANTOS, Adriana B. A. Inovação: um estudo sobre a evolução do conceito de Schumpeter. *Caderno de Administração*, v. 5. n. 1. 2011. p. 4. Disponível em: <https://revistas.pucsp.br/caadm/article/view/9014>. Acesso em: 11 maio 2020.
23. SCHUMPETER, Joseph A. *A Teoria do Desenvolvimento Econômico*. São Paulo: Abril Cultural, 1982. p. 48.
24. Cf. SCHUMPETER, Joseph A. *A Teoria do Desenvolvimento Econômico*. Trad. Maria Sílvia Possas. Disponibilizado por Ronaldo DartVeiga. São Paulo: Ed. Nova Cultural, 1997. p. 7.

de fato, fundamental na teoria do fluxo circular, devemos tomar uma atitude diferente quando analisamos a mudança[25].

Diante disso, o capitalismo é representado por um processo evolutivo cuja dinâmica depende da capacidade contínua dos indivíduos de se adaptarem ao ambiente econômico, em que bens de consumo, métodos de produção, transporte, novos mercados e novas formas de organização industrial se tornam o impulso fundamental. O autor esclarece que "[o] impulso fundamental que põe e mantém em fundamento a máquina capitalista procede dos novos bens de consumo, dos novos métodos de produção ou transporte, dos novos mercados e das novas formas de organização industrial criadas pela empresa capitalista"[26].

Destarte, nesse sistema capitalista, destaca-se o caráter adaptativo, criando paradigmas que culminam na destruição dos anteriores, revolucionando incessantemente a estrutura econômica a partir de dentro, o que o autor denomina como destruição criadora[27]. Essa destruição é, em sua concepção, a pedra angular do sistema capitalista.

A partir disso, terceiros passam a se aproximar do que foi inovado na tentativa de oferecer algo similar e compartilhar o lucro. Assim, as firmas não competem apenas pela redução de custos, mas para tornar o concorrente obsoleto, o que explica o processo de destruição criadora. Esse movimento impulsiona, portanto, o desenvolvimento econômico.

Tal transformação, porém, não ocorre em curto período, podendo perdurar por décadas ou séculos e deve ser analisada em relação à situação por ela criada. Consequentemente, ainda conforme o autor, para a compreensão do sistema capitalista, torna-se imprescindível o conhecimento do contexto histórico e de sua noção orgânica, tendo como figura fundamental em seu desenvolvimento a inovação.

Na ótica de Schumpeter, a concorrência é um jogo de ganhadores e perdedores, pois o sistema deverá se adaptar às inovações, gerando depressões na economia[28]. Portanto, as empresas devem buscar a inovação como um diferencial competitivo no mercado, impactando no desenvolvimento econômico. Essa inovação construirá novos conhecimentos, que deverão ser aplicados e gerenciados estrategicamente, principalmente pelas empresas de tecnologia[29].

Ainda no cenário das transformações inovadoras, destaca-se o conceito de inovação disruptiva, expressão criada pelo professor de Harvard, Clayton M. Christensen,

---

25. SCHUMPETER, Joseph A. *A Teoria do Desenvolvimento Econômico*. São Paulo: Abril Cultural, 1982. p. 48-49.
26. SCHUMPETER, J. A. *Capitalism, socialism and democracy*. New York: Harper and Brothers, 1961. p. 110.
27. Cf. SCHUMPETER, J. A. *Capitalism, socialism and democracy*. New York: Harper and Brothers, 1961. p. 110.
28. Cf. COSTA, Achiles Barcelos da. O desenvolvimento econômico na visão de Schumpeter. *Caderno Instituto Humanitas Unisinos*, ano 4, n. 47, 2006.
29. Cf. FAZION, Cintia B.; MEROE, Giuliano P. S. de.; SANTOS, Adriana B. A. Inovação: um estudo sobre a evolução do conceito de Schumpeter. *Caderno de Administração*, v. 5. n. 1. 2011. p. 14. Disponível em: <https://revistas.pucsp.br/caadm/article/view/9014>. Acesso em: 11 maio 2020.

lançada em 1995 na Harvard Business Review e apresentada em 1997 no livro "O Dilema da Inovação"[30] que se aproxima, de certa forma, do conceito de destruição criadora schumpteriana[31].

Tal disrupção inovadora representa as inovações que causam alterações abruptas no estado de arte da indústria. Ou seja, essas inovações transformam um mercado existente por meio da introdução de simplicidade, conveniência e acessibilidade de outro produto ou serviço[32]. Globalmente, um dos lugares conhecidos como destaque em relação à inovação disruptiva é o Vale do Silício, na Califórnia, onde foram criadas empresas como Google Inc., Apple Inc. e Uber Technologies Inc., que alteraram o funcionamento de muitas relações sociais e econômicas.

Como um exemplo do conceito de disrupção, pode ser citado o fenômeno de *sharing economy,* em português conhecido como economia de compartilhamento. Trata-se de expressão cunhada em 2011 para descrever indivíduos conectados na Internet realizando transações, aproveitando a capacidade ociosa de seus bens[33].

Enquanto até o final do século XX era comum a aquisição de bens físicos, essa economia compartilhada põe em questão a necessidade de posse de um bem e favorece a relação entre os indivíduos de forma mais acessível com a ajuda de plataformas digitais. Isso ocorre a partir da exploração de bens e serviços variados sob demanda, como ocorre com as plataformas digitais Uber, BlablaCar e Airbnb.

O aplicativo Uber, de empresa criada em 2009, presta serviços eletrônicos na área de transporte privado, permitindo que o proprietário ou locatário de um veículo ofereça viagens com menor custo do que um táxi. Tal serviço conecta pessoas que precisam do transporte e outras que pretendem oferecê-lo pelo seu veículo, por meio de um aplicativo[34].

O BlablaCar é uma plataforma de caronas de longa distância, permitindo que pessoas disponibilizem as vagas ociosas em seus carros para terceiros. A empresa foi criada em 2003 e lançada em 2006 e, atualmente, está presente em mais de vinte países[35].

---

30. Cf. A INOVAÇÃO. *O Gigante de Harvard:* A Importância e o Legado de Clayton Christensen. Disponível em: <https://blog.aaainovacao.com.br/legado-clayton-christensen/>. Acesso em: 16 maio 2020.
31. Cf. BALDANZA, Renata F.; SERRANO, Paulo H. S. M. *Tecnologias disruptivas:* o caso do Uber. Revista Pensamento Contemporâneo em Administração. Rio de Janeiro, v. 11, n. 5, out/dez 2017, p. 37-48. p. 39.
32. Cf. MJV TEAM. *O que é inovação disruptiva?* Disponível em: <https://www.mjvinnovation.com/pt-br/blog/o-que-e-inovacao-disruptiva/>. Acesso em: 30 maio 2020.
33. Cf. WALSH, B. 10 Ideas That Will Change The World. *Time Magazine.* 17 de Março de 2011. Disponível em: <http://content.time.com/time/specials/packages/article/0,28804,2059521_2059717_2059710,00.html>. Acesso em: 24 abr. 2018.
34. Cf. UBER. *In:* WIKIPÉDIA: a enciclopédia livre. Disponível em: <https://pt.wikipedia.org/wiki/Uber>. Acesso em: 18 maio 2020.
35. Cf. BLABLACAR. *In:* WIKIPÉDIA: a enciclopédia livre. Disponível em: <https://pt.wikipedia.org/wiki/Blablacar>. Acesso em: 18 maio 2020.

O Airbnb, por meio da sua plataforma, revolucionou o ramo da hotelaria, permitindo que pessoas coloquem seus imóveis para locação sem toda a burocracia ou custos de um hotel. Não são mais necessários agentes de viagens e as hospedagens se tornam mais acessíveis. Trata-se, portanto, de um intermediário que facilita a relação entre o grupo de proprietários que pretendem locar um quarto ou imóvel por determinado período e o indivíduo que precisa alugá-lo.

Além dessas inovações, apesar de não ser necessariamente uma economia de compartilhamento, destaca-se entre as plataformas mais utilizadas atualmente o Netflix, provedor global de filmes e séries televisivas a partir de *streaming*. A empresa americana foi criada em 1997 e surgiu como serviço de entrega de DVDs pelo correio. Dez anos depois, o serviço via *streaming* ganhou cena e a empresa ultrapassou, em 2018, o valor de mercado da The Walt Disney Company, tornando-se a maior do mundo[36].

Portanto, as inovações disruptivas transformaram muitos cenários de oferecimento de produtos e serviços, o que impacta, principalmente, no comportamento de consumo do público em geral, conforme será mencionado no Capítulo 2. Além disso, podem reduzir ou eliminar as quotas de mercado das empresas estabelecidas (por exemplo, o deslocamento do líder estabelecido de aparelhos celulares Nokia pelo iPhone da Apple e smartphones usando o sistema Android do Google).

Porém, muitas dessas "destruições criadoras" ou "inovações disruptivas" estão ligadas à coleta de dados pessoais, sendo um essencial elemento na economia de dados em que a sociedade está inserida, conforme será visto a seguir.

1.4 A ECONOMIA MOVIDA A DADOS

Em 2017, *The Economist* publicou uma reportagem dizendo que o recurso mais valioso do mundo não era mais o petróleo, mas os dados[37]. Desde sua publicação, o tópico gerou muita discussão e o jargão "dados são o novo petróleo" tornou-se comum. Porém, pedimos vênia para dizer que algumas de suas características tornam os conceitos muito distantes[38], auxiliando na explicação da importância dos dados no cenário atual e o seu papel inovador e fundamental na sociedade e na economia.

---

36. Cf. NETFLIX. *In:* WIKIPÉDIA: a enciclopédia livre. Disponível em: <https://pt.wikipedia.org/wiki/Netflix>. Acesso em: 18 maio 2020.
37. THE WORLD'S most valuable resource is no longer oil, but data. *The Economist*, 06 maio 2017. Disponível em: <https://www.economist.com/leaders/2017/05/06/the--worlds-most-valuable-resource-is-no-longer-oil-but-data>. Acesso em: 16 maio 2020. HILL, Kashmir. Would Monetizing Our Personal Data Ease Privacy Concerns? *Forbes*, 2010. Disponível em: <http://www.forbes.com/sites/kashmirhill/2010/09/20/would-monetizing-ourpersonal-data-ease-privacy-concerns/>. Acesso em: 03 fev. 2021.
38. Cf. STAPP, Alec. Why data is not the new oil. *In: Truth on the Market*, out. 2019. Disponível em: https://truthonthemarket.com/2019/10/08/why-data-is-not-the-new-oil/. Acesso em: 10 mar. 2020.

1 • A DINÂMICA DE MERCADOS DIGITAIS FUNDADA EM DADOS PESSOAIS

Enquanto o petróleo é um recurso excludente, os dados não são: eles podem ser compartilhados inúmeras vezes diante de diversos indivíduos e empresas. O petróleo é um bem fungível, diferentemente dos dados, que não podem ser substituídos por outros e apresentarem a mesma qualidade: cada dado representa algo.

Além disso, o petróleo é um bem de pesquisa, o que significa que seu valor pode ser avaliado antes da compra. Por outro lado, as empresas não sabem quanto vale um novo conjunto de dados até que sejam combinados com conjuntos de dados preexistentes e implantados através de algoritmos. Logo, dados sem tratamento não possuem valor, diferentemente do petróleo que em si já possui um valor intrínseco.

Portanto, características do petróleo como rivalidade, fungibilidade, custo marginal positivo, sendo que tal custo deriva da mudança no custo total de produção advinda da variação em uma unidade da quantidade produzida, e retorno em escala não estão presentes em dados[39]. Estes, por sua vez, se destacam quanto a não exclusividade e a não rivalidade, pois dados não são finitos e podem estar sob a guarda de diferentes agentes ao mesmo tempo.

Essa discussão ganhou destaque porque, no contexto da Era da Informação, o motor principal das transformações digitais é o processamento de dados, impactando em aspectos da atividade social, política e econômica. Expressivas mudanças nos modelos de negócios em todo o mundo ganharam força, como a digitalização de recursos físicos e de processos relevantes; a interconexão de objetos físicos pela Internet das Coisas; a codificação e automação de processos através de software e inteligência artificial; as trocas de dados por serviços, a reutilização e a ligação de dados entre indústrias.

Caracterizada como uma economia movida a dados, esta tem como insumo de produção a tecnologia da informação para criação de produtos e serviços. Caracterizam-se, assim, modelos de negócios lastreados no processamento de dados e na sua conversão em ativo informacional[40]. Mayer-Schonberger e Cukier propõem o termo "datraficação" para conceituar o fenômeno relacionado à coleta de dados de tudo que existe e a sua quantificação[41], formando "mercados ricos em dados".

O tratamento de dados pessoais se torna cada vez mais presente na forma de operar das empresas que coletam de seus usuários quaisquer informações que possam

---

39. Cf. STAPP, Alec. Why data is not the new oil. *In: Truth on the Market*, out. 2019. Disponível em: https://truthonthemarket.com/2019/10/08/why-data-is-not-the-new-oil/. Acesso em: 10 mar. 2020.

40. Cf. FARIA, Luísa Campos; SANTOS, Luiza Mendonça da Silva Belo. O Big Data e a privacidade de dados no controle de estruturas. p. 62. *In:* MAIOLINO, Isabela (coord.). *Mulheres no Antitruste.* Volume II. São Paulo: Singular, 2019.

41. Cf. MAYER-SCHÖNBERGER, Viktor. CUKIER, Kenneth. *Big Data:* como extrair volume, variedade, velocidade e valor da avalanche de informações cotidianas. Trad. Paulo Polzonoff Junior. Rio de Janeiro: Elsevier, 2013. p. 10.

os identificar ou os tornar identificáveis. Esse é o conceito de dado pessoal presente no artigo 5°, I da LGPD[42] e no artigo 4°, (1) do Regulamento Geral de Proteção de Dados Europeu 2016/679 (GDPR)[43].

Ocorre que a forma de obtenção dos dados pessoais ocorre tanto pela coleta e tratamento de informações após análise do comportamento do indivíduo, como por meio de terceiros ou pelo compartilhamento de dados feito pelo titular. Neste caso, o indivíduo compartilha seus dados, por exemplo, quando preenche um cadastro para comprar determinado produto ou serviço.

Após a coleta, os dados pessoais seguem para o armazenamento, o que pode envolver prestadores de serviços externos, chamados "operadores" de acordo com o artigo 5°, VII da LGPD[44]. Tais operadoras devem tratar os dados pessoais de acordo com as ordens do controlador, isto é, da pessoa física ou jurídica que toma as decisões sobre o tratamento[45]. Em seguida, os dados podem ser agregados a outros e processados de acordo com os objetivos do controlador. Logo após, são analisados e explorados das mais variadas formas[46].

Um dos exemplos mais comuns é o tratamento de dados para a realização de perfilamento ou *profiling*, termo em inglês adotado no artigo 4 (4) do GDPR[47] para

---

42. Artigo 5° Para os fins desta Lei, considera-se: I - dado pessoal: informação relacionada a pessoa natural identificada ou identificável; [...]. (BRASIL. Lei n° 13.709, de 14 de agosto de 2018. *Lei Geral de Proteção de Dados Pessoais*. Brasília, DF, 2018).

43. Artigo 4° Definições. Para efeitos do presente regulamento, entende-se por: 1. «Dados pessoais», informação relativa a uma pessoa singular identificada ou identificável («titular dos dados»); é considerada identificável uma pessoa singular que possa ser identificada, direta ou indiretamente, em especial por referência a um identificador, como por exemplo um nome, um número de identificação, dados de localização, identificadores por via eletrônica ou a um ou mais elementos específicos da identidade física, fisiológica, genética, mental, econômica, cultural ou social dessa pessoa singular; [...]. (UNIÃO EUROPEIA. Parlamento Europeu e Conselho da União Europeia. *Regulamento 2016/679 de 27 de abril de 2016*. Relativo à proteção das pessoas singulares no que diz respeito ao tratamento de dados pessoais e à livre circulação desses dados e que revoga a Diretiva 95/46/CE (Regulamento Geral sobre a Proteção de Dados – GDPR)). Disponível em: <https://publications.europa.eu/pt/publication-detail/-/publication/3e485e15-11bd-11e6-ba9a-01aa75ed71a1>. Acesso em: 15 maio 2020.

44. Artigo 5° Para os fins desta Lei, considera-se: VII - operador: pessoa natural ou jurídica, de direito público ou privado, que realiza o tratamento de dados pessoais em nome do controlador; [...]. (BRASIL. Lei n° 13.709, de 14 de agosto de 2018. *Lei Geral de Proteção de Dados Pessoais (LGPD)*. Brasília, DF, 2018).

45. Para mais informações sobre agentes de tratamento – controlador e operador, bem como sobre o encarregado, recomenda-se a leitura do Guia Orientativo para Definições dos Agentes de Tratamento de Dados Pessoais e do Encarregado", publicado pela ANPD em 26 de maio de 2021. (LOPES, Alexandra (ger.). *Guia Orientativo para Definições dos Agentes de Tratamento de Dados Pessoais e do Encarregado*. Maio, 2021. Autoridade Nacional de Proteção de Dados, Brasília, DF).

46. Cf. ORGANIZAÇÃO PARA A COOPERAÇÃO E O DESENVOLVIMENTO ECONÔMICO – OCDE. Exploring the Economics of Personal Data: A Survey of Methodologies for Measuring Monetary Value. *OECD Digital Economy Papers*. n. 220. Paris: OECD Publishing, 2013. p. 10. Disponível em: <http://dx.doi.org/10.1787/5k486qtxldmq-en>. Acesso em: 03 maio 2020.

47. Artigo 4° Definições. Para efeitos do presente regulamento, entende-se por: 4. «Definição de perfis», qualquer forma de tratamento automatizado de dados pessoais que consista em utilizar esses dados pessoais

representar a atividade de tratamento de dados pessoais para avaliar certos aspectos do indivíduo titular, como perfil econômico, social, político, religioso, preferências de consumo, entre outros aspectos, o que é feito por meio de uma forma automatizada de processamento, visando a uma futura tomada de decisões[48]. Nesse sentido, explica Eduardo Tomasevicius Filho:

> Com tantas informações pessoais disponíveis, é possível fazer o Profiling, em que se cria um perfil de cada pessoa ou de um grupo a partir de informações obtidas. Melhor dizendo, cada pessoa em uma rede social cria um dossiê sobre si mesmo, voluntariamente. Mediante o tratamento desses dados por algoritmos, tenta-se prever comportamentos futuros e, com isso, estabelecer controles ou selecionar diretamente os potenciais interessados em determinado produto ou serviço. Isso já é feito por meio da análise diária de todas as pesquisas realizadas nos mecanismos de busca na Internet ao longo de um dia ou de um período e essas informações são comercializadas para potenciais interessados[49].

Como exemplo de coleta de dados e perfilamento em plataformas digitais, o buscador Google virou referência por ser uma biblioteca instantânea. Não apenas livros, mas notícias, busca de produtos, serviços, comparação de preços, estudo de mercado, entre outras possibilidades estão abrangidas em seu escopo. Em consequência, os dados dos usuários que acessam tais pesquisas ficam armazenados e, quando analisados, podem demonstrar diversas das suas características e interesses, contribuindo para a formação de seu perfil.

Isso porque quando se navega na Internet e ocorre a interação em websites e redes sociais, são deixados rastros, as "pegadas digitais", também denominadas *data exhaust*[50]. Tratados pelos interessados, esses rastros representam informações

---

para avaliar certos aspectos pessoais de uma pessoa singular, nomeadamente para analisar ou prever aspectos relacionados com o seu desempenho profissional, a sua situação econômica, saúde, preferências pessoais, interesses, fiabilidade, comportamento, localização ou deslocações; [...]. UNIÃO EUROPEIA. Parlamento Europeu e Conselho da União Europeia. *Regulamento 2016/679 de 27 de abril de 2016*. Relativo à proteção das pessoas singulares no que diz respeito ao tratamento de dados pessoais e à livre circulação desses dados e que revoga a Diretiva 95/46/CE (Regulamento Geral sobre a Proteção de Dados – GDPR). Disponível em: <https://publications.europa.eu/pt/publication-detail/-/publication/3e485e15-11bd-11e6-ba9a-01aa75e-d71a1>. Acesso em: 15 maio 2020.

48. O artigo de Roger Clarke, publicado no Journal of Law and Information Science em 1993, definiu a perfilização como uma técnica em que um conjunto de características de uma determinada classe de pessoa é inferido a partir de experiências passadas e, em seguida, dados armazenados são pesquisados para indivíduos com um ajuste quase perfeito a esse conjunto de características. Cf. CLARKE, Roger. Profiling: A hidden challenge to the regulation of data surveillance. *Journal of Law & Information Science*, v. 4, p. 403, 1993.

49. TOMASEVICIUS FILHO, Eduardo. Em direção a um novo 1984? A tutela da vida privada entre a invasão de privacidade e a privacidade renunciada. *Revista da Faculdade de Direito*, Universidade de São Paulo, dez. 2014, 109, 129-169. p. 140. Disponível em: <https://www.revistas.usp.br/rfdusp/article/view/89230>. Acesso em: 17 jul. 2021.

50. DATA EXHAUST. *In*: WIKIPÉDIA: a enciclopédia livre. Disponível em: <https://en.wikipedia.org/wiki/Data_exhaust>. Acesso em: 30 maio 2020.

que, organizadas, têm o potencial de demonstrar as predileções de seus titulares e permitir que sejam inferidos perfis de consumo e comportamento.

A partir disso, esses usuários ficam sujeitos[51] a serem abordados com anúncios publicitários oferecendo produtos ou serviços compatíveis com as suas expectativas ou com aquilo que se aparentou ter interesse[52]. Uma simples busca por "chinelos havaianas" na Internet, por exemplo, pode ser seguida de incansáveis anúncios em websites visitados pelos próximos dias.

Nesse contexto, Tim Wu já predizia que empresas de tecnologia como Google, Facebook (ou Meta) e Amazon, conhecidas como "impérios da comunicação"[53], adquiriram poderes extraordinários, pois ao traçar os perfis de seus usuários com os dados coletados, podem impactar na forma em que o serviço será prestado e quais produtos serão oferecidos[54].

Diante disso, destaca-se o conceito de Big Data, ferramenta que permite que a maioria das operações mencionadas seja realizada. Apesar de não existir uma definição precisa, como afirmam Mayer-Schönberger e Cukier[55], o Big Data está relacionado a um enorme banco de dados com centenas de milhares de linhas e colunas. Trata-se, assim, de uma ferramenta com uma ampla variedade e volume de dados, não necessariamente pessoais, a partir de uma rápida velocidade de acesso, processamento e análise, conforme será visto a seguir. A exploração de tal ferramenta permite melhorias significantes em produtos, métodos e mercados[56].

1.4.1 O conceito de Big Data em mercados digitais

Dados relacionados aos usuários da Internet, coletados enquanto estes trafegam em websites, redes sociais, entre outros possíveis portais, ficam armazenados em bancos de dados que, com o aperfeiçoamento tecnológico, permitem a reunião de dados de bilhões de indivíduos organizadamente. A estrutura desses bancos é feita de forma utilitária pelas empresas, de modo a possibilitar a maior extração de

---

51. Essa sujeição atualmente está regulamentada pela LGPD que condiciona o tratamento dos dados pessoais a alguma das hipóteses legais previstas nos artigos 7º e 8º, bem como ao respeito aos direitos dos titulares e aos princípios previstos na lei..

52. Cf. BIONI, Bruno Ricardo. *Proteção de Dados Pessoais*: a função e os limites do consentimento. Rio de Janeiro: Forense, 2019. p. 19.

53. WU, Tim. *The master switch*: the rise and fall of information empires. Nova Iorque: Vintage, 2010. p. 320-321.

54. Cf. WU, Tim. *The curse of bigness*: antitrust in the new Gilded Age. Nova Iorque: Columbia Global Reports, 2018. p. 9.

55. Cf. MAYER-SCHÖNBERGER, V.; CUKIER, K. *Big data*: a revolution that will transform how we live, work, and think. New York: First Mariner Books, 2014.

56. Cf. ORGANIZAÇÃO PARA A COOPERAÇÃO E O DESENVOLVIMENTO ECONÔMICO – OCDE. *Digital Economy Outlook 2017*. Paris: OECD Publishing, 2017. p. 202. Disponível em: <https://www.oecd.org/Internet/oecd-digital-economy-outlook-2017-9789264276284-en.htm>. Acesso em: 20 abr. 2020.

valor das informações lá contidas[57]. Ao mencionado banco de dados, que extrapola o simples conceito de um conjunto de bases de dados pela complexidade em seu funcionamento, dá-se o nome de Big Data.

Diante da possibilidade de organizar e analisar diversos tipos de dados, o Big Data permite a geração de valor a partir da possibilidade de aperfeiçoamento de produtos e serviços de acordo com as preferências e desejos dos consumidores. Ou seja, o aumento no volume de informações pessoais tratadas fez com que se desenvolvessem sistemas capazes de coletar dados por meio de diversas fontes. Isso permite criar correlações para gerar informações valiosas para as empresas[58]. Logo, a crescente oferta de dados, bem como da capacidade de analisá-los e da procura por informações relevantes, rápidas e baratas, são fatores que caracterizam o conceito de Big Data.

Em tal ferramenta, ocorre a análise sistemática de dados a partir da qual são extraídas informações estratégicas para a atuação da empresa em relação aos seus consumidores ou possíveis consumidores. Dessa forma, seu valor decorre de padrões derivados das conexões dos dados sobre um sujeito em particular, indivíduos em relação a terceiros, grupos de pessoais ou sobre a própria estrutura da informação, conforme Boyd e Crawford explicam:

> Big Data é relevante não devido ao seu tamanho, mas por causa de sua relação com outros dados. Devido a seus esforços para extrair e agregar dados, Big Data é fundamentalmente interconectado. Seu valor vem dos padrões que podem ser derivados a partir das conexões criadas entre dados, sobre um indivíduo, sobre indivíduos em relação a outros, sobre grupos de pessoas, ou simplesmente sobre a estrutura da informação em si[59].

Ademais, a diminuição dos custos de processamento e armazenamento de dados em sistemas digitais, como sistemas de computação em nuvem, possibilitou a popularização do Big Data, democratizando o seu uso e acesso por pequenas e médias empresas[60].

---

57. Cf. DONEDA, Danilo. *Da privacidade à proteção de dados pessoais*. São Paulo: Editora Revista dos Tribunais, 2019. p. 39.

58. Cf. DONEDA, Danilo. *Da privacidade à proteção de dados pessoais*. São Paulo: Editora Revista dos Tribunais, 2019. p. 40.

59. No original: "Big Data is notable not because of its size, but because of its relationality to other data. Due to efforts to mine and aggregate data, Big Data is fundamentally networked. Its value comes from the patterns that can be derived by making connections between pieces of data, about an individual, about individuals in relation to others, about groups of people, or simply about the structure of information itself.". (BOYD, Danah; CRAWFORD, Kate. Six Provocations for Big Data. *In: A Decade in Internet Time*: Symposium on the Dynamics of the Internet and Society, Set. 2011. p. 1-2. Disponível em: <https://ssrn.com/abstract=1926431>. Acesso em: 17 abr. 2018. Tradução nossa).

60. ORGANIZAÇÃO PARA A COOPERAÇÃO E O DESENVOLVIMENTO ECONÔMICO – OCDE. *Measuring the digital transformation*: a roadmap for the future. Paris: OECD Publishing, 2019. p. 15. Disponível em: <https://www.oecd.org/going-digital/measurement-roadmap.pdf>. Acesso em: 20 abr. 2020.

Na tentativa de descrever e caracterizar essa ferramenta, primordialmente, sob uma perspectiva jurídica, o conceito de Big Data era representado por três "Vs"[61] – volume, velocidade, variedade, como explica Bagnoli:

> Desde 2001, o *big data* foi descrito por 3 V's. O modelo 3 V's descreve: (*i*) volume (*volume*); a grande geração de volume e captura de dados em massa; (*ii*) velocidade (*velocity*); a rápida oportunidade de captura e processamento de dados para maximizar sua utilidade; e (*iii*) variedade (*variaty*); os vários formatos de dados, nomeadamente estruturados, semiestruturados e não estruturados. Assim, o *big data* se refere a um grande volume de dados, como muitas variedades e movendo-se em tal velocidade que os meios tradicionais de captura e análise são insuficientes ou antieconômicos[62].

Posteriormente, a caracterização foi incrementada com outros "V's", entre eles valor, veracidade e validação. Continua Bagnoli, explicando:

> Com o tempo, outros V's foram utilizados para caracterizar *big data*, como: (*i*) valor (*value*); significa extrair valor de um enorme volume de dados por meio de alta velocidade na captura e análise; (*ii*) veracidade (*veracity*); a confiabilidade dos dados obtidos para garantir a verdade em sua análise para obter informações precisas; e (*iii*) validação (*validation*); a capacidade de assegurar que várias origens de dados, quando agrupadas, fazem sentido bem como para aquelas que contenham informações sensíveis, como privacidade, sejam analisadas sob níveis de segurança e governança rigorosamente implementados e respeitados[63].

Portanto, características como volume, velocidade, variedade, valor, veracidade e validação compõem o conceito de Big Data. Entre tais características, a grande quantidade de dados tratados e transmitidos rapidamente caracterizam os "V" referentes ao volume e à velocidade do Big Data. O "V" referente à variedade de dados

---

61. Há também a caracterização do Big Data a partir de três "Cs", que não abrangeriam o aspecto qualitativo. Assim, seriam representados por migalhas (crumbs, em inglês), capacidades e comunidade. As migalhas digitais do primeiro "C" são deixadas de maneira passiva pelos indivíduos. Esses dados estariam divididos em três classificações, sendo a primeira delas referente ao dado concreto, estruturado, facilmente quantificado e organizado, como registros de transporte público ou de cartão de crédito. A segunda categoria estaria representada em vídeos, documentos online, postagens em redes sociais, conhecidos como dados não estruturados. O último tipo [dados não estruturados] se refere a dados coletados por sensores digitais que captam nossas ações, como imagens de satélite e medidores elétricos. Há, ainda, aqueles que afirmam a existência de um quarto tipo de dado que seria composto por registros administrativos, dados sobre preço, clima, livros digitalizados. Excluindo-se a primeira categoria, os outros tipos de dados têm em comum não terem sido coletados com a intenção explícita de inferir conclusões. O segundo "C" se refere a capacidades, como técnicas estatísticas de machine learning e algoritmos. O terceiro "C" está relacionado a comunidades. Essa categoria estaria composta pelo movimento de atores individuais e institucionais operantes fora das esferas tradicionais de pesquisa e política. *In:* Cf. LETOUZÉ, Emmanuel. Big Data e desenvolvimento: uma visão geral. *In:* CETIC.BR. *Panorama setorial da Internet* – Big Data para o desenvolvimento, ano 10, n. 1, maio, 2018. p. 2. Disponível em: <https://www.cetic.br/media/docs/publicacoes/6/Panorama_estendido_maio_2018_online.pdf>. Acesso em: 28 jul. 2020.

62. BAGNOLI, Vicente. Concorrência na Era do Big Data. *In:* DOMINGUES, Juliana; GABAN, Eduardo; MIELE, Aluísio; SILVA, Breno. *Direito Antitruste 4.0* – fronteiras entre concorrência e inovação. São Paulo: Ed. Singular, 2019. p. 44-45.

63. BAGNOLI, Vicente. Concorrência na Era do Big Data. *In:* DOMINGUES, Juliana; GABAN, Eduardo; MIELE, Aluísio; SILVA, Breno. *Direito Antitruste 4.0* – fronteiras entre concorrência e inovação. São Paulo: Ed. Singular, 2019. p. 45.

permite que empresas explorem diversas informações. Quanto à veracidade, o Big Data permite que os dados sejam validados. Nesse sentido, Pfeiffer explica:

> A característica mais conhecida é volume, devido à alta quantidade de dados que podem ser coletados e processados. Como enfatizado anteriormente, a tecnologia facilitou não apenas o armazenamento de dados, mas a sua transmissão. A variedade dos dados é muito importante porque permite que empresas explorem publicidades e desenvolvam novos produtos e serviços. Outro aspecto importante é a verificabilidade: a capacidade de verificar a veracidade e precisão dos dados coletados. Isso é de grande importância para evitar desenhar conclusões erradas dos dados coletados. A rapidez da coleta, armazenamento, análise e transmissão dos dados é também de vital importância. Consequentemente, a velocidade é outra característica que melhora a função dos dados na economia digital. Finalmente, a característica que efetivamente melhora a função dos dados na economia digital é o enorme e crescente valor[64].

Sendo uma ferramenta tecnológica complexa, a exploração do Big Data pode apresentar riscos. Conforme argumentam Richards e King, alguns dos riscos podem ser decorrentes de três paradoxos: transparência, identidade e poder[65].

O primeiro está relacionado ao fato de que os dados contidos no Big Data utilizados são invisíveis aos consumidores, pois as ferramentas e softwares das empresas que tratam os dados que o compõem são opacas, encobertas por barreiras físicas, jurídicas e técnicas. Ademais, a lucratividade do Big Data pode depender de segredos comerciais, que não estão acessíveis ao indivíduo.

O paradoxo se reflete na contradição de que, a cada dia, as decisões tomadas a respeito dos consumidores são embasadas nas análises feitas por ferramentas como Big Data e, diante da obscuridade apresentada, conflitam com o direito de informação e à transparência, entre outros preceitos trazidos na legislação, em especial na LGPD em âmbito nacional. Grande parte de tais decisões ocorrem de forma automatizada por meio de algoritmos, o que torna a ferramenta e suas consequências ainda mais opacas ao titular, conforme será visto no item 1.4.5 e 4.3.

Já o segundo paradoxo, denominado paradoxo da identidade, consiste na dependência de identificação pessoal a partir do Big Data pois, apesar de os indivíduos serem os titulares dos dados e, teoricamente, formadores da sua própria identidade, esta ferramenta possibilita que perfis sejam inferidos a partir do rastreamento de comportamentos, criando uma identidade paralela que não se tem controle ou até mesmo conhecimento.

Um exemplo é o *score* de crédito obtido a partir do tratamento de dados pessoais. Trata-se de um importante fator que influencia empresas na avaliação do poder de compra do consumidor e pode ser um obstáculo para obtenção de crédito

---

64. Cf. PFEIFFER, Roberto A. C. Digital Economy, Big Data and Competition Law. *Market and Competition Law Review.* v. 3, n. 1, Abril 2019. p. 55.

65. Cf. KING, Jonathan H.; RICHARDS, Neil M. Three paradoxes of Big Data. *Stanford Law Review*, 2013. Disponível em: <https://www.stanfordlawreview.org/online/privacy-and-big-data-three-paradoxes-of-big-data/>. Acesso em: 02 maio 2020.

diante de instituições financeiras. Esse *score* de crédito é o resultado dos hábitos de pagamento e relacionamento do cidadão com o mercado de crédito e, apesar de ser fundado em suas características pessoais, sua formação é independente e impacta diretamente em sua vida.

Por fim, o terceiro paradoxo relacionado ao poder é diretamente causado pela força que o Big Data pode exercer. Isso porque é a partir de tal ferramenta que empresas tomam decisões e fazem inferências, conforme mencionado o exemplo da obtenção de crédito após análise do *score* do indivíduo. No entanto, tais decisões devem ser limitadas pela legislação aplicável, como a LGPD. Caso contrário, haveria um desequilíbrio na relação empresa-indivíduo, violando direitos do titular dos dados pessoais.

Apesar das dificuldades traçadas, o Big Data faz parte da Era da Informação em que a sociedade se insere, podendo desempenhar papeis diversos, como de previsões, descrições, predições, monitoramento e conscientização em tempo real, além de aviso antecipado[66].

Como exemplo, por meio do Big Data é possível detectar e manipular uma fraude; desenvolver uma medicina de precisão; aprimorar a publicidade, o entretenimento e a mídia; rastrear localizações evitando aglomerações, como no caso vivenciado desde o início de 2020 pelo mundo diante da emergência sanitária causada pelo vírus SARS-CoV-2. Por outro lado, apresenta desafios ao Direito, principalmente relacionados com transparência e ética empresarial, quando associado a ferramentas de inteligência artificial[67].

Nesse contexto, inserem-se plataformas digitais, que majoritariamente utilizam o Big Data para o tratamento de dados pessoais dos indivíduos e para o oferecimento de seus produtos e serviços. A ferramenta permite que haja o tratamento de dados pessoais e a empresa pratique, por exemplo, publicidade direcionada e preços personalizados.

1.4.2 Plataformas digitais na Era da Informação

As expressões "plataforma online" ou "plataforma digital" têm sido usadas para descrever uma gama de serviços disponíveis na Internet que são parte de um ecossistema digital. Tais serviços podem incluir mercados, mecanismos de busca, redes sociais, pontos de conteúdo criativo, lojas de aplicativos, serviços de comu-

---

66. Cf. LETOUZÉ, Emmanuel. Big Data e desenvolvimento: uma visão geral. *In:* CETIC.BR. *Panorama setorial da Internet* – Big Data para o desenvolvimento, ano 10, n. 1, maio, 2018. p. 8. Disponível em: <https://www.cetic.br/media/docs/publicacoes/6/Panorama_estendido_maio_2018_online.pdf>. Acesso em: 28 jul. 2020.
67. Nesse sentido, sob um aspecto concorrencial, recomenda-se a leitura de DOMINGUES, Juliana; SAAD--DINIZ, Eduardo. Ilícitos concorrenciais praticados por sistemas de inteligência artificial: da ficção ao compliance. *In:* MULHOLLAND, Caitlin; FRAZÃO, Ana. (Coords.). *Inteligência artificial e direito:* ética, regulação e responsabilidade. São Paulo: Thomson Reuters Brasil, 2019. p. 349-371.

nicação, sistemas de pagamento, entre outros. São estabelecimentos virtuais que desempenham uma atividade dentro da Internet. Google, Apple, Facebook, Twitter, Amazon, Ebay, Instagram, YouTube, LinkedIn, Skype, Snapchat, Whatsapp, Waze, Google Maps, Uber, AirBnB, Pinterest, Tinder, Paypal, Mercado Livre e Submarino são alguns entre vários exemplos de plataformas digitais.

Diante disso, adotam-se as expressões plataformas online ou digitais para representar um serviço digital que facilita interações entre dois ou mais grupos de atores independentemente de serem indivíduos ou empresas, sendo que essa interação ocorre por meio da Internet. Assim, o termo "usuário" tem um escopo mais abrangente, representando não apenas indivíduos, mas empresas, organizações governamentais e não governamentais, vendedores e empregadores.

1.4.2.1 Classificações das plataformas digitais

Essas plataformas podem apresentar diversas funções, como prestação de serviços (Uber e Airbnb), venda de produtos (Amazon, Ebay, Mercado Livre e Submarino), pagamentos (Paypal), redes sociais (Facebook, Tinder), comunicação (WhatsApp e Snapchat)[68]. Explica Frazão que tais funções podem ser sistematizadas entre consumidores e produtores, de acordo com a classificação proposta por Alex Moazed e Nicholas Johnson: construção de público, correspondência, fornecimento de ferramentas e serviços essenciais, criação de regras e padrões[69].

Nesse contexto, a criação de um comércio eletrônico para atrair consumidores e vendedores está relacionada com o termo construção de público. Já a plataforma de correspondência teria a função de conectar produtores e consumidores em comum para facilitar as transações, como fez a Uber Technologies Inc. por meio de sua plataforma.

As plataformas que proveem ferramentas e serviços pretendem apoiar transações, removendo barreiras entre consumidores e produtores e se alimentando dos dados obtidos. Por fim, voltadas à criação de regras e padrões, estão as plataformas que esperam orientar comportamentos. Nesse sentido, Frazão esclarece:

> Audience building: função de criar um marketplace líquido atraindo uma massa de produtores e consumidores; Matchmaking: conectar os consumidores corretos com os produtores corretos facilitando as transações e conexões; Providing core tools and services: apoiar transações e diminuir custos de transação, remover barreiras à entrada e tornar a plataforma mais valiosa com o tempo

---

68. Cf. FRAZÃO, Ana. O poder das plataformas digitais. O que são e quais as suas repercussões sobre a regulação jurídica? *JOTA*, 11 jul. 2017. Disponível em: <https://www.jota.info/opiniao-e-analise/colunas/constituicao-empresa-e-mercado/o-poder-das-plataformas-digitais-11072017>. Acesso em: 16 maio 2020.

69. Cf. MOAZED, Alex; JOHNSON, Nicholas. *Modern monopolies*: what it takes to dominate the 21st century economy. Nova Iorque: St. Martin Press, 2016. *Apud*. FRAZÃO, Ana. O poder das plataformas digitais. O que são e quais as suas repercussões sobre a regulação jurídica? *JOTA*, 11 jul. 2017. Disponível em: <https://www.jota.info/opiniao-e-analise/colunas/constituicao-empresa-e-mercado/o-poder-das-plataformas-digitais-11072017>. Acesso em: 16 maio 2020.

por meio dos dados; Creating rules and standards: criar guias que governam os comportamentos permitidos e encorajados e aqueles que são proibidos ou desencorajados[70].

As plataformas digitais têm um papel fundamental na economia digital, utilizam tecnologias de informação e comunicação para facilitar a interação entre os usuários, coletando e explorando seus dados, em um efeito de rede, conceito que será definido no item 1.4.2.2.

Afirma a OCDE que essas plataformas têm em comum o uso de tecnologias de informação e comunicação para facilitar as interações entre usuários, a coleta e o uso de dados sobre essas interações e os efeitos da rede. Eles impulsionam a inovação e desempenham um papel vital nas economias e sociedades digitais[71].

Além disso, são instrumentos que cresceram exponencialmente na última década, atingindo todo o mundo e várias categorias de produtos e serviços, diante das mais diversas estratégias. Enquanto algumas plataformas se destacam por seu modelo de negócio, antecipando tendências do mercado ou criando confiança que antes era fraca, outras se concentraram na expansão, na lealdade dos clientes e na inovação mais do que no lucro.

Outra característica que se destaca quando o assunto são plataformas digitais é o aumento da produtividade com a sua implementação, a exemplo da criação de comércios eletrônicos, redes sociais voltadas ao trabalho, plataformas que autorizam o uso de imóveis e móveis, entre outros também chamados de economia compartilhada, como mencionado anteriormente. Em tal contexto, vê-se muitas startups sendo investidas e se tornando "unicórnios"[72], como Nubank, Uber, Airbnb, 99 Táxi, Gympass, Quinto Andar, Ebanx, Vtex[73].

Ainda de acordo com a OCDE, que importa de Gawer[74] alguns conceitos, as plataformas podem ser classificadas de diversas formas. Uma delas é considerá-las como plataformas de transação ou plataformas de inovação[75].

---

70. FRAZÃO, Ana. O poder das plataformas digitais. O que são e quais as suas repercussões sobre a regulação jurídica? *JOTA*, 11 jul. 2017. Disponível em: <https://www.jota.info/opiniao-e-analise/colunas/constitui-cao-empresa-e-mercado/o-poder-das-plataformas-digitais-11072017>. Acesso em: 16 maio 2020.
71. Cf. ORGANIZAÇÃO PARA A COOPERAÇÃO E O DESENVOLVIMENTO ECONÔMICO – OCDE. *An introduction to online platforms and their role in the digital transformation.* Paris: OECD Publishing, 2019. p. 21.
72. Unicórnios são startups que possuem avaliação de preço de mercado no valor de mais de 1 bilhão de dólares. O termo foi criado em 2013 por Aileen Lee, investidora americana.
73. BARBOSA, Suria. Saiba o que são as startups unicórnio – e quais brasileiras estão no ranking. 20 maio 2019. *Na prática.* Disponível em: <https://www.napratica.org.br/o-que-startups-unicornio/>. Acesso em: 11 maio 2021.
74. Cf. GAWER, Annabelle. Supplementary Written Evidence accompanying statements to the UK House of Lords in its Inquiry on Digital Platforms, UK House of Lords, 2015. Disponível em: <http://data.parlia-ment.uk/writtenevidence/committeeevidence.svc/evidencedocument/eu-internal-marketsubcommittee/online-platforms-and-the-eu-digital-single-market/written/23342.html>. Acesso em: 15 maio 2020.
75. Cf. ORGANIZAÇÃO PARA A COOPERAÇÃO E O DESENVOLVIMENTO ECONÔMICO – OCDE. *Competition policy and regulatory reforms for Big Data*: propositions to harness the power of Big Data while

As primeiras, plataformas de transação, facilitam trocas e negócios, transmitindo e explorando dados, até mesmo dados pessoais na Internet. Dentro delas, existem as plataformas de atenção, em que diferentes tipos de agentes podem interagir promovendo serviços gratuitos e sendo subsidiados por publicidade. Como exemplo, destacamos Google Play, Uber, Airbnb, Amazon *marketplace*, Apple, Facebook.

Já as plataformas de inovação oferecem tecnologia a uma grande quantidade de indivíduos que podem inovar com produtos e serviços complementares. Ou seja, são fundações tecnológicas em que entidades externas podem inovar, vez que são oferecidas ferramentas como APIs (Interface de Programação de Aplicativos) e softwares. Entre elas, citamos Apple IOS, Google Android, Facebook para Desenvolvedores e, da mesma forma que as plataformas de transações, Google, Apple e Facebook também estão presentes.

Sob um ângulo estrutural, as plataformas podem ser classificadas de acordo com seus escopos e estruturas. Assim, haveria superplataformas ou plataformas de plataforma, em que usuários utilizam um único portal para acessar diversas plataformas; constelação de plataformas, pertencentes a uma única empresa e que podem ser perfeitamente interoperáveis, compartilhar dados ou ter sinergias entre si, mas podem ser acessadas separadamente, sem a necessidade de passar por um único portal e; as plataformas independentes, autoexplicativas[76].

Outra possibilidade de classificação pode limitar as plataformas em categorias funcionais, de acordo com seus usuários ou com os dados que são coletados[77]. A primeira classificação abrange plataformas de mensagens suportadas por anúncios, lojas de aplicativos, C2Cs, compartilhamento de carona de longa distância (BlaBla-Car), pagamentos móveis (PicPay), publicidade em busca (Google Ads), acomodação de curto prazo (Airbnb), rede social (Instagram), superplataformas, empresas para empresas de terceiros (B2Bs) e empresas de terceiros para consumidores (B2Cs).

A segunda, por sua vez, abrange usuários anunciantes, compradores, vendedores, consumidores de conteúdo, produtores de conteúdo, desenvolvedores de aplicativos, usuários de aplicativos, empregadores, trabalhadores, motoristas, passageiros, anfitriões, convidados, pagadores ou beneficiários.

Já as plataformas classificadas de acordo com os dados que são coletados dos indivíduos se distinguem em plataformas de dados coletados voluntariamente dos

---

curbing platforms' abuse of dominance. Paris: OECD Publishing, 2016. Disponível em: <www.oecd.org/daf/competition/big-data-bringing-competition-policy-to-the-digital-era.htm>. Acesso em: 10 mar. 2020.

76. Cf. ORGANIZAÇÃO PARA A COOPERAÇÃO E O DESENVOLVIMENTO ECONÔMICO – OCDE. *An introduction to online platforms and their role in the digital transformation*. Paris: OECD Publishing, 2019. p. 62. Disponível em: <https://www.oecd.org/publications/an-introduction-to-online-platforms-and-their--role-in-the-digital-transformation-53e5f593-en.htm>. Acesso em: 24 abr. 2020.

77. Cf. ORGANIZAÇÃO PARA A COOPERAÇÃO E O DESENVOLVIMENTO ECONÔMICO – OCDE. *An introduction to online platforms and their role in the digital transformation*. Paris: OECD Publishing, 2019. p. 63. Disponível em: <https://www.oecd.org/publications/an-introduction-to-online-platforms-and-their--role-in-the-digital-transformation-53e5f593-en.htm>. Acesso em: 24 abr. 2020.

usuários, dados observados de seus comportamentos ou dados inferidos por meio de uma análise.

Assim, podem ser subdivididas de acordo com o propósito para o qual os dados são coletados, por exemplo, otimização do website, fornecimento de uma melhor experiência do usuário, publicidade, operação e fornecimento de recursos e funcionalidades dos produtos e serviços, comunicação, medição de tendências de tráfego e uso, fornecimento de conteúdo e informações personalizadas, incluindo conteúdo e publicidade direcionada, diagnóstico de problemas de tecnologia, sugestão de eventos locais, anúncios baseados em localização, auditorias, proteção e segurança, desenvolvimento de novos serviços, entre outros.

Diante do exposto, é possível notar que apesar de as plataformas não serem as únicas empresas que capitalizam dados dos usuários, elas se destacam pela enorme quantidade de dados aos quais têm acesso, podendo utilizá-los de diversas maneiras. Nesse contexto, Monteiro pontua que tal geração de valor decorre, principalmente, de três estratégias – personalização de produtos e serviços, publicidades comportamentais, venda de bases de dados[78].

De forma mais específica, a primeira se relaciona ao oferecimento de produtos e serviços personalizados de acordo com o indivíduo, tornando os dados tratados como subprodutos. Outra opção é a utilização dos dados para o direcionamento de publicidades, as chamadas publicidades personalizadas, que serão estudadas mais à frente. A terceira estratégia pode se mostrar contraditória com os princípios de autodeterminação informacional previstos em regulações ao redor do mundo, como a LGPD e o GDPR, pois consiste na venda de bases de dados para terceiros, como fonte de receitas das empresas.

Implementadas alguma dessas estratégias, plataformas impactam a sociedade. No âmbito macroeconômico, destaca-se a propulsão de inovação, assim como a rápida difusão de ideias e informações. Como consequência, há crescimento econômico, vez que as próprias plataformas estão contribuindo substancialmente para o crescimento do produto interno bruto do país em que se instalam[79].

Ademais, a atuação das plataformas digitais de forma internacional impulsiona o comércio, facilitando a expansão de outras empresas para mercados estrangeiros sem a necessidade de abrir uma fábrica ou uma loja. Há oferecimento de produtos,

---

78. Cf. MONTEIRO, Gabriela. *Big Data e Concorrência*: uma avaliação dos impactos da exploração de Big Data para o método antitruste tradicional de análise de concentrações econômicas. Dissertação (Mestrado em Direito da Regulação) – Escola de Direito do Rio de Janeiro, Fundação Getúlio Vargas, 2017. p. 39. Disponível em: <https://bibliotecadigital.fgv.br/dspace/handle/10438/20312>. Acesso em: 15 maio 2020.

79. Cf. ORGANIZAÇÃO PARA A COOPERAÇÃO E O DESENVOLVIMENTO ECONÔMICO – OCDE. *An introduction to online platforms and their role in the digital transformation*. Paris: OECD Publishing, 2019. p. 30. Disponível em: <https://www.oecd.org/publications/an-introduction-to-online-platforms-and-their--role-in-the-digital-transformation-53e5f593-en.htm>. Acesso em: 24 abr. 2020.

serviços e, até mesmo, importação de mão-de-obra, culminando em uma democratização do mercado e estimulando o empreendedorismo[80].

1.4.2.2 Características das plataformas digitais

Estão presentes nas plataformas digitais algumas características que facilitam na compreensão da sua dinâmica, conforme explorado pela OCDE[81]. Uma delas corresponde aos efeitos de rede. Para Nicholas Economides, acadêmico dedicado ao tema, em economias de rede há uma relação de complementariedade que produz efeitos capazes de retornar o consumo em escala, sendo a razão para o crescimento e lucratividade das empresas desse mercado[82].

Tais efeitos de rede podem ser divididos em positivos e negativos, assim como efeitos diretos e indiretos. Os primeiros correspondem ao aumento ou diminuição da utilidade ou lucratividade para um grupo de consumidores ou empresas quando mais usuários exploram o mesmo produto. Já os efeitos de rede diretos se referem à influência direta que o aumento de um grupo ou diminuição provoca no outro. Os efeitos de rede indiretos, por sua vez, fazem com que um grupo seja afetado indiretamente pelo aumento de seus membros[83].

Os efeitos de rede diretos, em sua maioria, são positivos. Por exemplo, quanto mais usuários em uma plataforma, maior a procura por outros. Tais efeitos ocorrem em certos tipos de plataformas quando a quantidade de usuários de um lado derivar e depender do número de usuários desse mesmo lado. Entre os exemplos, estão as mídias sociais: o aplicativo Messenger, ferramenta de conversas do Facebook, seria inútil ao usuário se não tivessem outros usuários com quem o indivíduo pudesse se conectar; o aplicativo Instagram não teria o mesmo valor se não apresentasse outros usuários com conteúdo. Destarte, quanto mais usuários houver, mais valioso o serviço se torna, atraindo terceiros.

Já os efeitos de rede positivos indiretos, diferentemente dos que foram acima mencionados, estão presentes em todas as plataformas de dois ou mais lados, con-

---

80. Cf. ORGANIZAÇÃO PARA A COOPERAÇÃO E O DESENVOLVIMENTO ECONÔMICO – OCDE. *An introduction to online platforms and their role in the digital transformation*. Paris: OECD Publishing, 2019. p. 31. Disponível em: <https://www.oecd.org/publications/an-introduction-to-online-platforms-and-their--role-in-the-digital-transformation-53e5f593-en.htm>. Acesso em: 24 abr. 2020.

81. Cf. ORGANIZAÇÃO PARA A COOPERAÇÃO E O DESENVOLVIMENTO ECONÔMICO – OCDE. *An introduction to online platforms and their role in the digital transformation*. Paris: OECD Publishing,2019. p. 22 e ss. Disponível em: <https://www.oecd.org/publications/an-introduction-to-online-platforms-an-d-their-role-in-the-digital-transformation-53e5f593-en.htm>. Acesso em: 24 abr. 2020.

82. Cf. ECONOMIDES, Nicholas. *Antitrust Issues in Network Industries*. Maio 2008. Disponível em: <http://neconomides.stern.nyu.edu/networks/Economides_Antitrust_in_Network_Industries.pdf>. Acesso em: 11 maio 2021. p. 3-5.

83. Cf. SHY, Oz. A short survey of network economics. *Review of Industrial Organization*. March 2011, v. 38, n. 2. p. 121.

ceito a ser explicado no item 1.4.3. Tais efeitos ocorrem quando determinado grupo se beneficia a partir do aumento de usuários em outro grupo.

Portanto, quanto mais usuários estão de um lado, mais valiosa se torna a plataforma para os que estão do outro lado. Como exemplo, no aplicativo Facebook, que não tem apenas a interação social um de seus objetivos, percebe-se que se há aumento de usuários de um lado, anunciantes se beneficiam de outro, o que torna a plataforma mais atrativa para ambos.

Outra característica das plataformas digitais está relacionada à dinâmica de precificação diferenciada, diferente da precificação personalizada objeto principal desta pesquisa. Em alguns casos, pode ser benéfica a adoção da estratégia de cobrar de forma diferenciada entre os diferentes grupos, como usuários e anunciantes, ao invés de uma cobrança uniforme. Em decorrência disso, um grupo é subsidiado pelo outro. Entre os exemplos desse tipo, encontram-se as plataformas de buscas e redes sociais.

Por exemplo, o buscador Google é gratuito ao usuário, que tem acesso a muita informação sem custos monetários. Porém, os anunciantes que pretendem usar o espaço da plataforma para anunciar seus produtos e serviços pagam um valor que compensa o oferecimento para o outro lado de forma gratuita. Portanto, em uma plataforma de busca, a prática de um serviço sem custos monetários a determinado grupo de usuários pode aumentar a visibilidade e utilização da plataforma, trazendo, em consequência, mais anunciantes para subsidiar os serviços oferecidos.

No mesmo sentido, as plataformas Facebook e Instagram apresentam serviços de mídia social sem custos monetários para seus usuários, enquanto os anunciantes pagam pelo espaço publicitário, podendo, ainda, direcionar seus produtos ou serviços de acordo com perfis inferidos a partir de dados de usuários que mais se adequam com seus negócios. De maneira geral, se usuários de determinada rede social são o grupo A e os anunciantes o grupo B, ao invés de cobrar X de A e X de B, a plataforma pode cobrar 2X de B, impulsionando o crescimento do lado A que, consequentemente, gerará o aumento de anunciantes do lado B em decorrência do efeito de rede indireto.

Em paralelo, também se destaca como característica de plataformas digitais o crescimento em escala, refletindo a possibilidade de crescimento exponencial com baixos custos operacionais. Assim, é possível oferecer um mesmo serviço a diversos usuários sem muitas contratações e investimentos em infraestrutura. Além disso, a potencialidade de alcance global e escopo panorâmico permitem que a plataforma não enfrente fronteiras territoriais e abranja diversos produtos ou serviços.

A inovação disruptiva nas plataformas, que pode não estar presente em todas, é uma das características presentes naquelas que se mostram mais bem-sucedidas. Como visto anteriormente, tal inovação representa a capacidade de alteração brusca de mercados, interrompendo-os e criando outros, incluindo não apenas novos produtos, mas novos modelos de negócios que podem ou não estar acompanhados de tecnologia inovadora.

Outro elemento presente em algumas das plataformas digitais é o custo de mudança, que dificulta a saída do usuário mesmo que haja um aumento no preço do serviço ou produto oferecido e a qualidade diminua. Isso decorre da complexidade em transportar informações para outra plataforma, após a inserção de, por exemplo, fotografias, informações pessoais, preferências, contatos, como ocorre nas contas pessoais de redes sociais[84].

Além disso, em relação aos agentes econômicos, os efeitos de rede podem agir como uma forma de barreira à entrada, na medida em que custos para novas plataformas obterem dados se tornam impraticáveis. O acesso aos dados se revela essencial, sendo a concorrência voltada pelo mercado e não no mercado[85]. Nesse contexto, surge a expressão "o vencedor leva tudo", quando a dominância é alcançada por alguma plataforma, decorrendo, principalmente, da confluência de efeitos positivos da rede, economia em escala e o escopo.

1.4.3 A dinâmica de mercados de múltiplos lados

As plataformas digitais apresentam-se como um espaço de conexão entre seus usuários, diminuindo os custos de transações pela aproximação de partes distintas. Trata-se, assim, de uma ferramenta intermediária que concilia interesses alheios. Diante disso, Tirole e Rochet introduziram em 2003 a expressão *two-sided markets*, em português, mercados de dois lados para designar situações em que se atendem, simultaneamente, dois ou mais grupos de consumidores. Em suas palavras:

> Um mercado é de dois lados se a plataforma pode afetar o volume de transações cobrando mais de um lado do mercado, reduzindo o preço pago pelo outro em um montante equivalente; em outras palavras, o preço da estrutura importa e as plataformas devem desenhar isso de forma a trazer ambos os lados para o negócio[86].

---

84. Tal dificuldade pode ser minimizada com a vigência da LGPD que prevê o direito à portabilidade, que ainda será regulado pela Autoridade Nacional de Proteção de Dados, conforme artigo 18, V, da lei.

85. Nesse sentido, recomenda-se a leitura de TUCKER, Darren; WELLFORD, Hill B. Big Mistakes Regarding Big Data, *Antitrust Source*, v. 2973, dez., 2014, p. 1–12; NAZZINI, Renato. Online Platforms and Antitrust: Where do we go from here? *Rivista Italiana di Antitrust*, n. 2015, 2018, p. 5–22; SOKOL, D. Daniel; COMERFORD, Roisin E., Antitrust and Regulating Big Data. *George Mason Law Review*, v. 23, n. 119, 2016, p. 1129–1161; LAMBRECHT, Anja; TUCKER, Catherine E., Can Big Data Protect a Firm from Competition? *CPI Antitrust Chronicle*, v. 76, jan. 2017, p. 1-4; EVANS, David S. Why the Dynamics of Competition for Online Platforms Leads To Sleepless Nights, But Not Sleepy Monopolies. *SSRN Electronic Journal*, 2017, p. 1-37; RUBINFELD, Daniel L; GAL, Michal S. Acess Barriers to Big Data. *Arizona Law Review*, 2016; GRUNES, Allen P; STUCKE, Maurice E. No Mistake About It: The Important Role of Antitrust in the Era of Big Data. *Antitrust Source*, abril, 2015, p. 1-14.

86. No original: "A market is two-sided if the platform can affect the volume of transactions by charging more to one side of the market and reducing the price paid by the other side by an equal amount; in other words, the price structure matters, and platforms must design it so as to bring both sides on board." (ROCHET, Jean-Charles; TIROLE, Jean. Two-Sided Markets: A Progress Report. *RAND Journal of Economics*, v. 37, n. 3, outono de 2006, p. 664-665. Tradução nossa).

Entende-se, na presente pesquisa, que mercados de dois lados e plataformas de dois lados são sinônimos. Além disso, as plataformas baseadas em estruturas de web podem apresentar não apenas dois, mas múltiplos lados, estendendo as características aqui expressas, de forma que também será utilizada a expressão plataformas ou mercados de múltiplos lados.

O modelo de funcionamento de plataformas de dois ou múltiplos lados tem a presença de dois (ou mais) grupos de usuários, dos quais se destacam consumidores e anunciantes, e precisa de uma plataforma para realizar a intermediação entre tais grupos. Essa estrutura garante que ambos os grupos dependam da plataforma para realizar suas transações, cujos benefícios serão absorvidos por aquela[87].

Evans e Schmalensee propuseram uma definição menos formal que captura os principais recursos dos negócios de plataforma. De acordo com os autores, uma plataforma de vários lados, representando um catalisador econômico, tem dois ou mais grupos de clientes que precisam um do outro de alguma maneira, mas não podem capturar o valor de sua atração mútua por conta própria e precisam confiar no catalisador para facilitar as interações de criação de valor entre eles[88].

Essa categoria de plataformas tem o bem-estar do usuário variando de acordo com o nível de preço e o de estrutura[89]. Conforme Tirole e Rochet, a plataforma não será um modelo de negócios bi ou multilateral se os agentes econômicos puderem derrotar facilmente a estrutura de preços por meio de pagamentos paralelos. Ou seja, a plataforma é de apenas um lado quando o bem-estar do usuário varia com o nível de preço, mas não com o preço da estrutura.

Diante disso, a OCDE caracterizou plataformas de dois ou mais lados com três diferentes elementos[90]. O primeiro é a presença de dois (ou mais) grupos de consumidores que precisam do outro na forma apresentada pela plataforma que os intermedia. A plataforma provê produtos e serviços simultaneamente a ambos os grupos.

O segundo elemento é a existência de externalidades ao redor dos grupos de consumidores, ou seja, o valor que determinado consumidor abstrairá da plataforma aumenta à medida em que o número de usuários do outro lado se torna maior. Por

---

87. Cf. ROCHET, Jean-Charles; TIROLE, Jean. Platform Competition in Two-Sided Markets. *Journal of the European Economic Association*, v. 1, n. 4, p.990-1029, jun. 2003; EVANS, David S. *The Antitrust Economics of Two-Sided Markets*. 2002. Disponível em: <http://papers.ssrn.com/sol3/papers.cfm?abstract_id=332022>. Acesso em: 03 jan. 2020; SHAPIRO, Carl; VARIAN; Hal R. *Information Rules*: A Strategic Guide to the Network Economy. Boston: Harvard Business School Press, 1999; KATZ, Michael L.; SHAPIRO; Carl. Systems Competition and Network Effects. *The Journal of Economic Perspectives*, v. 8, n. 2, p. 93-115, 1994.
88. EVANS, David S.; SCHMALENSEE, Richard. The Industrial Organization of Markets with Two-Sided Platforms. *Competition Policy International*, v. 3, n.1, p. 151-179, 2007.
89. Cf. ROCHET, Jean-Charles; TIROLE, Jean. *Defining Two-Sided Markets*, 2003. Disponível em: <https://www.researchgate.net/publication/253323248_Defining_Two-Sided_Markets>. Acesso em: 28 de maio de 2020.
90. Cf. ORGANIZAÇÃO PARA A COOPERAÇÃO E O DESENVOLVIMENTO ECONÔMICO – OCDE. *Two sided markets*. Paris: OCDE Publishing, 2009. p. 13. Disponível em : <https://www.oecd.org/daf/competition/44445730.pdf>. Acesso em: 23 maio 2020.

exemplo, o valor de uma plataforma de buscas é maior para o anunciante se existem mais usuários que a utilizam.

Por fim, o terceiro elemento é a estrutura de preços não neutra, pois o valor estrutural da plataforma afeta a quantidade de transações. Essa estrutura de preços é a forma como são distribuídos os preços entre os grupos de consumidores. Um aumento de preço de um lado e a baixa de preços a zero de outro, por exemplo, pode melhorar a quantidade de usuários de ambos os lados. Essas plataformas também são conhecidas como mercados de preço zero[91].

Nesses mercados de preço zero, a entrada do usuário pagante na plataforma, como anunciantes, pode aumentar o valor da plataforma para o grupo do outro lado, como os usuários de redes sociais. Trata-se das chamadas formadoras de audiência como emissoras de televisão, principalmente aquelas de rede aberta[92].

Consequentemente, será cobrado o menor preço do grupo que gera mais as consequências indiretas que a atividade produz sobre terceiros, também chamadas de externalidades indiretas. O outro grupo será a principal fonte de receita da plataforma. Isso ocorre, por exemplo, no Instagram, em que os usuários geram mais externalidades indiretas e não pagam pela utilização da plataforma, enquanto os anunciantes sim[93].

Além disso, destacam-se alguns princípios econômicos nas plataformas de dois ou múltiplos lados[94]. O primeiro deles é a maximização de lucros, que pode ser alcançada com a cobrança de diferentes valores entre os grupos de consumidores. Os preços enviesados ocorrem mesmo que os custos de uso sejam compartilhados ou similares para os dois ou mais lados. Isso pode ocorrer se as externalidades indiretas da rede forem muito desequilibradas[95].

Outro princípio é a diferenciação da plataforma e da hospedagem múltipla, também denominada *multihoming*. Essas diferenciações podem ser verticais, de acordo com a qualidade dos produtos e serviços, ou horizontais, de acordo com

---

91. NEWMAN, John M. Antitrust in zero-price market: foundations. *University of Pennsylvania Law Review*, v. 164, p. 149-106, 2015. Disponível em: <https://scholarship.law.upenn.edu/cgi/viewcontent.cgi?article=9504&context=penn_law_review>. Acesso em: 02 fev. 2020.

92. Cf. EVANS, David S. *The Antitrust Economics of Two-Sided Markets*. 2002. p. 21. Disponível em: <https://ssrn.com/abstract=332022>. Acesso em: 17 maio 2020.

93. Nesse contexto, destaca-se o problema do ovo e da galinha [e qual veio primeiro], que apresenta a questão de como atrair compradores que, no caso de plataformas, são os usuários, sem um grupo de vendedores, que são os anunciantes e vice-e-versa. Tal problema justifica a coleção de uma parcela desproporcional das receitas de um lado do mercado, talvez até sofrendo uma perda de outro. Nesse sentido, recomenda-se a leitura de EVANS, David S. *The Antitrust Economics of Two-Sided Markets*. 2002. p. 11. Disponível em: <https://ssrn.com/abstract=332022>. Acesso em: 17 maio 2020.

94. Cf. EVANS, David S. *The Antitrust Economics of Two-Sided Markets*. 2002. p. 31. Disponível em: <https://ssrn.com/abstract=332022>. Acesso em: 17 maio 2020.

95. Uma alternativa seria a realização de intervenções equilibradas nos diferentes lados, com subsídios e controles de níveis de preço de forma a reduzir os custos para os dois grupos de consumidores, para, no fim, alcançar o bem-estar do consumidor.

características e preços que atrairão consumidores de diferentes tipos. Usa-se o termo hospedagem múltipla para se referir à situação em que consumidores podem utilizar diversas plataformas para o mesmo serviço, sendo capaz de escolher qual usará sem maiores custos[96].

Portanto, uma plataforma de dois ou vários lados cria valor coordenando os vários grupos de agentes e garantindo que haja agentes suficientes de cada tipo para fazer a participação ser benéfica para todos[97].

Por outro lado, observa-se que no mercado de plataformas de dois ou múltiplos lados, não existem muitas empresas concorrendo entre si, o que pode ser explicado pelos altos custos fixos e externalidades indiretas de rede. Enquanto os primeiros estão relacionados com softwares, capacidade de armazenamento, operação, estrutura, as externalidades indiretas criam um ciclo em que um usuário entrante na plataforma atrai outros.

Nesse contexto, destaca-se o chamado efeito de tombamento, ou "tipping effect", que decorre de efeitos de rede, ou seja, cada usuário extra na plataforma melhora a experiência de outros usuários e torna mais difícil para as plataformas rivais oferecerem uma opção tão atraente.

No entanto, a diferenciação horizontal, que permite que várias plataformas existam de acordo com os tipos de consumidores, e a congestão, que gera a limitação de clientes a fim de evitar maiores custos fixos e de pesquisa, podem se tornar obstáculos para a concentração do mercado sob o poder de poucos players. Por exemplo, o Linkedin é uma plataforma que não compete diretamente com o Facebook, apesar de ambos serem redes sociais, pois o primeiro é voltado ao mercado de trabalho e o outro ao lazer e comunicação. Além disso, as plataformas não podem permitir ilimitados espaços publicitários, tendo em vista o efeito negativo que causaria nos usuários.

Dessa forma, plataformas precisam equilibrar os interesses de distintos grupos para lhes agregar valor e maximizar o próprio lucro. As decisões de negócios que afetam o bem-estar de um grupo de usuários provavelmente influenciam outros por meio de externalidades de rede indiretas[98].

Diante de todo o exposto, conclui-se que as plataformas digitais estão muito presentes na dinâmica social atual, destacando-se o funcionamento de comércio eletrônico como um mercado de dois ou mais lados. Tal categoria de plataforma apresenta funcionamento relevante para a presente pesquisa devido à possibilidade

---

96. Essa dinâmica é favorável à concorrência pois a afeta o nível de preços tende a ser mais baixo tendo em vista a disponibilidade de substitutos, o que pressiona concorrentes para que abaixem seus preços.

97. Cf. EVANS, David S.; SCHMALENSEE, Richard. The Antitrust Analysis of Multi-Sided Platform Businesses. *NBER Working Paper n. 18783*. Fev. 2013. National Bureau of Economic Research. Cambridge. Disponível em: <http://www.nber.org/papers/w18783>. Acesso em: 04 maio 2020.

98. Cf. EVANS, David S.; SCHMALENSEE, Richard. The Antitrust Analysis of Multi-Sided Platform Businesses. *NBER Working Paper n. 18783*. Fev. 2013. National Bureau of Economic Research. Cambridge. p. 11. Disponível em: <http://www.nber.org/papers/w18783>. Acesso em: 04 maio 2020.

1 • A DINÂMICA DE MERCADOS DIGITAIS FUNDADA EM DADOS PESSOAIS   31

de personalização de preços para oferecimento de bens aos usuários, prática que será explicada nos Capítulos 3 e 4.

1.4.4 Conceito de comércio eletrônico como plataforma digital

O uso mais intenso da Internet a partir da década de 90 alimentou o crescimento do comércio eletrônico, em que transações comerciais são feitas especialmente por meio de uma rede de computadores. A OCDE define a dinâmica deste comércio eletrônico como a venda ou a compra de bens ou serviços, realizada em redes de computadores por métodos especificamente projetados com o objetivo de receber ou fazer pedidos[99].

Como consequência, houve aumento da eficiência no gerenciamento de transações, cadeia de suprimentos e atendimento ao cliente, diminuindo intermediários, facilitando o acesso a bens e serviços e permitindo a participação ativa nas principais funções do negócio, como a personalização do produto.

Assim, facilitou-se o comércio além-fronteiras, possibilitando que empresas expandam suas operações para outros países sem precisar, necessariamente, de uma sede ou representante no local; aumentou-se a conveniência para os consumidores que podem pedir de suas casas, fazendo comparações de preços entre diferentes fornecedores e realizando transações sem as limitações do horário comercial; e, além disso, também se permitiu que as empresas alcancem novos mercados.

O funcionamento de tal ferramenta ocorre por meio de uma variedade de relações comerciais, que podem ocorrer entre indivíduos (C), governos (G) e empresas (B) das mais variadas formas, das quais são provenientes as expressões B2B ou *business-to-business*, B2C ou *business-to-consumer*, C2B ou *consumer-to-business* e B2G ou *business-to-governement*[100].

As plataformas digitais no contexto do comércio eletrônico geralmente reúnem compradores e vendedores para a comercialização de produtos digitais ou físicos. Tornam-se, assim, agentes significativos facilitando uma série de interações e permitindo que vendedores terceirizados interajam com os clientes sem que haja a apropriação ou estoque dos produtos oferecidos.

Em sua dinâmica, estão envolvidos algoritmos que desempenham diversas funções, entre elas, a personalização dos preços dos produtos e serviços ofertados ao consumidor a partir do processamento de dados pessoais.

---

99. Cf. ORGANIZAÇÃO PARA A COOPERAÇÃO E O DESENVOLVIMENTO ECONÔMICO – OCDE. *Unpacking E-Commerce*: Business Models, Trends and Policies, Paris: OECD Publishing, 2019. p. 14. Disponível em: <https://doi.org/10.1787/23561431-en>. Acesso em: 17 maio 2020.
100. Cf. ORGANIZAÇÃO PARA A COOPERAÇÃO E O DESENVOLVIMENTO ECONÔMICO – OCDE. *Unpacking E-commerce*: Business Models, Trends and Policies, Paris: OECD Publishing, 2019. p. 14. Disponível em: <https://doi.org/10.1787/23561431-en>. Acesso em: 17 maio 2020.

1.4.5 Exploração de algoritmos em plataformas digitais

Algoritmos existem há muito tempo e consistem, basicamente, em uma sequência de códigos desempenhando determinada função, que foi se aperfeiçoando com o decorrer dos anos. Relacionam-se, assim, com comandos e programações. A palavra em si deriva de estudos de Abū ʿAbdallāh Muḥammad ibn Mūsā al-Khwārizmī, matemático do século IX, representando originalmente um processo para o cálculo de números hindu-árabes[101].

Com as transformações digitais, é comum que computadores analisem dados e façam inferências por meio de probabilidades e correlações que, muitas vezes, não seriam possíveis de serem imaginadas ou explicadas. Como consequência, são geradas provas matemáticas e novas equações explicativas que desafiam a compreensão humana[102]. Algoritmos podem ser simples ou alcançar complexas funções.

No campo da saúde, como exemplo, algoritmos foram capazes de prever as chances de sobrevivência de pacientes 24 horas após a entrada no hospital, com precisão de mais de 90%, a partir de uma análise de dados que não foi explicada integralmente por especialistas[103].

Por outro lado, algoritmos também podem ser ferramentas perigosas, como O'Neil cita em seu livro "Algoritmos de Destruição em Massa", quando usados sem uma análise criteriosa. Alguns dos casos mais notáveis de uso indevido são encontrados nos sistemas de justiça criminal e serviços de proteção infantil[104].

Portanto, quanto mais complexos os algoritmos, mais poderão ajudar a alcançar determinado objetivo, solucionar problemas e auxiliar na tomada de decisões, o que é factível pela capacidade de análise de dados que possuem. Para que isso fosse possível, foi necessário o desenvolvimento de um mecanismo de entrada de dados e um de saída, a seguir explicados de forma simplória (e não muito técnica).

O primeiro é chamado de *input*, a partir do qual dados são recebidos por meio digital, na forma de *bits*. Para a saída dos dados trabalhados, tem-se o *output*, que decorre do *input*, ou seja, é o retorno dos dados corretos a partir dos dados de entrada. Exemplificando, em um algoritmo de calculadora, entendemos que 3 mais 2 (*input*) são 5 (*output*). Como os algoritmos não fazem juízos de valor, é necessária

---

101. Cf. FINN, Ed. *What Algorithms Want*: Imagination in the Age of Computing. Cambridge: The MIT Press 2017. p. 17.
102. Cf. FINN, Ed. *What Algorithms Want*: Imagination in the Age of Computing. Cambridge: The MIT Press 2017. p. 44.
103. Cf. BURT, Andrew; VOLCHENBOUM, Samuel. How Health Care Changes When Algorithms Start Making Diagnoses. *Harvard Business Review*, 8 maio 2018. Disponível em: <https://hbr.org/2018/05/how-health--care-changes-when-algorithms-start-making-diagnoses>. Acesso em: 10 jan. 2019.
104. Cf. O'NEIL, Cathy. *Weapons of Math Destruction*: how big data increases inequality and threatens democracy. New York: Crown Publishers, 2016.

a exata definição de sua operação, com um roteiro pré-determinado[105]. Esses dados auxiliarão o algoritmo a encontrar a solução para determinado desejo humano, isto é, ao objetivo especificado.

Um exemplo corriqueiro são os aplicativos de transporte que, ao buscarem a melhor rota, deverão oferecer a solução de acordo com o conceito de "melhor" que o indivíduo espera. Porém, o objetivo do sujeito pode ser diferente dependendo de variáveis como a importância da rapidez da rota, custo ou segurança. Assim, quanto maior a quantidade de dados do indivíduo que o algoritmo puder processar para chegar ao resultado, maiores serão as chances de o "melhor" palpite ser dado.

Outros exemplos de sistemas que são alimentados por dados e voltam aos seus usuários com sugestões são os sistemas do Netflix e do Spotify. Essas empresas coletam dados, processam e, a partir do uso de seus sistemas, seja pela busca de filmes, séries ou músicas, traçam características que auxiliarão nas sugestões a serem dadas, como *"playlist* do dia" e "sugestões para você". São os algoritmos operantes que as destacam de outras plataformas.

Portanto, dados são os insumos básicos que alimentarão os algoritmos para que as expectativas dos indivíduos sejam alcançadas, o que está ligado ao conceito de Big Data já explorado no subcapítulo 1.4.1. Nesse sentido, afirma Frazão:

> A matéria-prima utilizada pelos algoritmos para tais decisões é o *big data*, ou seja, a enorme quantidade de dados disponíveis no mundo virtual que, com o devido processamento, pode ser transformada em informações economicamente úteis, que servirão como diretrizes e critérios para o processo decisório algorítmico[106].

Além disso, os algoritmos formam a base de qualquer software. Eles podem ser classificados quanto a sua funcionalidade, sendo um algoritmo programado ou não. Os algoritmos programados seguem operações desenhadas. Por outro lado, algoritmos não programados podem criar outros algoritmos e, de forma geral, recebem dados e o resultado esperado como *inputs* e, a partir disso, tentam chegar ao resultado produzindo um *output*. Essa categoria também é conhecida como *learner*[107].

Neste ponto, vale abordar a inteligência artificial, primordialmente programada com extensas listas e detalhes para alcançar a forma de pensar como a de humanos.

---

105. Cf. MARQUES, Ana Luiz Pinto Coelho; NUNES, Dierle. Inteligência artificial e o direito processual: vieses algorítmicos e os riscos de atribuição de função decisória às máquinas. *Revista de Processo*, v. 285, p. 421-447, nov. 2018. p. 3.

106. FRAZÃO, Ana. Algoritmos e Inteligência Artificial. *In*: DOMINGUES, Juliana; GABAN, Eduardo; MIELE, Aluísio; SILVA, Breno. *Direito Antitruste 4.0* – fronteiras entre concorrência e inovação. São Paulo: Ed. Singular, 2019. p. 118.

107. Cf. BECKER, Daniel; FERRARI, Isabela; WOLKART, Erik. Arbitrium ex machina: panorama, riscos e a necessidade de regulação das decisões informadas por algoritmos. *Revista dos Tribunais*. v. 995/2018, p. 635-655, set. 2018. p. 4.

De acordo com Bensamoun[108], sua definição é imprecisa. O termo foi criado em 1956 por John McCarthy et al. e, apesar de ainda não ter atingido plenamente a singularidade tecnológica[109] e superado o "jogo da imitação" proposto pelo matemático Alan Turing[110], traz diversos desafios para o Direito, como será visto a seguir.

Conforme Borges e Faleiros Jr. explicam, "o que se prevê é que os algoritmos se tornarão tão complexos que superarão os limites da predição estatística e do suporte à tomada de decisões para serem máquinas capazes de pensar [...]"[111]. Para Tomasevicius Filho, trata-se de "softwares que usam algoritmos emuladores de métodos básicos de solução de problemas" de forma que "hoje existem diversos algoritmos de inteligência artificial, que vão se aperfeiçoando a partir dos algoritmos básicos elaborados nas últimas décadas"[112]. Portanto, de forma simplificada, a relação entre os algoritmos e a inteligência artificial se encontra no funcionamento daqueles para comporem-na.

De acordo com Kai Fu Lee[113], a revolução causada pela inteligência artificial não acontecerá em pouco tempo e pode ser dividida em quatro ondas: IA de internet, IA de negócios, IA de percepção e IA autônoma.

As duas primeiras já estão ao redor dos indivíduos, "remodelando mundos digital e financeiro", "intensificando controle das empresas de internet em relação aos serviços, substituindo consultores por algoritmos, negociando ações e diagnosticando doenças" conforme explica o autor. A IA de percepção passa a cada dia mais a reconhecer rostos e digitalizar o mundo físico, "atenuando as linhas entre digital e físico". Já a IA autônoma terá impacto mais profundo na sociedade, quando carros autônomos tomarem as ruas, robôs inteligentes as fábricas e drones os céus.

Nesse contexto, vale mencionar exemplos da presença de tal tecnologia na sociedade, que tem sido aperfeiçoada constantemente. Apesar de a Siri, assistente virtual da Apple Inc., ter sida lançada apenas em outubro de 2011, tida como uma tecnologia revolucionária visando à interação homem-máquina, ela estava em desenvolvimento há mais de uma década nos Estados Unidos da América, em um investimento de 150 milhões de dólares da Agência de Projetos de Pesquisa Avançada

---

108. BENSAMOUN, Alexandra; LOISEAU, Grégoire (coord.). *Droit de l'Intelligence Artificielle*. Issy-les-Moulineaux: LGDG, 2019. p. 236.
109. VINGE, Vernor. The coming technological singularity: How to survive in the post-human era. In: Interdisciplinary Science and Engineering in the Era of Cyberspace. *NASA John H. Glenn Research Center at Lewis Field*, Cleveland, 1993.
110. TURING, Alan M. On computable numbers, with an application to the Entscheidungsproblem. *Proceedings of the London Mathematical Society*, Londres, v. 42, n. 1, nov. 1936.
111. BORGES, Gustavo Silveira; FALEIROS JÚNIOR, José Luiz de Moura. Ética algorítmica e direitos humanos: reflexões sobre os limites do profiling no capitalismo de vigilância. In: CANTARINI, Paola; GUERRA FILHO, Willis Santiago; KNOERR, Viviane Coêlho de Séllos. (Coord.). *Direito e inteligência artificial*: fundamentos. Volume 2: Inteligência artificial e tutela de direitos. Rio de Janeiro: Lumen Juris, 2021. p. 299.
112. TOMASEVICIUS FILHO, Eduardo. Inteligência artificial e direitos da personalidade: uma contradição em termos? *Revista Da Faculdade De Direito*, Universidade De São Paulo, 113, 133-149, 2018. p. 136.
113. LEE, Kai-Fu. *Inteligência artificial*: como os robôs estão mudando o mundo, a forma como amamos, nos relacionamos, trabalhamos e vivemos. Trad. Marcelo Barbão. Rio de Janeiro: Globo Livros, 2019. p. 121.

de Defesa (DARPA). Tratava-se de um projeto instalado no Instituto de Pesquisa de Stanford – SRI[114].

O SRI já havia sido palco de pesquisas no tema, como o desenvolvimento do Agente Cognitivo que Aprende e Organiza (CALO) na Segunda Guerra Mundial, que ajudava comandantes de campo que precisam gerenciar dados complexos e burocracia, mantendo o foco em desafios estratégicos[115]. A Siri seria, portanto, uma inteligência artificial criada para ser um agente de campo que não apenas automatizaria tarefas, mas preveria e as executaria em nome do usuário. Ou seja, uma inteligência artificial que pode agir por si só em interação com os humanos.

Ainda, convém tratar em breves linhas, sem a intenção de entrar em conceitos técnicos ou esgotar o assunto, sobre o *machine learning,* que pode ser entendido como uma tecnologia em que o uso de algoritmos permite que as máquinas aprendam por meio de dados e experiências, sendo necessário um grande volume de dados para alimentar o sistema. A forma mais simples emprega algoritmos supervisionados, que têm o sistema carregado com *inputs* e o objetivo esperado como *output*, constituídos por dados já escolhidos e lapidados[116]. A categoria de algoritmos não supervisionados não tem dados rotulados, encontrando o resultado diante do que foi oferecido. Esse tipo de algoritmo pode ser útil, por exemplo, quando é necessária a descoberta de padrões. Os algoritmos de reforço estão ao lado dos algoritmos supervisionados e não supervisionados, sendo treinados para a tomada de decisões. Esses algoritmos aprendem com o *feedback* positivo ou negativo advindo do resultado encontrado e diferentemente das outras, essa categoria não gera *outputs* corretos, mas foca na performance[117].

Já o *deep learning* diferencia-se da tecnologia do *machine learning* porque funciona de forma intuitiva. Ele é estruturado hierarquicamente para aumentar a complexidade e a abstração, permitindo que computadores aprendam rapidamente, com mais precisão do que os algoritmos de *machine learning*[118]. A técnica utilizada no *deep learning* é a rede neural, que consiste em portas lógicas comandadas por algoritmos que aprendem por tentativa e erro, ou seja, permite que sistemas de computadores aprendam por meio de softwares complexos para replicar a atividade cerebral humana, criando uma

---

114. Cf. FINN, Ed. *What Algorithms Want*: Imagination in the Age of Computing. Cambridge: The MIT Press 2017. p. 57.
115. Cf. FINN, Ed. *What Algorithms Want*: Imagination in the Age of Computing. Cambridge: The MIT Press 2017. p. 58.
116. Cf. BECKER, Daniel; FERRARI, Isabela; WOLKART, Erik. Arbitrium ex machina: panorama, riscos e a necessidade de regulação das decisões informadas por algoritmos. *Revista dos Tribunais*, v. 995/2018, p. 635-655, set. 2018. p. 639.
117. Cf. BECKER, Daniel; FERRARI, Isabela; WOLKART, Erik. Arbitrium ex machina: panorama, riscos e a necessidade de regulação das decisões informadas por algoritmos. *Revista dos Tribunais*, v. 995/2018, p. 635–655, set. 2018. p. 640.
118. Cf. ORGANIZAÇÃO PARA A COOPERAÇÃO E O DESENVOLVIMENTO ECONÔMICO – OCDE, Algorithms and Collusion: Competition Policy in the Digital Age. Paris: OECD Publishing. 2017. p. 10-11. Disponível em: <www.oecd.org/competition/algorithms-collusion-competition-policy-in-the-digital-age. htm>. Acesso em: 08 maio 2020.

rede artificial de pensamento. Toda vez que uma ação recebe uma resposta positiva, a porta por onde ela saiu "ganha" um ponto. O objetivo é que a rede se aperfeiçoe ao ponto de os acertos ficarem bem mais frequentes do que os erros.

Essas categorias podem ser usadas de forma mesclada para atingir os melhores resultados. Os avanços em inteligência artificial, *machine learning* e *deep learning* levaram os algoritmos a um novo patamar e o seu uso foi deixando de ser exclusividade das grandes indústrias, aumentando a eficiência e precisão dos serviços executados. De acordo com o Gartner Group, entre 2018 e 2019, houve um aumento de 4% para 14% de empresas que implantaram IA, o que evidencia a existência de entrega de resultados[119].

Até mesmo o Poder Judiciário nacional já faz uso para auxiliar em funções rotineiras. Os robôs Alice (Análise de Licitações e Editais), Sofia (Sistema de Orientação sobre Fatos e Indícios para o Auditor) e Mônica (Monitoramento Integrado para Controle de Aquisições) vêm sendo empregados pelo Tribunal de Contas da União[120]. No Supremo Tribunal Federal, desde 2018, o robô Victor elaborado em parceria com a Universidade de Brasília tem a missão de ler todos os recursos extraordinários e identificar os vinculados a temas de repercussão geral[121].

Ainda, existem os algoritmos denominados preditivos, desenvolvidos para prever determinado cenário de acordo com dados históricos, auxiliando na tomada de decisões e no desenvolvimento de inovações e serviços customizados. Como exemplo, estimam demanda, alterações de preços, preferências e comportamento dos usuários e entrada de novas empresas. Ademais, algoritmos podem ser usados para otimizar os processos da empresa, auxiliando em vantagem competitiva, reduzindo custos, segmentando consumidores, através do processamento de grande quantidade de dados, o que remete novamente ao conceito de Big Data visto no item 1.4.1. O emprego desses algoritmos preditivos ou de otimização dos negócios gera múltiplas aplicações práticas, prevenindo inclusive fraudes, ajudando na produção de estoque e suprimentos da empresa e, principalmente, quando a empresa baseia seu negócio em princípios de *deep learning*, trazendo inovações que revolucionam o mercado.

Diante desse cenário, verifica-se que algoritmos, cada vez mais sofisticados, podem ser uma ferramenta poderosa para extrair valor da quantidade crescente de dados coletados na economia digital, potencialmente promovendo a eficiência do

---

119. Cf. GARTNER GROUP. *Hype Cycle for Artificial Intelligence*, 2019. Disponível em: <https://www.gartner.com/smarterwithgartner/top-trends-on-the-gartner-hype-cycle-for-artificial-intelligence-2019/>. Acesso em: 28 jul. 2020.
120. Cf. GOMES, Heitor Simões. Como as robôs Alice, Sofia e Monica ajudam o TCU a caçar irregularidades em licitações. *G1*, 18 mar. 2018. Disponível em: <https://g1.globo.com/economia/tecnologia/noticia/como-as-robos-alice-sofia-e-monica-ajudam-o-tcu-a-cacar-irregularidades-em-licitacoes.ghtml>. Acesso em: 25 abr. 2020.
121. Cf. PRESCOTT, Roberta; MARIANO, Rafael. Victor, a IA do STF, reduziu tempo de tarefa de 44 minutos para cinco segundos. *Convergência Digital*, 17 out. 2019. Disponível em: <https://www.convergenciadigital.com.br/cgi/cgilua.exe/sys/start.htm?UserActiveTemplate=site&UserActiveTemplate=mobile&infoid=52015&sid=3>. Acesso em: 09 maio 2020.

mercado, a inovação e até mesmo a concorrência[122]. Eles estão transformando a forma que as empresas operam e interagem, impulsionando a globalização digital em um efeito dominó, tendo em vista que quando algumas empresas se tornam mais eficientes, elas incentivam outras a adotarem algoritmos para se desenvolver. Há um ciclo de impulsionamento de inovação.

Contudo, esse novo panorama tecnológico, que envolve algoritmos, Big Data e inteligência artificial, suscita desafios ao Direito, como afirma Wimmer:

> Não há dúvidas de que a inteligência artificial e os algoritmos já desempenham um papel de grande importância na economia, dada a sua capacidade de processar enormes quantidades de dados, traçar correlações e fazer inferências inesperadas. Entretanto, a despeito do potencial positivo relacionado à transformação de processos de trabalho, à viabilização de novas descobertas científicas e à ofertas de serviços melhores, a presença cada vez mais pervasiva de sistemas de IA suscita também preocupações relacionadas aos seus potenciais efeitos diretos e indiretos para a sociedade como um todo, em áreas ligadas a diferentes dimensões da autodeterminação humana e da proteção de direitos fundamentais[123].

Assim, apesar das vantagens e benefícios trazidos com a exploração cada vez maior de algoritmos, existem riscos derivados de conjuntos de dados viciados ou enviesados, da opacidade na sua forma de atuação, consequência das técnicas de machine e deep learning e da possibilidade de promoverem a discriminação de consumidores ainda que bem estruturados[124-125]. Parte dessa discussão que cerceia o Direito será vista nos Capítulos 3 e 4, com enfoque em preços personalizados formados a partir do tratamento de dados pessoais.

Isso porque, por meio da exploração de algoritmos sofisticados em mercados online, torna-se mais efetiva a personalização de preços pela melhor precisão do preço de reserva dos consumidores e dos custos de implementação dessa diferenciação de preços. Além disso, possibilita que haja o tratamento do consumidor com certa individualidade, recebendo produtos e serviços personalizados.

---

122. Cf. ORGANIZAÇÃO PARA A COOPERAÇÃO E O DESENVOLVIMENTO ECONÔMICO – OCDE. *Algorithms and Collusion*: Competition Policy in the Digital Age. Paris: OECD Publishing, 2017. Disponível em: <www.oecd.org/competition/algorithms-collusion-competition-policy-in-the-digital-age.htm>. Acesso em: 20 maio 2020.

123. WIMMER, Mirian. Inteligência artificial, algoritmos e o Direito – um panorama dos principais desafios. p. 16-30. *In:* HISSA, Carmina; LIMA, Ana Paula; SALDANHA, Paloma (coords.). *Direito digital* – debates contemporâneos. São Paulo: Revista dos Tribunais, 2019. p. 18.

124. São várias as decorrências jurídicas advindas do avanço da inteligência artificial, como a atribuição de direitos de personalidade e responsabilidade civil. Para maiores informações sobre o tema, recomenda-se a leitura de TOMASEVICIUS FILHO, Eduardo. Inteligência artificial e direitos da personalidade: uma contradição em termos? *Revista Da Faculdade De Direito*, Universidade De São Paulo, 113, 133-149, 2018; FALEIROS JUNIOR, José de Moura. Discriminação por algoritmos de inteligência artificial: a responsabilidade civil, os vieses e o exemplo das tecnologias baseadas em luminância. *Revista de Direito da Responsabilidade*, ano 2, 2020, p. 1007-1047.

125. Para maiores informações sobre o tema, recomenda-se a leitura de BECKER, Daniel; FERRARI, Isabela; WOLKART, Erik. Arbitrium ex machina: panorama, riscos e a necessidade de regulação das decisões informadas por algoritmos. *Revista dos Tribunais*, v. 995/2018, p. 635-655, set. 2018.

2
O CONSUMIDOR NA ERA DIGITAL

O desenvolvimento das tecnologias permitiu que consumidores ganhassem poder de negociação, alterando o seu comportamento principalmente no meio digital. Há uma maior oportunidade de obter informação para uma tomada consciente de decisões, o que ocorre por meio de ferramentas na Internet que permitem a análise dos produtos e serviços oferecidos pelas empresas em momento anterior à compra. Como consequência, é possível mencionar um empoderamento do consumidor virtual.

Por outro lado, empresas passaram a coletar e analisar dados pessoais, personalizando produtos e serviços, como ocorre com a publicidade direcionada. Essa dinâmica, com o auxílio de técnicas de marketing, influencia na tomada de decisão dos consumidores, motivo pelo qual se destacam os ensinamentos da Economia Comportamental, na qual se destacam na presente pesquisa os autores Daniel Kahneman, Richard H. Thaler e Cass R. Sustein.

Além da publicidade direcionada, algoritmos têm a capacidade de elaborar preços personalizados compatíveis com o seu preço de reserva ou até mesmo modificá-lo a partir da análise do comportamento online do consumidor. Com isso, estima-se quanto cada indivíduo pretende pagar por determinado produto ou serviço, permitindo que empresas captem valor excedente entre o preço não personalizado do produto e a quantia que o consumidor paga, bem como expandir a produção, atingindo consumidores que pretendem pagar menor valor, como será visto no Capítulo 3.

O presente Capítulo pretendeu descrever as alterações no comportamento do consumidor digital, alguns dos instrumentos que auxiliam em seu empoderamento, cuja análise descritiva toma como eixo central documentos da OCDE e da Conferência das Nações Unidas sobre Comércio e Desenvolvimento (UNCTAD) e a dinâmica da força adquirida pelos indivíduos diante das transformações tecnológicas.

Além disso, pretendeu-se identificar as suas vulnerabilidades como titular de dados pessoais em plataformas digitais e, posteriormente, adentrar no conceito de criação de perfis de consumo e comportamento, que se mostrará a base para a compreensão da prática de preços personalizados, objeto central da presente pesquisa.

2.1 CARATERÍSTICAS E NECESSIDADES DO CONSUMIDOR NA ERA DIGITAL

No ambiente digital estão contempladas diferentes gerações de consumidores, sendo difícil uma uniformização de seus comportamentos e suas características. No entanto, há a possibilidade de separá-los em grupos para fins elucidativos, relacionados com o momento em que cada geração teve contato com o universo digital[1].

O primeiro grupo é composto pelos indivíduos nascidos antes da década de 80, chamados "imigrantes digitais". Esses consumidores cresceram em um mundo não conectado, conhecendo as redes sociais já adultos de forma que, principalmente para os que não são tão jovens, há uma maior dificuldade de uso de tais tecnologias. A mídia tradicional composta, por exemplo, pela televisão, rádios, jornais e revistas impressas, representa, portanto, a principal fonte de informação para tais indivíduos.

O segundo grupo é formado por pessoas nascidas entre os anos de 1981 e 1996, composto por indivíduos que tinham de 8 a 23 anos quando surgiu a rede social Facebook. Trata-se da "geração milênio" que aprendeu a utilizar a internet cedo, que se tornou uma das principais ferramentas em âmbito profissional. Tal grupo se caracteriza por um uso prioritário das tecnologias digitais e uma forte conectividade, sendo consumidores muito influenciáveis pelas mídias online.

O último grupo é composto por indivíduos nascidos a partir de 1997, ou seja, no momento da ascensão das redes sociais, eram ainda crianças. São chamados de "nativos digitais", pois a tecnologia digital sempre esteve em suas vidas desempenhando as mais variadas funções. Trata-se de uma geração que vê o mundo através da sua conectividade.

Juntos, esses grupos de consumidores buscam na Internet basicamente três necessidades, que podem ser resumidas em informação, entretenimento e relacionamento, conforme elucida Torres[2]-[3].

Em busca da primeira, ao acessar a Internet, o consumidor pode rapidamente encontrar respostas por meio de uma plataforma de busca ou, até mesmo, ferramentas de buscas dentro de outras plataformas, como ocorre nas redes sociais Facebook e LinkedIn. Também foram criados websites que compilam informações como o Linguee[4] para idiomas e a Wikipedia[5] para diversos assuntos, funcionando como uma enciclopédia colaborativa. Assim, alguns aplicativos e websites surgem

---

1. Cf. TORRES, Claudio. *A Bíblia do Marketing Digital*: tudo o que você queria saber sobre *marketing* e publicidade na internet e não tinha a quem perguntar. 2. ed. atual. ampl. São Paulo: Novatec, 2018, n.p. Disponível em: <https://bit.ly/2ZwRZYc>. Acesso em: 01 jun. 2020.
2. Cf. TORRES, Claudio. *A Bíblia do Marketing Digital*: tudo o que você queria saber sobre *marketing* e publicidade na internet e não tinha a quem perguntar. 2. ed. atual. ampl. São Paulo: Novatec, 2018, n.p. Disponível em: < https://bit.ly/2ZwRZYc>. Acesso em: 01 jun. 2020.
3. Vale ressaltar que com a pandemia causada pelo vírus Sars-Cov-2 desde 2020, indivíduos passaram a buscar na Internet ainda mais necessidades, que não necessariamente estariam resumidas em informação, entretenimento e relacionamento. Uma delas está relacionada à esfera profissional. Acredita-se que esse movimento seja irreversível e que indivíduos continuem utilizando a Internet para suprir diferentes necessidades do seu dia a dia.
4. Cf. DEEPL. *LINGUEE*, c2020. Dicionário inglês-português. Disponível em: <https://www.linguee.com.br/>. Acesso em: 16 set. 2020.
5. Cf. WIKIPEDIA. Wikipedia, c2020. A Enciclopédia Livre. Disponível em: <https://pt.wikipedia.org/wiki/Wikip%C3%A9dia:P%C3%A1gina_principal>. Acesso em: 16 set. 2020.

como um local reconhecido por determinado produto ou serviço. O Booking[6], por exemplo, é uma plataforma de busca de viagens que se transformou em aplicativo digital, da mesma forma que o Instagram[7], aplicativo de fotos, se tornou referência para a moda.

Nesse contexto, quanto maior a oferta de conteúdo na plataforma, mais consumidores são atraídos, suprindo suas necessidades de informação. Como consequência, são aliciados mais produtores de conteúdo. Forma-se, assim, um ciclo virtuoso sob uma perspectiva econômica – quanto mais consumidores, mais produtores.

Já na busca por entretenimento, o consumidor acessa conteúdo em uma velocidade antes inexistente, sem fronteiras espaciais, seja de grandes produtores ou de outros indivíduos. Uma das características desse universo digital é a transmissão digital, conhecida como *streaming*, que substituiu a compra de CDs, MP3s, MP4s e Ipods pela existência de um aplicativo de músicas nos celulares, tablets e notebooks. Da mesma forma, o *streaming* alterou a dinâmica de compra e aluguéis de DVDs, substituindo-a pelo uso de plataformas como o Netflix, já inseridas como sugestão nas televisões mais recentes.

Por fim, o relacionamento é facilitado na Internet pela existência das redes sociais, que tem como uma de suas principais características a comunicação instantânea. Esta realiza-se, por exemplo, por intermédio de bate-papos que substituíram cartas, telefonemas, mensagens de texto e, até mesmo, e-mails. Essas redes sociais, junto com websites colaborativos, formam as mídias sociais, auxiliando na busca por relacionamento por meio da criação de uma sensação de comunidade ao aproximar os indivíduos virtualmente. É possível incluir relações de trabalho nesta categoria, principalmente a partir da pandemia iniciada em 2020 pelo Sars-Cov-2.

Nesse cenário da economia digital, diante das três necessidades buscadas, o consumidor encontra ferramentas para alterar o seu comportamento e se empoderar, tornando-se um sujeito ativo e mais consciente na tomada de decisões, o que pode impactar na dinâmica publicitária das empresas, conforme será visto a seguir.

2.1.1 As alterações no comportamento do consumidor e o seu empoderamento

Uma das alterações causadas pelo advento da Internet está relacionada à mudança de paradigma no papel do consumidor, tornando-o um sujeito mais ativo nas mídias digitais. Por esse motivo, esse indivíduo passa a ser reconhecido como um

---

6. Cf. BOOKING. *Booking.com*, c1996-2020. Disponível em: <https://www.booking.com/>. Acesso em: 16 set. 2020.
7. Cf. INSTAGRAM. *Instagram*, c2020. Disponível em: <https://www.instagram.com/>. Acesso em: 16 set. 2020.

"prosumidor", que não apenas consome, mas produz conteúdo[8]. De acordo com Bioni:

> O consumidor deixa, portanto, de ter uma posição meramente passiva no ciclo do consumo. Ele passa a ter uma participação ativa, que condiciona a própria confecção, distribuição e, em última análise, a segmentação do bem de consumo, transformando-se na figura do *prosumer*. O consumidor não apenas consome (*consumption*), mas, também, produz o bem de consumo (*production*): *prosumer*[9].

Esse novo consumidor emerge representando um indivíduo racional que tem conhecimento sobre produtos e serviços e participa ativamente no mercado ao compartilhar suas experiências e seu conhecimento para ajudar terceiros na redução de incertezas. Ou seja, o indivíduo compra determinado produto e transcreve a sua opinião em uma rede social, o que pode influenciar positiva ou negativamente outro consumidor sobre o item.

Com o crescimento exponencial de plataformas de publicação de conteúdo, mídias e redes sociais, a tecnologia digital passou a ser apenas um apoio para ações de indivíduos conectados. Nesse sentido, Torres exemplifica:

> O movimento gerado pela produção e pelo consumo independente de conteúdo e pelas mídias e redes sociais, transformou a percepção das pessoas que aos poucos passaram de sujeitos passivos a pessoas ativas nas mídias sociais. As pessoas abandonaram os jornais e as revistas, passando a ler blogs. Deixaram de ler livros impressos e começaram a ler eBooks. Descobriram novos talentos, mais adequados aos seus gostos, ouvindo música online ou assistindo a vídeos no YouTube. Mais que isso, elas passaram a se comunicar diretamente com os blogueiros, escritores, músicos e atores das obras que consumiam e também podiam produzir os próprios conteúdos, inspiradas por sua experiência online[10].
>
> Depreende-se, assim, que a Internet se tornou um elo criativo entre as pessoas. Como resultado, aumenta-se o poder de negociação do consumidor que alcança ferramentas por meio de comunidades virtuais livres de espaço e tempo, bem como a facilidade em encontrar informações e a instantaneidade na comunicação.

O desenvolvimento das tecnologias reforçou a mobilidade do conteúdo, posicionando o consumidor como foco da mídia, que passou a ter possibilidade de encontrar informação útil e relevante para a tomada e decisões por uma busca na Internet[11]. Configurou-se, assim, uma alteração de comportamento do consumidor,

---

8. Cf. OFFICE OF COMPETITION AND CONSUMER PROTECTION – OCCP. *Awareness of Consumer Rights and Analysis of Barriers Preventing Consumers from Safe and Satisfactory Participation in the Market*. Warsaw: [s. n.], dez. 2009. Disponível em: <https://uokik.gov.pl/download.php?plik=8519>. Acesso em: 07 nov. 2016.

9. BIONI, Bruno Ricardo. *Proteção de dados pessoais*: a função e os limites do consentimento. Rio de Janeiro: Forense, 2019. p. 15.

10. TORRES, Claudio. *A Bíblia do Marketing Digital*: tudo o que você queria saber sobre *marketing* e publicidade na internet e não tinha a quem perguntar. 2. ed. Atual. Ampl. São Paulo: Novatec, 2018, n.p. Disponível em: <https://bit.ly/2ZwRZYc>. Acesso em: 01 jun. 2020.

11. Ressalva-se a dificuldade de absorção de todas as informações e da existência de conteúdos inverídicos na Internet, o que pode se tornar um empecilho para a tomada de decisão de forma informada e consciente, conforme será visto no item 2.2.

que passou a dispor de um arsenal de ferramentas para buscas, análises e comparações para uma tomada mais consciente de decisões[12].

Tais consumidores se mostram mais informados e têm uma função ativa em mercados digitais, podendo direcionar até mesmo a concorrência[13]. Nesse cenário, são encorajados a assumir uma postura distinta, com maior poder – mas não absoluto – para definir suas preferências a produtos, ofertas e valores, principalmente em mercados que não sejam altamente concentrados. Por outro lado, tal poder do consumidor pode encontrar obstáculos em mercados em que não há pulverização de agentes econômicos, como o de transporte aéreo de passageiros no Brasil ou de telefonia móvel.

Posto isso, as ações de marketing se tornam alvo de alterações, devendo se adaptar aos desejos desse novo modelo de consumidor[14]. Assim, empresas ganharam ferramentas para interagir diretamente com os indivíduos por meio do marketing digital. Esse modelo permite que sejam feitas publicidades por meio de canais diretos com clientes, influenciando, inclusive, em seu engajamento[15]. Nesse sentido, Kotler et al. explicam um dos papeis do marketing digital, que é a função de promover resultados.

> O papel mais importante do marketing digital é promover a ação e a defesa da marca. Como o marketing digital é mais controlável do que o marketing tradicional, seu foco é promover resultados, ao passo que o foco do marketing tradicional é iniciar a interação com os clientes[16].

De acordo com os autores, após o marketing centrado no produto (1.0), o marketing voltado ao consumidor (2.0) e o marketing voltado ao ser humano (3.0), a sociedade se insere em um marketing 4.0, em que há o cruzamento do marketing tradicional e do digital, dos mundos online e offline. Esse novo modelo está caracterizado pela atuação conjunta das mídias tradicionais com as mídias digitais na tentativa de engajar o consumidor a defender a marca e a empresa[17].

Este marketing 4.0 está relacionado às mudanças sociais ocorridas principalmente no final do século XX, entre as quais se destaca a revolução digital, que in-

---

12. Cf. TORRES, Claudio. *A Bíblia do Marketing Digital*: tudo o que você queria saber sobre *marketing* e publicidade na internet e não tinha a quem perguntar. 2. ed. Atual. Ampl. São Paulo: Novatec, 2018, n.p. Disponível em: <https://bit.ly/2ZwRZYc>. Acesso em: 01 jun. 2020.
13. Cf. MADILL, John; MEXIS, Adrien. Consumers at the Heart of EU Competition Policy. *Competition Policy Newsletter*, [s. l.], n. 1, p. 27, 2009. Disponível em: <ec.europa.eu/competition/publications/cpn/2009_1_7. pdf>. Acesso em: 15 set. 2020.
14. Cf. DA CUNHA MAYA, Paulo Cesar; OTERO, Walter Ruben Iriondo. A influência do consumidor na era da internet. *Revista da FAE*, [s. l.], v. 5, n. 1, p. 3 e 5, 2002.
15. Cf. TORRES, Claudio. *A Bíblia do Marketing Digital*: tudo o que você queria saber sobre *marketing* e publicidade na internet e não tinha a quem perguntar. 2. ed. Atual. Ampl.São Paulo: Novatec, 2018, n.p. Disponível em: <https://bit.ly/2ZwRZYc>. Acesso em: 01 jun. 2020.
16. KOTLER, Philip, KARTAJAYA, Hermawan, SETIAWAN, Iwan. *Marketing 4.0*: Do tradicional ao digital. Rio de Janeiro: GMT, 2017. p. 80.
17. Cf. KOTLER, Philip, KARTAJAYA, Hermawan, SETIAWAN, Iwan. *Marketing 4.0*: Do tradicional ao digital. Rio de Janeiro: GMT, 2017. p. 70-71.

fluenciou na criação de um consumidor que se encontra com tempo escasso e acesso ilimitado a conteúdo, sendo necessária a conquista da sua confiança a todo momento.

Essa dinâmica tende a tornar a segmentação tradicional de marketing obsoleta, como os anúncios em massa que eram feitos sem direcionamento. Substitui-se tal dinâmica por aquelas que consideram características específicas e individuais do consumidor, predizem seu comportamento e preferências[18]. Este é o entendimento de Bridges e Lewis:

> A segmentação, conforme foi conduzida historicamente pelos profissionais de marketing, acabou. O futuro da segmentação reside nos dados já coletados em sistemas computadorizados das organizações. Os dados históricos de quem compra produtos individuais é a chave para a criação de modelos que predizem o comportamento futuro[19].

Assim, a comunicação linear anteriormente propagada pelas televisões, rádios e jornais impressos é substituída pela exploração interativa de produtos e serviços[20], que passaram a ser adquiridos após análise de recomendações e comparações de preços. Tal fato exemplifica o surgimento de uma autonomia fortificada no processo decisório do consumidor, advinda em parte das pesquisas realizadas por meio da Internet[21].

Os smartphones também auxiliam no consumo instantâneo de informação, marcado pela preferência a textos curtos e por um comportamento multitarefas de um consumidor que pretende se conectar com o fornecedor independentemente de horário ou local. Assim, torna-se necessário um espaço interativo e instantâneo com a empresa, sem intermediários retardando o processo, como vendedores[22].

Nesse cenário, o consumidor, que é fruto do uso intenso das tecnologias de informação e comunicação, se mostra um indivíduo conectado, mais interativo, comunicativo, reivindicativo e opinativo[23]. Confirma-se o conceito de aldeia global de Marshall McLuhan, que previa que indivíduos dos mais diversos lugares trocariam informações constantemente, conectados entre si o tempo todo, em uma grande comunidade[24]. Há uma tendência à inclusão, com a derrubada de barreiras

---

18. Cf. SANTOS, Maria Stella Galvão. O consumidor em tempos de compartilhamento e acesso virtual. *Revista Intercom*, Recife, p. 10, jun. 2012.
19. BRIDGES, Darren; LEWIS, David. *A alma do novo consumidor*. São Paulo: M. Books, 2004. p. 72.
20. Cf. BAIRON, Sérgio; KOO, Lawrence. As formas de vida e do consumo digital e do consumo tradicional. *Signos do Consumo*, [s.l.], v. 4, n. 1, p. 125-134, 2012. Disponível em: <http://www.periodicos.usp.br/signosdoconsumo/article/view/49983>. Acesso em: 16 set. 2020.
21. Cf. CORRÊA, Elisa Cristina Delfini. Consumidor de informação 3.0. In: DO PRADO, Jorge (org.). *Ideias Emergentes em Biblioteconomia*, São Paulo: FEBAB, v. 1306, p. 59, 2016.
22. Cf. CORRÊA, Elisa Cristina Delfini. Consumidor de informação 3.0. In: DO PRADO, Jorge (org.). *Ideias Emergentes em Biblioteconomia*, São Paulo: FEBAB, v. 1306, p. 64, 2016.
23. Cf. CRUZ, Patrícia. Como lidar com as exigências do consumidor 3.0. *Jornal de Negócios*, São Paulo, ed. 275, p. 7, mar. 2017. Disponível em: <https://m.sebrae.com.br/Sebrae/Portal%20Sebrae/UFs/SP/Not%C3%ADcias/Jornal%20de%20Neg%C3%B3cios/2017/JN275_marco.pdf>. Acesso em: 16 set. 2020.
24. Cf. McLUHAN, Marshall. *The medium is the massage*: an inventory of effects. Corte Madera: Berkeley Gingko Press, 2001.

geográficas e demográficas, bem como ao social, vez que os consumidores têm sido impelidos por um desejo de conformidade, em que há grande preocupação com o pensamento coletivo[25].

Ademais, consumidores estão adotando uma orientação mais horizontal, confiando mais na opinião coletiva do que no marketing das empresas[26]. Isso traz o desafio de as empresas construírem sua reputação em relação à comunidade, com presença em várias mídias, o que se faz por meio de uma publicidade mais elaborada.

Uma pesquisa realizada pela Deloitte[27] apontou que esse novo consumidor está intimamente ligado a alguns fatores, como a sua própria disrupção em relação à velocidade e à conveniência. A espera de cinco minutos em uma fila no banco, por exemplo, não é suportada da mesma forma como ocorria há alguns anos. Atualmente, instituições financeiras digitais respondem qualquer demanda mesmo fora do horário comercial.

Adiciona-se a isso a disrupção tecnológica, que atingiu o varejo como um todo. Essa modificação foi observada quando 34% dos consumidores entrevistados afirmaram que pesquisam o produto que pretendem comprar usando um dispositivo móvel enquanto estão na loja física. Além disso, a tecnologia permite que o atendimento ao consumidor seja personalizado seja por e-mail, telefone, chatbot ou presencialmente[28].

Ainda de acordo com a Deloitte, a disrupção da competição é o terceiro fator que contribui para a formação desse novo consumidor. Em alguns mercados, graças à derrubada de fronteiras espaciais, foi-se de um cenário competitivo estável e com poucos agentes para um cenário em que empresas concorrem com outras milhares, sejam elas físicas ou online.

Por fim, a disrupção econômica é representada pela existência de novas pressões de despesas e receitas às empresas diante da necessidade de constante atualização para não se tornarem obsoletas em um universo digital em constante mudança.

Pesquisadores demonstraram que essas alterações permitiram que o consumidor ganhasse certo poder, o que se deve, principalmente, a quatro fontes de energia con-

---

25. Cf. KOTLER, Philip; KARTAJAYA, Hermawan; SETIAWAN, Iwan. *Marketing 4.0*: Do tradicional ao digital. Rio de Janeiro: GMT, 2017. p. 18 e 27.
26. Cf. KOTLER, Philip; KARTAJAYA, Hermawan; SETIAWAN, Iwan. *Marketing 4.0*: Do tradicional ao digital. Rio de Janeiro: GMT, 2017. p. 29.
27. Cf. HOGAN, Kevin. Consumer Experience in the Retail Renaissance: How Leading Brands Build a Bedrock with Data. *Deloitte Digital*, [s. l.], 06 jun. 2018. Disponível em: <https://www.deloittedigital.com/us/en/blog-list/2018/consumer-experience-in-the-retail-renaissance--how-leading-brand.html>. Acesso em: 15 set. 2020.
28. Cf. SALESFORCE. Salesforce Unwraps its 2017 Connected Shoppers Report. *Salesfore blog*, [s. l.], 26 set. 2017. Disponível em: <https://www.salesforce.com/blog/2017/09/salesforce-2017-connected-shoppers--report>. Acesso em: 16 set. 2020.

comitantes: a demanda e a informação, que são fontes individuais, enquanto a rede e o público, que derivam de um universo mais dinâmico e complexo[29]. Explica-se.

De acordo com Labrecque et al., o empoderamento do consumidor baseado na demanda se relaciona com a abertura da infraestrutura. Isso permite que o acesso seja distribuído e compartilhado, enquanto seu desenho interativo fornece diferentes meios de interação e tipos de relacionamentos, impactando na atratividade geral da rede.

Já o empoderamento fundado em informações está relacionado às habilidades já mencionadas dos usuários de consumirem e produzirem conteúdo simultaneamente. Com isso, facilita-se o acesso às informações de produtos e serviços e aumenta-se a difusão de outras informações. Essa produção de conteúdo fornece uma saída permite que o consumidor se expresse e amplie seu alcance para influenciar terceiros e o próprio mercado.

A terceira fonte de empoderamento é a rede, centrada na possibilidade de construção de reputação pessoal e de influência dos mercados por meio do conteúdo digital disponibilizado, aprimorado ou produzido. Tal fonte é visivelmente perceptível em redes sociais, a exemplo dos influenciadores digitais com milhões de seguidores nas plataformas Instagram, YouTube e TikTok.

Como última fonte de empoderamento do consumidor, Labrecque et al. destacam o público, com capacidade de reunir, mobilizar e estruturar recursos beneficiando tanto usuários individualizados como grupos de pessoas. Isso reflete a agregação de todas as bases de empoderamento anteriores visando ao alinhamento da energia em torno dos interesses de indivíduos e de comunidades virtuais.

Esse consumidor empoderado está ligado à inovação, à produtividade e à competição, a partir da educação e capacidade de acessar informações para a tomada de melhores decisões, principalmente em mercados pulverizados[30-31]. Vistas as fontes de empoderamento, apresentam-se seus pilares: habilidades de consumo, conhecimento dos direitos do consumidor e engajamento para mantê-lo[32].

---

29. Cf. LABRECQUE, Lauren I. et al. Consumer power: Evolution in the digital age. *Journal of Interactive Marketing*, [s. l.], v. 27, n. 4, p. 258, 2013.
30. O empoderamento do consumidor pode encontrar maiores obstáculos em mercados altamente concentrados, tendo em vista o poder exercido pelas empresas que têm poder econômico nesses cenários. Um dos motivos que explica tal ponderação é o fato de que o meio da oferta tende a pouco influenciar na capacidade de escolha do consumidor, que se vê limitado às condições expostas.
31. Cf. UNITED NATIONS CONFERENCE ON TRADE AND DEVELOPENT - UNCTAD. *The benefit of competition policy for consumers*. Proceedings of the United Nations Conference on Trade and Development. Geneva: United Nations, p. 12-16, 8–10 jul. 2014.
32. Cf. NARDO, Michela et al. The Consumer Empowerment Index. A Measure of Skills, Awareness and Engagement of European Consumers. *Munich Personal RePEc Archive*, Luxemburgo, n. 30711, 05 maio 2011. Disponível em: <http://ec.europa.eu/consumers/consumer_empowerment/docs/JRC_report_consumer_empowerment_en.pdf>. Acesso em: 14 fev. 2016.

Como primeiro pilar, cabe ao consumidor explorar habilidades na utilização das ferramentas disponíveis online para entender as opções disponíveis no mercado. Isso é possível por meio da comparação de ofertas, buscas de promoções, contato com assistentes, canais de atendimento e reclamação etc. Assim, empoderados, consumidores poderão explorar e identificar melhores preços, produtos e serviços, bem como fazer escolhas após análises de custo-benefício[33].

Como segundo pilar, é importante que o consumidor tenha ciência da existência de seus direitos, o que depende não apenas do interesse do consumidor, mas de um empenho governamental que permita a conscientização com ações educativas, guias de consumo, apresentação de políticas etc. Assim, havendo violação dos direitos do consumidor, este poderá se engajar em ações específicas tanto em âmbito judiciário como administrativo, além de publicar uma má-avaliação da empresa e solicitar a restituição do valor[34].

Para auxiliar nesse empoderamento, organizações nacionais[35] e internacionais têm se dedicado ao tema, estabelecendo diretrizes para reforçar o poder de escolha do consumidor e o seu papel de protagonista nas relações de consumo, ao lado de leis e organismos dedicados exclusivamente ao assunto.

2.1.2 Instrumentos de empoderamento do consumidor e melhores práticas conforme UNCTAD e OCDE

A proteção do consumidor e, mais especificamente, o incentivo ao seu empoderamento, estão abrangidos por uma diversidade de mecanismos institucionais. Nesse cenário, o Estado tem um papel duplamente importante em garantir que não haja perda da liberdade das empresas para operarem legitimamente ou dos consumidores para exercerem suas escolhas livremente.

Entre tais mecanismos, destacam-se políticas nacionais do consumidor, agências designadas à proteção do consumidor, leis do consumidor, códigos de *soft law*, mecanismos de reparação, sistemas de monitoramento e segurança, mecanismos

---

33. Cf. ORGANISATION FOR ECONOMIC CO-OPERATION AND DEVELOPMENT – OECD-. *Consumer Education* – Policy Recommendations of the OECD'S Committee on Consumer Policy. [*s. l.: s. n.*], out. 2009. Disponível em: <http://www.oecd.org/dataoecd/32/61/44110333.pdf>. Acesso em: 09 abr. 2020.

34. Cf. EUROPEAN COMISSION. *Commission Staff Working Paper* - Consumer Empowerment in the EU, Brussels: Publications Office of the European Union, 07 abr. 2011. Disponível em: <https://ec.europa.eu/info/sites/info/files/consumer_empowerment_eu_2011_en.pdf>. Acesso em: 10 abr. 2020. p. 24.

35. Como exemplo, destaca-se a criação em 2007 no Brasil da Escola Nacional de Defesa do Consumidor (ENDC) vinculada ao Ministério da Justiça e à Secretaria Nacional do Consumidor para promover a formação e capacitação técnica dos agentes e técnicos do Sistema Nacional de Defesa do Consumidor (SNDC), bem como a construção do conhecimento específico aos indivíduos no tocante às relações de consumo, por meio da Portaria Ministerial 1.387.

para conformidade com a legislação e a sua execução, programas educacionais e informativos e cooperação internacional[36].

No presente trabalho, destacam-se as Boas Práticas da UNCTAD para Proteção do Consumidor (UNGCP), que foram adotadas em Assembleia Geral pelo consenso na Resolução 39/248 de abril de 1985, sendo revisadas em julho de 1999 na Resolução E/1999/INF/2/Add.2 e em 2015 na Resolução 70/185, quando foram incluídas metas sustentáveis e metas do milênio.

Entre os objetivos da UNGCP, estão a assistência de empresas em alcançar e manter a adequação da proteção para a sua população como consumidores; a facilitação da produção e a distribuição de padrões que respondam às necessidades e desejos dos consumidores; o encorajamento de altos níveis de conduta ética para aqueles que estão engajados na distribuição e produção de bens e serviços aos consumidores; o auxílio aos países em coibir práticas abusivas de empresas; o aumento da cooperação internacional no tema; o encorajamento do desenvolvimento de condições de mercado que provenham aos consumidores melhores opções em preços mais baixos, além de promover o consumo sustentável e, destacando-se para a presente pesquisa, o incentivo ao desenvolvimento da independência dos consumidores.

Esse incentivo se mostra importante à medida que impõe às empresas a realização de medidas que auxiliem no empoderamento do consumidor. Como consequência, aumenta-se a possibilidade de uma tomada consciente de decisões após análise das informações necessárias e disponíveis para todos, bem como o fácil acesso às ferramentas que possam ajudar em tal processo.

Ademais, a UNGCP considera como bens legítimos aos consumidores o próprio acesso a bens e serviços; a proteção de vulneráveis; a proteção contra prejuízos à saúde; a promoção e proteção do interesse econômico; a educação ambiental, social e econômica em relação às escolhas; a disponibilidade de resolução de disputas; a liberdade para formar grupos e organizações para apresentação de opinião e, ainda, a promoção de consumo sustentável.

Somam-se a tais bens legítimos o acesso à informação adequada para que consumidores possam realizar escolhas informadas de acordo com as suas necessidades[37], dialogando com a meta de incentivar a sua própria independência, isto é, a sua autonomia e o seu empoderamento.

Ainda, há o comprometimento com um nível de proteção para comércio eletrônico que não seja inferior aos outros mercados e com a proteção da privacidade do consumidor e do fluxo livre de informações. Tais bens estão diretamente rela-

---

36. Cf. UNITED NATIONS CONFERENCE ON TRADE AND DEVELOPMENT – UNCTAD. *Manual on Consumer Protection*. Geneva: United Nations, p. 8-9, 12 jul. 2018.

37. As informações disponibilizadas ao consumidor se referem à provisão de dados relativos a determinados produtos ou transações capazes de permitir que seja tomada uma escolha consciente a respeito de determinado bem ou serviço a ser comprado.

cionados com o empoderamento individual de cada consumidor buscado como meta pela UNGCP.

Permeando tais objetivos e bens estabelecidos, encontram-se como princípios o tratamento dos consumidores pelas empresas de uma forma justa e igualitária, um comportamento comercial adequado, a transparência, a educação, bem como a proteção da privacidade. Em relação às políticas nacionais de proteção do consumidor, destacam-se as boas práticas comerciais, a informação precisa e clara, termos justos de contratos, privacidade e segurança.

Ademais, para a promoção da proteção do interesse econômico dos consumidores, são encorajadas as práticas justas de comércio, a proteção contra abusos, assim como a regulação de práticas de publicidade e a informação adequada, que dialogam diretamente com o tema explorado na presente pesquisa.

Em 2012, a UNCTAD realizou uma pesquisa para analisar a implementação de tais práticas, concluindo que desde 1985 as Boas Práticas estão sendo implementadas pelos Estados Membros das Nações Unidas[38]. Contudo, uma consulta a membros dos Consumidores Internacionais em 2013, organização composta principalmente por associações de consumidores, demonstrou a frustração em relação à ausência aplicação de tais medidas[39].

Além da UNGCP, existem outras diretivas que auxiliam na proteção e, consequentemente, no empoderamento do consumidor. Um exemplo é o ISO 26000 que, apesar de não ser um padrão certificador, funciona como uma diretiva influenciando na responsabilidade social das empresas. Entre os seus princípios, está o respeito ao direito de privacidade, incluindo, por exemplo, uma publicidade justa, pontual e sem formações enviesadas[40].

Já a OCDE revisou as Diretrizes para Empresas Multinacionais em 2011, incluindo direitos humanos, relações de emprego e industriais, meio ambiente, pedidos de suborno e extorsão, interesses dos consumidores, ciência e tecnologia, competição e impostos[41]. Além disso, estabelece uma série de intervenções governamentais em seu Kit de Ferramentas sobre Política do Consumidor, visando ao seu empoderamento e a uma tomada de decisões de uma forma livre[42].

---

38. Cf. UNITED NATIONS CONFERENCE ON TRADE AND DEVELOPMENT – UNCTAD. *Implementation Report on the United Nations Guidelines on Consumer Protection (1985-2013)*, Geneva: United Nations, 29 abr. 2013.

39. Cf. CONSUMERS INTERNATIONAL. *The State of Consumer Protection around the World*. United Kingdom: Consumers International, abr. 2013.

40. Cf. INTERNATIONL ORGANIZATION FOR STANDARDIZATION. ISO26000. Guidance on Social Responsability. *Genebra: ISO*, v. 3, n. 4, 2010.

41. Cf. ORGANIZAÇÃO PARA A COOPERAÇÃO E O DESENVOLVIMENTO ECONÔMICO – OCDE. *OCDE Guidelines for Multinational Enterprises*: Recommendations for Responsible Business Conduct in a Global Context. Paris: OCDE Publishing, 2011. Disponível em: <https://www.oecd.org/daf/inv/mne/48004323. pdf>. Acesso em: 16 set. 2020.

42. Cf. ORGANIZAÇÃO PARA A COOPERAÇÃO E O DESENVOLVIMENTO ECONÔMICO – OCDE. *OCDE Consumer Policy Toolkit*. Paris: OCDE Publishing, 2010. Disponível em: <https://read.oecd-ilibrary.org/governance/consumer-policy-toolkit_9789264079663-en#page>. Acesso em: 16 set. 2020.

Não apenas, a OCDE está há décadas engajada em relação à proteção do consumidor no cenário do comércio eletrônico. Em suas Diretrizes para Proteção do Consumidor em Comércio Eletrônico de 1999[43], cuja revisão foi feita em 2016, já influenciava empresas a adorarem práticas justas de publicidade e marketing, informações claras sobre a identidade da empresa, sobre os bens e serviços e, inclusive, a proteção da privacidade do consumidor[44].

Esses são alguns exemplos de instrumentos de empoderamento do consumidor sustentados por organismos internacionais em um aspecto de cooperação internacional, que atuam ao lado de legislações nacionais, políticas, agências, mecanismos de reparação, sistemas de monitoramento, programas educacionais e informativos disponíveis à população.

Contudo, apesar da mudança de paradigma mencionada e das ferramentas de empoderamento do consumidor, ainda existem fragilidades nas relações de consumo pela sua condição mais vulnerável, palavra advinda do latim *vulnus,* que significa a capacidade de um sujeito ser mais suscetível a sofrer danos[45]. Tais vulnerabilidades não podem ser ignoradas em um cenário digital, como será visto a seguir.

2.2 VULNERABILIDADES DO CONSUMIDOR NA ERA DIGITAL

O empoderamento do consumidor não garante capacidade ou poder decisório plenos no mercado de consumo. Indivíduos ainda são parte vulnerável nas relações de consumo, cujas vulnerabilidades podem derivar ou ser agravadas até mesmo das fontes e pilares do empoderamento já narrados[46]-[47].

Por um lado, há maior possibilidade de acesso à informação e conteúdo. Por outro, empresas aumentam seu poder de atuação ao também acessar informações produzidas pelos consumidores. Como consequência, por meio de perfis de consumo e comportamento que serão delineados em item 2.3, é possível que ocorra o direcionamento de anúncios de forma personalizada, exploração de vieses compor-

---

43. Cf. ORGANIZAÇÃO PARA A COOPERAÇÃO E O DESENVOLVIMENTO ECONÔMICO - OCDE. *Recommendation of the OCDE Council Concerning Guidelines for Consumer Protection in the Context of Electronic Commerce* (1999). Paris: OCDE Publishing, 2000. Disponível em: <https://www.oecd.org/sti/consumer/34023811.pdf>. Acesso em: 16 set. 2020.

44. Cf. ORGANIZAÇÃO PARA A COOPERAÇÃO E O DESENVOLVIMENTO ECONÔMICO – OCDE. *Consumer Protection in E-commerce*: OCDE Recommendation. Paris: OCDE Publishing, 2016. Disponível em: <https://www.oecd.org/sti/consumer/ECommerce-Recommendation-2016.pdf>. Acesso em: 16 set. 2020.

45. BIONI, Bruno Ricardo. *Proteção de dados pessoais*: a função e os limites do consentimento. Rio de Janeiro: Forense, 2019. p. 162.

46. Cf. LABRECQUE, Lauren I. et al. Consumer power: Evolution in the digital age. *Journal of Interactive Marketing*, [s. l.], v. 27, n. 4, p. 262 e 264, 2013.

47. Outros exemplos podem ser citados demonstrando vulnerabilidades do consumidor no cenário digital como, por exemplo, o seu crescente endividamento pela compra de bens e serviços em alto ritmo. Contudo, por motivos de delimitação do tema, não serão objeto do presente trabalho.

tamentais e alteração do preço de produtos e serviços, culminando na influência na tomada de decisão do consumidor.

Além disso, a própria informação pode contribuir para a vulnerabilidade do consumidor. Este sujeito, nutrido por uma grande quantidade de conteúdo, pode se encontrar perdido e se apegar a informações inverídicas, conforme Newman explica em suas obras sobre o "mercado de atenção"[48].

Timm afirma que apesar de o aumento da informação diminuir a assimetria entre empresas e consumidores, estes deixam se de atentar às informações mais relevantes em meio a tantas outras sobre os produtos ou serviços adquiridos:

> O fato é que, se por um lado, o aumento de informação promove a diminuição da assimetria entre fornecedores e consumidores, corrigindo uma das principais falhas de mercado e nos direcionando a um modelo mais próximo ao da concorrência perfeita, de outro, os consumidores deixam de estar atentos às informações mais relevantes sobre o produto ou serviço adquirido – especialmente se eles estiverem disponíveis em plataformas digitais-, desestabilizando novamente esta relação[49].

Em paralelo a isso, não é tudo que está disponível, compondo uma assimetria de informações entre consumidores e empresas e uma ausência de transparência em ambientes digitais.

Soma-se a isso um "dever" culturalmente imposto que faz com que o consumidor se exponha cada vez mais em mídias sociais. Há, por exemplo, pressão para que os perfis sociais e blogs estejam atualizados, relações interpessoais nutridas, produção de conteúdo em dia, impactando em uma perda de controle do que é privado e do que é público. Nesse sentido, Tomasevicius Filho explica que "criaram-se fortes estímulos para que as próprias pessoas renunciem voluntariamente a sua privacidade por meio do acesso fácil e lúdico às redes sociais por computadores pessoais e, nos últimos tempos, por meio dos telefones celulares"[50].

Em tal conjuntura, evidencia-se a vulnerabilidade do consumidor relacionada ao tratamento de suas informações e seus dados pessoais, conforme abaixo mencionado:

> Visualiza-se que o tratamento desenfreado dos dados pessoais torna o usuário parte vulnerável, posto que, na maior parte das vezes, esse não tem o conhecimento de que seus dados estão sendo coletados, tratados e compartilhados com outras empresas. Esse tratamento pode violar diversos

---

48. Para mais informações, recomenda-se a leitura de NEWMAN, John M., Regulating Attention Markets, 2019. *University of Miami Legal Studies Research Paper.* Disponível em: <https://ssrn.com/abstract=3423487>. Acesso em: 31 jul. 2021; NEWMAN, John M. Antitrust in Attention Markets, 2020. *University of Miami Legal Studies Research Paper 3745839,* Disponível em: <https://ssrn.com/abstract=3745839>. Acesso em: 31 jul. 2021.

49. TIMM, Luciano Benetti. A defesa do consumidor no Brasil - O que esperar diante das relações de consumo na economia digital? *JOTA,* [s. l.], 11 set. 2019. Disponível em: <https://www.jota.info/opiniao-e-analise/artigos/a-defesa-do-consumidor-no-brasil-11092019>. Acesso em: 29 jun. 2020.

50. TOMASEVICIUS FILHO, Eduardo. Em direção a um novo 1984? A tutela da vida privada entre a invasão de privacidade e a privacidade renunciada. *Revista da Faculdade de Direito,* Universidade de São Paulo, dez. 2014, 138, 129-169. Disponível em: <https://www.revistas.usp.br/rfdusp/article/view/89230>. Acesso em: 17 jul. 2021.

direitos dos consumidores, reduzir a sua capacidade de escolha, causar discriminações, retirar a sua privacidade, bem como a sua liberdade informacional, além de impedir o livre desenvolvimento da sua personalidade[51].

Portanto, uma das possíveis decorrências de tal vulnerabilidade se relaciona com o que empresas fazem com dados pessoais e na formação de perfis de consumo dos quais são aferidos os preços personalizados, obtidos a partir de algoritmos sofisticados de predição de comportamento.

Assim, a vulnerabilidade do consumidor no ambiente digital pode ser representada a partir de três esferas: informacional, técnica e econômica. A primeira está relacionada à assimetria de informações quanto ao tratamento dos dados pessoais que é feito pelas empresas, sendo obscura principalmente a finalidade para a qual é destinado tal tratamento.

A esfera econômica da vulnerabilidade está voltada à diferença de poderio econômico das empresas e dos consumidores, distanciando-o de suas garantias fundamentais. Por sua vez, a vulnerabilidade técnica pode ser representada na dificuldade de compreensão de esquemas tecnológicos e na capacidade intelectual de o consumidor opinar e optar pelo tratamento de seus dados. De acordo com Magalhães Martins, "a assimetria de poder é ampliada pela ignorância direta do consumidor sobre o desenho do algoritmo e os dados coletados de seus clientes, o que facilita a discriminação"[52].

Diante disso, depreende-se que o consumidor, mesmo empoderado, apresenta vulnerabilidades. Entre elas, destaca-se o paradoxo da privacidade, relacionado à ausência de coerência entre o seu comportamento e as suas expectativas de privacidade almejadas.

2.2.1 Paradoxo da Privacidade do consumidor digital

De acordo com Lace, indivíduos se tornaram consumidores de vidro. Suas informações estão expostas de tal forma que terceiros sabem muito sobre eles e podem, até mesmo, ver através deles. Como afirma, essa é a realidade atual:

> Este é um cenário atual, não baseado no futuro. Somos todos 'consumidores de vidro': os outros sabem tanto sobre nós que quase podem ver através de nós. Nossas vidas cotidianas são registradas, analisadas e monitoradas de inúmeras maneiras, mas na maioria das vezes não percebemos, ou não pensamos nada a respeito[53].

---

51. CRUVINEL, Guilherme Ferreira Araújo. A (hiper)vulnerabilidade do consumidor no tratamento de seus dados pessoais. p. 170-171. *In:* LONGHI, João Victor Rozatti; FALEIROS JUNIOR, José Luiz de Moura (coord.). *Estudos essenciais de Direito Digital.* Uberlândia: LAECC, 2019.

52. MARTINS, Guilherme Magalhães. O geopricing e geoblocking e seus efeitos nas relações de consumo. p. 637. *In:* FRAZÃO, Ana; MULHOLLAND, Caitlin (coord.). *Inteligência Artificial e Direito – Ética, Regulação e Responsabilidade.* São Paulo: Editora Revista dos Tribunais, 2019.

53. No original: "This is a current, not a future-based, scenario. We are all 'glass consumers': others know so much about us, they can almost see through us. Our everyday lives are recorded, analysed and monitored in innumerable ways but mostly we do not realise, or think nothing of it". In: LACE, Susanne. Introduction. (LACE, Susanne (Ed.). *The glass consumer:* life in a surveillance society. Bristol: The Policy Press, 2005, p. 1.

Com o fortalecimento das regulações de proteção de dados pessoais, voltadas a garantir a autodeterminação informacional do indivíduo, as plataformas online passaram a disponibilizar ferramentas para que os consumidores optem pelas configurações de segurança e proteção dos dados pessoais tratados, deixando mais claras suas opções e direitos.

Já foram mencionados o GDPR e a LGPD, regulamento da União Europeia e lei nacional de proteção de dados pessoais, nos quais estão dispostos princípios, limites de tratamento e direitos dos titulares relacionados à retificação, exclusão, confirmação, portabilidade, livre acesso, informação, segurança, revisão de decisões automatizadas, não discriminação, anonimização, bloqueio, entre outros, para que dados pessoais sejam tratados de forma condizente com as expectativas dos indivíduos.

Porém, de forma não proposital, existe uma desconexão entre as atitudes e intenções de privacidade expressas pelos usuários e seu comportamento: muitas vezes indivíduos não se comportam de modo coerente com as preocupações de privacidade que expressam, o que se denomina paradoxo da privacidade[54].

Apesar de, na teoria, terem conhecimento sobre os riscos que envolvem dados pessoais e a sua privacidade, muitas vezes o comportamento do consumidor não é lógico. Assim, não agem como um indivíduo totalmente racional e informado que, por exemplo, leria as políticas de privacidade de forma atenta e minuciosa[55], o que pode ser explicado pela Economia Comportamental, no item 2.4.1.

Por esse motivo, esse indivíduo acaba revelando informações pessoais de forma voluntária, como ocorrem com as exposições de sua vida pessoal em mídias sociais, por meio de fotografias, postagens e comentários pessoais. Outro exemplo pode ser observado quando consumidores utilizam recursos para restringir acesso às suas informações pessoais, disponibilizando-as apenas para conhecidos, amigos e familiares. Por outro lado, toleram a monitoração feita por empresas e instituições públicas, que exploram seus dados pessoais e comportamentos nas redes[56].

Uma das explicações para tal fenômeno parte da premissa de que consumidores fazem escolhas informadas[57]. Teoricamente, há preocupação com seus dados, mas, na prática, os benefícios advindos de plataformas digitais se sobressaem às preocu-

---

54. Cf. BARNES, Susan B. A privacy paradox: social networking in the United States. *First Monday*, v. 11, n. 9, set. 2006. Disponível em: <https://firstmonday.org/ojs/index.php/fm/article/view/1394>. Acesso em: 07 out. 2020. HOLLAND, Brian H. Privacy paradox 2.0. *Widener Law Journal*, Forthcoming. Abr. 2010. Disponível em <https://papers.ssrn.com/sol3/papers.cfm?abstract_id=1584443>. Acesso em: 07 nov. 2020.

55. Cf. TSAI, Janice et al. What's it to you? A survey of online privacy concerns and risks. *NET Institute Working Paper*, [s. l.], n. 06-29, 01 nov. 2006. 21 p.

56. É possível discutir o direito ao sossego do consumidor e a proteção de seus dados pessoais, o que não é objeto da presente pesquisa. Para isso, recomenda-se a leitura de BASAN, Arthur Pinheiro; FALEIROS JÚNIOR, José de Moura. A proteção de dados pessoais e a concreção do direito ao sossego no mercado de consumo. *Civilística.com*. Rio de Janeiro, ano 9, n. 3, 2020.

57. Cf. BAEK, Young Min. Solving the privacy paradox: a conter-argument experimental approach. *Computers in Human Behaviour*, [s. l.], v. 38, set. 2014.

pações. Em outras palavras, prefere-se usar a plataforma digital, fornecendo dados pessoais, ao invés de ficar sem acesso ao conteúdo fornecido.

Há, contudo, uma ponderação a ser feita quanto à premissa acima: em grande parte das situações não se tem o conhecimento de que dados pessoais estão sendo tratados e sob quais condições. Ou seja, o conhecimento do consumidor é limitado, havendo assimetria informacional. Assim, não seria possível que um indivíduo avaliasse com precisão os riscos contidos no tratamento de dados pessoais para tomar a melhor decisão em compartilhá-los ou não.

Por essa perspectiva, Baek explica que os consumidores estão dispostos a fornecer informações em troca de benefícios[58]. Isso porque, diante de pouco conhecimento e conscientização sobre o tema, indivíduos agem com comportamentos de risco. Assim, apesar de aparentar existir uma preocupação com a privacidade, a ignorância da dinâmica de plataformas digitais faz com que tais consumidores divulguem seus dados. Tomasevicius Filho explica que:

> Tornou-se insuficiente, nos dias atuais, imaginar que o direito à privacidade se restringe à ideia tradicional de invasão de privacidade, sintetizada no "direito de estar só" ("right to be let alone"), concebido por Warren e Brandeis (1890). Antes se invadia a privacidade pela procura de informações ou fatos sobre a vida de uma pessoa. Agora é a própria pessoa, vítima das potenciais ou reais violações à privacidade, que, espontânea e alegremente, fornece esses dados, obtidos por meio de pesquisas em sites de mecanismos de busca, "postagens" nas redes sociais e aplicativos de mensagens, o que permite a formação de "big data" e elaboração de dossiers ("profiling") completos sobre si mesma[59].

A visão da Comissão de Competição e Consumo da Austrália é de que existem vários fatores de barganha que podem impedir que um consumidor faça escolhas informadas que estejam alinhadas com suas preferências de privacidade e coleta de dados. Esses fatores incluem assimetrias significativas de informações que existem entre plataformas digitais e consumidores, bem como dificuldades inerentes à avaliação precisa dos custos atuais e futuros do fornecimento de dados de usuários[60].

Entre os custos que são dificilmente avaliados pelos consumidores, destacam-se os custos de atenção e os custos de informação presentes nas dinâmicas que envolvem as plataformas digitais.

---

58. Cf. BAEK, Young Min. Solving the privacy paradox: a conter-argument experimental approach. *Computers in Human Behaviour*, [s. l.], v. 38, set. 2014, p. 38.

59. TOMASEVICIUS FILHO, Eduardo. Inteligência artificial e direitos da personalidade: uma contradição em termos? *Revista Da Faculdade De Direito*, Universidade De São Paulo, v. 113, p. 133-149, 2018. p. 134.

60. Cf. AUSTRALIAN COMPETITION CONSUMER COMMISSION – ACCC. *Digital platforms inquiry*: final report. Australia: ACCC.gov, jun. 2019. p. 384.

2.2.2 Custos de atenção e informação nas plataformas digitais

Os custos de atenção e informação são derivados do tempo dispendido pelo consumidor em determinada plataforma e da disponibilização de seus dados pessoais a terceiros[61]. Esses terceiros, sendo, em sua maioria, empresas de tecnologia, poderão explorar a atenção e as informações do consumidor comercializando-as com partes interessadas, como anunciantes.

Nos anos 2000, o mercado de venda de atenção dos consumidores cresceu, tornando as publicidades mais atrativas, da mesma forma que houve um aumento no tempo médio dispendido pelos usuários de Internet, ambos diretamente relacionados com o desenvolvimento das tecnologias.

Plataformas digitais passaram a aperfeiçoar sua capacidade em manter usuários cada vez mais conectados, chamando a sua "atenção" e captando suas informações. Com isso, poderiam expandir sua receita oferecendo mais conteúdo personalizado, incluindo anúncios publicitários direcionados.

Duas inovações alteraram o funcionamento do mercado de atenção, tornando-o mais eficaz[62]. A primeira é a possibilidade de, ao clicar na publicidade, ser direcionado à loja correspondente, onde o consumidor poderá facilmente comprar o produto ou o serviço desejado. Essa dinâmica reduz atrito nas vendas e custos de transação, diferentemente do que ocorria quando se lia uma publicidade em jornais e era necessário se dirigir até à loja mais próxima para encontrar o produto. Assim, em poucos cliques, o usuário tem acesso a todas as opções disponíveis havendo maior facilidade ao realizar uma compra sem se deslocar.

Já a segunda inovação na dinâmica de marketing atual é a publicidade direcionada, possível graças aos dados pessoais coletados dos consumidores. Esses dados, após tratados, permitem que haja o endereçamento do anúncio de forma condizente com as expectativas do consumidor. Isso permite que sejam expostos produtos ou serviços mais relevantes aos indivíduos durante o tempo garantido pelo uso plataforma digital (custos de atenção). Por esse motivo, as plataformas que atuam sob tal dinâmica podem ser chamadas de plataformas de atenção, conforme proposto por Evans[63].

---

61. Cf. NEWMAN, John M. Antitrust in zero-price markets: Foundations. *University of Pennsylvania Law Review*, Pennsylvania, p. 164, dez. 2015. 58 p.

62. Cf. EVANS, David S. Rivals for Attention: How Competition for Scarce Time Drove the Web Revolution, What it Means for the Mobile Revolution, and the Future of Advertising *Social Science Research Network*, [s. l.], p. 5, 08 fev. 2014. Disponível em: <https://papers.ssrn.com/sol3/papers.cfm?abstract_id=2391833>. Acesso em: 04 jul. 2020.

63. Cf. EVANS, David S. Rivals for Attention: How Competition for Scarce Time Drove the Web Revolution, What it Means for the Mobile Revolution, and the Future of Advertising. *Social Science Research Network*, [s.l.], p. 5, 08 fev. 2014. Disponível em: <https://papers.ssrn.com/sol3/papers.cfm?abstract_id=2391833>. Acesso em: 04 jul. 2020.

Informações dos consumidores comporiam os custos de informação, comuns em mercados de preço zero conforme explicado no item 1.4.3. Nesses mercados, serviços como e-mail, mídia social, pesquisas ou conteúdo criativos não têm um valor monetário, mas o usuário compartilha dados pessoais que poderão ser explorados, retomando o jargão mencionado no Capítulo anterior de que dados são a nova moeda[64].

Esses custos demonstram que, além do que pode ser efetivamente cobrado do consumidor caso existam valores monetários, há outros fatores inclusos nos serviços fornecidos pelas plataformas digitais que merecem ser avaliados pelos consumidores para a escolha livre da sua utilização. Isto é, os custos de compartilhamento dos dados pessoais e o que será feito com tais informações.

Assim, nesse cenário de empoderamento do consumidor digital que está paradoxalmente relacionado com a sua vulnerabilidade em face de novas tecnologias, faz-se necessária a compreensão do seu comportamento que nem sempre é racional. Tal comportamento impacta tanto na formação de seu perfil de consumo e comportamento como nas tomadas de decisões realizadas no meio virtual.

2.3 A CRIAÇÃO DE PERFIS DO CONSUMIDOR

A partir das interações advindas de um consumidor empoderado, mas que, simultaneamente, apresenta fragilidades no ambiente online, seja pela assimetria de informação, pelos custos de atenção e de informação suportados e por fatores externos que podem influenciar na sua tomada de decisões, empresas podem inferir seus perfis de consumo e comportamento. Tal formação é possível graças ao avanço da tecnologia e da capacidade de algoritmos de tratarem dados em escala, volume e velocidade antes desconhecidos.

Conforme explica Clarke, a técnica de criação de perfis pode ser definida como uma técnica em que um conjunto de características de uma pessoa ou de uma classe de pessoas é inferido por meio da análise de suas experiências[65]. De acordo com Schertel Mendes, o perfil de consumo ou comportamento é basicamente um registro sobre a sua personalidade:

> O perfil pode ser considerado um registro sobre uma pessoa que expressa uma completa e abrangente imagem sobre a sua personalidade. Assim, a construção de perfis compreende a reunião de inúmeros dados sobre uma pessoa, com a finalidade de se obter uma imagem detalhada e confiável, visando, geralmente, à previsibilidade de padrões de comportamento, de gostos, hábitos de consumo e preferências do consumidor[66].

---

64. Cf. NEWMAN, John M. Antitrust in zero-price markets: Foundations. *University of Pennsylvania Law Review*, Pennsylvania, p. 167, 2015. 58 p.

65. CLARKE, Roger. Profiling: A hidden challenge to the regulation of data surveillance. *Journal of Law & Information Science*, Camberra, v. 4, p. 403, 1993.

66. MENDES, Laura S. *Privacidade, proteção de dados e defesa do consumidor*: linhas gerais de um novo direito fundamental. São Paulo: Saraiva, 2014. p. 111.

Essa criação de perfis é usualmente chamada de *profiling*, que foi definido no Capítulo 1 desta pesquisa por meio do artigo 4 (4) do GDPR[67], cuja definição consiste em qualquer forma de tratamento automatizado de dados pessoais para avaliar certos aspetos pessoais de uma pessoa., incluindo desempenho profissional, situação econômica, saúde, preferências pessoais, interesses, fiabilidade, comportamento, localização ou deslocações.

Assim, representa uma forma de tratamento automatizado de dados pessoais, cujo objetivo é avaliar os aspectos pessoais de uma pessoa natural e criar um perfil condizente com suas características e comportamento. Em outras palavras, os dados pessoais dos indivíduos formam perfis a seu respeito, permitindo que terceiros o utilizem para a tomada de decisões, criando estereótipos que os estigmatizam perante seus pares[68]. Bonna esclarece que:

> O *profiling* consiste na criação de um perfil digital do usuário, com dados que demonstram os desejos, preferências e hábitos, auxiliando na massificação do consumo e da publicidade, facilitando a personalização de produtos e serviços para atingir o público-alvo[69].

O processo de criação de perfis está intrinsicamente relacionado com decisões automatizadas e, consequentemente, algoritmos. É possível resumi-lo em seis etapas, sendo a primeira referente ao registro e à coleta de dados, que é a captação das informações dos indivíduos. Segue-se para a agregação e o monitoramento dos dados coletados, com a consequente identificação de padrões e interpretação de resultados. Na sequência, realiza-se um monitoramento dos dados para checagem destes resultados e, por fim, a categorização em perfis[70].

No entanto, a partir de tais perfis e crescente catalogação de comportamentos por terceiros, estudos demonstraram nos últimos anos que consumidores podem ter diversos aspectos de suas vidas impactados, incluindo as suas decisões. Há,

---

67. O GDPR se inspira no conceito de definição de perfis da Recomendação CM/REC (2010)13 do Conselho da Europa, com algumas diferenças em relação aos tratamentos que não possuem inferências. CONSELHO DA EUROPA. *Proteção das pessoas relativamente ao tratamento automatizado de dados de caráter pessoal no âmbito da definição de perfis*. Recomendação CM/Rec(2010)13 e exposição de motivos. Conselho da Europa, 23 de novembro de 2010. Disponível em: <https://www.coe.int/t/dghl/standardsetting/cdcj/CDCJ%20 Recommendations/CMRec(2010)13E_Profiling.pdf>. Acesso em: 24 de abril de 2020.
68. Cf. BIONI, Bruno Ricardo. *Proteção de dados pessoais*: a função e os limites do consentimento. Rio de Janeiro: Forense, 2019. p. 89 e 90.
69. BONNA, Alexandre P. Dados pessoais, identidade virtual e a projeção da personalidade: "profiling", estigmatização e responsabilidade civil. *In*: MARTINS, Guilherme Magalhães; ROSENVALD, Nelson. *Responsabilidade civil e novas tecnologias*. Indaiatuba: Editora Foco, 2020. p. 22.
70. Cf. HILDEBRANDT, Mireille. Defining profiling: a new type of knowledge?. *In*: *Profiling the European citizen*. Springer, Dordrecht, 2008. p. 58. apud. ZANATTA, Rafael A. F. Perfilização, Discriminação e Direitos: do Código de Defesa do Consumidor à Lei Geral de Proteção de Dados Pessoais. *Revista dos Tribunais*, [s. l.], 2019. Disponível em: <https://www.researchgate.net/profile/Rafael_Zanatta/publication/331287708_Perfilizacao_Discriminacao_e_Direitos_do_Codigo_de_Defesa_do_Consumidor_a_Lei_Geral_de_Protecao_de_Dados_Pessoais/links/5c7078f8a6fdcc4715941ed7/Perfilizacao-Discriminacao-e-Direitos-do-Codigo-de-Defesa-do-Consumidor-a-Lei-Geral-de-Protecao-de-Dados-Pessoais.pdf>. Acesso em: 07 jul. 2020. p. 5.

assim, riscos enfrentados pelos indivíduos que se veem sujeitos a categorizações feitas majoritariamente por máquinas, cujos resultados interferem em seu futuro, como vagas de emprego, crédito bancário etc. Schertel Mendes aponta riscos nessa prática de criação de perfis:

> [...] Os riscos da técnica de construção de perfil não residem apenas na sua grande capacidade de junção de dados; na realidade, a ameaça consiste exatamente na sua enorme capacidade de combinar diversos dados de forma inteligente, formando novos elementos informativos[71].

Como visto no item 1.4.4, algoritmos têm uma dinâmica de funcionamento avançada e complexa que pode não ser facilmente compreendida, mas que possibilita uma análise profunda de dados e informações pessoais em uma quantidade antes não vista, citando-se, por exemplo, a exploração do Big Data, também já mencionado no item 1.4.1, com a consequente formação de perfis. Nesse sentido, Frazão e Goettenauer pontuam que "[...] tais perfis ainda podem persistir por muito tempo, ainda que o indivíduo não saiba que dados foram utilizados, onde e quando foram coletados e como a decisão foi tomada. Daí a conclusão de que algoritmos podem perpetuar injustiças, preconceitos e discriminações"[72].

A partir disso, destaca-se uma preocupação específica que é analisada por Doneda, quando menciona a perda de autonomia, individualidade e liberdade do indivíduo, a partir do acesso aos dados pessoais:

> A esta problemática "clássica" da privacidade podemos acrescentar atualmente um outro elemento: o fato de sermos, perante diversas instâncias, representados – e julgados – através destes dados. Tal fato abre uma outra possibilidade de enfocar a questão, pela qual a privacidade faz ressoar uma série de outras questões referentes à nossa personalidade. Isso pode significar a perda de parte de nossa autonomia, de nossa individualidade e, por fim, de nossa liberdade. Nossos dados, estruturados de forma a significarem para determinado sujeito uma nossa representação virtual – ou um avatar –, podem ser examinados no julgamento de uma concessão de uma linha de crédito, de um plano de saúde, a obtenção de um emprego, a passagem livre pela alfândega de um país, além de tantas outras hipóteses[73].

Por outro lado, o tratamento de dados pessoais e a formação de perfis permitem que empresas agreguem valor a seus produtos e serviços, personalizando-os, seja por meio de resultados de buscas[74], alterando a ordem a ser apresentada ao consumidor,

---

71. MENDES, Laura Schertel. *Privacidade, proteção de dados e defesa do consumidor*: linhas gerais de um novo direito fundamental. São Paulo: Saraiva, 2014. p. 111.
72. FRAZÃO, Ana; GOETTENAUER, Carlos. Black box e o Direito face à opacidade algorítmica. p. 27-42. *In*: BARRETO, Mafalda; BRAGA NETTO, Felipe; FALEIROS JUNIOR, José de Moura; SILVA, Michael César (coords.). *Direito digital e inteligência artificial* – diálogos entre Brasil e Europa. Indaiatuba: Ed. Foco, 2021. p. 29
73. DONEDA, Danilo. *Da privacidade à proteção de dados pessoais*. Rio de Janeiro: Renovar, 2006, p. 2.
74. Trata-se de outra forma de extrair mais receita dos consumidores que estão com disposição a pagar mais por determinado produto ou serviço, operando em vários produtos para direcionar os consumidores para uma faixa de preço apropriada. Essa classificação dos resultados da pesquisa impacta muito o resultado eventualmente escolhido pelo usuário, tendo em vista que estes raramente ultrapassam a primeira página de resultados.

personalização de anúncios ou preços personalizados. Essas são as três diferentes formas de personalização online mencionadas pela Autoridade para Consumidores e Mercado da Holanda[75].

Antes de se adentrar no objeto da pesquisa, preços personalizados, esclarece-se a seguir o conceito da publicidade comportamental que está intrinsicamente associada aos preços personalizados, podendo ser uma prática usada, inclusive, conjuntamente.

2.3.1 Publicidade comportamental nas plataformas digitais

A publicidade direcionada não é uma novidade do século XXI ou proveniente do avanço das tecnologias, pois já estava difundida nos meios de comunicação há algum tempo. Trata-se de um método de abordagem que pretende alcançar uma parcela de consumidores difundindo informações sobre determinado produto ou serviços, de forma que por meio de um consumidor se dirige a todos os consumidores e vice e versa[76].

Essa forma de publicidade pode ser dividida em três espécies[77]. A primeira é chamada de publicidade contextual, relacionada ao ambiente em que o anúncio será inserido para promover o bem de consumo, como um jornal, uma revista ou um website. A segunda espécie é a publicidade segmentada, focada no público-alvo e diversificando categorias de produtos e serviços de acordo com o consumidor, como brinquedos para crianças, produtos antienvelhecimento femininos para mulheres de meia idade, jogos de videogames para adolescentes, entre outros.

Já o desenvolvimento da terceira espécie está ligado às tecnologias da informação, compondo a publicidade comportamental online, oferecendo, a partir dos dados pessoais dos indivíduos tratados, um serviço personalizado de acordo com o perfil inferido. Vê-se que tal prática está mais que difundida atualmente e já é até mesmo esperada pelo consumidor.

Entra-se em uma loja de roupas e passa-se a receber anúncios com tendências e modelos semelhantes aos procurados; compra-se um livro na Amazon.com e passam a ser oferecidas listas de obras recomendadas; procura-se por uma viagem e várias opções passam a constar por determinado período nos websites visitados e nas plataformas de busca. Basta a existência de três partes: o usuário, um website vinculador e uma rede de anúncios, como Borgesius esclarece:

---

75. Cf. EUROPEAN COMISSION. *Consumer market study on online market segmentation through personalised pricing/offers in the European Union*. Luxemburgo: Publications Office of the European Union, 2018. Disponível em: <https://ec.europa.eu/info/sites/info/files/aid_development_cooperation_fundamental_rights/aid_and_development_by_topic/documents/synthesis_report_online_personalisation_study_final_0.pdf>. Acesso em: 16 set. 2020.

76. Cf. BRAUDILLARD, Jean. *A sociedade de consumo*. Lisboa: Edições 70, 2011. p. 161.

77. Cf. BIONI, Bruno Ricardo. *Proteção de dados pessoais: a função e os limites do consentimento*. Rio de Janeiro: Forense, 2019. p. 17.

Em um simples exemplo, a publicidade comportamental envolve três partes: um usuário de internet, um website veiculador e uma rede de anúncios. Redes de anúncios são empresas que veiculam publicidades em milhares de sites e podem reconhecer pessoas quando elas navegam na web. Uma rede de anúncios pode inferir que alguém que visita sites sobre tênis com frequência é um entusiasta do tênis. Se essa pessoa visitar um site de notícias, a rede de anúncios pode exibir anúncios de raquetes de tênis. Ao visitar simultaneamente esse mesmo site, alguém que visita muitos sites sobre economia pode ver anúncios de livros de economia.[78]

A publicidade comportamental pode ser positiva e negativa dependendo das consequências enfrentadas pelos consumidores. O aspecto positivo se relaciona com a disponibilização e direcionamento dos anúncios aos quais os consumidores se interessam. Isso economiza tempo de buscas, por exemplo. De uma forma negativa, essas publicidades podem aumentar o consumo e criar problemas que envolvem a privacidade, vez que há uma coleta de dados pessoais[79].

Além disso, há a chamada bolha da informação[80]. Por meio desta, o usuário passa a ter contato com apenas um universo de opções que, teoricamente, seriam mais aptas às suas preferências, limitando o seu acesso a um grupo de produtos ou serviços. De acordo com a Escola Nacional de Defesa do Consumidor:

> A utilização de dados comportamentais como forma de influenciar a interação futura de uma pessoa - por exemplo, cuidando para que lhe seja veiculada apenas a publicidade que mais se ajuste ao seu pretenso perfil comportamental - pode limitar o rol de escolhas futuras daquela pessoa a partir de um perfil que foi inferido de seu comportamento passado[81].

Este fenômeno de limitação do rol de escolhas do indivíduo a partir do conteúdo oferecido também é conhecido como encaixamento[82]. Tal conceito consiste na existência de possibilidades muito limitadas em torno de presunções feitas por ferramentas de análise comportamental guiando, assim, as escolhas futuras dos indivíduos. Por exemplo, se um mecanismo de buscas percebe que determinado indivíduo é uma pessoa conservadora e que apenas acessa sites conservadores, ele

---

78. Do original: "In a simplified example, behavioural targeting involves three parties: an Internet user, a website publisher, and an advertising network. Advertising networks are firms that serve ads on thousands of websites and can recognise people when they browse the web. An ad network might infer that somebody who often visits websites about tennis is a tennis enthusiast. If that person visits a news website, the ad network might display advertising for tennis rackets. When simultaneously visiting that same website, somebody who visits many websites about economics might see ads for economics books" (BORGESIUS, Frederik Zuiderveen. Bahevioural Sciences and the Regulation of Privacy on the Internet. *University of Amsterdam*, Amsterdam, n. 2014-54, 23 out. 2014, p. 3. Disponível em: <https://papers.ssrn.com/sol3/papers.cfm?abstract_id=2513771>. Acesso em: 22 out. 2020, tradução nossa).

79. SUTHERLAND, Max. *Advertising and the mind of the consumer*: What works, what doesn't, and why. 3. ed. Australia: Allen & Unwin, 2008, p. 145.

80. Cf. SUNSTEIN, Cass R. *Infotopia*: How many minds produce knowledge. Oxford: Oxford University Press, 2006. p. 9.

81. BRASIL. Escola Nacional De Defesa Do Consumidor - ENDC. *A proteção de dados pessoais nas relações de consumo*: para além da informação creditícia. Escola Nacional De Defesa Do Consumidor, elaboração Danilo Doneda. Caderno de investigações científicas. Brasília: SDE/SPDC, p. 68, v. 2, 2010.

82. Cf. ABRAMS, Martin. Boxing and concepts of harm. *Privacy and Data Security Law Journal*, [s. l.], p. 673-676, set. 2009.

pode direcionar apenas notícias conservadoras a tal indivíduo, o que pode influenciar em seu modo de ver a realidade. Neste ponto, a publicidade comportamental teria o efeito negativo uniformizando padrões de comportamento em torno de outros previamente definidos por algoritmos, diminuindo a diversidade e o rol de escolhas de uma pessoa.

Além da possibilidade de a publicidade personalizada ser usada para manipular os indivíduos de acordo com os produtos e serviços oferecidos, ela pode classificar as pessoas como descartáveis e tratá-las de forma discriminatória[83]. Com isso, alguns grupos podem ser prejudicados por decisões automatizadas tomadas a partir de seus dados pessoais. De acordo com Calo, o conceito de mercado digital manipulador e produção em massa de vieses decorre dessas técnicas de personalização em que empresas terão uma posição vantajosa para explorar a irracionalidade dos consumidores para seus próprios lucros[84].

Além disso, Basan apresenta a nomenclatura de Habeas Mente, como uma garantia fundamental de não ser molestado pelas publicidades virtuais de consumo, decorrente do tratamento de dados pessoais, formação de perfis e publicidade comportamental[85]. Essa importunação pode ensejar, até mesmo, responsabilidade civil pela violação do direito ao sossego, como explicam Basan, Faleiros Jr., e Martins[86]. Nesse mesmo sentido, Frazão chama a atenção à manipulação informacional e digital que têm poder de erodir a democracia[87].

Posto isso, conforme esclarece a Escola Nacional de Defesa do Consumidor, a publicidade comportamental representa uma fronteira em que se desenvolvem novas tecnologias de abordagem do consumidor pela utilização de suas informações pessoais. Além do risco concreto de ampliar a assimetria informacional na relação de consumo, há uma parcela de outros riscos pela utilização de dados pessoais, refletindo em uma possível discriminação entre consumidores e na relativização da ideia de escolha livre[88].

---

83. Cf. TUROW, Joseph. *The Daily You*: How the New Advertising Industry is Defining Your Identity and Your Worth. USA: Yale University Press, 2011.
84. Cf. CALO, Ryan. Digital market manipulation. *Social Science Research Network*, [s. l.], v. 82, n. 4, p. 12, 16 ago. 2014. 57 p. Disponível em: <http://ssrn.com/abstract=2309703>. Acesso em: 16 fev. 2020.
85. BASAN, Arthur Pinheiro. Habeas Mente: garantia *fundamental de não ser molestado pelas publicidades virtuais de consumo*. Revista de Direito do Consumidor, São Paulo. v. 131, set.-out. 2020.
86. Nesse sentido, recomenda-se a leitura de BASAN, Arthur Pinheiro; FALEIROS JUNIOR, José de Moura; MARTINS, Guilherme Magalhães. A responsabilidade civil pela perturbação do sossego na Internet. *Revista de Direito do Consumidor*, São Paulo, v. 128, mar.-abr. 2020.
87. FRAZÃO, Ana. Proteção de dados e democracia: a ameaça de manipulação informacional e digital. p. 739-762. *In*: FRANCOSKI, Denise; TASSO, Fernando. *A Lei Geral de Proteção de Dados Pessoais* – aspectos práticos e teóricos relevantes no setor público e privado. São Paulo: Revista dos Tribunais, 2021.
88. Cf. BRASIL. Escola Nacional De Defesa Do Consumidor (ENDC). *A proteção de dados pessoais nas relações de consumo*: para além da informação creditícia. Escola Nacional De Defesa Do Consumidor, elaboração Danilo Doneda. Caderno de investigações científicas. Brasília: SDE/SPDC, p. 68, v. 2, 2010.

2.4 O COMPORTAMENTO DO CONSUMIDOR EM TOMADA DE DECISÕES

Isso porque o comportamento do consumidor pode ser influenciado, existindo ferramentas e estratégias destinadas a tal objetivo. Por esse motivo, faz-se necessário entender o comportamento do consumidor em tomada de decisões e adentrar no campo da Economia Comportamental.

A Internet está intrinsicamente associada às atividades rotineiras da maioria dos indivíduos. Como consequência, uma maior quantidade de dados pessoais pode ser coletada e processada, auxiliando na personalização de produtos e serviços, como a publicidade direcionada comportamental e precificação personalizada.

Com o avanço da tecnologia, esses anúncios são direcionados àqueles que estão mais propensos a adquirir determinados produtos ou serviços. Ao visitar um website, o usuário pode ter seus históricos de busca e interesses rastreados a partir de cookies. Conforme explica Magalhães Martins, estes são programas de dados gerados com o objetivo principal de identificação do usuário, rastreamento e obtenção de dados úteis a seu respeito, especialmente, baseada em dados de navegação e de consumo[89]. Por esse motivo, permitem que o usuário seja identificado quando retornar ao website, personalizando os anúncios de acordo com as suas preferências.

Outro exemplo são os chamados anúncios de banner, que aparecem em qualquer lugar da página da Internet, até mesmo nas laterais das redes sociais e, quando clicados, direcionam o consumidor ao produto ou serviço fornecido por determinada empresa na plataforma respectiva. Esses anúncios geralmente contêm produtos que já foram procurados pelos consumidores ou relacionados a seus interesses.

Assim, as buscas realizadas, os artigos e notícias lidas, as compras efetuadas, os websites visitados, os dados cadastrados em plataformas e redes sociais, influenciam os anúncios que serão direcionados. Trata-se da publicidade comportamental, derivada dos atos dos consumidores na internet, conforme visto em item 2.3.1.

Da mesma forma, o comportamento do consumidor será analisado e, a partir da formação do seu perfil de consumo, terceiros podem mensurar o preço que ele pretende pagar por um produto ou serviço, conforme será explicado no Capítulo 3. É nesse contexto que se pontua que a criação de perfis, além de poder levar à negativa de aceso a determinado bem ou serviço, pode resultar em preços diferentes a consumidores diversos, conforme afirmado pelo Ministério Público Federal[90].

---

89. Cf. MARTINS, Guilherme Magalhães. *Responsabilidade por acidente de consumo na internet*. 2. ed. São Paulo: Revista dos Tribunais, p. 227-228, 2008.

90. Cf. BRASIL. Ministério Público Federal. Câmara de Coordenação e Revisão. *Sistema Brasileiro de Proteção e Acesso a Dados Pessoais*: Análise de dispositivos da lei de acesso à informação, da lei de identificação civil, da lei do Marco Civil da Internet e da Lei Nacional de Proteção de Dados (Roteiro de Atuação, v. 3). Brasília: MPF, 2019. Disponível em: <http://www.mpf.mp.br/atuacao-tematica/ccr3/documentos-e-publicacoes/roteiros-de-atuacao/sistema-brasileiro-de-protecao-e-acesso-a-dados-pessoais-volume-3>. Acesso em: 05 set. 2020.

2 • O CONSUMIDOR NA ERA DIGITAL   **63**

Ocorre que não se pode partir do princípio de que os dados compartilhados pelos usuários ou deles inferidos correspondem totalmente à realidade ou, ainda, suas expectativas, vez que suas escolhas e comportamentos podem ter sido influenciados por estratégias de marketing de terceiros, possuindo vieses e tendências que não os representam. Como consequência, os perfis formados a partir do tratamento de tais dados podem estar incorretos, gerando outras consequências aos indivíduos, como o direcionamento de publicidade não desejada e/ou maiores preços para produtos e serviços.

Posto isso, far-se-ão alguns apontamentos sobre a Economia Comportamental, visando entender a tomada de decisões dos indivíduos ocorridas a partir de más percepções do ambiente que os cercam ou influenciadas por estratégias de empresas que podem passar despercebidas, propositalmente arquitetadas para impactar no consumo de seus produtos e serviços.

2.4.1   A tomada de decisões enviesada e a Economia Comportamental

Indivíduos não fazem escolhas racionais a todo momento. Essas decisões podem ter sido influenciadas por diversos fatores, principalmente em cenários de incerteza, sendo objeto de estudo da Economia Comportamental. Tal campo de estudos se volta às possíveis falhas em escolhas racionais do ser humano, contrariando o padrão do *homo economicus*[91], utilitário, que faria apenas escolhas racionais.

Em revisão internacional das aplicações iniciais da Economia Comportamental à política, a OCDE menciona que o conceito daquela se aproxima de uma aplicação de método científico indutivo para estudar atividade econômica[92]. Indo além da Teoria da Escolha Racional ou da Teoria da Utilidade Esperada, tal campo de estudos caminha em direção à Teoria do Prospecto ou da Perspectiva[93], isto é, uma teoria em que se descreve como os indivíduos fazem escolhas em frente a incertezas.

---

91. O conceito de *homo economicus* está ligado à teoria da escolha racional e foi usado pela primeira vez no século XIX por críticos do método proposto por Mill (1836) para a economia política, que afirma que esta não deveria considerar o homem completo como ele é, que seria adotar a teoria do "homem real" (homo sapiens), arriscando-se a fazer previsão correta de como ele se comportará realmente nos negócios econômicos. MILL, John Stuart (1836). On the definition of political economy, and on the method of investigation proper to it. London and Westminster Review. *In:* HAUSMAN, Daniel (Ed.). *The philosophy of economics*: an anthology. 2nd ed. Cambridge University Press, 1994. Cap. 1, p. 52-68. Nesse sentido, Hollis e Nell afirmam que "o homem econômico racional não é um homem real. É, antes, qualquer homem real que se conforme ao modelo a ser testado. Assim sendo, não se trata de testar uma teoria econômica em confronto com o comportamento real do produtor ou consumidor [ou investidor] racionais. Os produtores e consumidores [e investidores] são racionais precisamente na medida em que se comportam como previsto e o teste mostra apenas quão racionais são". HOLLIS, Martin; NELL, Edward J. (1975). *O homem econômico racional*: uma crítica filosófica da economia neoclássica. Rio de Janeiro: Zahar Editores, 1977, p. 79.

92. Cf. LUNN, Pete. *Regulatory Police and Behavioural Economics*, OCDE Publishing, 2014. p. 22. Disponível em: <https://read.oecd-ilibrary.org/governance/regulatory-policy-and-behavioural-economics_9789264207851-en#page22>. Acesso em: 19 out. 2020.

93. Desenvolvida por Daniel Kahneman e Amos Tversky na década de 70, tal teoria da psicologia cognitiva pretende descrever e entender como indivíduos escolhem sem focar no resultado, isto é, na maximização

De forma geral, trata-se de um campo de estudos interdisciplinar promovido pela Economia através da Psicologia para criar uma ferramenta com maior poder preditivo em determinadas situações[94]-[95]. Nesse sentido, Eisenberg aponta que a racionalidade humana é limitada porque a informação também é, assim como a capacidade e habilidade de processamento de tais informações[96].

Posto isso, é possível explicar as decisões humanas por meio de uma das duas formas a seguir apontadas[97]. A primeira alternativa está relacionada aos resultados obtidos quando analisada a Economia Comportamental e a escolha dos indivíduos. Estas escolhas não são feitas de forma consistente, variando sistematicamente a depender de diferentes fatores apresentados antes da tomada de decisões, da comunicação da escolha, da existência de más percepções de fatores relevantes, da complexidade do assunto, entre outros pontos.

O segundo caminho que justifica a falha em escolhas racionais do ser humano se relaciona ao fato de que as decisões são baseadas em outros fatores que os próprios resultados dos indivíduos, como justiça alocativa, procedimentos justos, confiáveis e recíprocos, enquanto outros agem de forma altruísta.

Portanto, o comportamento humano apresenta (i) racionalidade limitada, que teria sido um conceito introduzido por Herbert Simon para afirmar que o ser humano não possui habilidades cognitivas infinitas; (ii) poder de escolha limitado, o que pode resultar em decisões cujos resultados obtidos não estão de acordo com os interesses a longo prazo do indivíduo; (iii) egoísmo limitado, pois há uma preocupação em relação a terceiros em algumas circunstâncias conforme Jolls, Sustein e Thaler afirmam[98]. Tudo isso afasta o indivíduo comum do *homo economicus*, ou seja, do homem racional e utilitário.

---

do resultado e utilidade, mas em potenciais valores de ganhos e perdas no decorrer do processo de tomada de decisões.

94. Cf. RIBEIRO, Marcia Carla Pereira; TIUJO, Edson Mitsuo. A educação formal para consumo é garantia para uma presença refletida do consumidor no mercado? Uma análise com base na Behavior Law and Economics. *Revista Brasileira de Políticas Públicas*, [s. l.], v. 8, n. 2, p. 605, ago. 2018.

95. A história do seu desenvolvimento pode ser encontrada em: THALER, Richard. *Misbehaving*: A Construção Da Economia Comportamental. São Paulo, Editora Intrinseca, 2019.

96. Cf. EISENBERG, Melvin A. Behavioral Economics and the Contract Law. *In: The Oxford Handbook of Behavioral Economics and the Law*, Londres: Oxford University Press, 2014.

97. A OCDE traz estudos de Kahneman, DellaVigna, Rabin em relação ao comportamento individual; Congdon et al., Sunstein, Dolan et al. e Shafir no contexto de formação de políticas; Armstrong e Huck em referência às decisões feitas pelas empresas. LUNN, Pete. *Regulatory Police and Behavioural Economics,* OCDE Publishing, 2014. p. 22. Disponível em: <https://read.oecd-ilibrary.org/governance/regulatory-policy-and-behavioural-economics_9789264207851-en#page22>. Acesso em: 19 out. 2020.

98. Cf. JOLLS, Christine; SUNSTEIN, Cass; THALER, Richard. A Behavioral Approach to Law and Economics. *Stanford Law Review*, v. 50, n. 5, maio 1998, p. 1471-1550. Disponível em: <http://www.jstor.org/stable/1229304>. Acesso em: 04 jan. 2021.

Nesse contexto, decisões irrefletidas podem gerar ou não erros sistemáticos[99] e terceiros podem se aproveitar de tal cenário para aferir lucro. Teichman e Zamir apontam que influenciar pessoas na tomada de decisões é crucial para a sobrevivência de uma empresa[100]. Em um cenário em que são feitas escolhas irracionais baseadas em informações imperfeitas, os anúncios servem para fornecer informação para ajudar consumidores a procurar produtos ou serviços e persuadi-los a comprar[101].

Posto isso, o estudo comportamental econômico se mostra essencial para reconhecer que as interações realizadas por terceiros em ambiente virtual, sejam na forma de anúncios, dicas ou informações. Esses itens têm a capacidade de alterar as preferências do consumidor e persuadi-lo, aproveitando-se de falhas humanas para que este superestime o valor de determinado produto ou seja influenciado a adquiri-lo[102].

Tal dinâmica se relaciona a decisões sujeitas a distorções de julgamentos, conhecidas como vieses ou heurísticas, que são pensamentos desacompanhados de grandes reflexões. Esses pensamentos podem ser estimulados ou corrigidos por empurrões ou *nudges,* como incentivos do ambiente[103].

Daniel Kahneman, ganhador do prêmio Nobel da Economia em 2002 pela Academia Real Sueca de Ciências, é reconhecido pelo seu trabalho iniciado ao lado de Amos Tversky sobre tomada de decisões em contexto de incertezas. De acordo com seus estudos, o julgamento inferencial humano se afasta sistematicamente dos modelos racionais de escolha, pois atalhos cognitivos permitem que sejam tomadas decisões em contextos de incertezas, de maneira rápida, involuntária e sem esforço.

Em sua obra "Rápido e Devagar: duas formas de pensar"[104], adota as expressões "Sistema 1" e "Sistema 2" para representar personagens fictícios ligados a diferentes formas de agir do indivíduo. Segundo o autor, ambos os sistemas convivem simultaneamente, otimizando o desempenho do indivíduo e minimizando seus esforços. Porém, enquanto o Sistema 1 é automático, com reações rápidas e sem senso voluntário, o Sistema 2 desempenha funções que precisam de atenção e escolha. Assim, o Sistema 2 seria encarregado do autocontrole. Em suas palavras:

---

99. Cf. ALVES, Giovani Ribeiro Rodrigues. Economia Comportamental. *In:* RIBEIRO, Marcia Carla Pereira; KLEIN, Vinicius (coord.). *O que é análise econômica do direito*: uma introdução. 2. ed. Belo Horizonte: Fórum, 2016. p. 75.
100. Cf. TEICHMAN, Doron; ZAMIR, Eyal. *Behaviour Law and Economics.* Nova Iorque: Oxford University Press, 2018. p. 284.
101. Cf. HAWKINS, Jim. Exploiting advertising. *Law & Contemporany Problems,* [s. l.], v. 80, p. 44, 2017.
102. Cf. HAWKINS, Jim. Exploiting advertising. *Law & Contemporany Problems,* [s. l.], v. 80, p. 44, 2017.
103. Cf. RIBEIRO, Marcia Carla Pereira; TIUJO, Edson Mitsuo. A educação formal para consumo é garantia para uma presença refletida do consumidor no mercado? Uma análise com base na Behavior Law and Economics. p. 600-614. *Revista Brasileira de Políticas Públicas,* [s. l.], v. 8, n. 2, p. 607, ago. 2018.
104. Cf. KAHNEMAN, Daniel. *Rápido e Devagar*: duas formas de pensar. Trad. Cássio de Arantes Leite. Rio de Janeiro: Ed. Objetiva 2011. p. 30.

O Sistema 2 é o único que pode seguir regras, comparar objetos com base em diversos atributos e fazer escolhas deliberadas a partir de opções. O automático Sistema 1 não dispõe dessas capacidades. O Sistema 1 detecta relações simples ("eles são todos parecidos", "o filho é bem mais alto que o pai") e se sobressai em integrar informação sobre uma coisa, mas ele não lida com tópicos distintos e múltiplos de uma vez, tampouco é proficiente ao usar informação puramente estatística[105].

O Sistema 1, portanto, age de forma a gerar conteúdo para o Sistema 2, como intuições, impressões, sentimentos que, se endossados por este, podem se tornar crenças e ações voluntárias. Contudo, o Sistema 1 pode gerar decisões enviesadas e erros sistemáticos em determinadas circunstâncias pela ausência de um racional, o que pode não ser identificado pelo Sistema 2 quando acionado.

Essa dinâmica explica a definição técnica de heurística, representando um procedimento simples que ajuda a mente humana a encontrar respostas adequadas, ainda que incorretas, para perguntas complexas. O Sistema 2 pode seguir o caminho do esforço pequeno feito pelo outro sistema e endossar uma resposta heurística sem averiguar se ela está correta e se é apropriada. Seriam necessários um acentuado monitoramento e uma atividade contínua, o que é inviável, por exemplo, para tomada de decisões rotineiras, feitas automaticamente pelo Sistema 1, ou no impulso de clicar em algum anúncio ou adquirir certos produtos e serviços online.

Assim, o Sistema 1 estaria em grande parte da vida de cada indivíduo produzindo as suas impressões, monitorando continuamente o que está acontecendo fora e dentro da mente, gerando avaliações de vários aspectos da situação sem intenções específicas e sem grandes esforços. Isso porque o conforto cognitivo é mais frequente e apenas dá cena ao Sistema 2 quando um momento de tensão surge, fazendo-o reagir.

Dessa forma, as primeiras reações às publicidades e interações das empresas são guiadas pelo Sistema 1, que, agindo involuntária e rapidamente, pode ser facilmente influenciado e persuadido por estratégias de marketing, tendo em vista que infere causas e suprime a dúvida, ficando propenso a acreditar mesmo na ausência de uma evidência[106].

Posto isso, os vieses de comportamento aconteceriam na relação entre tais sistemas, ou seja, no processo cognitivo. Thaler e Sunstein[107] também mencionam a existência de dois sistemas, um automático e um reflexivo, bem como os vieses de comportamento, diferenciando os indivíduos dos "econs" ou *homo economicus*.

Além disso, estes pesquisadores apresentam o conceito de empurrão, ao aproximar a Economia Comportamental de políticas, o que chamam de paternalismo

---

105. KAHNEMAN, Daniel. *Rápido e Devagar*: duas formas de pensar. Trad. Cássio de Arantes Leite. Rio de Janeiro: Ed. Objetiva 2011. p. 43.
106. Cf. KAHNEMAN, Daniel. *Rápido e Devagar*: duas formas de pensar. Trad. Cássio de Arantes Leite. Rio de Janeiro: Ed. Objetiva 2011. p. 116.
107. THALER, Richard R. SUNSTEIN, Cass R. *Nudge*: Improving Decisions about Health, Wealth, and Happiness. Londres: Penguin Books, 2009.

libertário[108]. Na obra "Nudge", os autores explicam a didática de atalhos cognitivos, contribuindo para a compreensão do comportamento do consumidor. Como dito acima, trata-se de um empurrão capaz de mudar o comportamento dos indivíduos sem minorar a sua liberdade de escolha[109]-[110]. É possível discutir, nesse cenário, a interferência de autoridades governamentais por meio de *nudges* visando ao bem--estar do consumidor[111].

Portanto, por meio de limitados poderes de escolha, racionalidade e egoísmo do ser humano, que não se resume em um *homo economicus*[112], o modelo econômico comportamental justifica que consumidores são influenciados por técnicas e gatilhos publicitários. Com isso, é possível que sua percepção seja distorcida no momento da tomada de decisões.

Corrobora com isso a recente obra de Kahneman, Sibony e Sustein, denominada Ruído: uma falha no julgamento humano. A obra retoma o conceito de vieses, como "vieses de substituição, que levam a uma avaliação incorreta das evidências; vieses de conclusão, que levam a contornar as evidências ou a considerá-las de forma distorcida; e a coerência excessiva, que amplia o efeito das impressões iniciais e reduz

---

108. No presente trabalho, não será abarcado o tema do paternalismo libertário e suas consequências sociais, focando-se no papel do nudge como uma ferramenta que pode ser utilizada no contexto publicitário. Para maiores informações, SUNSTEIN, Cass; THALER, Richard. Libertarian Paternalism. *American Economic Review*, v. 93, n. 2, maio 2003. Disponível em: <https://www.aeaweb.org/articles?id=10.1257/000282803321947001>. Acesso em: 04 jan. 2021.

109. Nos termos da obra: "Esse nudge, na nossa concepção, é um estímulo, um empurrãozinho, um cutucão; é qualquer aspecto da arquitetura de escolhas capaz de mudar o comportamento das pessoas de forma previsível sem vetar qualquer opção e sem nenhuma mudança significativa em seus incentivos econômicos. Para ser considerada um nudge, a intervenção deve ser barata e fácil de evitar. Um nudge não é uma ordem". *In*: THALER, Richard H.; SUNSTEIN, Cass R. *Nudge*: Improving decisions about health, wealth, and happiness. USA: Yale University Press, p. 11, 2008. 312 p.

110. Destaca-se o papel dos arquitetos de escolha próximos a alguns empurrões, que têm a responsabilidade de organizar o contexto no qual as pessoas tomarão suas decisões pois detalhes ainda que pequenos podem influenciar no comportamento dos indivíduos e em suas escolhas. No contexto publicitário, por exemplo, colocar determinado anúncio em posição específica em uma lista de busca pode implicar em uma diferente escolha ou influenciar consumidores trazendo informações de ações de terceiros ou uma pressão para seguir os passos da maioria. Nesse sentido: "Em particular, os anunciantes estão totalmente conscientes do poder das influências sociais. Frequentemente, enfatizam que "a maioria das pessoas prefere" seu próprio produto, ou que "um número crescente de pessoas" está mudando de outra marca, que foi a notícia de ontem, para a sua, que representa o futuro. Eles tentam cutucá-lo, dizendo o que a maioria das pessoas está fazendo agora". Assim, anunciantes como arquitetos de escolhas em determinados contextos têm plena consciência do poder das influências sociais e utilizam isso a seu favor, oferecendo produtos, serviços e preços com indicações que influenciam nas decisões dos indivíduos. *In*: THALER, Richard H.; SUNSTEIN, Cass R. *Nudge*: Improving decisions about health, wealth, and happiness. USA: Yale University Press, p. 64, 2008. 312 p.

111. Recomenda-se a leitura de THALER, Richard H.; SUNSTEIN, Cass R. *Nudge*: Improving decisions about health, wealth, and happiness. USA: Yale University Press, 2008. 312 p.

112. Cf. MULLAINATHAN, Sendhil; THALER, Richard. *Behavioral Economics*. Working paper 7948. National Bureau of Economics Research, 2000. Disponível em: <www.nber.org/papers/w7048>. Acesso em: 23 out. 2020.

o impacto de informações contraditórias"[113] (tradução nossa), afirmando que estes podem produzir ruídos, influenciando na tomada de decisões, notadamente ao lado da inteligência artificial.

Assim, as ferramentas da Economia Comportamental permitem compreender que existem mecanismos que influenciam os consumidores em suas decisões. Por esse motivo, os perfis inferidos nem sempre corresponderão à realidade ou ao real desejo do consumidor, sendo necessário considerar as particularidades da Economia Comportamental quando forem estudados, evitando concluir por perfis equivocados que podem, inclusive, prejudicar os consumidores.

Feitas estas considerações preliminares sobre a dinâmica de plataformas digitais, formação de perfis e comportamento do consumidor, passa-se ao estudo da prática de preços personalizados em tais plataformas, possível pelo tratamento de dados pessoais.

---

113. No original: "[…] substitution biases, which lead to a misweighting of the evidence; conclusion biases, which lead us either to bypass the evidence or to consider it in a distorted way; and excessive coherence, which magnifies the effect of initial impressions and reduces the impact of contradictory information". KAHNEMAN, Daniel; SIBONY, Olivier; SUSTEIN, Cass R. *Noise*: a flaw in human judgement. New York: Little, Brown Spark, 2021. p. 161.

3
A PRÁTICA DE PREÇOS PERSONALIZADOS EM MERCADOS DIGITAIS

Com o tratamento de dados pessoais dos indivíduos, é possível analisar e predizer seu perfil de consumo e comportamento, como visto no item 2.3. A partir disso, empresas têm a capacidade de aferir o preço de reserva do consumidor para determinado produto ou serviço, o que corresponde ao valor que determinado indivíduo pretende pagar por um bem.

Diante do mencionado tratamento de dados, com a formação de perfis e, posteriormente, aferição do preço de reserva, é possível direcionar preços condizentes com as expectativas do consumidor. Esta dinâmica permite extrair o excedente do indivíduo que se dispõe a pagar mais do que o valor original de um produto ou serviço, o que possibilita que empresas expandam a comercialização para consumidores que apenas comprariam algo se pagassem menos do que o seu valor original.

Posto tal contexto, este Capítulo pretende apresentar o conceito de preços discriminatórios de acordo com a classificação proposta por Arthur Pigou, dando destaque aos de primeiro e terceiro graus, isto é, preços personalizados formados a partir de dados pessoais e do comportamento do consumidor. Neste contexto, será explorada a discriminação comportamental a partir dos ensinamentos de Ariel Ezrachi e Maurice Stucke na obra Virtual Competition.

Ver-se-á, assim, alguns dos efeitos negativos e positivos de tais práticas no mercado e a recepção dos consumidores em relação ao tema para, no próximo Capítulo, analisar como o ordenamento jurídico pátrio poderá tutelar situações em que referidas práticas passam a ser prejudiciais aos indivíduos, em especial à luz da LGPD.

3.1 PREÇOS DISCRIMINATÓRIOS EM MERCADOS DIGITAIS

Uma empresa aplica preços discriminatórios quando onera dois consumidores de forma desigual para o mesmo produto ou serviço, sendo que essa diferença de preço não é decorrente de diferenças de custos ou fatores externos. Ou seja, dois consumidores pagarão preços diferentes pelo mesmo bem, apesar de o fornecedor ter o mesmo custo.

O objetivo dessa prática é a maximização de lucros da empresa, pois teoricamente abrangerá tanto consumidores que podem pagar mais, cobrando mais por determinado produto ou serviço, quanto os que não pretendem pagar o mesmo valor, diminuindo a quantia a ser cobrada. Nas palavras de Posner:

> Preços discriminatórios são uma expressão que economistas usam para descrever a prática de vender o mesmo produto para diferentes consumidores por diferentes preços mesmo que os custos da venda sejam os mesmos. Mais precisamente, trata-se de vender a um preço de forma que a relação entre o preço e os custos marginais seja diferente nas vendas[1].

Assim, empresas podem explorar preços discriminatórios cobrando mais de uns e menos de outros. Em alguns casos, é possível determinar um preço diferenciado para cada consumidor, ao invés de fazê-lo em relação a determinado grupo de indivíduos com características em comum[2].

Para fins elucidativos, de acordo com Pigou, que é referência na literatura sobre o tema, esses preços discriminatórios podem ser divididos em três graus[3]. O primeiro grau se refere aos preços individualizados e personalizados, obtidos após tratamento de dados pessoais. Já o segundo grau não se relaciona necessariamente com dados pessoais, sendo comumente encontrado em promoções de quantidade, isto é, "leve 3, pague 2". Por fim, o terceiro grau está voltado a preços de grupo, relacionado ou não com dados pessoais, como valores diferentes para idosos ou crianças no cinema. Vejamos.

Preços discriminatórios de primeiro grau também são conhecidos como discriminação de preços perfeita[4]. Trata-se da prática de alterar preços de acordo com o que cada consumidor está disposto a pagar em relação a determinado produto ou serviço, ou seja, o seu preço de reserva, conhecido na doutrina como vontade de pagar, em inglês, *willingness-to-pay* ou simplesmente WTP, conforme abaixo:

> WTP denota o preço máximo que um comprador está disposto a pagar por uma determinada quantidade de um bem. É uma medida em escala de proporção do valor subjetivo que o comprador atribui a essa quantidade. Ele ou ela compra aquele item de um conjunto de alternativas, para as quais sua WTP excede ao máximo o preço de compra[5].

---

1. No original: "Price discrimination is a term that economics use to describe the practice of selling the same product to different customers at different prices even though the cost of sales is the same of each of them. More precisely, it is selling at a price or prices such that the ratio of price to marginal costs is different in different sales". POSNER, Richard A. *Antitrust law*. 2. ed. Chicago: University of Chicago Press, 2001.
2. Cf. BAR-GILL, Oren. Algorithmic Price Discrimination: When Demand Is a Function of Both Preferences and (Mis) Perceptions. *The Harvard John M. Olin Discussion Paper Series*, [s. l.], n. 05, p. 18-32, 2018. p. 1. Disponível em: <https://ssrn.com/abstract=3184533>. Acesso em: 06 jun. 2020.
3. Cf. PIGOU, A. C. *The Economics of Welfare*. London: Macmillan. 1920.
4. Cf. PINDYCK, Robert Stephen; RUBINFELD, Daniel Lee. *Microeconomia*. 6. ed. São Paulo: Pearson Brasil, 2006; SHAPIRO, Carl.; VARIAN, Hal R. *Information Rules*: A Strategic Guide to the Network Economy. Boston: Harvard Business School Press, 1999.
5. No original: "The WTP denotes the maximum price a buyer is willing to pay for a given quantity of a good. It is a ratio-scaled measure of the subjective value the buyer assigns to that quantity. He or she buys that item from a set of alternatives, for which his or her WTP exceeds purchase price the most". (WERTENBRO-

De acordo com Bar Gill, esse conceito do preço de reserva representa as preferências do consumidor de um lado e as suas percepções e más percepções (como vieses em decisões vistos no item 2.4.1) de outro, identificadas a partir da exploração do Big Data e o uso de algoritmos sofisticados[6].

Assim, a partir do tratamento de dados pessoais[7], são extraídas informações que permitem demonstrar quanto o consumidor está disposto a pagar por determinado produto ou serviço e, consequentemente, implementar uma cobrança de preços diferenciada e individualizada[8].

Essa dinâmica permite explorar o excedente do consumidor, que é a diferença que se paga por determinado produto ou serviço e o valor que se estava disposto a pagar. Em uma discriminação de primeiro grau, a empresa capta todo esse excedente, cobrando o mesmo valor que o consumidor pagaria por determinado produto ou serviço. Logo, o preço cobrado é o preço original somado da quantia extra que o consumidor está apto a pagar.

O motivo de as empresas praticarem tais preços discriminatórios é porque se trata de uma estratégia majoritariamente lucrativa. Tal fato decorre da possibilidade de captação do excedente de um consumidor que está disposto a pagar um preço maior do que o preço que seria etiquetado originalmente no produto ou serviço, bem como vender a outro consumidor por um preço menor, já que este não se interessaria em comprar condições normais. Yossi Sheffi, professor do Instituto de Tecnologia de Massachusetts, define preços discriminatórios como a ciência de retirar todo o dinheiro possível dos consumidores[9].

Ocorre que preços discriminatórios de primeiro grau não são simples na prática. Conforme será explicado no item 3.3.1, há dificuldades em estimar o preço de reserva de cada consumidor tendo em vista as diversas possibilidades de tomada de decisões no cenário digital e perfis diferentes[10].

CH, Klaus; SKIERA, Bernd. Measuring consumers' willingness to pay at the point of purchase. *Journal of marketing research*, [s. l.], v. 39, n. 2, p. 228, maio 2002, tradução nossa).

6. Cf. BAR-GILL, Oren. Algorithmic Price Discrimination: When Demand Is a Function of Both Preferences and (Mis) Perceptions. *The Harvard John M. Olin Discussion Paper Series*, [s. l.], n. 05, p. 18-32, 2018. p. 1. Disponível em: <https://ssrn.com/abstract=3184533>. Acesso em: 06 jun. 2020.

7. Cf. Esses dados podem ser provenientes do próprio consumidor, bem como estarem relacionados com preços dos concorrentes; preços anteriores, lucros e receitas do fornecedor; custos, produção e estoque do fornecedor. (COMPETITION AND MARKETS AUTHORITY - CMA. *Pricing algorithms*. Economic working paper on the use of algorithms to facilitate collusion and personalised pricing. Londres, 08 out. 2018, p. 15. Disponível em: <https://assets.publishing.service.gov.uk/government/uploads/system/uploads/attachment_data/file/746353/Algorithms_econ_report.pdf>. Acesso em: 07 set. 2020).

8. Cf. EZRACHI, Ariel; STUCKE, Maurice E. *Virtual Competition*. The promises and perils of the algorithm--driven economy. Cambridge, Massachusetts: Harvard University Press, 2016. p. 85.

9. Cf. EZRACHI, Ariel; STUCKE, Maurice E. *Virtual Competition*. The promises and perils of the algorithm--driven economy. Cambridge, Massachusetts: Harvard University Press, 2016. p. 89.

10. Cf. PINDYCK, Robert Stephen; RUBINFELD, Daniel Lee. *Microeconomia*. 6. ed. São Paulo: Pearson Brasil, 2006.

O segundo grau dos preços discriminatórios se diferencia dos demais porque não está relacionado necessariamente ao tratamento de dados pessoais e à análise do comportamento do consumidor. Não se trata, portanto, de um preço personalizado. Essa categoria de discriminação ocorre quando são oferecidos preços distintos dependendo da quantidade consumida por determinada pessoa, sendo uma prática associada geralmente ao desconto de quantidade ou grau de ansiedade dos consumidores. Para Shapiro e Varian[11], trata-se da prática de preços de menu.

Por meio de tal sistema, de acordo com os ensinamentos de Pindyck e Rubinfeld, cobram-se preços diferentes por unidades para quantidades diferentes da mesma mercadoria[12]. Um clássico exemplo são as ofertas relacionadas à quantidade, como "leve 3, pague 2", técnica utilizada para atrair consumidores com propensões a pagar preços diferentes oferecendo dois ou mais pacotes de preço-quantidade.

Outra opção é explorar a técnica de controle de versão, pois vendedores podem influenciar que os consumidores se auto selecionem por meio do oferecimento de um mesmo produto variando as suas características, como a qualidade do software, a performance do produto ou o design.

Contudo, para que a discriminação de segundo grau ocorra mesmo existindo versões diferentes do mesmo produto disponíveis para qualquer consumidor, os indivíduos precisam estar cientes da existência dessas versões ou fazer um esforço para comparar as diferentes ofertas, o que também distancia esse tipo de discriminação de preços das demais.

Já a discriminação de terceiro grau é também conhecida como preço de grupo na nomenclatura proposta por Shapiro e Varian[13]. Em tal categoria, diferenciam-se os preços que serão cobrados de um mesmo produto ou serviço a partir das características do grupo analisado, o que pode ser feito por meio da análise de dados pessoais ou anonimizados, incluindo fatores como idade, localização, profissão[14].

Neste grau de discriminação, é possível que haja uma subclassificação em duas variáveis, não necessariamente relacionadas com dados pessoais, sendo os preços intemporais e preços de pico. Enquanto o primeiro busca captar o excedente de capital do consumidor de acordo com a demanda, preços de pico pretendem aumentar a eficiência econômica da empresa[15]. Explica-se.

---

11. Cf. SHAPIRO, Carl.; VARIAN, Hal R. *Information Rules*: A Strategic Guide to the Network Economy. Boston: Harvard Business School Press, 1999.
12. Cf. PINDYCK, Robert Stephen; RUBINFELD, Daniel Lee. *Microeconomia*. 6. ed. São Paulo: Pearson Brasil, 2006. p. 330.
13. Cf. SHAPIRO, Carl; VARIAN; Hal R. *Information Rules*: A Strategic Guide to the Network Economy. Boston: Harvard Business School Press, 1999.
14. Cf. ORGANIZAÇÃO PARA A COOPERAÇÃO E O DESENVOLVIMENTO ECONÔMICO – OCDE. *Personalised Pricing in the Digital Era* – Note by the European Union. Paris: OCDE Publishing, 2018. Disponível em: <https://one.oecd.org/document/DAF/COMP/WD(2018)128/en/pdf>. Acesso em: 29 jun. 2020.
15. PINDYCK, Robert Stephen; RUBINFELD, Daniel Lee. *Microeconomia*. 6. ed. São Paulo: Pearson Brasil, 2006.

Preços intemporais consistem na divisão dos consumidores em grupos de alta e baixa demanda de acordo com suas características, cobrando preços diferentes de cada um. Por exemplo, um smartphone é lançado no mercado por um preço específico e muitos querem comprá-lo. Porém, após determinado tempo, os consumidores não estão mais dispostos a pagar o mesmo preço, fazendo com que estes diminuam.

Já o preço de pico ocorre quando alguns produtos apresentam a demanda elevada em apenas alguns momentos, derivados da alta procura de um produto que faz com que os custos marginais se elevem, como o aluguel de casas de praias no verão ou em feriados ou a busca por hotéis quando há algum grande evento na proximidade.

Expostas as três categorias de preços discriminatórios, ressalta-se que nenhuma delas é sinônimo de preços dispersos, que estão ligados a diferentes valores atribuídos a um mesmo produto ou serviço, porém proveniente de distintos fornecedores. Portanto, em preços dispersos, a atribuição do preço depende de fatores externos e não está associada aos dados e comportamento do consumidor (preços discriminatórios de primeiro e terceiro grau) ou com a quantidade comprada (segundo grau).

Preços discriminatórios em geral, independentemente da sua categorização em graus, também se diferem de preços dinâmicos, relacionados à mudança de valor dependendo do momento da compra, da disponibilidade do produto, da quantidade de competição no mercado, da oferta e a demanda de uma forma geral, entre outros. A diferenciação pode ser complexa em situações envolvendo outros fatores, sendo que as duas categorias (preços discriminatórios e preços dinâmicos) podem ocorrer simultaneamente.

Um dos exemplos citados por Ezrachi e Stucke na obra "Virtual Competition" é a cobrança de preços menores em supermercados em horários de almoço ou horários tardios, em que a procura por produtos é menor, aumentando o preço em outros momentos, como no período da manhã. Essa prática pode refletir não apenas preços dinâmicos, mas também discriminatórios, porque está ligada ao horário de sensibilidade dos consumidores percebível por meio do tratamento de seus dados pessoais[16].

Uma das justificativas que permite essa personalização é a capacidade de algoritmos que aprendem com o comportamento do usuário e com seu modo de reação em determinadas circunstâncias. Com isso, tais algoritmos agrupam e categorizam indivíduos, permitindo que a empresa aproxime um mesmo grupo a partir do seu preço de reserva.

Essa dinâmica tem implicações jurídicas, como será visto no Capítulo 4, principalmente ao considerar os princípios constitucionais da igualdade em contraposição ao da livre iniciativa, bem como os diferentes cenários de mercado que podem existir, isto é, mercados concentrados, em que há poder econômico concentrado

---

16. Cf. EZRACHI, Ariel; STUCKE, Maurice E. *Virtual Competition*. The promises and perils of the algorithm-driven economy. Cambridge: Harvard University Press, 2016. p. 87-88.

em poucas empresas, e mercados pulverizados, assim como bens essenciais, como medicamentos, e não essenciais.

Diante do conceito apresentado e das diferentes categorias de discriminação de preços, passa-se a analisar o objeto da presente pesquisa, que são os preços personalizados.

3.2 PREÇOS PERSONALIZADOS COMO UMA ESPÉCIE DE PREÇOS DISCRIMINATÓRIOS

Apesar de, em alguns casos, preços personalizados serem usados como sinônimos de preços discriminatórios, adota-se na presente pesquisa o conceito também utilizado pela OCDE que os define como uma espécie de preços discriminatórios, derivados exclusivamente de informações adquiridas de determinado indivíduo[17]. Como visto, preços personalizados seriam preços discriminatórios de primeiro grau e, ocasionalmente, de terceiro grau, relacionados com dados pessoais dos consumidores.

De acordo com estudo realizado pelo departamento do Reino Unido encarregado da defesa do consumidor e da concorrência - *Office of Fair Trade* (OFT), preços personalizados possuem dois elementos essenciais. Um deles é a cobrança de preços diferentes dos mesmos produtos ou serviços dos consumidores a partir das informações deles provenientes e o segundo é a previsão de quanto esses consumidores estarão dispostos a pagar por determinado produto ou serviço. Conforme elenca:

A prática em que empresas usam informações observadas, voluntariamente compartilhadas, inferidas ou coletadas sobre as condutas ou características dos indivíduos para fornecer preços diferentes para diferentes consumidores (mesmo que seja para indivíduos ou um grupo base), com fundamento no quanto a empresa acredita que tais consumidores irão pagar[18].

Portanto, preços personalizados estão intimamente ligados com a prática de formação de perfis dos consumidores, vista no item 2.3. Assim, a dinâmica de preços personalizados em mercados digitais é possível graças à capacidade que os algoritmos adquiriram com o decorrer do tempo de formar perfis dos titulares dos dados por eles tratados, a partir de informações pessoais dos indivíduos, como o histórico de compras e o comportamento online, que podem ser analisados a partir

---

17. Cf. ORGANIZAÇÃO PARA A COOPERAÇÃO E O DESENVOLVIMENTO ECONÔMICO – OCDE. *Personalised pricing in the digital Era* – Background Note by the Secretariat. Paris: OCDE Publishing, nov. 2018, p. 8. Disponível em: <https://one.oecd.org/document/DAF/COMP/WD(2018)127/en/pdf>. Acesso em: 16 set. 2020.

18. No original: "(...) the practice where businesses may use information that is observed, volunteered, inferred, or collected about individuals' conduct or characteristics, to set different prices to different consumers (whether on an individual or group basis), based on what the business thinks they are willing to pay.". (OFFICE FAIR TRADE – OFC. *The economics of online personalised pricing* – Note by UK. Londres: Crown Copyright, maio 2013. Disponível em: <https://webarchive.nationalarchives.gov.uk/20140402154756/http://oft.gov.uk/shared_oft/research/oft1488.pdf>. Acesso em: 01 set. 2020. Tradução nossa).

de cookies, endereços de IP, números de cartões de créditos, autenticação do usuário, programas de fidelidade, entre outros. Algumas empresas até mesmo pagam para rastrear os dados dos usuários, por meio de descontos aos consumidores que aceitam ser rastreados[19].

Como visto no Capítulo 1, essas informações podem ser providas voluntariamente, como quando há a criação de uma conta para uma compra em que se informa nome, endereço, telefone, número de cartão de crédito ou de forma involuntária, como ocorre com as informações obtidas a partir da análise de cookies. Além disso, há a possibilidade de tais informações serem colhidas através de terceiros, como agências de publicidade que observam o comportamento do consumidor a partir de redes de anúncios ou websites afiliados[20].

O Secretariado da OCDE assinala que há três passos para a precificação personalizada, consistentes em coleta dos dados, estimação da disposição em pagar dos consumidores e escolha do preço ótimo a cobrar de cada cliente[21]. De acordo com estudos no tema, usuários que utilizam Apple, iOS ou Safari normalmente pagam preços mais elevados[22]. Essa diferenciação de preços pode ser realizada, por exemplo, através de cupons de desconto digitais direcionados a determinados indivíduos[23].

Mencionada precificação personalizada ocorre principalmente em um contexto de implementação de Big Data, posto que são coletados dados dos possíveis consumidores e, quanto maior a quantidade tratada, mais precisa poderá ser a oferta e preço direcionados[24]. Nesse sentido, a Comissão Europeia afirma que a coleta de dados pessoais permite aos vendedores a possibilidade de determinar com maior precisão os preços que os consumidores estão dispostos a pagar:

---

19. Cf. AT&T Gives Discount to Internet Customers Who Agree to be Tracked. *Adage*. c1994-2020. Disponível em: https://adage.com/article/digital/t-u-verse-ad-tracking-discount-subscribers/297208. Acesso em: 16 set. 2020.
20. Cf. BORGESIUS, Frederik Zuiderveen; POORT, Joost. Online Price Discrimination and EU Data Privacy Law. *Journal of Consumer Policy*, [s. l.], v. 40, n. 3, p. 4, 2017.
21. Cf. ORGANIZAÇÃO PARA A COOPERAÇÃO E O DESENVOLVIMENTO ECONÔMICO - OCDE. *Personalised Pricing in the Digital Era* – Background Note by Secretariat. Paris: OCDE Publishing, nov. 2018, p. 10. Disponível em: <https://one.oecd.org/document/DAF/COMP/WD(2018)127/en/pdf>. Acesso em: 16 set. 2020.
22. Cf. HANNAK, Aniko et al. Measuring Price Discrimination and Steering on E-commerce Web Sites. *In: Proceedings of the 2014 conference on internet measurement conference*, Vancouver, p. 305-318, nov. 2014. Disponível em: <http://www.ccs.neu.edu/home/cbw/static/pdf/imc151-hannak.pdf>. Acesso em: 17 set. 2020.
23. Cf. BAR-GILL, Oren. Algorithmic Price Discrimination: When Demand Is a Function of Both Preferences and (Mis) Perceptions. *The Harvard John M. Olin Discussion Paper Series*, [s. l.], n. 05, p. 18-32, 2018. p. 4. Disponível em: <https://ssrn.com/abstract=3184533>. Acesso em: 06 jun. 2020.
24. Cf. COMPETITION AND MARKETS AUTHORITY – CMA. *Pricing algorithms*. Economic working paper on the use of algorithms to facilitate collusion and personalised pricing. Londres, 08 out. 2018, p. 55. Disponível em: <https://assets.publishing.service.gov.uk/government/uploads/system/uploads/attachment_data/file/746353/Algorithms_econ_report.pdf>. Acesso em: 07 set. 2020.

Não há dúvida de que a coleta de dados pessoais e o perfil dos consumidores são viabilizados pela quantidade de dados gerados por diversos dispositivos e pelos avanços nas tecnologias de rastreamento e análise de dados. Isso oferece aos vendedores online a possibilidade de oferecer aos consumidores produtos e serviços sob medida (personalizados) e estar em uma posição de determinar com maior precisão os preços que os consumidores estão dispostos a pagar de acordo com suas características (por exemplo, compradores afluentes versus não afluentes), de modo que para otimizar melhor suas próprias receitas.[25]

Um dos mercados em que costumeiramente é averiguada a prática de preços personalizados é o de passagens aéreas, em que os valores variam de indivíduo a indivíduo de acordo com inúmeros fatores, incluindo dados pessoais como a urgência da compra, a previsibilidade da decisão de voar, o perfil de consumo, entre outros.

Os consumidores que satisfaçam algumas restrições estabelecidas internamente pela organização podem receber, por exemplo, cupons de descontos na compra da passagem[26]. Tal prática é conhecida e aceita pelos indivíduos, que chegam a utilizar técnicas para que o preço não se eleve, como a utilização de janelas de navegação no modo anônimo ou diferentes IPs para a procura de um voo.

Além disso, alguns estabelecimentos como supermercados, entre os quais se destaca a rede Pão de Açúcar[27], implementam programas de fidelidade que dão descontos e sugerem produtos de acordo com o histórico do consumidor, o período de interesse em certos produtos e a frequência de compras.

No entanto, como afirmam Ezrachi e Stucke, cartões de fidelidade são apenas a ponta do iceberg de como empresas podem rastrear comportamento e predizer perfis de consumo[28].

De forma geral, as evidências da prática de preços personalizados são poucas, o que pode estar relacionado a dois principais motivos. O primeiro deles é a inexistência da prática pelas empresas, enquanto o segundo está relacionado com a não transparência ao consumidor quando a prática ocorre. Apesar disso, foram encon-

---

25. No original: "There is no doubt that the collection of personal data and the profiling of consumers is enabled by the amount of data generated by multiple devices and the advances in tracking technologies and data analytics. This offers online sellers the possibility to offer consumers tailored (personalised) products and services and to be in a position to determine with greater accuracy the prices that consumers are prepared to pay according to their characteristics (e.g. affluent versus non-affluent shoppers) so as to better optimize their own revenues". (EUROPEAN COMISSION. *Consumer market study on online market segmentation through personalised pricing/offers in the European Union*. Luxemburgo: Publications Office of the European Union, p. 268, 2018. Disponível em: <https://ec.europa.eu/info/sites/info/files/aid_development_coope-ration_fundamental_rights/aid_and_development_by_topic/documents/synthesis_report_online_per-sonalisation_study_final_0.pdf>. Acesso em: 16 set. 2020, tradução nossa).

26. Cf. BELLEFLAMME Paul; PEITZ, Martin. *Industrial Organization Markets and Strategies*. Nova Iorque: Cambridge University Press, 2010. p. 197.

27. PÃO DE AÇÚCAR MAIS. *Sobre o Programa*. São Paulo, 2021. Disponível em: <https://www.paodeacucar.com/mais-sobre-o-programa>. Acesso em: 20 jul. 2021.

28. Cf. EZRACHI, Ariel; STUCKE, Maurice E. *Virtual Competition*. The promises and perils of the algorithm-driven economy. Cambridge: Harvard University Press, 2016. p. 94.

3 • A PRÁTICA DE PREÇOS PERSONALIZADOS EM MERCADOS DIGITAIS

trados exemplos provenientes de estudos e reportagens no cenário internacional e nacional, o que será mencionado a seguir.

3.2.1 Preços personalizados no cenário internacional: casos concretos

Em 2000, a Amazon.com se destacou nas discussões sobre precificação personalizada, pois estava comercializando DVDs com preços diferentes aos consumidores. Ao ser questionada sobre a prática, justificou-se dizendo que se tratava de apenas um teste, o que resultou na devolução dos valores diferenciados cobrados dos consumidores[29].

Já em 2010, *The Wall Street Journal* reportou que a empresa Capital One Financial Corp. estava usando tecnologia de personalização de preços para decidir quais opções de cartões de crédito eram mais apropriadas para oferecer aos seus visitantes dependendo do perfil financeiro que apresentavam[30].

Mikians et al.[31] fizeram experimentos controlados para analisar a prática de preços personalizados. Para isso, testaram navegador, sistema operacional, geolocalização dos consumidores a partir de serviços de proxy na costa leste e oeste dos EUA, Alemanha, Espanha, Coréia e Brasil, além de histórico de navegação e URL de origem, todos vinculados a falsas personas, isto é, simulações criadas para o experimento. Criaram, assim, um histórico que imita o comportamento de pessoas afluentes ou preocupadas com o orçamento. No total, foram verificados 600 produtos entre 35 diferentes categorias e 200 vendedores.

O estudo demonstrou que não houve diferença de preços para diferentes sistemas operacionais e navegadores, mas foram registradas algumas diferenças com base na localização do usuário, em seu perfil "rico" ou "pobre" de compra, bem como a URL de origem. Uma das conclusões obtidas relacionou um perfil com baixo preço de reserva após a visita de um usuário ao website do fornecedor por meio de um website de descontos. Em tal situação, os preços foram até 23% mais baixos do que o que está disponível ao visitar o website do fornecedor diretamente.

Também vale mencionar que, em 2012, *The Wall Street Journal* reportou novamente preços personalizados, desta vez praticados pela loja Staples, Inc. que comercializava itens de escritórios. Tais preços estavam relacionados à localização de seus clientes, isto é, se as lojas rivais estivessem a um raio de 20 milhas ou mais

---

29. Cf. VALENTINO-DEVRIES, Jennifer; SINGER-VINE, Jeremy; SOLTANI, Ashkan. et al. Websites Vary Prices, Deals Based on Users' Information. 2012. apud EZRACHI, Ariel; STUCKE, Maurice E. *Virtual Competition*. The promises and perils of the algorithm-driven economy. Cambridge: Harvard University Press, 2016. p. 90.

30. Cf. STEEL, Emily; ANGWIN, Julia. On the Web's Cutting Edge, Anonymity in Name Only. *Wall Street Journal*, Nova Iorque, 4 ago. 2010. Disponível em: <http://www.wsj.com/articles/SB10001424052748703 2949045753855321091901980>. Acesso em: 17 set. 2020.

31. Cf. MIKIANS, Jakub et al. Detecting price and search discrimination on the Internet. *In: Proceedings of the 11th ACM Workshop on Hot Topics in Networks*, Redmond, p. 79-84, out. 2012.

do indivíduo, o website da empresa oferecia um preço com desconto para aproximar o consumidor[32]. Um dos concorrentes da empresa admitiu, inclusive, adotar a mesma prática[33].

No mesmo ano, *The New York Times* publicou artigo sobre a evidência de preços personalizados em redes de supermercados Kroger e Safeway em que, como uma estratégia de captação e fidelização, os preços eram maiores para consumidores fiéis e menores para aqueles que alternavam as compras entre concorrentes[34].

Soma-se a esses exemplos o ocorrido pela loja Nomi Technologies Inc. que, usando tecnologia de rastreamento de dispositivos móveis, rastreou cerca de 9 milhões de usuários durante os primeiros nove meses do ano de 2013. Com tais dados, ofereceu a seus varejistas uma análise relacionada à quantidade de consumidores que entraram na loja entre aqueles que passaram em frente, aos tipos de dispositivos móveis utilizados pelos consumidores, à duração média da visita, à porcentagem de visitas em determinado período, entre outras informações[35].

Além disso, um estudo de Hannak et. al. sobre diferenciação de preços realizado no ano de 2014 observou diferenças em preços direcionados aos consumidores em 16 dos mais populares comércios eletrônicos americanos. Entre eles, destacam-se os websites Walmart e Expedia, cujos preços variavam de acordo com o sistema operacional utilizado, com o navegador escolhido ou com a ferramenta de uso, se computador ou celular[36].

Também no ano de 2014, a Comissão Nacional de Informática e Liberdades[37] (CNIL) e a Direção Geral da Concorrência, do Consumo e da Repressão de Fraude

---

32. Cf. VALENTINO-DEVRIES, Jennifer; SINGER-VINE, Jeremy; SOLTANI, Ashkan Devries et al., *Websites Vary Prices*, Deals Based on Users' Information. The Wall Street Journal, dez. 2012. Disponível em: <https://www.wsj.com/articles/SB10001424127887323777204578189391813881534>. Acesso em: 25 jul. 2021.
33. Cf. VALENTINO-DEVRIES, Jennifer; SINGER-VINE, Jeremy; SOLTANI, Ashkan Devries et al., *Websites Vary Prices*, Deals Based on Users' Information. The Wall Street Journal, dez. 2012. Disponível em: <https://www.wsj.com/articles/SB10001424127887323777204578189391813881534>. Acesso em: 25 jul. 2021.
34. Cf. CLIFFORD, Stephanie. Shopper Alert: Price May Drop for You Alone. *The New York Times*, Nova Iorque, 09 ago. 2012. Disponível em: <https://www.nytimes.com/2012/08/10/business/supermarkets-try--customizing-prices-for-shoppers.html#:~:text=Shopper%20Alert%3A%20Price%20May%20Drop%20for%20You%20Alone,-Jennie%20Sanford%20shopped&text=It%20used%20to%20be%20that,becoming%20a%20lot%20less%20egalitarian.>. Acesso em: 17 set. 2020.
35. Cf. In re Nomi Technologies, Inc., FTC 132 3251. 23 abr. 2015 apud EZRACHI, Ariel; STUCKE, Maurice E. *Virtual Competition*. The promises and perils of the algorithm-driven economy. Cambridge: Harvard University Press, 2016. p. 95.
36. Cf. HANNAK, Aniko et al. Measuring Price Discrimination and Steering on E-commerce Web Sites. *In: Proceedings of the 2014 conference on internet measurement conference*, Vancouver, p. 305-318, nov. 2014. Disponível em: <http://www.ccs.neu.edu/home/cbw/static/pdf/imc151-hannak.pdf>. Acesso em: 17 set. 2020.
37. A Comissão Nacional de Informática e Liberdades, também conhecida como CNIL, foi criada na França em 1978 pela Lei "Informatique et Libertés". Trata-se de autoridade administrativa independente que atua no tema da proteção de dados pessoais visando informar, proteger, acompanhar, aconselhar, antecipar, controlar e sancionar todos aqueles que tratem dados pessoais. Já a Direção Geral da Concorrência, do Consumo e da Repressão de Fraude do Ministério da Economia e de Finanças da França, também conhecida como DGCCRF, assegura o bom funcionamento dos mercados, em benefício dos consumidores e das empresas.

3 • A PRÁTICA DE PREÇOS PERSONALIZADOS EM MERCADOS DIGITAIS   79

do Ministério da Economia e de Finanças da França conduziram um estudo sobre práticas de personalização em comércios eletrônicos[38].

Foram encontradas evidências de preços diferentes principalmente no setor de transportes, baseados no número de lugares restantes no meio de transporte ou na hora do dia que a compra é feita, constituído, assim, preços dinâmicos. Os preços personalizados foram constatados a partir do histórico de busca do usuário ou do uso de uma ferramenta de comparação de preços.

Outros casos apareceram na mídia após reclamações de consumidores. Um deles ocorreu no ano de 2015 quando o marketplace ZipRecruiter, que recrutava profissionais para empresas por um valor mensal de noventa e nove dólares, realizou experimentos baseados em preços personalizados a partir de algoritmos e tratamento de dados dos usuários para cobrar seus serviços. A mudança gerou um aumento de 85% seu lucro[39].

Em 2016, constatou-se que a empresa Coupons.com explorava técnicas de personalização baseadas em demografia e geografia para garantir que os consumidores fossem atingidos com os produtos mais interessantes, personalizando o conteúdo de acordo com o perfil do usuário. Para tanto, geralmente analisava-se o perfil a partir dos cliques e interesses demonstrados, assim como cupons que haviam sido ativados, dados de cartões de fidelidade e produtos que constavam nas listas de compras[40].

Existem outros exemplos que ilustram os debates em torno da prática, tal como houve na Hungria, onde a autoridade da concorrência Gazdasági Versenyhivatal (GVH) iniciou investigações em outubro de 2016 contra Airbnb Ireland[41]. A empresa alterava custos das acomodações oferecidas a diferentes consumidores de acordo com informações pessoais, como dispositivos utilizados pelos consumidores no momento da busca e locação de hospedagem[42]. Como resultado, foi feito um acordo

---

38. Cf. MINISTÈRE DE L'ÉCONOMIE ET DES FINANCES. *IP Tracking*: conclusions de l'enquête conjointe menée par la CNIL et la DGCCRF. Comission Nationale de L'Informatique et des Libertés, Paris, 27 jan. 2014. Disponível em: <https://www.economie.gouv.fr/files/files/directions_services/dgccrf/presse/communique/2014/cp_tracking_27012014.pdf>. Acesso em: 17 set. 2020.
39. Cf. WALLHEIMER, B. Are You Ready for Personalised Pricing? *Chicago Booth Review*, 26 fev. 2018. Disponível em: <http://review.chicagobooth.edu/marketing/2018/article/are-you-ready-personalized-pricing>. Acesso em: 07 set. 2020.
40. Cf. Coupons.com Inc. *Annual report pursuant to section 13 or 15(d) of the securities exchange act of 1934 –* Form 10- K for the Fiscal Year Ended December 31 2014. Ohio: [s. n.], 2014, p. 4. apud EZRACHI, Ariel; STUCKE, Maurice E. *Virtual Competition*. The promises and perils of the algorithm-driven economy. Cambridge: Harvard University Press, 2016. p. 90.
41. Cf. HUNGARIAN COMPETITION AUTHORITY. The competition supervision procedure against Airbnb has been closed with the acceptance of commitments. *Gazdasági Versenyhivatal*, Budapest, 19 jun. 2018. Disponível em: <http://www.gvh.hu/en/press_room/press_releases/press_releases_2018/the_competition_supervision_procedure_against_airb.html>. Acesso em: 16 set. 2020.
42. Cf. ORGANIZAÇÃO PARA A COOPERAÇÃO E O DESENVOLVIMENTO ECONÔMICO - OCDE. *Personalised pricin in the digital Era* - Note by Hungary. [S. l.: s. n.], nov. 2018. p. 4. Disponível em: <https://one.oecd.org/document/DAF/COMP/WD(2018)122/en/pdf>. Acesso em: 16 set. 2020.

com Airbnb, que se comprometeu a tomar algumas medidas que deixassem mais transparentes os preços cobrados.

No campo das pesquisas, foi desenvolvido um sistema denominado "$heriff"[43] com a capacidade de detectar ofertas em preços diferenciados baseados em alguns fatores. Utilizando tal sistema, Iordanou et al. reportaram que usuários recebiam diferentes preços dependendo do seu país de origem ou do tipo de browser usado, apesar de tal fenômeno não ter aparecido na maioria dos sites analisados, no ano de 2017[44].

Em experimento realizado pela Comissão Europeia publicado em 2018[45], foram encontradas evidências de ofertas personalizadas baseadas nas informações do comportamento do consumidor online como históricos de busca e *cookies*, além de se relacionar à rota de acesso ao website, isto é, a ferramenta de busca utilizada, ferramenta de comparação de preços, browser e dispositivo. Ademais, notou-se que o acesso por dispositivos móveis havia maior impacto sobre o preço personalizado que o acesso por diferentes mecanismos de busca.

Assim, considerando a análise feita em 34 websites, sendo estes relacionados a mercado de sapatos, televisões, passagens aéreas (não apenas das próprias companhias aéreas) e hotéis, o experimento da Comissão Europeia constatou que estes últimos foram os mais sujeitos a preços personalizados.

Os websites de comércio eletrônico analisados usavam técnicas diferentes para personalização, sendo que 44% exploravam o comportamento do consumidor. A pesquisa demonstrou que websites menores tendem a praticar mais a personalização do que websites maiores o que poderia ser explicado pela menor evidência midiática de tais empresas[46]. Contudo, o estudo não encontrou uma evidência consistente e sistemática de preços personalizados[47].

---

43. Cf. $HERIFF. *Detecting Price Discrimination.* 2017. Disponível em: <http://sheriff-v2.dynu.net/views/home>. Acesso em: 16 set. 2020.

44. Cf. IORDANOU, Costas et al. *Who is fiddling with prices?* Building and deploying a watchdog service for e-commerce. In: *Proceedings of the Conference of the ACM Special Interest Group on Data Communication*, Los Angeles, p. 376-389, ago. 2017. Disponível em: <http://laoutaris.info/wp-content/uploads/2017/07/sigcomm17-final89.pdf>. Acesso em: 29 ago. 2020.

45. Cf. EUROPEAN COMISSION. *Consumer market study on online market segmentation through personalised pricing/offers in the European Union.* Luxemburgo: Publications Office of the European Union, p. 219-220, 2018. Disponível em: <https://ec.europa.eu/info/sites/info/files/aid_development_cooperation_fundamental_rights/aid_and_development_by_topic/documents/synthesis_report_online_personalisation_study_final_0.pdf>. Acesso em: 16 set. 2020.

46. Empresas maiores são alvo de análises constantes e uma problematização no tema poderia impactar gravemente em sua reputação, tendo em vista o destaque na mídia.

47. Cf. EUROPEAN COMISSION. *Consumer market study on online market segmentation through personalised pricing/offers in the European Union.* Luxemburg: Publications Office of the European Union, p. 260, 2018. Disponível em: <https://ec.europa.eu/info/sites/info/files/aid_development_cooperation_fundamental_rights/aid_and_development_by_topic/documents/synthesis_report_online_personalisation_study_final_0.pdf>. Acesso em: 16 set. 2020.

3.2.2 Preços personalizados no Brasil: o caso Decolar.com

Preços discriminatórios já foram objeto de investigação no território nacional sob a ótica consumerista. Para entender seus desdobramentos, são necessárias algumas considerações sobre o robusto Sistema Nacional de Defesa do Consumidor, integrado por órgãos diversos órgãos da federação, como PROCONs, e entidades civis, cuja semente foi plantada na década de 80, conforme será mencionado no item 4.1.2.

A Secretaria Nacional de Defesa do Consumidor (SENACON), criada pelo Decreto 7.738/2012, atua de forma articulada com esse Sistema, responsável por coordenar sua atuação para que bons resultados sejam alcançados. Integrante do Ministério da Justiça, suas atribuições estão definidas no art. 106 do Código de Defesa do Consumidor e no art. 3º do Decreto 2.181/97.

A atuação da SENACON se volta a planejar, elaborar, executar e coordenar a Política Nacional das Relações de Consumo, bem como a análise de questões que tenham "repercussão nacional e interesse geral, promoção e coordenação de diálogos setoriais com fornecedores, cooperação técnica com órgãos e agências reguladoras, advocacia normativa de impacto para os consumidores, prevenção e repressão de práticas infrativas aos direitos dos consumidores"[48].

No caso a ser mencionado, destaca-se o Departamento de Proteção e Defesa do Consumidor (DPDC), que faz parte da SENACON e a auxilia na execução da Política Nacional das Relações de Consumo. Além disso, cumpre mencionar a atuação dos Ministérios Públicos, que têm independência funcional para zelar pelo respeito das leis, ordem pública e direitos da comunidade. Cabe aos Ministérios Públicos proporem Ações Civis Públicas em casos de lesão a direitos coletivos dos consumidores, como ocorreu em caso de precificação personalizada no Brasil[49].

Apresentados os agentes que se envolveram com o caso, passa-se à apresentação.

A empresa Decolar.com foi alvo de investigações iniciadas em 2016 pela prática de preços discriminatórios a partir da localização dos consumidores, fenômeno denominado geopricing, além da negativa de oferta de vagas também com base em localização, ato conhecido como geoblocking. Essas práticas, consistem, basicamente em:

---

48. PEREIRA DA SILVA, Juliana (coord.). *Manual de Direito do Consumidor.* 4. ed. rev. atual. Brasília: Escola Nacional de Defesa do Consumidor, 2014.
49. Existem diversos outros agentes que atuam para a proteção do consumidor no país, como a Defensoria Pública, Delegacia de Defesa do Consumidor, Organizações Civis de Defesa do Consumidor das mais variadas formas – organizações não governamentais, associações, fundações, organizações da sociedade civil de interesse público, Associação Brasileira de PROCONs, Associação Nacional do Ministério Público do Consumidor, Instituto Brasileiro de Política e Direito do Consumidor, Fórum Nacional das Entidades Civis de Defesa do Consumidor, Agências Reguladoras etc.

A geodiscriminação digital subdivide-se em duas práticas: geo-blocking e geo-pricing. O geo-pricing, ou seja, a precificação diferenciada da oferta com base na origem geográfica do consumidor, é tratado pela doutrina econômica como uma modalidade de discriminação de preços, a qual nada mais é do que a prática comercial de vender o mesmo bem por diferentes preços a diferentes clientes. [...] Já o geo-blocking pode ser definido como o conjunto de práticas comerciais que impedem determinados consumidores de acessar e/ou comprar bens ou serviços oferecidos por intermédio de uma interface online, com fundamento na localização do cliente. Acrescente-se, ainda, que tal bloqueio pode ser feito de diversas formas, tais como: bloqueio direto de algum conteúdo na interface online (geo-blocking em sentido estrito); redirecionamento de consumidores para uma interface diferente; restrição ao registro na interface online; recusa de entrega de um produto em determinada localidade; recusa de pagamento ou de meio de pagamento proveniente de determinado Estado ou localidade etc.[50]

O caso se destacou durante as Olimpíadas de 2016, em que preços e vagas em hotéis eram oferecidos de forma diferenciada para consumidores argentinos e brasileiros. Os preços não dependiam necessariamente de dados pessoais, mas estavam relacionados à localização dos consumidores. Assim, consumidores localizados no Brasil eram cobrados mais pelos hotéis do que os consumidores localizados no exterior.

Este possível ato ilícito já estava sendo investigado pelo Ministério Público do Estado do Rio de Janeiro por meio do Inquérito Civil 347/2016-0004691124. Por esse motivo, além de a SENACON notificar a empresa por meio da Notificação 97/2016/CCTSENACON/CGCTSA/DPDC/SENACON, houve expedição de Ofício 264/2016/CCT-SENACON/CGCTSA/DPDC/SENACON-MJ ao Ministério Público para que este informasse suas conclusões sobre o inquérito em trâmite.

A SENACON alegou a violação dos arts. 4°, *caput*, I e III; 6°, II, III, IV e VI e 39, II, V, IX e X, do CDC; cometimento de crime definido no art. 7°, I, da Lei 8.137/1990, por favorecer ou preferir, sem justa causa, comprador ou freguês; configuração da infração disposta no art. 9°, VII do CDC e, por fim, a desobediência ao art. 2°, do Decreto n. 7.962/2013, que dispõe sobre a contratação no comércio eletrônico.

Em janeiro de 2018, foi proposta Ação Civil Pública pelo Ministério Público do Estado do Rio de Janeiro, ainda sem julgamento definitivo[51]. Apesar de o processo ser público, Decolar.com propôs Mandado de Segurança requerendo a decretação de segredo de justiça, o que foi concedido em decisão monocrática do Ministro Luis Felipe Salomão apenas em relação à perícia que a ser realizada no algoritmo da empresa. A decisão proferida no Recurso Especial em Mandado de Segurança

---

50. FORTES, Pedro; MARTINS; Guilherme Magalhães; OLIVEIRA, Pedro. O consumidor contemporâneo no show de Truman: a geodiscriminação digital como prática ilícita no direito brasileiro, *Revista de Direito do Consumidor*, São Paulo, v. 124, jul.-ago. 2019, p. 5.

51. Ação Civil Pública n° 0018051-27.2018.8.19.0001, distribuída à 7ª Vara Empresarial da Comarca da Capital do Rio de Janeiro em segredo de justiça.

3 • A PRÁTICA DE PREÇOS PERSONALIZADOS EM MERCADOS DIGITAIS

n. 61.306 RJ prezou pelo sigilo empresarial, sem prejudicar o interesse público, o direito à informação e à publicidade[52].

> [...] 7. Por fim, conforme requerido pelo próprio Ministério Público do Estado do Rio de Janeiro (fls. 169 e 175) e com o escopo de, a um só tempo, resguardar o interesse público e preservar direitos de propriedade intelectual, considero razoável a manutenção do segredo de justiça tão somente no que diz respeito ao algoritmo adotado pela Decolar.com Ltda. e à eventual perícia de informática relativa a tal algoritmo e toda a base de dados adotada para a operação do sistema de reservas eletrônicas[53].

No mesmo ano, como consequência das investigações em âmbito administrativo feitas pela SENACON, Decolar.com foi multada pelo DPDC no valor de sete milhões e quinhentos mil reais sob alegação de prática de infração à legislação consumerista, nos termos da Lei Federal 8.078/1990, art. 56; Decreto Federal 2.181/1997, art. 18; Portaria 7/2016 da SENACON, art. 12; e Lei Federal 9.784/1999, art. 68[54].

---

52. Em tal caso é possível discutir limites da publicidade e transparência à população em face à proteção de segredos de negócio da empresa, principalmente em se tratando de Ação Civil Pública. Assim, com a decisão monocrática proferida, não se esgota a questão de o interesse público preponderar em detrimento de segredos de negócio. Vale mencionar que não há, no ordenamento jurídico nacional, disposição expressa sobre a proteção de algoritmos por segredo industrial. Este, por sua vez, encontra proteção na Lei da Propriedade Industrial, Lei 9.279/1996, enquanto programas de computador estão protegidos pelo direito autoral, notadamente a Lei de Software, Lei 9.609/1998, e bases de dados pelo direito autoral, Lei 9.610/1998. Trata-se de um tema que deve ser frequentemente enfrentado nos próximos anos, visto que plataformas digitais exploram algoritmos para a prestação de seus serviços. Além disso, abre-se a discussão dos limites da proteção de segredos de negócio, recomendando-se a leitura de MOORE, Taylor. *Trade Secrets and Algorithms as Barriers to Social Justice*. Center for Democracy and Technology, ago. 2017. Disponível em: <https://cdt.org/insights/trade-secrets-and-algorithms-as-barriers-to-social-justice/>. Acesso em: 10 maio 2021.
53. STJ. Recurso Especial em Mandado de Segurança n. 61306 RJ. Recurso ordinário em mandado de segurança. Ação civil pública. Decretação de segredo de justiça. Ilegalidade. Existência. Geodiscriminação. Geo-pricing. Geo-blocking. Processo coletivo. Publicidade. Necessidade, com resguardo apenas dos direitos de propriedade intelectual. 1. As práticas de "geodiscriminação" - discriminação geográfica de consumidores -, como o geo-pricing e o geo-blocking, desenvolvem-se no contexto da sociedade de risco e da informação, por intermédio de algoritmos computacionais, e - se comprovados - possuem a potencialidade de causar danos a número incalculável de consumidores, em ofensa ao livre mercado e à ordem econômica. 2. O processo coletivo, instrumento vocacionado à tutela de situações deste jaez, é moldado pelo princípio da informação e publicidade adequadas (fair notice), segundo o qual a existência da ação coletiva deve ser comunicada aos membros do grupo. 3. A publicidade, erigida à norma fundamental pelo novo Código de Processo Civil (Art. 8º), garante transparência e torna efetivo o controle da atividade jurisdicional, motivo pelo qual também representa imperativo constitucional conforme se depreende do caput do art. 37 e do inciso IX do art. 93. 4. Não se desconhece que, em hipóteses excepcionais, é possível a decretação de sigilo de processos judiciais, conforme dispõe o art. 189 do CPC/2015. No entanto, na hipótese, tendo em vista os princípios que informam o processo coletivo e as garantias constitucionais e legais que socorrem os consumidores, o que na verdade atende o interesse público ou social é a publicidade do processo, que versa sobre possível prática de "geodiscriminação". 5. Outrossim, conforme requerido pelo próprio Ministério Público do Estado do Rio de Janeiro e com o escopo de, a um só tempo, resguardar o interesse público e preservar direitos de propriedade intelectual, considero razoável a manutenção do segredo de justiça tão somente no que diz respeito ao algoritmo adotado pela Decolar.com Ltda. e à eventual perícia de informática relativa a tal algoritmo em toda a base de dados adotada para a operação do sistema de reservas eletrônicas. 6. Recurso ordinário em mandado de segurança conhecido e parcialmente provido. Rel. Min. Luis Felipe Salomão. Dj. 04 dez. 2019. Brasília, DF.
54. BRASIL. Decisão de Aplicação de Sanção Administrativa - Processo 08012.002116/2016-21. *Diário Oficial da União*. 18 jun. 2018. Ed. 115. Seção 1. p. 115. Disponível em: <https://www.in.gov.br/materia/-/asset_publisher/Kujrw0TZC2Mb/content/id/26176368/do1-2018-06-18-despacho-n-299-2018-26176301>. Acesso em: 19 set. 2020.

Em 2020, a Fundação PROCON de São Paulo também multou a empresa pela prática de atos abusivos e violação dos artigos 39 e 51 do CDC, cujo valor de mais de um milhão de reais deve ser aplicado mediante processo administrativo[55].

Acredita-se que se o caso ocorresse atualmente, na vigência da LGPD, haveria envolvimento da Autoridade Nacional de Proteção de Dados, pois os dados que foram tratados pela empresa se referem à localização de consumidores e poderiam ter o potencial de identificá-los. Frazão, ao pontuar sobre o tema, reconhece o princípio da livre iniciativa, mas relembra que ela não é absoluta, havendo critérios a serem observados em casos de abuso de posição jurídica[56].

Apesar de este caso ter sido o mais midiático em cenário nacional, existem outras evidências de que preços discriminatórios e, até mesmo, personalizados ocorrem. Estes podem ser observados em cupons de descontos em aplicativos de comida, como Ifood, que os envia de maneira personalizada a depender do usuário, da sua frequência de consumo e das suas preferências.

Além disso, aplicativos de transporte como o Uber também demonstram certa personalização de preços que ultrapassa a oferta e a demanda, diferenciando valores para usuários que se encontram no mesmo local[57]. Nesse sentido, o PROCON de Florianópolis notificou a empresa por prática abusiva pois, segundo consumidores relataram, viagens eram canceladas pelo aplicativo e na tentativa de remarcação o preço era elevado, principalmente no aeroporto da cidade.

Como os estudos realizados sobre o tema demonstraram que a precificação personalizada ocorre, mesmo quando não é declarada, é provável que empresas a pratiquem, mas mantenham a prática oculta aos consumidores.

Postos os exemplos que demonstram a prática de preços personalizados no mercado, passa-se à análise das condições e limitadores para que a precificação personalizada ocorra no mercado.

3.3 CONDIÇÕES E LIMITADORES PARA DINÂMICA DE PREÇOS PERSONALIZADOS

Há condições para que a prática de preços personalizados possa ser efetiva. A primeira delas se refere à necessidade de que consumidores tenham nenhuma ou pouca possibilidade de revender os bens adquiridos ou comparar seus preços

---

55. PROCON-SP multa decolar. *PROCONsp*. Notícias & releases. 23 jan. 2020. Disponível em: <https://www.PROCON.sp.gov.br/PROCON-sp-multa-decolar/>. Acesso em: 19 set. 2020.

56. FRAZÃO, Ana. Geopricing e geoblocking: as novas formas de discriminação de consumidores: os desafios para o seu enfrentamento. *Jota*, 2018. Disponível em: <https://www.jota.info/opiniao-e-analise/colunas/constituicao-empresa-e-mercado/geopricing-e-geoblocking-as-novas-formas-de-discriminacao-de-consumidores-15082018>. Acesso em: 07 ago. 2021.

57. PROCON notifica Uber por prática abusiva contra consumidores da Capital. *Conexão Comunidade*. 22 jun. 2021. Disponível em: https://jornalconexao.com.br/2021/06/22/PROCON-notifica-uber-por-pratica-abusiva-contra-consumidores-da-capital/. Acesso em: 23 jun. 2021.

com o de outros fornecedores, o que se denomina ausência de arbitragem. Soma-se a tal condição a existência de um certo poder de mercado pela empresa, além da possibilidade de realizar a análise de dados pessoais com ferramentas tecnológicas[58].

A ausência de arbitragem está relacionada com a impossibilidade de revender o produto ou serviço, ou seja, com as trocas que podem ser feitas em um mercado. Se um consumidor com um preço de reserva baixo que comprou o produto por determinado preço puder revender determinado produto para outro consumidor, haverá maior dificuldade na implementação dos preços personalizados pelas próprias empresas, removendo as chances de ser cobrado um preço elevado de determinado comprador com um preço de reserva mais alto. Por esse motivo, de acordo com Bar-Gill, preços personalizados ocorrem com maior probabilidade em mercados de bens perecíveis ou mercados de altos custos de transação e de serviços, em que a arbitragem é mais complexa para ser realizada pelos próprios consumidores[59].

Na perspectiva da análise antitruste, a existência de um certo poder de mercado[60] é necessária pois em um cenário de concorrência perfeita não seria possível a cobrança de preços personalizados. A inexistência de um poder de mercado da empresa favoreceria um equilíbrio natural nos preços pela relação entre a oferta e a demanda.

A terceira condição está relacionada com o poder de processamento de algoritmos e ferramentas tecnológicas, tendo em vista que a empresa deve ser capaz de identificar o perfil do consumidor. Isso ocorre por meio do tratamento de dados pessoais, observando suas características, comportamentos, interações e preferências[61].

Visando à contextualização, de acordo com manuais de microeconomia, Thompson pontua as mesmas condições para a prática de preços personalizados por meio de outras palavras.

A primeira condição está relacionada à existência de um poder de mercado pela empresa, refletida na necessidade de uma curva de demanda negativamente

---

58. Cf. BOURREAU, Marc; DE STREEL, Alexandre. The Regulation of Personalised Pricing in the Digital Era. *Social Science Research Network*, [s. l.], v. 150, p. 2, 17 jan. 2019. Disponível em: <http://dx.doi.org/10.2139/ssrn.3312158>. Acesso em: 28 jun. 2020.

59. Cf. BAR-GILL, Oren. Algorithmic Price Discrimination: When Demand Is a Function of Both Preferences and (Mis) Perceptions. *The Harvard John M. Olin Discussion Paper Series*, [s. l.], n. 05, p. 18-32, 2018. p. 7. Disponível em: <https://ssrn.com/abstract=3184533>. Acesso em: 06 jun. 2020.

60. Por poder de mercado, entende-se a possibilidade de determinado agente econômico atuar independentemente e com indiferença aos atos dos demais pela ausência de concorrência entre eles. DOMINGUES, Juliana; GABAN, Eduardo. MIELE, Aluísio; SILVA, Breno. *Direito Antitruste 4.0 – fronteiras entre concorrência e inovação*. São Paulo: Ed. Singular, 2019.

61. Nesse sentido, recomenda-se a leitura de DOMINGUES, Juliana; GABAN, Eduardo; MIELE, Aluísio; SILVA, Breno. *Direito Antitruste 4.0 – fronteiras entre concorrência e inovação*. São Paulo: Ed. Singular, 2019.

inclinada[62]. A segunda condição se refere à capacidade de processamento dos dados dos consumidores e do agrupamento de diferentes tipos de consumidores com demandas diferentes. Por fim, a terceira condição se relaciona com a possibilidade de segregar as vendas de maneira a evitar a arbitragem. Em suas palavras:

> [...] 1. A firma deve se defrontar com uma curva de demanda negativamente inclinada e, portanto, deve ter algum poder de discriminação sobre o preço que impõe aos compradores de seu produto ou serviço. Com uma curva de demanda horizontal, a firma não tem qualquer motivo para vender a preços diferentes; de fato, vender a um preço menor do que o preço de mercado envolve um sacrifício de lucros. 2. A firma deve possuir um grupo facilmente identificável de clientes com diferentes tipos de demanda para o produto ou serviço em questão. Dito de outra forma, o formato da curva de demanda para uma dada classe de consumidores deve ser diferente do formato da curva de demanda para outra classe de consumidores. 3. A firma deve ser capaz de segregar as vendas de cada grupo de consumidores de tal forma que os consumidores que estejam pagando o preço mais baixo pelo item em consideração não possam revendê-lo para os consumidores que estejam pagando o preço mais alto pelo mesmo produto; em outras palavras, os diferentes grupos de consumidores devem estar segregados uns dos outros de forma que a revenda do item de um grupo para o outro seja impossível ou pouco lucrativa[63].

Vale mencionar que uma curva de demanda negativamente inclinada se trata de um reflexo do conjunto do efeito substituição e efeito renda. Tal condição apresentada existe pois não seria possível a prática de preços personalizados quando há um substituto do produto ou serviço caso este tenha o preço aumentado, de forma que o consumidor passaria a comprá-lo de terceiros. Além disso, se preços apenas aumentam e não há demanda, o consumidor terá sua renda diminuída.

Ainda segundo Thompson, a segunda condição está relacionada com a necessidade de analisar perfis dos consumidores, pois é necessária a existência de diferentes perfis com preços de reserva distintos para que a precificação personalizada seja bem-sucedida. Assim, a empresa poderá cobrar menos de um consumidor e compensar cobrando mais de outro. Se apenas existissem consumidores com preços de reserva baixos, a empresa não teria lucros.

Por fim, a última condição se refere à capacidade de segmentação dos consumidores para que não ocorra a arbitragem entre eles, ou seja, para que a revenda de um bem comprado por um valor não seja vendida pelo mesmo consumidor a outro com um preço de reserva superior, impedindo que a empresa faça tal venda e adquira o excedente.

---

62. A curva da demanda negativamente inclinada ocorre quando há uma relação inversamente proporcional entre a quantidade procurada e o preço do produto ou serviço oferecido. Ela resulta da combinação de um efeito de renda e substituição, de forma que se o preço de um bem aumenta, a queda da quantidade de demanda será o resultado. Assim, no efeito de renda, quando aumenta o preço de um bem, o consumidor perde poder aquisitivo e a demanda diminui. Já o efeito da substituição faz com que consumidores procurem bens substitutos quando o preço aumenta.

63. THOMPSON, Arthur A. Jr. *Microeconomia da Firma* – teoria e prática. 6. ed. Rio de Janeiro: Editora S.A., 2003. p. 252.

Tal segmentação dos consumidores também se mostra importante tendo em vista a existência de um forte senso de justiça entre eles. Isso foi demonstrado por Kahneman, Knetsch e Thaler a partir da constatação de um repúdio por parte dos indivíduos pela diferenciação de preços[64].

Por esse motivo, empresas que praticam precificação personalizada devem evitar que consumidores descubram que pagaram mais que outro indivíduo pelo mesmo produto ou serviço sem uma explicação plausível. Caso contrário, esse consumidor pode se sentir lesado e prejudicar a reputação da empresa por atos que diminuam a sua imagem e valorização perante terceiros.

Como visto no Capítulo 2, consumidores têm um grande poder de influência com a tecnologia e redes sociais. Assim, os preços personalizados têm mais chances de sucesso econômico em mercados onde os indivíduos não podem acessar diretamente a informação sobre o quanto foi pago por terceiros em relação a um mesmo bem[65].

De acordo com o Centro de Regulação na Europa[66], entre os limitadores da prática de preços personalizados também estão as leis de defesa da concorrência e leis de proteção ao consumidor, sendo proibido, por exemplo, práticas comerciais desleais, como propaganda enganosa[67]. Além disso, o Centro destaca a importância das regras de proteção de dados, pois, conforme estabelecido por regulações como o GDPR e a LGPD, há a necessidade de uma base legal para o tratamento de dados, conforme será visto no próximo Capítulo.

Ainda na lista de limitadores da precificação personalizada, existem regras principalmente se os preços estiverem baseados em gênero, raça, religião, etnia, idade ou, até mesmo, o local de residência ou nacionalidade de determinado indivíduo, como caso ocorrido em ingressos da Disneyland de Paris no verão de 2015, que aparentemente favorecia tickets para residentes da França ou da Bélgica[68].

Nesse contexto, destaca-se a prática do geopricing, mencionada no caso Decolar.com apresentado no item 3.2.2, consistente na estratégia de diferenciar preços pela localização do consumidor. Ocorre, portanto, uma espécie de discriminação de preços de terceiro grau, pois há a diferenciação do consumidor pelo local em que

---

64. Cf. KAHNEMAN, Daniel; KNETSCH, Jack; THALER, Richard. Fairness as a Constraint on Profit Seeking: Entitlements in the Market. *The American Economic Review*, [s. l.], v. 76, n. 4, p. 728-741, set. 1986.
65. Cf. BAR-GILL, Oren. Algorithmic Price Discrimination: When Demand Is a Function of Both Preferences and (Mis) Perceptions. *The Harvard John M. Olin Discussion Paper Series*, [s. l.], n. 05, p. 18-32, 2018. p. 8. Disponível em: <https://ssrn.com/abstract=3184533>. Acesso em: 06 jun. 2020.
66. Cf. BOURREAU, Marc; DE STREEL, Alexandre; GRAEF, Inge. *Big Data and Competition Policy*: Market power, personalised pricing and advertising. *Social Science Research Network*, [s. l.], 21 fev. 2017. 61 p. Disponível em: <https://papers.ssrn.com/sol3/papers.cfm?abstract_id=2920301>. Acesso em: 06 jun. 2020.
67. Essas limitações jurídicas serão exploradas no Capítulo 4.
68. Cf. VERTRETUNG IN DEUTSCHLAND. *Disneyland Paris*: Kommission begrüßt Änderung der Preispolitik. [S. l.: s. n.], c2020. Disponível em: <https://ec.europa.eu/germany/news/disneyland-paris-kommission--begr%C3%BC%C3%9Ft-%C3%A4nderung-der-preispolitik_de>. Acesso em: 17 set. 2020.

reside ou se encontra no momento da compra e os preços são apresentados a partir da demanda geográfica[69-70-71-72].

Além das condições e limitações apresentadas, existem particularidades de preços personalizados de primeiro grau que merecem ser destacadas a seguir, o que pode encaminhar empresas para uma outra categoria de preços discriminatórios, conhecida como discriminação de preços quase perfeita, conforme explicam Ezrachi e Stucke[73].

3.3.1 Discriminação de preços quase perfeita

Foi visto que a prática de preços discriminatórios de primeiro grau decorre de perfis individualizados dos consumidores, o que exige da empresa uma grande capacidade técnica para o tratamento de dados pessoais e uma considerável quantidade de dados[74]. Além disso, é necessário um algoritmo avançado que seja capaz de identificar qual o preço de reserva de cada consumidor, da forma mais individualizada possível. Esta dinâmica pode ocorrer a partir da observação e rastreamento de dados de transações e comportamento do indivíduo, bem como sob quais condições e pontos de preço as compras são feitas por ele ou não.

Contudo, muitas vezes há insuficiência de dados pois, mesmo que o rastreamento e tratamento de dados de determinado consumidor sejam feitos por um longo período e em diversas circunstâncias, podem existir situações particulares ainda não

---

69. Cf. DE SOUZA, Luiz Henrique Machado. *Discriminação de preços por geopricing*: um estudo de caso da Decolar.com. 2019. Monografia (Bacharelado em Ciências Econômicas) – Escola Paulista de Política, Economia e Negócios. Ciências Econômicas, Universidade Federal de São Paulo, Osasco, 2019. p. 23.

70. De acordo com estudo realizado, tal prática é comumente feita a partir de quatro técnicas, sendo a primeira delas chamada de *point-of-production pricing*, isto é, o custo do frete não é de responsabilidade do fornecedor, de forma que a sua receita continua consistente mesmo que haja maior custo na entrega dos produtos. Já a segunda se trata da *uniform delivered pricing*, em que o preço da entrega é fixo e, consequentemente, aqueles que moram mais próximos do fornecedor estariam pagando um valor a mais. A terceira é a *zone pricing*, variando preços de acordo com a zona do consumidor. Por fim, a *freight-absorption pricing*, que ocorre quando o fornecedor cobra o preço da entrega que um concorrente próximo ao consumidor cobraria (MCCORMICK, Moira. What is geopricing? *Black Curve*, [s. l.], 20 abr. 2016. Disponível em: <https://blog.blackcurve.com/what-is-geographic-pricing>. Acesso em: 07 set. 2020).

71. No item 3.2 foi apresentado o caso da Decolar.com investigado pelo Ministério da Justiça em âmbito administrativo (DPDC) e pela Ministério Público do Estado do Rio de Janeiro em Ação Civil Pública.

72. A União Europeia, por sua vez, tem regulamentação própria sobre o tema de bloqueio geográfico quando este é injustificado, bem como de outras formas de discriminação com base na residência ou local de estabelecimento do consumidor. UNIÃO EUROPEIA. Regulamento 2018/302 do Parlamento Europeu e do Conselho de 28 de fevereiro de 2018 que visa prevenir o bloqueio geográfico injustificado e outras formas de discriminação baseadas na nacionalidade, no local de residência ou no local de estabelecimento dos clientes no mercado interno, e que altera os Regulamentos (CE) 2006/2004 e (UE) 2017/2394 e a Diretiva 2009/22/CE. Bruxelas, 2018. Disponível em: https://eur-lex.europa.eu/legal-content/PT/TXT/PDF/?uri=CELEX:32018R0302&from=EN. Acesso em: 24 abr. 2021.

73. EZRACHI, Ariel; STUCKE, Maurice E. *Virtual Competition*. The promises and perils of the algorithm-driven economy. Cambridge: Harvard University Press, 2016.

74. Cf. EZRACHI, Ariel; STUCKE, Maurice E. *Virtual Competition*. The promises and perils of the algorithm-driven economy. Cambridge: Harvard University Press, 2016. p. 96 ss.

previstas e analisadas, como a ausência de compra ou avaliação do consumidor em relação a determinado produto, serviço ou condição.

Dessa forma, para que a discriminação de preços perfeita ocorra, seriam necessários dados suficientes que identifiquem e meçam todas as variáveis que afetam o preço de reserva do consumidor.

Adiciona-se a essa dificuldade a existência de inúmeros fatores que afetam a decisão de compra do consumidor. Esse indivíduo pode não saber qual o seu próprio preço de reserva para determinado produto ou serviço ou formar um preço de reserva enviesado diante de influências de fatores externos, retomando a análise no campo da Economia Comportamental, demonstrada no item 2.4.1.

Como visto anteriormente, os indivíduos são complexos e suas decisões podem estar embasadas em vieses que podem alterar as suas decisões, além da existência de um senso de preocupação com a Justiça. Alguns experimentos demonstraram que muitos consumidores não conseguem prever seu próprio preço de reserva e são influenciados por outros fatores[75].

Uma estratégia que pode ser explorada é o efeito de *priming*, que ocorre quando as ideias evocadas mostram a capacidade de evocar outras, embora mais sutilmente. Trata-se de conexões recíprocas na rede associativa, como gestos influenciando inconscientemente os pensamentos e emoções dos consumidores, podendo, assim, voltar a atenção do indivíduo a determinado produto ou serviço oferecido[76].

A presença da ancoragem é um dos exemplos que parte desse efeito e influencia a decisão do consumidor, pois quando se estima um preço mais elevado por determinado produto ou serviço, o consumidor fica mais propenso a acreditar que tal preço vale do que se fosse estimado um preço inferior.

Assim, a ancoragem serviria como um empurrão para influenciar a escolha do indivíduo sugerindo que o pensamento se inicie a partir de determinado ponto[77]. Por exemplo, se uma casa fosse oferecida por cem mil reais, o consumidor partiria do pressuposto de que essa casa se relaciona a este valor, o que poderia não ocorrer se nenhum valor fosse sugerido pelo fornecedor, deixando o consumidor livre para decidir se a casa vale cinquenta, duzentos ou cem mil reais.

Outra situação que pode influenciar a decisão dos consumidores é o uso de iscas, como a própria orientação dos produtos e serviços. Ezrach e Stucke exemplificam tal situação mencionando que a garrafa do segundo vinho mais caro é muito popular

---

75. Cf. EZRACHI, Ariel; STUCKE, Maurice E. *Virtual Competition*. The promises and perils of the algorithm--driven economy. Cambridge: Harvard University Press, 2016. p. 97.

76. KAHNEMAN, Daniel. *Rápido e Devagar*: duas formas de pensar. Trad. Cássio de Arantes Leite. Rio de Janeiro: Ed. Objetiva. 2011. p. 61.

77. Cf. SUNSTEIN, Cass; THALER, Richard H. *Nudge*: Improving decisions about health, wealth, and happiness. 2008. p. 24.

em restaurantes, bem como a penúltima mais barata, por dar ao consumidor uma sensação de ter algo especial, mas não o melhor ou o pior de todos[78].

Logo, consumidores possuem racionalidade limitada e força de vontade imperfeita, o que dificulta a busca pela discriminação de preços perfeita que requer a identificação de todos os parâmetros-chave de cada indivíduo e a observação e melhoria da estimativa de cada parâmetro[79].

Postas tais considerações, para evitar algum erro na previsão do preço de reserva de cada consumidor seria necessária uma quantidade imensa de dados para que todas as situações pudessem ser previstas e estimadas. Adiciona-se a isso a necessidade de uma grande amostra para que o teste de hipóteses de tomada de decisões fosse robusto, vez que para estimar o que afeta o preço de reserva de determinado indivíduo seriam necessários vários experimentos.

Assim, há alguns níveis de assimetria de informações em relação a preços personalizados não se restringindo apenas aos consumidores, mas também às empresas e seus concorrentes. Não serão todos os agentes no mercado que possuirão a mesma quantidade de dados pessoais ou a mesma capacidade de processamento[80], o que pode constituir uma barreira de entrada no mercado em termos competitivos[81].

Portanto, uma empresa que tem melhores algoritmos e tecnologia, pode segmentar de uma melhor forma seus consumidores, explorando com mais afinco a discriminação de preços, principalmente preços discriminatórios de primeiro grau devido à sua maior capacidade de processamento e análise de dados.

Diante da dificuldade da discriminação de preços perfeita, apesar da capacidade do algoritmo em prever o comportamento do indivíduo ser melhor do que a dele próprio, Ezrachi e Stucke afirmam que todo modelo de precificação estará errado, restando como desafio o seu aperfeiçoamento[82].

As limitações apresentadas são alguns dos motivos pelos quais as empresas se movem da discriminação de primeiro grau para a de terceiro grau de acordo com a habilidade de segmentação do mercado[83]. Dessa forma, passa-se da personalização

---

78. Cf. EZRACHI, Ariel; STUCKE, Maurice E. *Virtual Competition*. The promises and perils of the algorithm-driven economy. Cambridge: Harvard University Press, 2016. p. 106.
79. Cf. EZRACHI, Ariel; STUCKE, Maurice E. *Virtual Competition*. The promises and perils of the algorithm-driven economy. Cambridge: Harvard University Press, 2016. p. 98.
80. Cf. EZRACHI, Ariel; STUCKE, Maurice E. *Virtual Competition*. The promises and perils of the algorithm-driven economy. Cambridge: Harvard University Press, 2016. p. 113 ss.
81. Os efeitos no mercado e em face de concorrentes não é o objeto da presente pesquisa e merece ser visto sob a Defesa da Concorrência. Sugere-se leitura do texto KOGA, Bruno. *Preços personalizados*. São Paulo: Almedina, 2021.
82. Cf. EZRACHI, Ariel; STUCKE, Maurice E. *Virtual Competition*. The promises and perils of the algorithm-driven economy. Cambridge: Harvard University Press, 2016. p. 99.
83. Cf. ORGANIZAÇÃO PARA A COOPERAÇÃO E O DESENVOLVIMENTO ECONÔMICO – OCDE. *Personalised princing in the digital Era* – Note by Portugal. [*S. l.: s. n.*], nov. 2018. p. 4. Disponível em: <https://one.oecd.org/document/DAF/COMP/WD(2018)125/en/pdf>. Acesso em: 16 set. 2020.

individual para a personalização de acordo com características de determinado grupo de indivíduos.

Nesse contexto, destaca-se a discriminação comportamental quase perfeita que, de acordo com Ezrachi e Stucke, ocorre quando ferramentas de Big Data encontram a Economia Comportamental[84]. Empresas coletam dados para identificar qual emoção ou preconceito levará o consumidor a comprar determinado produto e qual o preço de reserva para tanto. Em suas palavras:

> A discriminação de preço perfeita pode ser inatingível. Mas a discriminação comportamental "quase perfeita" pode estar ao nosso alcance. No mundo online, onde Big Data encontra Economia Comportamental, estamos testemunhando uma categoria emergente de discriminação de preços - discriminação comportamental. Aqui, as empresas colhem nossos dados pessoais para identificar qual emoção (ou preconceito) nos levará a comprar um produto, e o que mais estamos dispostos a pagar. Os vendedores, ao nos rastrear e coletar dados sobre nós, podem personalizar sua publicidade e marketing para nos atingir em momentos críticos com o preço certo e discurso emocional. Assim, a discriminação comportamental aumenta os lucros aumentando o consumo geral (deslocando a curva de demanda para a direita e discriminando o preço) e reduzindo o excedente do consumidor[85].

Os vendedores podem, assim, personalizar publicidades a partir de seus dados pessoais e emoções para atingir os indivíduos em momentos críticos e corretos, compatíveis com o maior preço de reserva e com o discurso emocional. Dessa forma, haveria um aumento no consumo geral e redução do excedente do consumidor.

Portanto, diante das dificuldades da discriminação de preços perfeitas, o Big Data permite que indivíduos sejam segregados em menores grupos, com variáveis diferentes e sensibilidades de preços similares, bem como o comportamento de compra[86]. Assim, algoritmos de preços podem usar dados de outros do mesmo grupo, bem como seus comportamentos, para prever como determinada pessoa reagirá sob as mesmas circunstâncias.

Quanto mais dados são coletados e diferentes situações analisadas, mais os algoritmos aperfeiçoam as previsões de comportamentos dos indivíduos pertencentes

---

84. Cf. EZRACHI, Ariel; STUCKE, Maurice E. *Virtual Competition*. The promises and perils of the algorithm-driven economy. Cambridge: Harvard University Press, 2016. p. 102.

85. Do original: "Perfect price discrimination may be unattainable. But "almost perfect" behavioral discrimination may be within reach. In the online world where Big Data meets behavioral economics, we are witnessing an emerging category of price discrimination – behavioral discrimination. Here firms harvest our personal data to identify which emotion (or bias) will prompt us to buy a product, and what's the most we are willing to pay.1 Sellers, in tracking us and collecting data about us, can tailor their advertising and marketing to target us at critical moments with the right price and emotional pitch. So behavioral discrimination increases profi ts by increasing overall consumption (by shift ing the demand curve to the right and price discriminating) and reducing consumer surplus" (EZRACHI, Ariel; STUCKE, Maurice E. *Virtual Competition*. The promises and perils of the algorithm-driven economy. Cambridge: Harvard University Press, 2016. p. 101, tradução nossa).

86. Cf. EZRACHI, Ariel; STUCKE, Maurice E. *Virtual Competition*. The promises and perils of the algorithm-driven economy. Cambridge: Harvard University Press, 2016. p. 101 ss.

àquele grupo, segmentando-os cada vez melhor e aprendendo corretamente sobre seus comportamentos e decisões de compra.

No entanto, a discriminação comportamental não se trata de apenas categorizar indivíduos em grupos pequenos para imputar diferentes preços como ocorre na discriminação de preços de terceiro grau. Trata-se também da estratégia de influenciar pessoas a comprarem coisas que elas não comprariam sem a publicidade ou não precisam através do incentivo de desejos emocionais impostos pelas empresas[87].

A doutrina no tema[88] mostra que existem mais de cem vieses ligados à tomada de decisão, processamento de informações, memória e interação social e alguns deles auxiliam empresas a promover a discriminação comportamental, como o uso de iscas, direcionamento de preços, aumento da complexidade para dificultar o processamento de informações, preço indireto e ofertas limitadas.

Por exemplo, se um consumidor entra em um site e desiste da sua compra, há alta probabilidade de na próxima tentativa de compra uma notificação surgir com um cupom de desconto. Isso acontece porque a empresa pode ter analisado que o consumidor está mais sensível ao preço ou consultando outras opções. Ocorre, assim, um aumento da demanda a partir da exploração de vieses dos consumidores[89]-[90].

Demonstradas as condições e limitações que preços personalizados podem enfrentar, bem como apresentada a categoria de discriminação de preços quase perfeita, passa-se a analisar os efeitos negativos e positivos ocasionados pela prática no mercado e sobre os consumidores.

3.4 EFEITOS DOS PREÇOS PERSONALIZADOS EM RELAÇÃO AO MERCADO E AOS CONSUMIDORES

Sob uma perspectiva econômica, os efeitos dos preços personalizados no mercado dependerão do nível de competição, da interação dinâmica ou estática entre consumidores e empresas e do nível de sofisticação dos consumidores[91]. Assim, destacam-se quatro principais efeitos resultantes da prática[92].

---

87. Cf. EZRACHI, Ariel; STUCKE, Maurice E. *Virtual Competition*. The promises and perils of the algorithm-driven economy. Cambridge: Harvard University Press, 2016. p. 105.
88. Cf. KAHNEMAN, Daniel. *Rápido e Devagar*: duas formas de pensar. Trad. Cássio de Arantes Leite. Rio de Janeiro: Ed. Objetiva, 2011; SUNSTEIN, Cass; THALER, Richard H. *Nudge*: Improving decisions about health, wealth, and happiness. USA: Yale University Press, 2008.
89. Cf. EZRACHI, Ariel; STUCKE, Maurice E. *Virtual Competition*. The promises and perils of the algorithm-driven economy. Cambridge: Harvard University Press, 2016. p. 105.
90. Preços podem ser mal percebidos pelos consumidores por outros motivos, sugerindo-se leitura de LOO, Van Rory. Helping buyers beware: the need of supervision of big retail. *University of Pennsylvania Law Review*. 1311. v. 163, 2015.
91. Cf. OFFICE OF FAIR TRADING – OFT. *The economics of online personalised pricing* – Note by UK. Londres: Crown Copyright, p. 30, maio 2013.
92. Cf. OFFICE OF FAIR TRADING – OFT. *The economics of online personalised pricing* – Note by UK. Londres: Crown Copyright, p. 06, maio 2013.

O primeiro consiste no efeito de apropriação, isto é, tais preços permitem que empresas aumentem valores cobrados de consumidores com menores sensibilidades a preço, extraindo o excedente. Por exemplo, se um consumidor está disposto a pagar cem reais por determinado produto, a empresa poderá cobrar até cem reais mesmo que em um contexto de preços uniformes o valor cobrado seria oitenta reais, extraindo, assim, vinte reais de excedente.

O segundo possível efeito é o da expansão da produção, permitindo que empresas cobrem preços menores daqueles consumidores com maior sensibilidade, podendo, portanto, expandir suas vendas. Desse modo, um consumidor que deixaria de comprar um produto que custa oitenta reais poderá comprá-lo por preço inferior, compatível com seu preço de reserva, de forma que a empresa aumentará suas vendas[93].

No entanto, vale mencionar que atualmente existem incentivos para que haja extração indevida do excedente do consumidor, sendo escassos os incentivos para a distribuição de bem-estar. Portanto, o efeito da expansão da produção é o ideal, mas não necessariamente real.

Outro efeito é o da intensificação da competição, pois, teoricamente, há a possibilidade de aumentar a competição entre empresas para que cada uma comercialize produtos ou serviços com valores mais atrativos aos consumidores que as empresas concorrentes. Por exemplo, se uma empresa identificou que determinado consumidor pagaria cem reais por determinado produto, a empresa que vende o produto a cento e vinte pode se sentir obrigada a diminuir o valor cobrado para competir pela venda.

Por fim, destaca-se o efeito de comprometimento, que previne que empresas não aumentem seus preços no futuro, porque o consumidor saberá que se não comprar em um primeiro momento, provavelmente haverá uma oferta ou uma diminuição de preço posteriormente. De acordo com o Secretariado da OCDE em estudo feito no tema:

> Se os vendedores podem ver onde os consumidores estão localizados e a discriminação é possível, eles têm um incentivo para reduzir o preço unilateral que eles cobrariam daqueles que estão localizados mais perto de seu rival, a fim de compensá-los por terem que viajar mais para comprar deles. Eles podem fazer isso lucrativamente porque sabem quem fica mais longe e podem impedir que esses clientes revendam o produto. Ao mesmo tempo, o vendedor gostaria de cobrar preços mais elevados aos consumidores que estão mais próximos dele e, portanto, consideraria mais conveniente comprar deles. No entanto, se um vendedor espera que seu rival ofereça preços mais baixos aos consumidores mais próximos, a fim de roubá-los, então, se desejar mantê-los, não poderá mais manter um preço tão alto para esses consumidores. Portanto, tem de reduzir

---

93. Esse efeito ocorre principalmente em cenários monopolistas, em que não há competição, pois a diminuição de preços para um grupo de consumidores permite que tal grupo possa adquirir bens que anteriormente não eram possíveis. (ORGANIZAÇÃO PARA A COOPERAÇÃO E O DESENVOLVIMENTO ECONÔMICO – OCDE. *Price discrimination* – Background note by the Secretariat. [*S. l.: s. n.*], 29-30 nov. 2016, p. 20).

o preço que cobra desses consumidores próximos a um nível que os desencoraje a viajar mais para o vendedor rival a fim de mantê-los. Ao mesmo tempo, ainda teria um incentivo para tentar roubar consumidores mais distantes, fixando preços inferiores ao que cobraria se a discriminação não fosse possível, na esperança de que eles decidissem incorrer no custo adicional de viagem. Como resultado, onde a discriminação de preços é possível, todos os consumidores enfrentam preços mais baixos do que enfrentariam se a discriminação não fosse possível, isso porque as empresas, então, estabeleceriam seu preço uniforme em um nível mais alto a fim de maximizar o lucro que elas ganham de seus consumidores locais[94].

Assim, de acordo com a OCDE, os vendedores de produtos e serviços não aumentariam seus preços para manterem os consumidores como seus clientes ao invés de abrir espaço para concorrentes, com preços mais competitivos.

Sob a mesma acepção, em 2013 o OFT havia resumido os resultados dos quatro efeitos mencionados em relação à existência de excedente para o consumidor ou para a empresa de forma positiva ou negativa, conforme exposto no quadro abaixo[95]:

Quadro 1. Efeitos de preços personalizados em relação ao consumidor e ao fornecedor

Efeito	Excedente do consumidor	Excedente do fornecedor
Apropriação	Negativo	Positivo
Expansão da produção	Positivo	Positivo
Competição intensificada	Positivo	Negativo
Comprometimento	Positivo	Negativo

Fonte: traduzida pela autora com base em OFT (2013)

---

94. No original: "If the sellers can see where the consumers are located and discrimination is possible then the sellers have an incentive to reduce the unilateral price that they would otherwise charge to those that are located closer to their rival in order to compensate them for having to travel further to purchase from them. They can do so profitably because they know who sits further away and they can prevent these customers from reselling the product. At the same time, the seller would like to charge higher prices to those consumers that are closer to them and so would find it more convenient to purchase from them. However, if a seller expects that its rival will offer lower prices to its nearest consumers in order to poach them, then if it wishes to keep them it can no longer maintain such a high price to those consumers. It therefore has to reduce the price it charges these nearby consumers to a level that discourages them from travelling further to the rival seller in order to retain them. At the same time, it would still have an incentive to attempt to poach consumers that are more distant by setting prices lower than the price it would charge if discrimination were not possible, in the hope that they would decide to incur the additional travel cost. As a result, where price discrimination is possible, all of the consumers face lower prices than they would face if discrimination were not possible, this is because the firms would then each set their uniform price at a higher level in order to maximise the profit they earn from their local consumers" (ORGANIZAÇÃO PARA A COOPERAÇÃO E O DESENVOLVIMENTO ECONÔMICO – OCDE. *Price discrimination* - Backgroung note by the Secretariat. [S. l.: s. n.], 29-30 nov. 2016, p. 11, tradução nossa).

95. Cf. OFFICE OF FAIR TRADING – OFT. *The economics of online personalised pricing* – Note by UK. Londres: Crown Copyright, maio 2013, p. 30.

Em alguns casos, há transferência do bem-estar do consumidor para o fornecedor a partir da captação do seu excedente (preço pago e custo marginal do produto), como se observa em relação ao efeito da apropriação e da expansão da produção, diferentemente do que ocorre em relação ao efeito da competição intensificada e do comprometimento, que são mais benéficos aos consumidores.

Assim, apesar da captação do excedente, em alguns casos não há redução necessariamente do bem-estar de forma geral, pois se os fornecedores e/ou empresas aumentarem a sua produção, o que é esperado de acordo com os efeitos acima apontados, haverá bem-estar adicional criado para outros consumidores, que poderão comprar produtos por preços compatíveis com suas expectativas[96].

Uma das situações em que isso poderia ocorrer é no investimento em inovação e em redução de custos, podendo gerar resultados diretos ao consumidor e consequências indiretas caso outras empresas sejam influenciadas a agir, como um incentivo dinâmico. Tal inovação, no entanto, poderá não ser benéfica em alguns casos, como por exemplo um investimento em tecnologia que permita a aplicação de preços personalizados de uma forma mais imperceptível aos consumidores, prevenindo a dinâmica da arbitragem[97].

De forma geral, evidencia-se que o efeito líquido da discriminação de preços no consumidor, vendedor e excedente total depende em grande parte das circunstâncias específicas do mercado, incluindo a intensidade da concorrência e o tipo de discriminação de preços disponível aos produtores e vendedores[98].

Ezrachi e Stucke apontam alguns efeitos negativos que estão associados aos acima mencionados, principalmente à competição no mercado. Entre eles, destacam-se a exclusão ou eliminação de competidores que não poderiam implementar estas práticas; a criação de barreiras de entrada ou de expansão; a prática de impedir que novos entrantes ou competidores menores cheguem à eficiência de escala; e a possibilidade de dificultar a competição à jusante em relação ao mercado[99].

Assim, empresas poderiam ser impedidas de participar em condições iguais às de suas concorrentes se não puderem aplicar a precificação personalizada, criando

---

96. Cf. ORGANIZAÇÃO PARA A COOPERAÇÃO E O DESENVOLVIMENTO ECONÔMICO – OCDE. *Price discrimination* – Backgroung note by the Secretariat. [*S. l.: s. n.*], 29-30 nov. 2016, p. 10.
97. Cf. ORGANIZAÇÃO PARA A COOPERAÇÃO E O DESENVOLVIMENTO ECONÔMICO – OCDE. *Price discrimination* – Backgroung note by the Secretariat. [*S. l.: s. n.*], 29-30 nov. 2016, p. 12.
98. Varejistas de cadeias de lojas que normalmente estão em posição de monopólio em pequenos mercados, competem com outros em mercados maiores. Contudo, apesar de existirem diferenças entre os mercados, é possível que haja uma abstenção da discriminação de preços e o estabelecimento de um uniforme que, por sua vez, pode ser uma forma de aumentar os preços e diminuir a concorrência (BELLEFLAMME, Paul; PEITZ, Martin. *Industrial Organization Markets and Strategies*. Nova Iorque: Cambridge University Press, 2010. p. 214).
99. Cf. EZRACHI, Ariel; STUCKE, Maurice E. *Virtual Competition. The* promises and perils of the algorithm--driven economy. Cambridge: Harvard University Press, 2016. p. 118-119.

barreiras no mercado e, como consequência, deixando um cenário de dominação para a empresa que aplica a personalização de preços.

No que tange aos consumidores, um efeito negativo dos preços personalizados é a possibilidade da exploração dos indivíduos de forma prejudicial por empresas. Intensifica-se tal efeito se houver o emprego de discriminação por exploração, isto é, esquemas de discriminação de preços que visam aumentar as margens e o poder de mercado, que podem incluir, por exemplo, a desinformação do consumidor ou o uso indevido de seus vieses em comportamento para aumento da demanda[100].

Entre os motivos para a existência de tais efeitos negativos está a diminuição de opções externas aos clientes da empresa, a partir da redução de transparência e do aumento dos custos de busca, de forma que tais consumidores permanecerão sendo fiéis aos seus produtos e serviços.

Além disso, quando uma empresa personaliza seus produtos, dificulta-se a comparação com produtos de terceiros, não havendo um parâmetro concreto para que o consumidor possa analisar de uma forma clara aquilo que pretende comprar em relação aos concorrentes.

Posto isso, existem alguns fatores que aumentam a probabilidade de a personalização de preços ser prejudicial ao consumidor[101], como a existência de um cenário em que não poderão evitar tal prática, seja pela impossibilidade técnica ou pela ausência de clareza para visualizá-la, que podem ser provenientes da opacidade do algoritmo e da ausência de informações.

Soma-se a tais fatores a exploração dos preconceitos comportamentais dos consumidores, inibindo a capacidade de uma tomada de decisão racional e consciente, como mencionado anteriormente no item 2.4.1. Bar-Gill pontua que a disposição em pagar do consumidor também é afetada pelas suas percepções errôneas, equivocadas, de forma que o indivíduo poderá atribuir maior valor a um produto do que ele realmente vale[102].

Um equívoco na majoração do valor do produto levaria o consumidor a um preço de reserva incorreto e, se o fornecedor percebesse tal limitação de racionali-

---

100. Cf. EUROPEAN COMISSION. *Consumer market study on online market segmentation through personalised pricing/offers in the European Union*. Luxemburgo: Publications Office of the European Union, p. 254, 2018. Disponível em: <https://ec.europa.eu/info/sites/info/files/aid_development_cooperation_fundamental_rights/aid_and_development_by_topic/documents/synthesis_report_online_personalisation_study_final_0.pdf>. Acesso em: 16 set. 2020.

101. Cf. OFFICE OF FAIR TRADING - OFT. *The economics of online personalised pricing* – Note by UK. Londres: Crown Copyright, maio 2013. p. 08.

102. Cf. BAR-GILL, Oren. Algorithmic Price Discrimination: When Demand Is a Function of Both Preferences and (Mis) Perceptions. *The Harvard John M. Olin Discussion Paper Series*, [s. l.], n. 05, p. 18-32, 2018. p. 1. Disponível em: <https://ssrn.com/abstract=3184533>. Acesso em: 06 jun. 2020.

dade, receberia não apenas o seu excedente, mas uma quantia além desse, de forma que o consumidor poderia sair da transação com um prejuízo efetivo[103].

Vendedores e provedores de serviços por sua vez incentivam fortemente a promoção do valor superestimado, influenciando nessa percepção incorreta do consumidor em relação ao bem desejado. Diante disso, consumidores podem terminar com produtos que não satisfazem seus interesses além de perderem acesso a outros que eles gostariam ou precisariam.

Ainda, as estratégias de personalização podem aumentar os custos de busca do consumidor, reduzindo a competição no mercado, pois não será feita uma comparação efetiva entre produtos e serviços[104]. Bar-Gill conclui que quando a discriminação de preços por algoritmos tarja preferências, o consumidor pode ser prejudicado, mas a eficiência do mercado é elevada, diferentemente de quando são consideradas as más percepções, que podem prejudicar o consumidor e, ainda, reduzir a eficiência mercadológica[105].

Aproveitando-se de tal cenário, empresas podem cobrar valores mais elevados de uma forma geral, ao invés de realizarem uma compensação entre os consumidores que pagarão mais e os que pagarão menos pelo produto ou serviço. Ou seja, a personalização de preços seria aplicada apenas para aquele que tem um alto preço de reserva, extraindo-se seu excedente, sem expandir as vendas aos consumidores com maiores sensibilidades aos preços.

Nesse mesmo sentido, em estudo para a OCDE feito pelo Reino Unido pontua hipóteses em que existiria a maior probabilidade de danos aos consumidores, sendo (i) quando consumidores não podem evitar facilmente a personalização ou quando ela não está clara; (ii) o sistema de precificação for opaco ou complexo; (iii) empresas têm capacidade e incentivo para explorar os vieses dos consumidores; (iv) os grupos prejudicados pela precificação personalizada forem vulneráveis; e/ou (v) os custos de implementação forem altos e transmitidos aos consumidores[106].

Além disso, o Presidente do Comitê Conjunto da OCDE afirma que algoritmos utilizados para distinguir entre grupos de consumidores com diferentes preços de

---

103. Essas percepções errôneas podem ser causadas inclusive sobre os preços cobrados, por exemplo, se um consumidor não estima que poderá atrasar no pagamento de determinada parcela, cujo parcelamento tem juros, o preço que ele terá em mente será um, sem considerar o montante que será devido no futuro com seus atrasos. Outro exemplo ocorre quando um consumidor tem a expectativa de utilizar determinado benefício proporcionado por um programa de pontos, pagando um preço que considera justo para participar. Porém, no fim, consumidor não utiliza tais benefícios, tendo dispendido um valor além do necessário.

104. Cf. ORGANIZAÇÃO PARA A COOPERAÇÃO E O DESENVOLVIMENTO ECONÔMICO – OCDE. *Personalised pricing in the digital era* – Note by the Netherlands. [S. l.: s. n.], 28 nov. 2018. Disponível em: <https://one.oecd.org/document/DAF/COMP/WD(2018)124/en/pdf>. Acesso em: 16 set. 2020.

105. Cf. BAR-GILL, Oren. Algorithmic Price Discrimination: When Demand Is a Function of Both Preferences and (Mis) Perceptions. *The Harvard John M. Olin Discussion Paper Series*, [s. l.], n. 05, p. 18-32, 2018. p. 1. Disponível em: <https://ssrn.com/abstract=3184533>. Acesso em: 06 jun. 2020.

106. Cf. ORGANIZAÇÃO PARA A COOPERAÇÃO E O DESENVOLVIMENTO ECONÔMICO – OCDE. *Personalised Pricing in the Digital Era* – Note by the United Kingdom. [S. l.: s. n.], nov. 2018, p. 8.

reserva podem incorporar regras discriminatórias com base em gênero, religião, orientação sexual ou origem étnica[107].

De acordo com o Gabinete Executivo do Presidente dos Estados Unidos em estudo feito sobre o tema no ano de 2015, grupos historicamente desfavorecidos são mais sensíveis ao preço que o consumidor médio, sendo beneficiados com a discriminação de preços desde que haja competição no mercado e um ambiente regulatório que previna a atuação discriminatória[108-109].

Por outro lado, não se pode negar que existem efeitos positivos provenientes da prática. Aqueles que estão relacionados ao consumidor são o aumento da possibilidade de escolha e acesso a produtos ou serviços, diretamente associado ao efeito da expansão da produção acima mencionado.

Além disso, há quem defenda que a personalização de preços poderia desempenhar um papel de justiça social, beneficiando a igualdade social, ou seja, igualdade substancial. Isso porque a prática possibilita que mais pessoas tenham acesso a mais produtos e serviços, cada qual pagando o valor que está disposto a gastar[110].

Tal argumento se justifica com base na racionalidade econômica, ou seja, os consumidores que pagam mais, com maior capacidade de compra, permitem que demais consumidores paguem menos. Como é mencionado no item 4.1.2, a precificação personalizada permite que um indivíduo acesse bens que não teria acesso anteriormente, caso alguém não tivesse pagado um preço mais elevado. Isso contribui para uma distribuição de recursos eficiente[111].

Diante disso, o estudo de mercado realizado pela Comissão Europeia relacionado ao tema concluiu que os consumidores são mais beneficiados quando todos os competidores têm acesso ao seu preço de reserva do que quando apenas um deles, pois assim é imposta uma pressão sobre todos que beneficia os seus interesses[112].

---

107. Cf. ORGANIZAÇÃO PARA A COOPERAÇÃO E O DESENVOLVIMENTO ECONÔMICO–OCDE. *Introductory Chairs' note (part 1) Roundtable on Personalised pricing in the digital era*. Paris: OCDE Publishing, 28 nov. 2018.

108. Cf. UNITED STATES OF AMERICA. *Big Data and Differential Pricing*, Executive Office of the President, p. 17, fev. 2015.

109. O tema da discriminação algorítmica não faz parte da presente pesquisa, mas se destaca na doutrina e pode ser consultado em FRAZÃO, Ana. Discriminação algorítmica – compreendendo o que são os julgamentos algorítmicos e o seu alcance na atualidade. *Jota*, jun. 2021. Disponível em: <https://www.jota.info/opiniao-e--analise/colunas/constituicao-empresa-e-mercado/discriminacao-algoritmica-16062021>. Acesso em: 15 jan. 2021. MATTIUZZO, Marcela; MENDES, Laura Schertel. Discriminação algorítmica: conceito, fundamento legal e tipologia. *Revista Direto Público*, Porto Alegre, v. 16, n. 90, p. 39-64, nov-dez. 2019. Disponível em: <https://www.portaldeperiodicos.idp.edu.br/direitopublico/article/view/3766>. Acesso em: 13 set. 2020.

110. Cf. EZRACHI, Ariel; STUCKE, Maurice E. *Virtual Competition*. The promises and perils of the algorithm--driven economy. Cambridge: Harvard University Press, 2016. p. 118-119.

111. PORTO, Antônio José Maristrello. Princípios de análise econômica de direito. *In:* PINHEIRO, Antônio Castelar; PORTO, Antônio José Maristrello; SAMPAIO, Patrícia Regina Pinheiro (Orgs.). *Direito e Economia*: Diálogos. Rio de janeiro: FGV Editora, 2019.

112. Cf. EUROPEAN COMISSION. *Consumer market study on online market segmentation through personalised pricing/offers in the European Union*. Luxemburgo: Publications Office of the European Union, p. 253 e 255, 2018. Disponível em: <https://ec.europa.eu/info/sites/info/files/aid_development_cooperation_fundamen-

Portanto, preços personalizados não serão necessariamente prejudiciais, podendo ter diversas causas e gerar distintas consequências, até mesmo promovendo o bem-estar do consumidor[113]. Nesse sentido, o Secretariado da OCDE afirma que não há nada de intrinsicamente injusto em preços personalizados, incentivando a exploração da prática por empresas quando são trazidos resultados benéficos aos consumidores:

> O uso da palavra "discriminação" pode criar uma suposição de injustiça e ceticismo sobre os prováveis benefícios de empresas que cobram preços diferentes por produtos semelhantes. No entanto, não há nada intrinsecamente injusto na discriminação de preços; pode significar que mais consumidores são atendidos e que aqueles com renda mais baixa pagam preços mais baixos. Alguma forma de discriminação de preços é usada na grande maioria dos mercados, é frequentemente usada por empresas com pouco poder de mercado e a discriminação muitas vezes torna os mercados mais competitivos. Isso significa que é aconselhável que as agências comecem com uma presunção padrão, mas refutável, de que qualquer esquema de discriminação de preços tem um impacto benigno ou benéfico para os consumidores[114].

De acordo com Koga, não se tem conhecimento de um estudo empírico que tenha avaliado se os benefícios ou malefícios da precificação personalizada ocorrem na prática devido à dificuldade de caracterização de tais práticas e a insondabilidade de dados financeiros das empresas[115]. Referida conclusão se mostra compatível com as considerações trazidas na presente pesquisa, tendo em vista a dificuldade de identificação da prática no mercado.

Postos os efeitos causados pelos preços personalizados em relação ao mercado e, consequentemente aos consumidores, apresentam-se suas percepções quando estes passam a ter ciência de que estão sendo submetidos à prática.

3.4.1 Percepção dos consumidores em relação aos preços personalizados: exemplo dos consumidores em ambiente digital internacional

A percepção dos consumidores e a sua recepção quando sinalizada a prática de preços personalizados são fatores que influenciam no cenário a ser enfrentado pelas

---

tal_rights/aid_and_development_by_topic/documents/synthesis_report_online_personalisation_study_final_0.pdf>. Acesso em: 16 set. 2020.

113. Por exemplo, podem ajudar o consumidor a aprender rapidamente sobre oportunidades relevantes no mercado, encontrando determinado produto ou serviço por um preço compatível com o que se espera pagar.

114. No original: "The use of the word "discrimination" may create an assumption of unfairness and scepticism over the likely benefits of firms charging different prices for similar products. However, there is nothing intrinsically unfair about price discrimination; it can mean that more consumers are served and that those on lower incomes pay lower prices. Some form of price discrimination is used in the vast majority of markets, it is frequently used by firms with little market power, and discrimination often makes markets more competitive. This means that it is advisable for agencies to start with a default, but rebuttable, presumption that any given price discrimination scheme has a benign or beneficial impact on consumers". (ORGANIZAÇÃO PARA A COOPERAÇÃO E O DESENVOLVIMENTO ECONÔMICO – OCDE. *Price discrimination* – Background note by the Secretariat. [S. l.: s. n.], 29-30 nov. 2016. p. 9, tradução nossa).

115. Cf. KOGA, Bruno Y. S. *Precificação personalizada na era digital.* Consumo, dados e concorrência. 2020. Dissertação (Mestrado em Direito, Justiça e Desenvolvimento) - Instituto Brasileiro de Direito Público, São Paulo, 2020. p. 75.

empresas, constituindo, também, elementos que auxiliam na análise de prejuízos aos direitos dos indivíduos, bem como na aplicação de institutos jurídicos para tutelá-los.

Feitas estas considerações, cita-se experimento realizado entre dezembro de 2016 e novembro de 2017 pela Comissão Europeia, mais especificamente pela Agência de Execução para os Consumidores, a Saúde, a Agricultura e a Alimentação[116] em parceria com a Ipsos, a London Economics e a Deloitte, publicado em 2018. Na pesquisa, foram analisadas diversas consequências de preços personalizados endereçados a consumidores em ambiente digital, envolvendo Estados Membros da União Europeia, a Islândia e a Noruega[117].

Do total dos participantes, quando questionados sobre ter consciência em relação à existência de preços personalizados, apenas 44% responderam afirmativamente. Entre aqueles com menor consciência sobre a personalização, destacaram-se potenciais vulneráveis como pessoas mais velhas, indivíduos com baixa escolaridade e usuários com dificuldades técnicas em realizar compras online, como consumidores que não estão habituados a esse ambiente digital.

No entanto, em um cenário em que a plataforma é transparente sobre suas práticas de personalização, uma porção significativa de consumidores demonstrou ter maior consciência sobre o que ocorria na formação dos preços, apesar de apenas 20% dos participantes ter efetivamente identificado a alteração de preços quando aplicada.

Portanto, pelo experimento depreende-se que não são todos os consumidores que têm consciência da prática de preços personalizados em ambientes digitais, sendo mais prejudicados os indivíduos que são potencialmente vulneráveis. Tal cenário se modifica em números, no entanto, quando há maior transparência em relação à dinâmica de formação dos preços e coleta de dados pessoais.

No que tange aos benefícios percebidos pelos consumidores diante da precificação personalizada, o experimento da Comissão Europeia apontou principalmente três: 22% dos participantes identificaram a possibilidade de comércios eletrônicos oferecerem reduções e promoções, 21% identificaram maiores chances de conseguir um melhor preço nos produtos e 15% identificaram como benefício o aumento da possibilidade de escolha do produto. Contudo, não foram todos os participantes

---

116. A CHAFEA é agência da Comissão Europeia que gere os programas em matéria de direitos dos consumidores, saúde, agricultura e segurança dos alimentos (EUROPEAN COMISSION. *Agência de Execução para os Consumidores, a Saúde, a Agricultura e a Alimentação*. Luxemburgo: Publications Office of the European Union, [2018?]. Disponível em: <https://ec.europa.eu/info/departments/consumers-health-agriculture--and-food_pt>. Acesso em: 13 set. 2020).

117. Cf. EUROPEAN COMISSION. *Consumer market study on online market segmentation through personalised pricing/offers in the European Union*. Luxemburgo: Publications Office of the European Union, p. 168-170, 2018. Disponível em: <https://ec.europa.eu/info/sites/info/files/aid_development_cooperation_fundamental_rights/aid_and_development_by_topic/documents/synthesis_report_online_personalisation_study_final_0.pdf>. Acesso em: 16 set. 2020.

que demonstraram acreditar em benefícios decorrentes da personalização de preços. Esse grupo compôs uma parcela de 32%.

Paralelamente aos benefícios, foram destacadas algumas preocupações pelos participantes entrevistados, como o fato de que os dados poderiam ser usados para outros propósitos ou compartilhados com terceiros (36%), a possibilidade de formação de perfil sobre o usuário (33%)[118] e a possibilidade de aumento o preço do produto a ser comprado (28%).

Como uma possível solução, um em cada seis participantes declarou que se sentiria mais confortável se pudesse optar por sair da personalização de preços, diante da ferramenta de *opt-out* que é usada frequentemente em relação aos cookies diante das exigências trazidas pelas regulações sobre proteções de dados pessoais ao redor do mundo.

Mais da metade dos consumidores participantes da pesquisa respondeu que se sentiria melhor se soubesse qual dado pessoal está sendo coletado e quando poderá ver o dado ou mudá-lo de forma geral, direitos estes já previstos nas regulações de proteções de dados pessoais, como ocorre no artigo 18 da LGPD[119]. Nesse sentido, o estudo da Comissão Europeia concluiu que:

---

118. Acredita-se que a preocupação sobre a possibilidade de formação de perfil sobre o usuário pode ter tido sua porcentagem aumentada nos últimos anos em decorrência da entrada em vigor das regulações de proteções de dados em âmbito mundial, como GDPR e LGPD.

119. Cf. Art. 18. O titular dos dados pessoais tem direito a obter do controlador, em relação aos dados do titular por ele tratados, a qualquer momento e mediante requisição: I - confirmação da existência de tratamento; II - acesso aos dados; III - correção de dados incompletos, inexatos ou desatualizados; IV - anonimização, bloqueio ou eliminação de dados desnecessários, excessivos ou tratados em desconformidade com o disposto nesta Lei; V - portabilidade dos dados a outro fornecedor de serviço ou produto, mediante requisição expressa, de acordo com a regulamentação da autoridade nacional, observados os segredos comercial e industrial; VI - eliminação dos dados pessoais tratados com o consentimento do titular, exceto nas hipóteses previstas no art. 16 desta Lei; VII - informação das entidades públicas e privadas com as quais o controlador realizou uso compartilhado de dados; VIII - informação sobre a possibilidade de não fornecer consentimento e sobre as consequências da negativa; IX - revogação do consentimento, nos termos do § 5º do art. 8º desta Lei. § 1º O titular dos dados pessoais tem o direito de peticionar em relação aos seus dados contra o controlador perante a autoridade nacional. § 2º O titular pode opor-se a tratamento realizado com fundamento em uma das hipóteses de dispensa de consentimento, em caso de descumprimento ao disposto nesta Lei. § 3º Os direitos previstos neste artigo serão exercidos mediante requerimento expresso do titular ou de representante legalmente constituído, a agente de tratamento. § 4º Em caso de impossibilidade de adoção imediata da providência de que trata o § 3º deste artigo, o controlador enviará ao titular resposta em que poderá: I – comunicar que não é agente de tratamento dos dados e indicar, sempre que possível, o agente; ou II – indicar as razões de fato ou de direito que impedem a adoção imediata da providência. § 5º O requerimento referido no § 3º deste artigo será atendido sem custos para o titular, nos prazos e nos termos previstos em regulamento. § 6º O responsável deverá informar, de maneira imediata, aos agentes de tratamento com os quais tenha realizado uso compartilhado de dados a correção, a eliminação, a anonimização ou o bloqueio dos dados, para que repitam idêntico procedimento, exceto nos casos em que esta comunicação seja comprovadamente impossível ou implique esforço desproporcional. § 7º A portabilidade dos dados pessoais a que se refere o inciso V do *caput* deste artigo não inclui dados que já tenham sido anonimizados pelo controlador. § 8º O direito a que se refere o § 1º deste artigo também poderá ser exercido perante os organismos de defesa do consumidor (BRASIL. Lei nº 13.709, de 14 de agosto de 2018. *Lei Geral de Proteção de Dados Pessoais (LGPD)*. Brasília, DF, 2018).

O impacto do bem-estar econômico das práticas de personalização pode ser positivo e negativo do ponto de vista dos consumidores. Em geral, a personalização beneficiará os consumidores que são sensíveis ao preço, que compram ativamente e são experientes em tecnologia, ou que podem tomar medidas para proteger suas informações pessoais. Por outro lado, a personalização pode prejudicar consumidores ingênuos ou menos engajados ou consumidores que têm uma maior disposição para pagar. As práticas de personalização também podem beneficiar os consumidores devido aos produtos que correspondem melhor às suas preferências pessoais ou devido aos custos de pesquisa reduzidos. No entanto, a personalização pode prejudicar os consumidores se for usada para direcioná-los para produtos que podem não atender melhor às suas necessidades ou que custam o máximo que os consumidores estão dispostos a pagar[120].

Portanto, o experimento comportamental permitiu concluir que existem benefícios e malefícios na prática de personalização de preços. Além disso, confirmou que os consumidores ficam descontentes se não são previamente alertados e que o controle dos dados pessoais tratados e a transparência no funcionamento da plataforma são fatores importantes para a aceitação de tal dinâmica.

No que tange à influência na decisão dos consumidores, em um cenário de baixa transparência, onde foram oferecidos produtos por preços personalizados e menores, 66% dos consumidores decidiram realizar a compra, enquanto apenas 37% dos que foram sujeitos a preços maiores realizou. Já com o aumento da transparência, houve influência na decisão de compra dos consumidores evitando que estes trocassem de plataforma para procurar melhores preços[121].

Em outro experimento realizado publicado no Jornal de Ética Empresarial[122], foram levantados alguns dos motivos pelos quais consumidores acham preços personalizados injustos. Um deles se refere à violação do tratamento igualitário entre os usuários vez que com os preços diferentes não haveria um acesso igualitário aos produtos e serviços[123].

---

120. No original: "The economic welfare impact of personalisation practices can be both positive and negative from the point of view of consumers. In general, personalisation will benefit consumers who are price-sensitive, who actively shop around and are tech-savvy, or who are able to take steps to protect their personal information. On the other hand personalisation may disadvantage naïve or less engaged consumers or consumers who have a higher willingness to pay. Personalisation practices may also benefit consumers due to products better matching their personal preferences or due to reduced search costs. However, personalisation may disadvantage consumers if it is used to steer them towards products which may not best match their needs, or which cost the maximum that consumers are willing to pay" (EUROPEAN COMISSION. *Consumer market study on online market segmentation through personalised pricing/offers in the European Union.* Luxemburgo: Publications Office of the European Union, p. 249, tradução nossa).

121. Cf. EUROPEAN COMISSION. *Consumer market study on online market segmentation through personalised pricing/offers in the European Union.* Luxemburgo: Publications Office of the European Union, p. 247, 2018.

122. O *Journal of Business Ethics* é um periódico acadêmico revisado por pares publicado pela *Springer Science e Business Media* nos Estados Unidos da América que cobre aspectos metodológicos e disciplinares de questões éticas relacionadas aos negócios, incluindo sistemas de produção, consumo, marketing, publicidade, contabilidade social e econômica, relações de trabalho, relações públicas e comportamento organizacional.

123. Cf. FERRELL, O. C. et al. Expectations and Attitudes Toward Gender-Based Price Discrimination. *Journal of Business Ethics*, [s. l.], v. 152, n. 4, p. 1015-1032, 2018.

A segunda justificativa se refere à teoria da aversão à perda ou do arrependimento, relacionada com o estudo comportamental visto no item 2.4.1. As pessoas não se sentem confortáveis em uma situação em que elas poderiam ter adquirido determinado produto ou serviço por um preço menor se tivessem usado outro navegador ou bloqueado o tratamento de seus dados pessoais, como por meio da não aceitação de um cookie[124].

Já a terceira razão está voltada à ausência de transparência da discriminação de preços pela existência de uma assimetria de informações, posto que os indivíduos não sabem qual a categoria de preço de reserva eles pertencem[125]. Além disso, há a coleta de dados pessoais, diminuindo a privacidade dos usuários e pode ser argumentado que a discriminação de preços reduz o bem-estar do consumidor pela redistribuição, bem como o aumento do custo de pesquisa que os consumidores querem evitar[126].

Assim, se publicidade comportamental e preços personalizados podem auxiliar o consumidor reduzindo tempo de pesquisa, tais estratégias também são uma poderosa ferramenta que invadem a privacidade do consumidor, causando prejuízos sociais, como a facilitação de discriminação em relação à etnia, ao gênero, à religião, ou, até mesmo, explorando vieses de comportamento conforme mencionado em tópico acima.

A OCDE divulgou em janeiro de 2021 outro estudo[127] realizado no tema, feito pela sua Unidade de Pesquisa Comportamental e Instituto de Estudo Social na Irlanda em outubro de 2019 e no Chile em março de 2020. A pesquisa pretendeu responder três perguntas: (i) se consumidores conseguiriam identificar e compreender preços personalizados no cenário online; (ii) qual o impacto que a divulgação de preços personalizados causa em suas decisões e comportamento e; (iii) como consumidores se sentem sobre preços personalizados em geral.

Em conclusão, foi observado que a divulgação online sobre a prática da precificação personalizada teve efeitos limitados no reconhecimento de tais preços pelos consumidores e em seu comportamento de compra. No entanto, preços personalizados foram considerados injustos pela maioria dos participantes da pesquisa.

Visando à diminuição desses impactos negativos sobre o consumidor, uma das estratégias adotada pelas empresas é a apresentação da prática não como a cobrança de um valor a mais no produto, mas, como um desconto. Destarte, ao personalizar preços, muitas das empresas online não impõem uma sobretaxa àqueles dispostos a

---

124. Cf. BORGESIUS, Frederik Zuiderveen; POORT, Joost. Online Price Discrimination and EU Data Privacy Law. *Journal of Consumer Policy*, [s. l.], v. 40, n. 3, p. 347-366, 2017.
125. Cf. BORGESIUS, Frederik Zuiderveen; POORT, Joost. Online Price Discrimination and EU Data Privacy Law. *Journal of Consumer Policy*, [s. l.], v. 40, n. 3, p. 347-366, 2017.
126. Cf. HINDERMANN, Christoph Michael. Price Discrimination in Online Retail. *Econstor*. 2018.
127. Cf. ORGANIZAÇÃO PARA A COOPERAÇÃO E DESENVOLVIMENTO ECONÔMICO. *The effects of online disclosure about personalised pricing on consumers* – results from a lab experiment in Ireland and Chile. OCDE Digital Economy Papers. Jan. 2020. n. 303.

pagar mais. Tais empresas começam com um preço de tabela mais alto e, em seguida, variam seletivamente o nível ou tamanho dos descontos[128].

Em relação a esta estratégia, estudo da OCDE demonstrou que consumidores se sentem menos lesados quando preços diminuem do que quando os preços aumentam[129]. Os clientes online menos sensíveis ao preço podem não se importar se outros estão recebendo códigos promocionais, cupons e assim por diante. Outra estratégia é o oferecimento de serviços adicionais, como frete grátis ou alguma funcionalidade a mais no produto ou serviço.

Por outro lado, não são apenas as empresas que podem aplicar estratégias para mascarar e minimizar os impactos de preços personalizados. O próprio consumidor tem a possibilidade de simular um baixo preço de reserva como, por exemplo, não comprando um produto ou serviço em um primeiro momento para conseguir um menor preço personalizado posteriormente. Com isso, há um ganho do consumidor e uma perda da empresa[130].

Outro exemplo é a possibilidade de anonimização, isto é, o consumidor se torna um indivíduo em branco, sem dados para que as empresas estimem o seu preço de reserva[131]. Nesse contexto, consumidores sofisticados e com conhecimento técnico em computação têm mais chances de se beneficiarem em um cenário de discriminação de preços do que consumidores ingênuos.

> Dado que os consumidores consideram os preços personalizados altamente injustos, especialmente se a personalização resultar em preços mais altos para eles, eles tentarão evitar os danos sofridos pela discriminação de preços de primeiro grau usando soluções de autoajuda. Basicamente, eles podem usar pelo menos duas estratégias diferentes para esse efeito. Em primeiro lugar, os consumidores podem tentar reter dados pessoais, tentando obter o anonimato em relação às empresas. Tanto as ferramentas de software quanto de hardware - como "Tor" e "Anonabox" - podem ser empregadas para esse efeito. Em segundo lugar, os consumidores podem usar ferramentas ou serviços tecnológicos sofisticados para aumentar seu poder de barganha e melhorar seus processos de tomada de decisão - tornando-se "consumidores algorítmicos" ou, um pouco menos ambiciosamente, "consumidores aumentados". A inicialização "ShadowBid", por exemplo, mostra gráficos de histórico de preços e permite que os consumidores informem

---

128. Cf. EZRACHI, Ariel; STUCKE, Maurice E. *Virtual Competition*. The promises and perils of the algorithm-driven economy. Cambridge: Harvard University Press, 2016. p. 111.

129. Cf. ORGANIZAÇÃO PARA A COOPERAÇÃO E O DESENVOLVIMENTO ECONÔMICO – OECD. *Competition and Regulation in Agriculture*: Monopsony Buying and Joint Selling, 2004. Paris: OECD Publishing, 15 dez. 2005. Disponível em: <http://www.oecd.org/competition/abuse/35910977.pdf>. Acesso em: 17 set. 2020.

130. Cf. OFFICE FAIR TRADE – OFC. *The economics of online personalised pricing* – Note by UK. Londres: Crown Copyright, p. 29, maio 2013. Disponível em: <https://webarchive.nationalarchives.gov.uk/20140402154756/http://oft.gov.uk/shared_oft/research/oft1488.pdf>. Acesso em: 01 set. 2020.

131. Há a hipótese, no entanto, de empresas relacionarem a anonimização do consumidor com um alto preço de reserva e, nesse caso, cobrar preços mais altos até mesmo daqueles consumidores que não têm um preço de reserva alto.

seu preço de reserva pessoal. Em seguida, ele compra automaticamente quando o preço (de mercado) cai abaixo desse limite[132].

Soma-se ao exposto o fato de que, de acordo com a OFT, a literatura sobre preços personalizados não contempla, na maioria dos casos, os custos envolvidos na prática, seja para consumidores ou para as próprias empresas[133]. Estas podem incorrer em custos como recursos para a implementação de preços discriminatórios, aumentando o custo marginal e, consequentemente, o valor cobrado dos consumidores[134].

Já os consumidores podem incorrer em custos para evitar a discriminação de preços, como a partir da contratação de softwares que impedem a leitura do perfil do consumidor ou, até mesmo, mascaram um alto preço de reserva.

Conforme afirma a OFT ao estudar o tema, não existem conclusões definitivas sobre o benefício ou prejuízo ao consumidor quando há custos envolvidos.

> Quando as empresas têm de incorrer em custos para discriminar os preços, isso diminuirá o excedente do consumidor em relação a uma referência de discriminação de preços gratuita. Isso poderia fazer com que a discriminação de preços tivesse um efeito líquido negativo sobre o excedente do consumidor, dependendo das circunstâncias precisas envolvidas. No entanto, incorrer em custos significativos para discriminar preços é um exemplo de um fator que, em igualdade de condições, torna mais provável que o excedente do consumidor seja prejudicado. O custo do anonimato para os consumidores é mais complicado. A disponibilidade de anonimização gratuita ou barata não é, como se poderia esperar intuitivamente, necessariamente benéfica para os consumidores. Em geral, porém, não há evidências suficientes para tirar conclusões concretas sobre o efeito dos custos de anonimato[135].

---

132. No original: "Given that consumers regard personalized prices as highly unfair, particularly if personalization results in higher prices for themselves, they will attempt to avert the harm suffered by first degree price discrimination using self-help remedies. Basically, they can use at least two different strategies to this effect. First, consumers may attempt to withhold personal data, trying to achieve anonymity vis-à-vis businesses. Both software and hardware tools – such as "Tor" and "Anonabox" – can be employed to this effect. Second, consumers may use sophisticated technological tools or services to enhance their bargaining power and improve their decision-making processes – becoming "algorithmic consumers" or, a little less ambitiously, "augmented consumers". The startup "ShadowBid", for example, shows price history charts and lets consumers state their personal reservation price. It then purchases automatically when the (market) price drops below this threshold". *In*: GERHARD, Wagner; EIDENMULLER, Horst. Down by Algorithms? Siphoning Rents, Exploiting Biases, and Shaping Preferences: Regulating the Dark Side of Personalized Transactions. *The University of Chicago Law Review*, v. 86, n. 2, 2019, p. 581–609. p. 7-8.

133. Cf. OFFICE FAIR TRADE – OFC. *The economics of online personalised pricing* – Note by UK. Londres: Crown Copyright, p. 73, maio 2013. Disponível em: <https://webarchive.nationalarchives.gov.uk/20140402154756/http://oft.gov.uk/shared_oft/research/oft1488.pdf>. Acesso em: 01 set. 2020.

134. Em cenários oligopolistas, a discriminação com custos para as firmas pode ser positiva ao consumidor a não ser que o aumento dos custos seja suficientemente alto para cancelar o efeito de intensificar a competição (OFFICE FAIR TRADE – OFC. *The economics of online personalised pricing* – Note by UK. Londres: Crown Copyright, p. 76, maio 2013. Disponível em: <https://webarchive.nationalarchives.gov.uk/20140402154756/http://oft.gov.uk/shared_oft/research/oft1488.pdf>. Acesso em: 01 set. 2020).

135. No original: "Where firms have to incur costs to price discriminate, then that will decrease consumer surplus relative to a benchmark of costless price discrimination. This could cause price discrimination to have a net negative effect on consumer surplus, depending on the precise circumstances involved. Nevertheless, incurring significant costs to price discriminate is an example of a factor that, all other things being equal, makes it more likely that consumer surplus is harmed. The cost to consumers of anonymisation is

De forma geral, em consonância com o que foi levantado por Koga[136], constatou-se a dificuldade em concluir se a precificação personalizada em ambientes digitais é prejudicial ou benéfica aos consumidores, tendo em vista a possibilidade de tal prática assumir várias formas e diversas consequências que dependerão, por exemplo, do nível de concorrência no mercado, da complexidade da discriminação de preços, da compreensão dos consumidores em relação à prática, bem como dos custos para a empresa. Nesse sentido, OFT também conclui:

> Os preços personalizados online podem assumir várias formas diferentes no que diz respeito, entre outras, (i) ao nível de concorrência no mercado, (ii) à complexidade da discriminação de preços (e, portanto, a probabilidade de os consumidores compreendê-la) e (iii) a custo de discriminação para a empresa. Não é possível, portanto, concluir se, em geral, a precificação personalizada online é prejudicial ou benéfica para os consumidores[137].

A título de complementação sobre o tema nas lentes do direito antitruste, vale mencionar o documento de trabalho 005/2020 do Conselho Administrativo de Defesa Econômica (CADE) sobre concorrência em mercados digitais a partir de uma revisão de relatórios internacionais especializados. Em tal documento, o tema foi levantado como uma das áreas que merece maior avaliação, tendo em vista que os estudos praticamente ignoram como a maior capacidade de discriminação de preços impacta o bem-estar do consumidor[138].

Feitas tais considerações, no Capítulo 4 pretende-se analisar a prática de preços personalizado à luz da LGPD.

---

more complicated. The availability of free or cheap anonymisation is not, as one might intuitively expect, necessarily beneficial to consumers. In general, however, there is insufficient evidence to draw concrete conclusions regarding the effect of anonymisation costs". (OFFICE FAIR TRADE – OFC. *The economics of online personalised pricing* – Note by UK. Londres: Crown Copyright, p. 78, maio 2013. Disponível em: <https://webarchive.nationalarchives.gov.uk/20140402154756/http://oft.gov.uk/shared_oft/research/oft1488.pdf>. Acesso em: 01 set. 2020, tradução nossa).

136. Cf. KOGA, Bruno Y. S. *Precificação personalizada na era digital*. Consumo, dados e concorrência. 2020. Dissertação (Mestrado em Direito, Justiça e Desenvolvimento) - Instituto Brasileiro de Direito Público, São Paulo, 2020. p. 75.

137. No original: "Online personalised pricing is likely to take various different forms regarding, among others, (i) the level of competition in the market, (ii) the complexity of price discrimination (and thus how likely consumers are to understand it) and (iii) the cost to the firm of discriminating. It is not possible, therefore, to conclude whether, in general, online personalised pricing is harmful or beneficial to consumers" (OFFICE FAIR TRADE – OFC. *The economics of online personalised pricing* – Note by UK. Londres: Crown Copyright, p. 94, maio 2013. Disponível em: <https://webarchive.nationalarchives.gov.uk/20140402154756/http://oft.gov.uk/shared_oft/research/oft1488.pdf>. Acesso em: 01 set. 2020, tradução nossa).

138. Cf. LANCIERI, Filippo M.; SAKOWSKY, Patricia A. M. *Concorrência em mercados digitais*: uma revisão de relatórios especializados. Departamento de Estudos Econômicos – DEE. Brasília, 2020. p. 133.

4
PREÇOS PERSONALIZADOS: CONSIDERAÇÕES À LUZ DA LGPD

Na Sociedade da Informação, como explorado nos capítulos anteriores, a utilização da tecnologia, que inclui algoritmos e ferramentas de inteligência artificial, possibilita que sejam formados preços personalizados em plataformas digitais a partir do tratamento de dados pessoais.

Todavia, a ocorrência da precificação personalizada é difícil de ser encontrada no mercado, seja pela sua inexistência em todas as plataformas digitais ou pela opacidade por parte das empresas. Com efeitos controversos, preços personalizados impactam tanto em termos econômicos no mercado, como visto no item 3.4, como em esferas jurídicas dos consumidores, titulares dos dados pessoais. Assim, a análise da prática pode ser feita por diferentes lentes, sendo que algumas extrapolam a esfera jurídica, como a Economia.

Como definido na introdução, o escopo da presente pesquisa é analisar especialmente a prática de preços personalizados sob o enfoque da LGPD, que exige requisitos e condições para que o tratamento de dados pessoais do qual decorre a precificação personalizada seja lícito e viável. Para tanto, analisa-se a incidência da lei ao tema, seus princípios, os direitos dos titulares e as bases legais que, em teoria, poderiam justificar a prática à luz da LGPD[1].

4.1 PRESSUPOSTOS DA LICITUDE DE PREÇOS PERSONALIZADOS NO BRASIL

Antes de analisar a viabilidade da precificação personalizada diante da LGPD e após discorrermos sobre a prática em um contexto mais amplo nos capítulos anteriores, serão apresentadas as premissas da presente pesquisa quanto à licitude da prática diante do ordenamento jurídico brasileiro. Como o tema é recente e não há vasta doutrina a seu respeito, vimos a necessidade de não apenas indicá-las, como explicá-las ao leitor, sem a pretensão de esgotar o assunto que não faz parte do escopo da presente pesquisa.

---

1. Para informações e aprofundamentos no tema da proteção de dados de forma geral, recomenda-se a leitura de BIONI, Bruno Ricardo. *Proteção de dados pessoais*: a função e os limites do consentimento. Rio de Janeiro: Forense, 2019; DONEDA, Danilo. *Da privacidade à proteção de dados pessoais*. Editora Revista dos Tribunais: São Paulo, 2019.

No cenário nacional, destacam-se alguns dispositivos e princípios que podem se tornar obstáculos para a prática de preços personalizados, a começar pela própria Constituição Federal que tem como objetivo a não discriminação dos cidadãos, bem como o princípio da igualdade, ordem econômica, livre iniciativa e defesa do consumidor.

Além disso, destaca-se o sistema de proteção do consumidor, acompanhado de robustas instituições para evitar práticas abusivas no mercado em relação aos indivíduos. Por fim, a esfera concorrencial, que combate, por exemplo, o abuso no poder econômico e barreiras de entradas por empresas, que podem prejudicar consumidores.

4.1.1 Breve perspectiva dos Direitos Humanos e do Direito Constitucional

Na perspectiva dos Direitos Humanos, a Declaração Universal dos Direitos Humanos, adotada e proclamada pela Assembleia Geral das Nações Unidas em 1948 e assinada pelo Brasil na mesma data, dispõe sobre a igualdade de todos perante a lei, bem como a vedação a qualquer forma de discriminação.

Nesse sentido, a Constituição Federal de 1988 afirma, em seus artigos 3º, IV, 5º, 227, o direito fundamental à igualdade e não discriminação. Da mesma forma, a Convenção Americana de Direitos Humanos promulgada no Brasil pelo Decreto 678 em 1992 dispõe, em seu primeiro artigo, sobre a vedação de qualquer tipo de discriminação da pessoa humana.

Assim, depreende-se dos fundamentos constitucionais e dos tratados internacionais dos quais o Brasil faz parte, com base na equiparação dos tratados de Direitos Humanos como Emendas Constitucionais, que o papel do Estado na defesa da pessoa humana e, consequentemente, do consumidor, deve ser proativo, vez que estes são partes vulneráveis em uma relação de consumo, conforme discutido no item 2.2.

No entanto, há de se considerar outros valores constitucionais como a livre iniciativa, vista como um alicerce da democracia brasileira[2], e a entrada em vigor da Lei da Liberdade Econômica, Lei n. 13.874/2019, mesmo que a livre iniciativa e a liberdade econômica não sejam ilimitadas, devendo ser compatibilizadas com uma finalidade social[3].

Logo, a proteção do Estado ao indivíduo deve ser compatibilizada com outros princípios e valores constitucionais e não deve ser danosa às relações econômicas

---

2. DOMINGUES, Juliana O.; GABAN, Eduardo M. Livre-iniciativa, livre-concorrência e democracia: valores constitucionais indissociáveis do direito antitruste? p. 11-130. *In:* NUSDEO, Fabio (coord.). *A ordem econômica constitucional* – Estudos em celebração ao 1º centenário da Constituição de Weimar. São Paulo: Revista dos Tribunais, 2019. p. 112.

3. DOMINGUES, Juliana O.; GABAN, Eduardo M. *Direito antitruste*. 4. ed. São Paulo: Saraiva, 2016. p. 54.

4 • PREÇOS PERSONALIZADOS: CONSIDERAÇÕES À LUZ DA LGPD

e ao próprio desenvolvimento econômico social[4]. Isso porque os princípios constitucionais devem estar harmonizados, sem exclusões. Nesse sentido, explicam Domingues e Fraga:

> Não é exatamente uma novidade o entendimento de que os princípios da livre iniciativa e da livre concorrência não possuem valor absoluto na ordem constitucional e podem ser relativizados para salvaguarda de outros valores constitucionalmente protegidos. Historicamente, há a discussão sobre a intervenção estatal desde a regulação de preços. O que se deve ter em conta ao restringir o princípio da livre iniciativa é a compatibilização deste princípio com os demais que são caros à ordem econômica, assim como avaliar consequências práticas da decisão tomada ou que se pretende tomar, principalmente no que diz respeito aos aspectos econômicos das limitações eventualmente impostas[5].

Por esse motivo, os princípios constitucionais da livre iniciativa e da livre concorrência fundamentam a licitude da personalização de preços, possibilitando a expansão da produção das empresas, bem como um maior alcance a diversos consumidores na medida do seu poder de consumo. Nesse sentido, cobra-se mais de uns permitindo que outros paguem menos, o que pode se justificar por meio da racionalidade e eficiência econômica.

Como consequência, idealmente, os desiguais seriam tratados na medida da sua desigualdade, mitigando-se o poder econômico e um abismo social já existentes. Nery Junior afirma que "dar tratamento isonômico às partes significa tratar igualmente os iguais e desigualmente os desiguais, na exata medida de suas desigualdades"[6]. Da mesma forma, Bulos examina o preceito constitucional da igualdade dispondo que "o raciocínio que orienta a compreensão do princípio da isonomia tem sentido objetivo: aquinhoar igualmente os iguais e desigualmente as situações desiguais"[7].

Por esse motivo, Alexandre de Moraes conclui que "os tratamentos normativos diferenciados são compatíveis com a Constituição Federal quando verificada a existência de uma finalidade razoavelmente proporcional ao fim visado"[8]. Assim, de acordo com D'Avila Lopes, a igualdade deve ser interpretada da seguinte forma:

> A igualdade deve ser interpretada não a partir da sua restrita e irreal acepção oriunda do liberalismo, que apenas considerava a igualdade no sentido formal – no texto da forma – mas devendo

---

4. Cf. FRAZÃO, Ana. *Liberdade econômica para quem? A necessária vinculação entre a liberdade de iniciativa e a justiça social.* p. 89-121. *In:* CUEVA, Ricardo Villas Boas; FRAZÃO, Ana; SALOMÃO, Luis Felipe (coords.). *Lei de Liberdade Econômica e seus impactos no Direito Brasileiro.* São Paulo: Revista dos Tribunais, 2019.
5. DOMINGUES, Juliana O.; FRAGA, Breno. *A liberdade econômica tem limites? – reflexões sobre a aplicação do princípio da livre iniciativa e da livre concorrência.* p. 257-280. *In:* RODAS, João Grandino. *30 anos da Constituição Federal.* São Paulo: Ed. Cedes, 2019. p. 269.
6. NERY JÚNIOR, Nélson. *Princípios do processo civil à luz da Constituição Federal.* São Paulo: Revista dos Tribunais, 1999. p. 42.
7. BULOS, Uadi Lammego. *Constituição Federal anotada.* São Paulo: Saraiva, 2002. p. 79.
8. Cf. MORAES, Alexandre de. *Direito Constitucional.* São Paulo: Atlas, 2002. p. 58.

ser interpretada com uma igualdade material – igualdade no texto e na aplicação na norma – impondo tratar os iguais como iguais e os desiguais como desiguais[9].

Trata-se, assim, do conceito de igualdade material ou substancial, que consiste no tratamento diferenciado aos indivíduos de acordo com certas características e particularidades. No caso, tais particularidades estariam expressas nos diferentes preços de reserva. Igualdade, portanto, não seria sinônimo de homogeneidade. Robert Alexy, com base na jurisprudência do Tribunal Constitucional Alemão, ensina que:

> A assimetria entre a norma de tratamento igual e a norma de tratamento desigual tem como consequência a possibilidade de compreender o enunciado geral de igualdade como um princípio da igualdade, que prima facie exige um tratamento igual e que permite um tratamento desigual apenas se isso for justificado por princípios contrapostos[10].

Portanto, havendo um fundamento razoável decorrente da natureza das coisas ou uma razão objetivamente evidente para a diferenciação, não seria tal diferenciação considerada como arbitrária. Este é o enunciado seguido pela jurisprudência do referido tribunal na Alemanha, BVerfGE 1, 14 (52), mencionado por Alexy[11]. Por exemplo, o valor dos impostos a ser pago pelos indivíduos pode variar conforme a renda das pessoas; existem preços diferenciados para alguns grupos em determinadas ocasiões, também conhecidas como "meia-entrada", especialmente para idosos, professores e estudantes; há diferença de preços em seguros de automóveis a depender das características do motorista, assim como a idade é importante para estabelecimento de preços de planos de saúde[12].

Assim, de acordo com Marcelo Novelino, há um elemento discriminador que deve ter o objetivo de promover um fim previsto na Constituição Federal.

> [...] Para ser compatível com o princípio da isonomia, o elemento discriminador, cuja adoção exige uma justificativa racional, deve ter por finalidade promover um fim constitucionalmente consagrado. O critério utilizado na diferenciação deve ser objetivo, razoável e proporcional[13].

No caso de preços personalizados, o objetivo abrangeria a própria defesa do consumidor e o desenvolvimento econômico, ligados com a manutenção de ganhos ao fornecedor e sua perpetuidade no mercado. O critério racional e proporcional estaria diretamente ligado com o preço de reserva do indivíduo, derivado de cálculos e fórmulas matemáticas feitas por algoritmos de acordo com o poder e desejo de compra do consumidor.

---

9. LOPES, Ana Maria D'Ávila. *Gênero, discriminação e tráfico internacional de mulheres*. Estudos sobre a efetivação do direito na atualidade: a cidadania em debate. Organizadora: Lília Maia de Morais Sales. Fortaleza: Universidade de Fortaleza, 2006. p. 11.

10. ALEXY, Robert. *Teoria dos direitos fundamentais*. 2. ed. São Paulo: Malheiros, 2011. p. 410.

11. Cf. ALEXY, Robert. *Teoria dos direitos fundamentais*. São Paulo: Malheiros, 2008. p. 403.

12. Apesar de a Lei 10.741/2003 ou Estatuto do Idoso, em seu artigo 15, § 3º, proibir a diferenciação de preços em relação a idade, em planos de saúde, a cobrança de valores é diferenciada conforme outros critérios ligados ao indivíduo.

13. NOVELINO, Marcelo. *Direito Constitucional*. 4. ed. Rio de Janeiro: Forense; São Paulo: Método, 2010, p. 392.

Tais critérios seriam proporcionais e justificados, o que é imprescindível de acordo com Celso Antônio Bandeira de Melo que afirma que "a discriminação não pode ser gratuita ou fortuita" e que deve "guardar conexão lógica com a disparidade de tratamentos jurídicos dispensados"[14]. Nesse sentido, conclui Koga:

> [...] Sob o prisma da isonomia, não há empecilho à utilização da precificação personalizada ou às discriminações de preços de primeiro ou terceiro nível, salvo se realizada direta ou indiretamente com base em critérios vedados pela Constituição Federal, de modo literal ou através de interpretação sistemática do texto constitucional[15].

No entanto, não se parte da premissa de que a discriminação leva à ampliação de acesso, pois não foram esgotados os incentivos existentes (ou não) para que as empresas expandam sua produção e alcance consumidores com menores preços de reserva. Além disso, podem ser enfrentados alguns percalços em mercados em que o consumidor esteja limitado apenas à precificação personalizada ou a poucos fornecedores. Ou seja, o indivíduo não teria outra opção a não ser a compra do produto ou serviço oferecido por meio da precificação personalizada. Por esse motivo, é necessária uma análise casuística do ambiente em que a prática ocorre para confirmar a sua licitude e viabilidade no ordenamento jurídico nacional.

4.1.2 Breve perspectiva do Direito do Consumidor

Na esfera consumerista, conforme suscitado no item 3.2.2, há um robusto sistema de proteção ao consumidor, que ganhou força desde a década de 80. Após a recessão e econômica e redemocratização do Brasil até mencionado período, um engajamento de vários setores da sociedade culminaram no Decreto 91.469/1985 que criou o Conselho Nacional de Defesa do Consumidor, visando assessorar o Presidente da República a elaborar políticas de defesa ao consumidor.

No mesmo ano, a Organização das Nações Unidas estabeleceu Diretrizes das Nações Unidas para a Proteção do Consumidor por meio da Resolução 39.248 e, três anos depois, foi promulgada a Constituição Federal que também contém previsões de defesa do consumidor. Já o Sistema Nacional de Defesa do Consumidor, com diversos agentes, foi organizado pelo Decreto 2.181 de 1997, compatível com a Lei 8.078/90, conhecida como Código de Defesa do Consumidor (CDC), vigente desde 1991.

Mencionado Código dispõe sobre uma política no tema, conhecida como Política Nacional das Relações de Consumo", que tem por objetivo "o atendimento das necessidades dos consumidores, o respeito à sua dignidade, saúde e segurança, a proteção de seus interesses econômicos, a melhoria da sua qualidade de vida, bem

---

14. MELLO, Celso Antônio Bandeira de. *Conteúdo jurídico do princípio da igualdade*. 3. ed. São Paulo: Malheiros, 2009. p. 39.

15. KOGA, Bruno Y. S. *Precificação personalizada na era digital. Consumo, dados e concorrência*. 2020. Dissertação *(Mestrado em Direito, Justiça e Desenvolvimento)* - Instituto Brasileiro de Direito Público, São Paulo, 2020. p. 136.

como a transparência e harmonia das relações de consumo", conforme artigo 4º, destacando o princípio da "harmonização dos interesses dos participantes das relações de consumo e compatibilização da proteção do consumidor com a necessidade de desenvolvimento econômico e tecnológico, de modo a viabilizar os princípios nos quais se funda a ordem econômica, sempre com base na boa-fé e equilíbrio nas relações entre consumidores e fornecedores".

Partindo-se de tais premissas, o artigo 39 do CDC elenca práticas abusivas que devem ser coibidas das relações de consumo, como exigir vantagem manifestadamente excessiva do consumidor e elevar sem justa causa o preço de produtos e serviços. Tal elevação de preços sem justa causa não se aplicaria à precificação personalizada pois a prática estudada não ocorre em uma relação de consumo já estabelecida. Ou seja, não há aumento do preço de forma arbitrária e não há aproveitamento da vulnerabilidade dos consumidores em casos de calamidade pública ou escassez de produtos ou serviços.

O modelo de negócio, desde a sua concepção, teria como premissa de funcionamento a personalização de preços e ser transparente sobre isso. Diante de tal cenário, o consumidor teria a liberdade de contratar ou não ciente das condições estabelecidas, enquanto as empresas exerceriam a livre iniciativa, incentivando o desenvolvimento econômico.

Além disso, já foram demonstrados no Capítulo 3 os aspectos que beneficiam os consumidores quando a prática ocorre, tais como, em especial a expansão da produção com o consequente alcance de mais consumidores, a possibilidade de variação de preços de acordo com o valor que o consumidor está apto a pagar, e a manutenção de preços competitivos em face da concorrência, entre outras.

Em relação à vantagem manifestadamente excessiva, o CDC, no artigo 51, parágrafo 1º, explica que se presume a vantagem exagerada quando ocorrem algumas situações. Entre elas, está a hipótese de ofensas a princípios fundamentais do ordenamento jurídico. Soma-se a isso a de restrição de direitos ou obrigações fundamentais inerentes à natureza do contrato com o consumidor, tendo em vista a possibilidade de ameaça ao seu objeto ou equilíbrio. Por fim, a hipótese de onerosidade excessiva ao consumidor, considerando-se a natureza e conteúdo do contrato, o interesse das partes e outras circunstâncias peculiares ao caso.

Da mesma forma, o Decreto 2.181/1997 elenca entre as práticas consideradas infratoras em seu artigo 12 a exigência de vantagem manifestadamente excessiva do consumidor. De acordo com o cenário apresentado ao longo da pesquisa, tal vantagem e suas hipóteses não se aplicariam à prática de preços personalizados em plataformas digitais, desde que respeitadas as condições estabelecidas na legislação.

O artigo 51 do CDC também elenca um rol de cláusulas abusivas que devem ser consideradas nulas de pleno direito. Entre elas, destacam-se as previstas nos incisos IV, X e XV, sendo a existência de obrigações abusivas e que coloquem o consumidor em desvantagem exagerada ou obrigações incompatíveis com boa-fé e equidade;

permissão ao fornecedor para realizar variação unilateral de preços e; em cláusulas em desacordo com o sistema de proteção ao consumidor, respectivamente.

Para que preços personalizados não sejam vedados por estas disposições, são necessários cuidados. Em resumo, tais cuidados se referem à existência de concorrência no mercado, não violação de direitos e princípios constitucionais, assim como transparência e harmonia nas relações de consumo. Caso contrário, seria justificável uma intervenção do Estado, como a proibição da prática de precificação personalizada.

Nesse sentido, contribuindo para o dever de transparência e informação dos consumidores, destaca-se o Decreto 7.963/2013, conhecido como Plano Nacional de Consumo e Cidadania, que estabeleceu como diretrizes a transparência e harmonia nas relações de consumo e "autodeterminação, privacidade, confidencialidade e segurança das informações e dados pessoais prestados ou coletados, inclusive por meio eletrônico".

Ademais, o artigo 6º, III do CDC dispõe que são seus direitos básicos "a informação adequada e clara sobre os diferentes produtos e serviços, com especificação correta de quantidade, características, composição, qualidade, tributos incidentes e preço, bem como sobre os riscos que apresentem". Por fim, destaca-se o Decreto 7.962/2013 que, ao dispor sobre a contratação no comércio eletrônico, estabelece critérios, entre eles, informações sobre produto, serviço e fornecedor.

Portanto, diante da esfera consumerista, que analisa possíveis abusividades no mercado, parte-se da premissa de que a precificação personalizada não é um ilícito *per se*. Logo, preços personalizados não estão expressamente vedados pela legislação, desde que a prática acompanhe alguns requisitos, como a informação ao consumidor, a transparência, o respeito a princípios constitucionais e a demais direitos estabelecidos no ordenamento jurídico nacional, tendo em vista a vulnerabilidade do indivíduo na relação de consumo.

Apesar disso, vale mencionar que os deveres de transparência e informação podem ser limitados conforme previsão do artigo 55, parágrafo 4º do CDC, que dispõe sobre o fato de que técnicas de processamento e análise de dados podem ser um diferencial técnico da empresa e não precisam ser informados.

Outras disposições legais se relacionam com a temática da precificação personalizada, como a Lei 10.962/2004, que dispõe sobre a oferta e as formas de afixação de preços de produtos e serviços para o consumidor e o Decreto 5.903/2006 que a regulamenta. No mencionado decreto, o artigo 9º, VII menciona a impossibilidade de atribuir preços distintos para o mesmo item, o que poderia ser um impedimento para a prática de preços personalizados.

No entanto, é possível interpretar que tal regra impede a atribuição de dois preços distintos, ao mesmo momento, como duas etiquetas no mesmo produto, o que não ocorre com preços personalizados - o consumidor tem acesso a apenas um preço. Tal entendimento será melhor exemplificado abaixo por Koga.

Visto isso, apresenta-se o posicionamento da SENACON expressado por meio de Notas Técnicas sobre preços diferentes por motivos de gênero, diante de um racional econômico relacionado à Análise Econômica do Direito. Sob tal ângulo, a disposição mencionada (art. 9º, VII) não seria suficiente para proibir precificação personalizada.

Apesar de a Nota Técnica 2/2017/GAB-DPDC/DPDC/SENACON ter entendido em um primeiro momento que "a diferenciação de preços entre homens e mulheres configura prática comercial abusiva expressamente tipificada por importar em diferenciação de preços sem qualquer respaldo lógico e legal"[16], a Nota Técnica 11/2019/CGEMM/DPDC/SENACON/MJ mais recente apresentou entendimento diferente, possibilitando a diferenciação de preços sem que seja considerada ilegal ou imoral:

> [...] Havendo a possibilidade de diferenciação de preços para seus consumidores e, percebendo que uma parcela do seu público não está disposta a pagar um valor mais alto, enquanto outra parcela está disposta, o fornecedor poderá ofertar o ingresso com preços diferentes entre esses segmentos, de maneira a atrair a maior quantidade e diversidade de pessoas ao seu estabelecimento. Ou seja, discriminação de preços pode favorecer a diversidade de frequentadores de um ambiente que esteja precificando seu ingresso pelo valor do segmento que está disposto a pagar mais. 2.7. Apesar do inciso VII do art. 9º do Decreto 5.903/2006 dizer que atribuir preços distintos para o mesmo item configura infração ao direito básico do consumidor, não resta claro que a concessão de descontos para públicos diferentes seja vedada. Atualmente, com a difusão dos cupons de desconto, o mesmo item pode ser vendido a diversos preços diferentes a depender do cupom obtido. Ou seja, num mesmo restaurante você pode pedir o mesmo prato da mesa ao lado e pagar um preço mais alto, sem que isto seja considerado ilegal ou imoral[17].

Como conclusão, a SENACON não identificou impedimentos para preços diferenciados a clientes, tendo em vista a necessidade de ponderação dos princípios constitucionais da igualdade, legalidade e livre iniciativa. Assim, a liberdade de precificação seria a regra no mercado enquanto a intervenção regulatória seria a exceção.

Isso porque a liberdade econômica é vista como um dos pilares da democracia brasileira, como já mencionado. O agente econômico pode atuar livremente desde que não pratique ilícitos ou abusos perante terceiros. Por esse motivo a intervenção regulatória deve ser considerada excepcional. Nesse sentido, esclarece Moreira que em um "sistema capitalista que celebra constitucionalmente a liberdade de iniciativa, a liberdade de empresa e a liberdade de concorrência (Constituição Federal,

---

16. BRASIL. Ministério da Justiça e Segurança Pública. *Nota Técnica 2/2017/GAB-DPDC/DPDC/SENACON*. Processo n. 08012.001609/2017-25. Interessado: Departamento de Proteção e Defesa do Consumidor. Secretaria Nacional do Consumidor. Direito do consumidor. Diferenciação de preços entre homens e mulheres. Afronta ao princípio da dignidade da pessoa humana e princípio da isonomia. Prática comercial abusiva. Utilização da mulher como estratégia de marketing que a coloca situação de inferioridade. Brasília, 2017. Disponível em: <https://www.justica.gov.br/news/diferenciacao-de-precos-em-funcao-de-genero-e-ilegal/nota-tecnica-2-2017.pdf/view>. Acesso em: 28 mar. 2021.
17. BRASIL. Ministério da Justiça e Segurança Pública. *Nota Técnica 11/2019/CGEMM/DPDC/SENACON/MJ*. Processo n. 08012.001609/2017-25. Interessado: Departamento de Proteção e Defesa do Consumidor. Brasília, 2019. Disponível em: <https://www.gov.br/mj/pt-br/assuntos/seus-direitos/consumidor/notas-tecnicas/anexos/11-2019.pdf>. Acesso em: 27 fev. 2021.

art. 170), a intervenção do Estado na Economia há de ser necessária, ponderada, excepcional e pontual – com finalidade pública e específica"[18].

No caso em tela, a precificação personalizada permite que um indivíduo consiga acessar bens após seu preço ter diminuído, devido à compra em valor maior realizada por terceiro. Logo, não haveria abusividade, mas eficiência econômica.

De acordo com preceitos da Economia, uma distribuição de recursos é eficiente se nenhuma pessoa ficar em situação pior do que estava e pelo menos uma pessoa melhorar sua situação. A teoria de Pareto determina que o critério da eficiência estará no ponto em que não é possível melhorar a situação de um indivíduo sem piorar a de terceiros, conforme parâmetro previamente estabelecido. Já de acordo com Kaldor-Hicks, haverá eficiência se os ganhos totais compensarem as perdas totais[19].

Apesar disso, vale mencionar que a eficiência econômica não deve ser adotada como critério exclusivo para justificar decisões na seara legal, fato que o próprio Posner, precursor da Análise Econômica do Direito, reconhece[20]. Portanto, o mercado pode ser visto como uma instituição jurídica, sendo que seus agentes atuam com racionalidade econômica e dentro desta estão normas jurídicas que disciplinam sua atividade.

Em estudo sobre o tema, Koga demonstra que o mencionado artigo 9º, VII do Decreto 5.903 de 2006 não se aplicaria à precificação personalizada, mas à vedação de uma prática abusiva na sociedade. Ou seja, a conduta de utilizar preços diferentes para confundir o consumidor, explorando a sua vulnerabilidade nas relações de consumo, dando o exemplo da afixação de duas etiquetas em um mesmo produto[21].

O autor conclui que preços personalizados só serão abusivos quando um fornecedor com poder de mercado se aproveita da inelasticidade da demanda para majorar os preços e reduzir o excedente do consumidor ou quando houver um problema de informação relevante que inviabilize a compreensão do indivíduo sobre a prática[22].

Por fim, vale mencionar que ainda que se estude o fenômeno da precificação personalizada à luz da LGPD, haverá diálogo com a legislação consumerista pois a própria lei prevê, em seu artigo 45, que os casos de violação de direitos do titular em

---

18. MOREIRA, Egon B. O Direito Administrativo da Economia, a Ponderação de Interesses e o Paradigma da Intervenção Sensata. *In:* CUÉLLAR, Leila; MOREIRA, Egon B. *Estudos de Direito Econômico.* Belo Horizonte: Fórum, 2004, p. 96.

19. PORTO, Antônio José Maristrello. Princípios de análise econômica de direito. *In:* PINHEIRO, Antônio Castelar; PORTO, Antônio José Maristrello; SAMPAIO, Patrícia Regina Pinheiro (Orgs.). *Direito e Economia:* Diálogos. Rio de janeiro: FGV Editora, 2019.

20. BUCCI, Maria Paula Dallari. *Direito Administrativo e Políticas Públicas.* São Paulo: Saraiva, 2002, p. 177.

21. Cf. KOGA, Bruno Y. S. *Precificação personalizada na era digital.* Consumo, dados e concorrência. 2020. Dissertação (Mestrado em Direito, Justiça e Desenvolvimento) – Instituto Brasileiro de Direito Público, São Paulo, 2020. p. 144.

22. Cf. KOGA, Bruno Y. S. *Precificação personalizada na era digital.* Consumo, dados e concorrência. 2020. Dissertação (Mestrado em Direito, Justiça e Desenvolvimento) – Instituto Brasileiro de Direito Público, São Paulo, 2020. p. 174.

relações de consumo também permanecem sujeitos às regras de responsabilidade previstas na legislação pertinente. Nesse sentido, Magalhães Martins afirma que há "necessidade de verdadeiro diálogo de fontes entre a LGPD (mais específica) e o CDC (mais generalista) em relação à tutela dos temas relativos à proteção do ciber-consumidor"[23].

4.1.3 Breve perspectiva do Direito Econômico e Concorrencial

Além das lentes do Direito Constitucional e do Consumidor, faz-se necessário esclarecer que em âmbito econômico, a Lei 1.251/1951 que alterou alguns dispositivos sobre crimes contra a economia popular também não abrange, em seu escopo, a prática de preços personalizados como um tipo penal, da mesma forma que não se encontra proibição expressa no Código Penal.

Na esfera concorrencial, a Lei 12.529/2011 estrutura o Sistema Brasileiro de Defesa da Concorrência; dispõe sobre a prevenção e repressão às infrações contra a ordem econômica; altera a Lei 8.137, de 27 de dezembro de 1990, o Decreto-Lei 3.689, de 3 de outubro de 1941 – Código de Processo Penal, e a Lei 7.347, de 24 de julho de 1985; revoga dispositivos da Lei 8.884, de 11 de junho de 1994, e a Lei 9.781, de 19 de janeiro de 1999; e dá outras providências.

O artigo 36 da referida lei elenca infrações à ordem econômica, desde que estas possam prejudicar a livre concorrência e a livre iniciativa, aumentar arbitrariamente os lucros, dominar o mercado de bens e serviços ou exercer de forma abusiva posição dominante. Entre tais práticas, se destacam para o objeto do presente estudo os incisos IV, X e XI, que poderiam ser um impeditivo para a precificação personalizada.

Assim, de acordo com a Lei de Defesa da Concorrência, é proibido "exercer de forma abusiva posição dominante" nos termos do inciso IV, bem como "discriminar adquirentes ou fornecedores de bens ou serviços por meio da fixação diferenciada de preços, ou de condições operacionais de venda ou prestação de serviços", conforme inciso X do parágrafo 3º do referido artigo e "recusar a venda de bens ou prestação de serviços" de acordo com inciso XI.

Destas disposições se extrai que o legislador pretendeu proteger concorrentes com menor poder de preços diferenciados e um possível abuso de poder econômico do agente que pode controlar o mercado com seus produtos e serviços. Nesse sentido, Domingues e Gaban afirmam que "[...] como conduta anticoncorrencial, a discriminação de rivais usualmente envolve a fixação de preços (ou outras condições contratuais) [...] distintos para situações equivalentes, criando vantagens comparativas artificiais entre os players situados no mercado alvo de discriminação[24]".

---

23. MARTINS, Guilherme Magalhães. Responsabilidade civil, acidente de consumo e a proteção do titular de dados na Internet. pp. 77-89. *In:* FALEIROS JUNIOR, José de Moura; GUGLIARA, Rodrigo; LONGHI, João Victor Rozatti (coords.). *Entre dados e danos.* Indaiatuba: Ed. Foco, 2021. p. 84.

24. DOMINGUES, Juliana O.; GABAN, Eduardo M. *Direito Antitruste.* 3 ed. São Paulo: Saraiva, 2013. p. 142.

Assim, tais dispositivos não estariam relacionados diretamente à precificação personalizada em relações de consumo, com o usuário da plataforma digital que pretende adquirir determinado produto ou serviço, isto é, o consumidor final. Essas disposições estariam voltadas a outros agentes do mercado, concorrentes. Por esse motivo, é possível concluir que estas hipóteses não se aplicam à prática.

Destaca-se entendimento do CADE de 2016 ao concluir que a discriminação de preços, na qual se insere a precificação personalizada, configuraria um ilícito antitruste apenas em algumas condições. Primeiramente, o agente praticante deveria ter posição dominante no mercado relevante, além de ocasionar um possível prejuízo à livre concorrência e, ainda, não ter justificativas objetivas para a prática com racionalidade econômica legítima na conduta[25].

Portanto, não ocorrendo tais condições mencionadas pelo CADE, parte-se do pressuposto de que a precificação personalizada de plataformas digitais não seria um ilícito antitruste no ordenamento jurídico nacional.

Corrobora com isso o fato de que a precificação personalizada pode ser benéfica e auxiliar na luta contra a colusão de preços no mercado. A colusão é um dos principais desafios da defesa da concorrência com as novas tecnologias, que permitem que algoritmos automaticamente averiguem e alterem os preços oferecidos. Com a precificação personalizada cada produto ou serviço terá seu valor personalizado de acordo com o comprador e com o algoritmo que aferir o preço de reserva. Esta dinâmica impede que concorrentes equiparem a todo momento os valores e mantenham os preços iguais[26]-[27].

Portanto, apesar de o objeto da presente pesquisa não ser a análise da licitude da prática diante das esferas constitucional, consumerista, econômica ou concorrencial, adota-se a premissa de que a precificação personalizada não está vedada pelo ordenamento jurídico nacional desde que respeite alguns requisitos e princípios, apresentados acima.

---

25. BRASIL. Conselho Administrativo de Defesa Econômica. *Nota Técnica 26/2016/CGAA4/SGA1/SG/CADE*. Processo administrativo 08700.002600/2014-30. Representante: Companhia de Gás de São Paulo. Representada: Petróleo Brasileiro S.A. Suposta conduta unilateral de discriminação de preços e condições de contratação. Setor de transporte e distribuição de gás natural canalizado. Hipótese dos incisos IV e X do §3º do art. 36 da Lei Federal 12.529/2014, combinados com os incisos I e IV do *caput* do mesmo dispositivo, correspondentes ao art. 20, incisos I e IV, combinados com o art. 21, incisos V e XII, da Lei Federal 8.884/1994. Configuração da infração. Disponível em: <https://sei.cade.gov.br/sei/modulos/pesquisa/md_pesq_documento_consulta_externa.php?DZ2uWeaYicbuRZEFhBt-n3BfPLlu9u7ak-QAh8mpB9yPNifv2SSmeYbiYXhI9nM0cdHf5tZ8BlsLWGH-UgVGe1zE9-0bARFFscWtr1-sb8wvm6aj-gG0Y8iif4icMYCGrI#_Toc432066715>. Acesso em: 20 maio 2021.

26. Para mais informações nesse sentido, recomenda-se a leitura de ORGANIZAÇÃO PARA COOPERAÇÃO DO DESENVOLVIMENTO ECONÔMICO – OCDE. *Algorithms and Collusion – Competition Policy in the digital age*. [s. l.], 2017. Disponível em: <www.oecd.org/competition/algorithms-collusion-competition--policy-in-the-digital-age.htm>. Acesso em: 04 ago. 2020.

27. Para mais informações sobre o papel do Direito Concorrencial em uma sociedade movida a dados, recomenda-se a leitura de FRAZÃO, Ana. Big Data e aspectos concorrenciais do tratamento de dados pessoais. p. 535-552. *In:* BIONI, Bruno et al. (coords.). *Tratado de Proteção de Dados Pessoais.* São Paulo: Forense, 2021.

4.2 A INCIDÊNCIA DA LGPD NA PRÁTICA DE PREÇOS PERSONALIZADOS

A Constituição Federal dispõe sobre a inviolabilidade da intimidade, da vida privada, da imagem, da honra, assim como da casa e o sigilo das correspondências, comunicações telegráficas, dados e comunicações telefônicas com algumas exceções em seu artigo 5º. Logo, a intimidade e a privacidade estão asseguradas no ordenamento jurídico como direitos constitucionais e fundamentais do ser humano, da mesma forma que a dignidade da pessoa humana.

Assim, a proteção aos dados pessoais está diretamente relacionada com tais direitos, apesar de (ainda) não estar expressamente prevista na Constituição. Todavia, está em tramitação a Proposta de Emenda à Constituição (PEC) n. 17/2019 que visa incluir o direito à proteção de dados pessoais aos direitos e garantias fundamentais, bem como fixar a competência privativa da União para legislar sobre o tema. A PEC foi aprovada pelo Plenário do Senado Federal em outubro de 2021, após modificações feitas pela Câmara dos Deputados e, atualmente, encontra-se pendente de promulgação pelo Congresso Nacional.

Ademais, o Supremo Tribunal Federal já afirmou que a proteção de dados pessoais é um direito fundamental autônomo, bem como o direito da autodeterminação informativa em maio de 2020, em julgado da relatoria da Ministra Rosa Weber[28]. A PEC e a decisão demonstram a importância do tema no ordenamento jurídico nacional.

Nesse contexto, a Lei 12.965/14, conhecida como Marco Civil da Internet, estabelece princípios, garantias, direitos e deveres para o uso da Internet no Brasil, tendo entre seus fundamentos os direitos humanos, o desenvolvimento da personalidade e o exercício da cidadania em meios digitais. Esse marco normativo dispõe sobre a garantia ao indivíduo do direito à privacidade e a liberdade de expressão nas comunicações.

Portanto, a prática também deve ser analisada sob a ótica do Marco Civil da Internet, vez que na presente pesquisa o objeto abrange plataformas digitais e comércios eletrônicos. Entre os princípios trazidos em seu artigo 3º, destacam-se a proteção da privacidade e de dados pessoais, que será mais bem demonstrada nos itens seguintes, responsabilização dos agentes de acordo com suas atividades e liberdade dos modelos de negócios promovidos na Internet, desde que não conflitem com os demais princípios ali estabelecidos.

Além disso, vale mencionar que o Marco Civil da Internet assegura diversos direitos aos seus usuários, conforme disposto em seu artigo 7º, entre eles acesso a

---

28. BRASIL. Supremo Tribunal Federal. Ação Direta de Inconstitucionalidade 6.389/DF. Brasília, DF, 07 de maio de 2020. Disponível em: <http://redir.stf.jus.br/paginadorpub/paginador.jsp?docTP=TP&docID=754358482>. Acesso em: 20 fev. 2021.

informações claras e completas constantes dos contratos de prestação de serviços e sobre tratamento de dados pessoais. Estes, de acordo com o diploma legal, somente poderão ser utilizados para finalidades que justifiquem sua coleta, não sejam vedadas pela legislação e estejam especificadas nos contratos de prestação de serviços ou em termos de uso de aplicações de internet.

Portanto, o ordenamento jurídico nacional, antes da vigência da LGPD, garantia aos titulares a tutela de sua privacidade e, consequentemente, proteção de seus dados pessoais. Nesse sentido, Wimmer pondera sobre o tema em relação ao poder público, dizendo que "muito embora a LGPD tenha sido aprovada somente em 2018, [...] é correto afirmar que, muito antes de sua existência, o ordenamento jurídico já previa uma série de direitos e garantias com o objetivo de oferecer salvaguardas ao cidadão quanto ao uso de seus dados pelo poder público"[29].

No entanto, apesar de existirem algumas disposições esparsas que dispunham sobre o tratamento de dados pessoais, como a Lei de Acesso à Informação, Lei 12.527/2011, legisladores entenderem que o tema ainda não estava suficientemente abrangido pela legislação. Posto isso, em 2018, foi sancionada a Lei 13.709, ou LGPD, cuja vigência se deu de forma escalonada.

Em dezembro de 2018, entraram em vigor os artigos que cuidam da estruturação da Autoridade Nacional de Proteção de Dados, ente público responsável pela elaboração de diretrizes para a Política Nacional de Proteção de Dados Pessoais e da Privacidade e aplicação de sanções administrativas em caso de tratamento de dados que violem as regras da LGPD.

Em agosto de 2020, dois anos após a sanção presidencial, iniciou a vigência dos demais dispositivos, que efetivamente estruturam os direitos dos titulares e deveres dos controlares e operadores, com exceção dos artigos 52 a 55, que tratam das sanções administrativas. Assim, no dia 1º de agosto de 2021, a LGPD entrou plenamente em vigor, com a possibilidade de aplicação das penalidades administrativas pela Autoridade Nacional de Proteção de Dados[30].

A LGPD dispõe sobre o tratamento de dados pessoais nos meios físicos e digitais, por pessoas naturais ou jurídicas. Com a sua vigência, o Brasil passou a integrar um grupo de países com legislação específica para proteção de dados pessoais, que se referem a informações relacionadas a pessoas naturais identificadas ou identificáveis. Esse avanço era esperado e necessário diante dos novos modelos de negócios digitais,

---

29. WIMMER, Miriam. Cidadania, Tecnologia e Governo Digital: a proteção de dados pessoais no Estado movido a dados. p. 27-36. *In:* NÚCLEO de Informação e Coordenação do Ponto BR (ed.). *Pesquisa sobre o uso das tecnologias de informação e comunicação no setor público brasileiro:* TIC Governo Eletrônico 2019. São Paulo: Comitê Gestor da Internet no Brasil, 2020. p. 30.

30. Nesse sentido, recomenda-se a leitura de TOMASEVICIUS FILHO, Eduardo. Finalmente entrou em vigor a LGPD! *Conjur,* ago. 2021. Disponível em: <https://www.conjur.com.br/2021-ago-03/tomasevicius-filho--finalmente-entrou-vigor-lgpd>. Acesso em: 03 ago. 2021.

do aumento do fluxo e consumo de dados e da rapidez das informações transmitidas nos últimos anos, com o auxílio da Internet e tecnologias[31].

Mencionada lei objetiva proteger os direitos fundamentais de liberdade e de privacidade e o livre desenvolvimento da personalidade dos indivíduos, nos termos do disposto no artigo 1º. Como fundamentos trazidos em seu artigo 2º, encontram-se o respeito à privacidade; a autodeterminação informativa; a liberdade de expressão, de informação, de comunicação e de opinião; a inviolabilidade da intimidade, da honra e da imagem; o desenvolvimento econômico e tecnológico e a inovação; a livre iniciativa, a livre concorrência e a defesa do consumidor; e os direitos humanos, o livre desenvolvimento da personalidade, a dignidade e o exercício da cidadania pelas pessoas naturais.

Portanto, havendo operação de tratamento de dados pessoais[32] em território nacional ou atividade de tratamento com objetivo de ofertar ou fornecer bens ou serviços ou tratamento de dados de indivíduos localizados no território nacional ou dados pessoais coletados no território nacional, incidirão as disposições da LGPD, nos termos do artigo 3º. Observa-se que a localização da entidade não é relevante para a aplicação da lei, o que é notório quando se trata de plataformas digitais, como o objeto da presente pesquisa.

Ainda que a lei limite seu escopo a dados de pessoas naturais, ela impacta em todo modelo de negócio, vez que dados de pessoas naturais serão tratados em qualquer organização, incluindo entes da Administração Pública, seja por meio de funcionários, parceiros, clientes, representantes legais, prestadores de serviços, candidatos para vagas de emprego etc.

A presente pesquisa foca nas plataformas digitais sujeitas aos termos acima mencionados, isto é, plataformas de comércio eletrônico que façam operações de tratamento de dados pessoais no Brasil, mesmo que seja apenas o armazenamento em nuvem em um servidor nacional; que tratam dados de pessoas que estão no Brasil; que ofereçam ou forneçam produtos ou serviços para indivíduos no Brasil; ou que coletam dados pessoais no Brasil.

---

31. Anteriormente, existiam apenas leis esparsas parar tratar de diferentes aspectos das relações jurídicas envolvendo dados pessoais, entre as quais se destacam Declaração Universal de Direitos Humanos (artigo 12), Constituição Federal de 1988 (artigo 5º, X, LXXII), Código de Defesa do Consumidor (artigo 43), Código Civil (artigos 11, 12, 16, 17 e 21), Lei de Interceptação Telefônica e Telemática (artigos 1º e 2º), Lei Geral de Telecomunicações (artigo 3º, IX), Lei do Habeas Data (artigo 7º), Lei 9.983/2000 (artigo 313-A), Lei Complementar 105/2001 (artigo 101), Lei de Acesso à Informação (artigo 4º), Lei do Cadastro Positivo (artigo 5º), Lei 12.737/2012 (artigo 154-A), Marco Civil da Internet e Decreto 8.771/2016. Outras disposições podem ser citadas como Decreto 8.777/2016, Decreto 7.962/2013, Decreto 6.425/2008, Decreto 6.135/2007, Resolução CFM 1.821/2007, Resolução 245/2007 do Denatran, Portaria 5/2002 da SDE/MJ.
32. De acordo com o artigo 5º, X da LGPD, por tratamento entende-se toda operação realizada com dados pessoais, como coleta, produção, recepção, classificação, utilização, acesso, reprodução, transmissão, distribuição, processamento, arquivamento, armazenamento, eliminação, avaliação ou controle da informação, modificação, comunicação, transferência, difusão ou extração.

Por esse motivo, tais plataforma, consideradas como controladoras de dados pessoais[33] para a presente pesquisa, se sujeitam às disposições da LGPD. Isso porque o controlador é o agente de tratamento que determina como este será feito e a sua finalidade, ou seja, trata-se de pessoa natural ou jurídica a quem competem as decisões sobre o tratamento (artigo 5º, VI da LGPD). Assim, a plataforma de precificação personalizada desempenharia tal função, ao considerar que ela própria é a fornecedora de produtos ou serviços.[34]

As atividades de tratamento que ocorrem por meio de tais plataformas não se enquadram nas exceções previstas no artigo 4º da lei, pois não são tratamentos feitos por pessoa natural para fins exclusivamente particulares e não econômicos; fins exclusivamente jornalísticos e artísticos; acadêmicos; segurança pública; defesa nacional; segurança do Estado ou atividades de investigação e repressão de infrações penais; provenientes de fora do território nacional e que não sejam objeto de comunicação, uso compartilhado de dados com agentes de tratamento brasileiros ou objeto de transferência internacional de dados com outro país que não o de proveniência, desde que este proporcione um grau de proteção adequado ao previsto na lei[35].

Como visto no item 2.3, os dados pessoais processados pelas plataformas digitais podem ser voluntariamente obtidos por meio dos titulares – como cadastros em websites; inferidos a partir da observação de comportamentos, como cookies; ou adquiridos de terceiros como empresas especializadas no tema. Com tais dados, são formados perfis de consumo que, com a ajuda de ferramentas tecnológicas, permitem que sejam inferidos os preços de reserva dos consumidores em grupos ou individualmente. Assim, compõem-se os preços personalizados de terceiro ou primeiro grau, respectivamente.

Já que o objeto da pesquisa são preços personalizados de primeiro grau, a incidência da lei para hipóteses em que tais preços ocorrem pode ser exemplificada pelo caso a seguir: determinado indivíduo mora em um bairro privilegiado na cidade de São Paulo, utiliza um aparelho celular com sistema operacional iOS, visita sites de grifes e realiza compras online frequentemente. Já outro indivíduo mora em uma região periférica da cidade de São Paulo, utiliza Android para acessar websites, não realiza muitas compras online e visita sites promocionais para comprar produtos e serviços por meio de cupons de desconto.

Se utilizadas as ferramentas apresentadas de formação de perfis e determinação de preços de reserva, quando algum produto ou serviço for buscado em plataformas

---

33. A depender das particularidades das operações de tratamento, é possível que as plataformas digitais sejam consideradas apenas operadoras, notadamente quando se trata da comercialização de um produto ou serviço de outrem. No entanto, essa hipótese não será esgotada nesta pesquisa. Vale mencionar que na função de operadoras, as plataformas digitais também deveriam atuar apenas diante de bases legais, obediência aos princípios da LGPD e respeitando e garantindo o exercício dos direitos dos titulares.
34. Vale ressaltar que para diferentes operações de tratamento de dados pessoais é possível que um mesmo agente de tratamento desempenhe a função de controlador e/ou operador.
35. As exceções do artigo 4º da LGPD não isentam os agentes de tratamento, sendo apenas hipóteses em que a operação de tratamento não será submetida aos ditames da LGPD.

digitais, poderão ser oferecidos preços distintos, cobrando-se um valor mais elevado do primeiro indivíduo, extraindo o seu excedente, e um preço mais baixo do segundo, expandindo o alcance da empresa entre mais indivíduos ao cobrar menos.

Portanto, os dados coletados, em conjunto, permitem identificar tais pessoas, seja por meio de dados de localização, do dispositivo utilizado, do histórico de compras, do perfil de consumo, do Protocolo de Internet (IP), entre outros, como possíveis cadastros já realizados em determinados websites, contendo nome, idade, endereço, preferências.

Da mesma forma, a LGPD também se aplica no caso de indivíduos cadastrados em uma plataforma digital, pois estarão envolvidos seus dados para a formação de seus preços de reserva como nome, histórico de compras, endereço e formas de pagamento, além de outros dados que podem ser inferidos a partir da sua navegação e comportamento.

Considerando que um indivíduo compra produtos sem procurar por ofertas, enquanto o outro não conclui suas compras frequentemente, navega por maiores períodos procurando melhores preços e parcela em mais vezes os valores devidos, os algoritmos, ao analisarem os preços de reserva para imputar preços personalizados para ambos os indivíduos, podem concluir que o primeiro é menos sensível a preços altos, tendo, como consequência, um preço de reserva mais elevado, o que permitirá que a plataforma capte o excedente na venda de seus produtos.

No entanto, não é necessária a realização de um cadastro em website para a incidência da LGPD. Caso um terceiro indivíduo visite a plataforma e realize a compra sem se cadastrar, seus dados podem ser tratados a partir de cookies[36] que processaram o seu comportamento em outros websites. Com isso, será inferido o perfil de consumo do indivíduo a partir de dados pessoais, tornando possível identificá-lo e, posteriormente, seu preço de reserva.

Diante do exposto, depreende-se que são poucas as situações em que a LGPD não se aplicaria à prática de preços personalizados. Isso poderia ocorrer se a empresa não processasse dados pessoais em um primeiro momento, utilizando apenas o sistema operacional do indivíduo para aumentar ou abaixar o preço de reserva (iOS pagaria mais, Android pagaria menos).

---

36. Cookies, como os que foram mencionados no caso hipotético acima, são ferramentas que guardam uma informação exclusiva coletada na navegação de determinado indivíduo na internet, como as páginas visitadas e dados fornecidos voluntariamente em um website, podendo ser utilizada tal informação em um momento posterior, como quando o usuário retorna. Esses cookies podem ser de vários tipos. Alguns são essenciais para a navegação na internet, outros opcionais. Na União Europeia, a e-Privacy Diretiva, bem como a sua nova versão, impedem que sejam utilizados cookies – com algumas exceções, sem o consentimento do indivíduo. Assim, é necessário obter o consentimento para a utilização de cookies, a não ser que sejam cookies estritamente necessários. Além disso, deve-se dar informações específicas sobre quais dados cada cookie registra e sua finalidade antes da obtenção de consentimento; fazer a gestão do consentimento obtido; permitir o acesso ao serviço mesmo sem o aceite a todos os tipos de cookies; permitir a revogação do consentimento.

Porém, ao associar tais dados do sistema operacional utilizado ao perfil do consumidor que realiza a compra, como seu nome ou seu endereço, seriam tratados dados pessoais. Portanto, entende-se que a lei incide na maioria das situações em que ocorre a precificação personalizada em plataformas digitais[37].

Posto isso, resta saber se a prática é viável diante da LGPD, encontrando um ponto de equilíbrio, conforme afirma Wimmer:

> O desafio das legislações de proteção de dados é encontrar um ponto de equilíbrio que leve em consideração a dupla natureza dos dados pessoais: (i) a de projeção da personalidade humana, configurando-se estes como merecedores de ampla proteção pela ordem jurídica; e (ii) a de insumo essencial ao desenvolvimento das mais variadas atividades econômicas e governamentais, o que requer o estabelecimento de regras claras quanto às possibilidades de seu tratamento legítimo em variados contextos[38].

Dessa forma, serão observados princípios, direitos, bases legais e limites para a precificação personalizada nos itens a seguir, notadamente à luz da LGPD.

4.3 REQUISITOS PRINCIPIOLÓGICOS PARA PREÇOS PERSONALIZADOS

O vocábulo princípio tem origem no latim – *principium*, no qual representa o começo, a origem de algo que se desenvolverá. Na Lei de Introdução ao Código Civil, o artigo 4º evidencia a sua importância ao definir que o juiz, na ausência de lei, pode decidir questão posta em juízo de acordo com princípios de direito. Além disso, a legislação nacional está fundamentada em princípios. Assim, em consonância com o seu significado linguístico original, pode-se dizer que princípios são um dos pilares fundamentais do ordenamento jurídico[39]-[40].

---

37. Nesse mesmo sentido, Borgesius e Poort concluem que o GDPR se aplica a quase todas ou todas as situações em que ocorrem preços personalizados no cenário apresentado no trabalho, conforme se verifica em BORGESIUS, Frederik; POORT, Joost. Online Price Discrimination and EU Data Privacy Law. *Journal of consumer policy*, v. 40, n. 3, p. 347-366, 2017.
38. WIMMER, Miriam. Cidadania, Tecnologia e Governo Digital: a proteção de dados pessoais no Estado movido a dados. p. 27-36. *In:* NÚCLEO de Informação e Coordenação do Ponto BR (ed.). *Pesquisa sobre o uso das tecnologias de informação e comunicação no setor público brasileiro:* TIC Governo Eletrônico 2019. São Paulo: Comitê Gestor da Internet no Brasil, 2020. p. 30.
39. Para esta pesquisa, não serão discutidos os aspectos normativos ou interpretativos dos princípios, recomendando a leitura de Falavigna para um resumo da discussão no tema. FALAVIGNA, Maria. *Os princípios gerais e os standarts jurídicos no Código Civil.* Tese de doutorado apresentado à Universidade de São Paulo. São Paulo, 317 p., 2007. Disponível em: <https://teses.usp.br/teses/disponiveis/2/2131/tde-23032008-183352/publico/TESE.pdf>. Acesso em: 20 mar. 2021.
40. De acordo com Humberto Ávila, regras e princípios se diferem. "O significado preliminar dos dispositivos pode experimentar uma dimensão imediatamente comportamental (regra), finalística (princípio) e/ou metódica (postulado). [...] As regras podem ser dissociadas dos princípios quanto ao modo como prescrevem o comportamento. As regras são normas imediatamente descritivas na medida em que estabelecem obrigações, permissões e proibições mediante a descrição da conduta a ser cumprida. Os princípios são normas imediatamente finalísticas, já que estabelecem um estado de coisas cuja promoção gradual depende dos efeitos decorrentes da adoção a ela necessários. Os princípios são normas cuja qualidade frontal é, justamente, a determinação da realização de um fim juridicamente relevante, ao passo que a característica dianteira das regras é a previsão do comportamento.

Além dos princípios previstos em outras leis, que não são ignorados pela LGPD, esta é uma lei principiológica, dispondo de um rol de princípios que devem ser seguidos pelos agentes de tratamento de dados pessoais – controlador e operador. Como norteador, há o princípio da boa-fé, elencado no *caput* do artigo 6º. Nos incisos do mencionado artigo, estão abrangidos os princípios da finalidade, adequação, necessidade, livre acesso, qualidade, transparência, segurança, prevenção, não discriminação e responsabilização e prestação de contas[41].

Todas as operações de tratamento de dados pessoais sujeitas à LGPD deverão obedecer a tais princípios. Caso contrário, o agente de tratamento responsável ficará sujeito às sanções previstas, como já ocorreu na União Europeia diante da vigência do GDPR em diversos países e situações[42].

Ao observar o objeto da presente pesquisa, a precificação personalizada e suas particularidades, destacam-se os princípios da boa-fé, finalidade, adequação, neces-

---

(ÁVILA, Humberto. *Teoria dos princípios*: da definição à aplicação dos princípios jurídicos. 6. ed. ampl. E atual. São Paulo: Malheiros, 2006. p. 167).

41. Art. 6º As atividades de tratamento de dados pessoais deverão observar a boa-fé e os seguintes princípios: I – Finalidade: realização do tratamento para propósitos legítimos, específicos, explícitos e informados ao titular, sem possibilidade de tratamento posterior de forma incompatível com essas finalidades; II – Adequação: compatibilidade do tratamento com as finalidades informadas ao titular, de acordo com o contexto do tratamento; III – Necessidade: limitação do tratamento ao mínimo necessário para a realização de suas finalidades, com abrangência dos dados pertinentes, proporcionais e não excessivos em relação às finalidades do tratamento de dados; IV – Livre acesso: garantia, aos titulares, de consulta facilitada e gratuita sobre a forma e a duração do tratamento, bem como sobre a integralidade de seus dados pessoais; V – Qualidade dos dados: garantia, aos titulares, de exatidão, clareza, relevância e atualização dos dados, de acordo com a necessidade e para o cumprimento da finalidade de seu tratamento; VI – Transparência: garantia, aos titulares, de informações claras, precisas e facilmente acessíveis sobre a realização do tratamento e os respectivos agentes de tratamento, observados os segredos comercial e industrial; VII – Segurança: utilização de medidas técnicas e administrativas aptas a proteger os dados pessoais de acessos não autorizados e de situações acidentais ou ilícitas de destruição, perda, alteração, comunicação ou difusão; VIII – Prevenção: adoção de medidas para prevenir a ocorrência de danos em virtude do tratamento de dados pessoais; IX – Não discriminação: impossibilidade de realização do tratamento para fins discriminatórios ilícitos ou abusivos; X – Responsabilização e prestação de contas: demonstração, pelo agente, da adoção de medidas eficazes e capazes de comprovar a observância e o cumprimento das normas de proteção de dados pessoais e, inclusive, da eficácia dessas medidas. (BRASIL. Lei nº 13.709, de 14 de agosto de 2018. *Lei Geral de Proteção de Dados Pessoais (LGPD)*. Brasília, DF, 2018).

42. Por exemplo, veja decisões das autoridades alemã, italiana e francesa. BERLINER BEAUFTRAGTE FUR DATENSCHUTZ UND INFORMATIONSFREIHEIT. Berliner *Datenschutzbeauftragte verhängt Bußgeld gegen Immobiliengesellschaft*. Berlim, 2019. Disponível em; <https://www.datenschutz-berlin.de/fileadmin/user_upload/pdf/pressemitteilungen/2019/20191105-PM-Bussgeld_DW.pdf>. Acesso em: 29 jul. 2021; GARANTE PER LA PROTEZIONE DEI DATI PERSONALI. *Provvedimento del 12 novembre 2020*. Provvedimenti. Provvedimento correttivo e sanzionatorio. Roma, 2020. Disponível em: <https://www.garanteprivacy.it/web/guest/home/docweb/-/docweb-display/docweb/9485681>. Acesso em: 29 jul. 2021; LINDEN, Alexandre. Délibération du 18 novembre 2020. *Délibération de la formation restreinte SAN-2020-009 du 18 novembre 2020 concernant la société CARREFOUR BANQUE*. 2020. Commission Nationale de l'Informatique et des Libertés, 2020. Disponível em: <https://www.legifrance.gouv.fr/cnil/id/CNILTEXT000042564657>. Acesso em: 29 jul. 2021; GARANTE PER LA PROTEZIONE DEI DATI PERSONALI. *Ordinanza ingiunzione nei confronti di Roma Capitale*. Provvedimenti. Ordinanza ingiunzione o revoca. Roma, 2020. Disponível em: <https://www.garanteprivacy.it/web/guest/home/docweb/-/docweb-display/docweb/9524175>. Acesso em: 29 jul. 2021.

sidade, transparência, não discriminação, responsabilização e prestação de contas[43], cuja aplicação pode ser mais complexa de acordo com a dinâmica apresentada no Capítulo 3. Por esse motivo, serão mais bem delineados a seguir.

O princípio da boa-fé, além de ter destaque conferido pelo *caput* do artigo 6º da LGPD, é basilar no ordenamento jurídico nacional. Este princípio deverá nortear as operações de tratamento de dados pessoais. De origem incerta, mas que remonta ao Direito Romano, seu significado é multiafacetado.

Da boa-fé extraem-se duas acepções: a boa-fé subjetiva e a boa-fé objetiva. A boa-fé subjetiva corresponde a um estado de ignorância análogo ao erro[44], relacionado a uma crença psicológica[45] que ignora a antijuricidade ou o potencial lesivo de uma conduta. Tem como oposto a má-fé, concebida como a intenção de gerar mal ou lesionar terceiro. Já acepção objetiva, que é tratada aqui, corresponde a conduta normalmente esperada e se projeta em dois sentidos: abster-se de comportamentos negativos, mas de outro de atuar positivamente em colaboração com a outra parte.

Sua primeira definição jurídica pode ser atribuída à proibição de agir em dolo, com a intenção de causar dano a outrem. Já na década de 1990, definiu-se boa-fé com base no conceito da dignidade da pessoa humana, devendo haver reciprocidade entre sujeitos de boa-fé e respeito mútuo.

De acordo com Tomasevicius, em suma, boa-fé representa agir de maneira correta, impondo o bom andamento das relações jurídicas[46]. É nesse contexto que se destacam os deveres acessórios da boa-fé que, nos ensinamentos de Menezes Cordeiro[47], são classificados como deveres de cooperação, lealdade e informação. Tomasevicius também aponta o dever de coerência, que se frustra quando há um comportamento contraditório[48].

Quando são analisadas as operações de dados pessoais que resultam na precificação personalizada, o dever se informação se destaca, sendo essencial expor ao usuário a finalidade do tratamento de seus dados pessoais. Ainda de acordo com a boa-fé, não seria possível agir de forma a extravasar as expectativas dos indivíduos e

---

43. Os princípios da boa-fé, livre acesso (artigo 9º), qualidade dos dados (artigo 18), segurança (artigo 46), prevenção (artigo 47), responsabilização e prevenção de contas (artigo 42) não terão seus conceitos e aplicações aprofundados para fins deste trabalho, mas podem ser estudados em COTS, Marcio; OLIVEIRA, Ricardo. *Lei Geral de Proteção de Dados Comentada*. 2. ed., rev., atual. e ampl. São Paulo: Thomson Reuters Brasil, 2019. p. 76 e seguintes.
44. PENTEADO, Luciano de Camargo. Figuras parcelares da boa-fé objetiva e *"venire contra factum proprium"*. *Revista de Direito Privado*, São Paulo, v. 27, n. 1, 2006. p. 255.
45. GODOY, Claudio Luiz Bueno de. *Função social do contrato*: os novos princípios contratuais. 3. ed. São Paulo: Saraiva, 2009. p. 72
46. TOMASEVICIUS FILHO, Eduardo. *O princípio da boa-fé no Direito Civil*. São Paulo: Almedina Brasil, 2020. p. 86.
47. CORDEIRO, Antonio Menezes. *Da boa-fé no Direito Civil*. 7 ed. São Paulo: Almedina, 2018.
48. TOMASEVICIUS FILHO, Eduardo. *O princípio da boa-fé no Direito Civil*. São Paulo: Almedina Brasil, 2020. p. 169.

causar danos a outrem. Assim, o princípio da boa-fé está intrinsicamente relacionado com os demais princípios.

Já o princípio da finalidade exige que os dados pessoais tratados para determinada operação sejam objeto de um tratamento com propósitos legítimos, específicos, explícitos e informados ao titular, sem possibilidade de tratamento posterior de forma incompatível com essas finalidades. Tal princípio requer que haja relação entre o tratamento de dados e a finalidade informada ao titular, destacando-se disposições do artigo 7º, I e parágrafo 3º; artigo 8º, parágrafo 4º; artigo 9º, parágrafo 2º e artigo 10 da LGPD.

Posto isso, sob o aspecto da precificação personalizada em que o tratamento de dados deve ter seu propósito específico, explícito e informado ao consumidor, o princípio da finalidade estabelece algumas imposições. O indivíduo deve estar ciente da coleta e posterior processamento dos seus dados pessoais para a personalização de preços por meio de informações explícitas sobre a atividade a ser realizada, independentemente da base legal que fundamentá-la.

Portanto, não é possível que sejam coletados dados pessoais para fins de cadastro e envio de publicidades e estes sejam utilizados para a personalização de preços sem a ciência do titular. Haveria uma distorção da finalidade e um desrespeito ao princípio previsto na lei. Nesse sentido, a Casa dos Lordes, Comitê Selecionado da União Europeia, recomendou especificamente que "[...] as plataformas online devem informar os consumidores se eles se engajarem em preços personalizados[49]".

Já o princípio da adequação está intimamente ligado ao princípio da finalidade, pois pretende preservar a relação entre as finalidades informadas ao titular, bem como o tratamento realizado com os dados pessoais. Assim, enquanto o primeiro princípio mencionado se atém na regularidade da finalidade da operação, o princípio da adequação foca no procedimento realizado para chegar à finalidade pretendida. Se tal procedimento for proporcional ao que é esperado pelo titular e aos objetivos pretendidos, o princípio estará respeitado.

O princípio da necessidade está previsto no parágrafo 1º do artigo 10, artigo 15, I, no artigo 16 e no artigo 18, VI e determina que a operação de tratamento de dados pessoais utilize apenas dados pertinentes, proporcionais e não excessivos. Assim, devem ser tratados apenas dados necessários para alcançar o objetivo desejado, a finalidade anunciada, sendo devida a eliminação dos dados quando o tratamento tiver sido encerrado. Desde que haja dados menos invasivos ou menos prejudiciais ao indivíduo que cheguem ao mesmo objetivo, os demais não devem ser tratados.

Esse princípio encontra desafios em relação aos preços personalizados vez que quanto mais dados analisados, melhores serão as estimativas sobre o indiví-

---

49. No original: "House of Lords (Select Committee on European Union) has specifically recommended that "...online platforms be required to inform consumers if they engage in personalized pricing...". *In:* HOUSE OF LORDS. *Online Platforms and the Digital Single Market*. Londres, 2016, p. 291. Disponível em: <https://publications.parliament.uk/pa/ld201516/ldselect/ldeucom/129/129.pdf>. Acesso em: 01 jan. 2021.

duo, mas a recomendação é de que sejam tratados apenas dados necessários. Com isso, surge o questionamento sobre o que são dados necessários para a formação de preços personalizados, cabendo ao controlador comprovar a necessidade dos dados selecionados para aferição dos preços de reserva, bem como uma ausência de desproporcionalidade no tratamento.

O princípio da transparência pode ser encontrado ao longo da leitura dos dispositivos da LGPD, como se transparece do artigo 9º, artigo 10, parágrafo 2º, artigo 18, I, II, VII e VIII, artigo 20 e artigo 23, I, cuja presença é imprescindível ao longo de todo o ciclo de vida dos dados pessoais, isto é, desde a coleta até o descarte. A transparência pretende garantir que os titulares sejam informados de forma clara, precisa e acessível em relação ao tratamento de seus dados pessoais, incluindo informações sobre os agentes de tratamento, isto é, controladores e operadores.

Contudo, apesar de prever a transparência nas operações de tratamento, vale mencionar que a lei abre uma exceção em relação a segredos comerciais e industriais, que não precisam ser compartilhados com os titulares. Tais segredos permitem que os agentes de tratamento não revelem algum conhecimento da empresa que tenha valor comercial, como estratégias inteligentes desenvolvidas e guardadas como segredos de negócio, parte de seu *know how*[50]. Nesse sentido, Lace afirma que "muito pouco se sabe sobre como funciona a economia da informação pessoal; muitas das ações do setor privado permanecem mascaradas pela confidencialidade comercial e organizações ainda não reconheceram o valor de uma maior abertura" (tradução nossa)[51-52].

Assim, a prática de preços personalizadas, quando ocorrer, deverá estar clara ao consumidor, ainda que não seja necessária a coleta de consentimento para a realização de tratamento. Nesse aspecto, retoma-se a diferença de conceitos de ciência e consentimento, que não são sinônimos, pois a primeira informa e o outro pede a anuência. Logo, para que o princípio da transparência seja respeitado, deverão ser dadas informações completas ao titular em relação ao tratamento e sua abrangência, bem como sobre os agentes de tratamento.

---

50. Analogamente, a Súmula 55 do STJ sobre scores de crédito dispõe sobre a legalidade da coleta e processamento de informações de consumidores para análise de crédito, havendo deveres de divulgação dos critérios de valoração, excluindo-se o peso de tais critérios para a formação do resultado.

51. No original: "Too little is known about how the personal information economy works; much of the private sector's actions remain masked by commercial confidentiality and many organisations have yet to recognise the value of greater openness". LACE, Susanne. The new personal information agenda. (LACE, Susanne (Ed.). *The glass consumer*: life in a surveillance society. Bristol: The Policy Press, 2005, p. 238).

52. Nesse sentido, ao discorrer sobre o tema, notadamente sobre reconhecimento facial, Tomasevicius Filho pontua que "[...] a LGPD, contudo, não só trata pouco do tema – até porque seu objeto se volta aos dados pessoais – mas garante o não acesso à denominada "blackbox" dos sistemas, vedando-se a permissão de auditoria quanto ao uso dessas tecnologias sob a alegação de segredos comerciais". (TOMASEVICIUS FILHO, Eduardo. Reconhecimento facial e as lesões aos direitos de personalidade. p. 129-142. *In:* BARRETO, Mafalda; BRAGA NETTO, Felipe; FALEIROS JUNIOR, José de Moura; SILVA, Michael César (coords.). *Direito digital e inteligência artificial* – diálogos entre Brasil e Europa. Indaiatuba: Ed. Foco, 2021. p. 140).

O próximo princípio, voltado à não discriminação, tem especial contorno quando se trata de preços personalizados, tendo em vista que veda o tratamento de dados pessoais para fins discriminatórios ilícitos ou abusivos. Esse princípio é decorrente de disposições na LGPD como o artigo 6º, artigo 7º, *caput*, parágrafos 3º e 7º, artigo 8º, parágrafo 4º, artigo 9º, incisos I e V, parágrafo 2º, artigo 10, *caput* e parágrafo 1º, artigo 11, inciso I, artigo 13, artigo 15, inciso I, artigo 19, inciso II, artigo 20, artigo 23, inciso I e parágrafo 5º, artigo 26, *caput* e inciso V, artigo 33, inciso VIII e artigo 50, parágrafo 1º.

Mencionado princípio impede que dados pessoais sejam tratados com o propósito de discriminar um indivíduo ou um grupo de indivíduos, incluindo, mas não se limitando, aos dados que já possuem potencial discriminatório ou que possam ser acompanhados de um pré-julgamento, isto é, a atribuição de um valor antecedente.

Como dividem Fujimoto, Mattiuzzo e Mendes, essa discriminação pode ocorrer por erro estatístico, pelo uso de dados sensíveis, por generalização injusta e correlações abusivas ou uma discriminação limitadora do exercício de direitos[53]. Por exemplo, considerar que a localização de uma região periférica da cidade de São Paulo diminui o preço de reserva de um sujeito poderia ser uma prática discriminatória; inferir que mulheres gastam mais que homens poderia ser uma discriminação de gênero; assim como considerar que indígenas compram menos do que brancos poderia ser uma discriminação racial.

São várias as possibilidades, cuja ocorrência pode ser consequência de vieses na programação de algoritmos responsáveis pela formação de perfis de consumo e pelos preços de reserva, que são fruto de decisões automatizadas. Não se trata apenas de uma estatística realizada, mas de um preconceito existente no momento da programação, desenho do código e *input* de algoritmos, culminando no entendimento de que determinadas características são favoráveis ou desfavoráveis ao aumento ou diminuição do preço de reserva[54].

Em tal caso, destacam-se dados pessoais sensíveis, definidos pela LGPD em seu artigo 5º, II, como origem racial ou étnica, convicção religiosa, opinião política, filiação a sindicato ou a organização de caráter religioso, filosófico ou político, dado referente à saúde ou à vida sexual, dado genético ou biométrico. Dessa forma,

---

53. Cf. FUJIMOTO, Monica T.; MATTIUZZO, Marcela; MENDES, Laura S. Discriminação algorítmica à luz da Lei Geral de Proteção de Dados. p. 421-446. *In:* BIONI, Bruno et al. *Tratado de Proteção de Dados Pessoais.* São Paulo: Forense, 2021.

54. A presente pesquisa não entrará na discussão de discriminação abusiva ou ilícita, recomendando-se a leitura de FUJIMOTO, Monica T.; MATTIUZZO, Marcela; MENDES, Laura S. Discriminação algorítmica à luz da Lei Geral de Proteção de Dados. p. 421-446. *In:* BIONI, Bruno et al. *Tratado de Proteção de Dados Pessoais. São Paulo:* Forense, 2021 e MATTIUZZO, Marcela. *Algorithmic Discrimination* – The Challenge of Unveilling Inequality in Brazil. Dissertação apresentada no Programa de Pós-Graduação Strictu Sensu da Faculdade de Direito da Universidade de São Paulo. São Paulo, 2019. 145p.

a discriminação está diretamente associada com a categoria dos dados utilizados para a análise do preço de reserva e a forma de sua classificação[55].

Mas o tema não se esgota facilmente e vai além das disposições da LGPD. Não discriminar e tratar os demais como iguais é um princípio presente na Carta de Direitos Fundamentais da União Europeia de 2000, que prevê em seu artigo 21 a proibição da discriminação.

Da mesma forma, a Diretiva 113 de 2004 do Conselho da Europa reafirma que o direito à igualdade e a não discriminação é direito universal reconhecido pela Declaração Universal dos Direitos do Homem, pela Convenção das Nações Unidas sobre a eliminação de todas as formas de discriminação contra as mulheres, pela Convenção Internacional sobre a eliminação de todas as formas de discriminação racial, pelos pactos internacionais das Nações Unidas sobre os direitos civis e políticos e sobre os direitos económicos, sociais e culturais, e pela Convenção para a Proteção dos Direitos do Homem e das Liberdades Fundamentais, de que todos os Estados-Membros são signatários.

Ademais, no cenário nacional, o ordenamento jurídico tem como pilar a igualdade e a não discriminação, presentes na Constituição Federal como direitos fundamentais, conforme artigos 3º, IV e 5º, XLI. Da mesma forma, o Código de Defesa do Consumidor tutela as relações de consumo evitando abusos e possíveis discriminações.

Além disso, a Lei 7.716/89 define os crimes punidos resultantes de preconceitos de raça e cor, enquanto a Lei 12.414/11, que dispõe sobre o Cadastro Positivo, proíbe a anotação de informações sensíveis, como origem social ou étnica, saúde, informação genética, orientação sexual, convicções políticas, filosóficas e religiosas. Ambas as leis são exemplos da preocupação do legislador para evitar a discriminação.

Sabe-se que as práticas proibidas por lei são necessariamente ilícitas. No entanto, o legislador foi além e contemplou, na LGPD, o termo "abusivo", o que permite considerar que havendo um manuseio excessivo ou imoderado dos dados, haveria violação da lei[56]. Nesse sentido, de acordo com Fujimoto, Mattiuzzo e Mendes, "aquilo que a

---

55. Vale mencionar a existência de discussão sobre a taxatividade do rol previsto no artigo 5º, II da LGPD, que define dados pessoais sensíveis. Isso porque podem surgem outros tipos de dados que também gerem discriminação ao indivíduo e violem direitos fundamentais reafirmados pelo artigo 17 da lei, isto é, liberdade, intimidade e privacidade. Por outro lado, Leonardi afirma que há taxatividade assim como ocorre na União Europeia e que um rol meramente exemplificativo, como ocorria em projetos de lei anteriores, ocasionariam insegurança jurídica, visto que há limitações e especificidades ao tratamento conferido a essa categoria de dados. LEONARDI, Marcel. *Publicidade personalizada e LGPD*: este parecer foi elaborado a pedido da Associação de Mídia Interativa ("IAB Brasil"), de forma a analisar algumas implicações da Lei 13.709/2018 (Lei Geral de Proteção de Dados Pessoais, "LGPD") à publicidade personalizada. Consulente IAB Brasil. 26 jul. 2021, São Paulo.

56. A presente pesquisa não pretende definir os limites e definições do princípio da não discriminação. Para isso, sugere-se leitura de FUJIMOTO, Monica T.; MATTIUZZO, Marcela; MENDES, Laura S. Discriminação algorítmica à luz da Lei Geral de Proteção de Dados. p. 421-446. *In*: BIONI, Bruno et al. *Tratado de Proteção de Dados Pessoais*. São Paulo: Forense, 2021.

lei determinar que deve ser protegido de forma categórica e expressa deve ser enquadrado como ilícito; por outro lado, os casos não considerados como tal comportam a presunção relativa de ilicitude, devendo ser analisados sob o prisma da abusividade[57]".

Portanto, casuisticamente deve ser analisada a prática e o desenho do algoritmo responsável pela formação dos perfis de consumo e comportamento, bem como dos preços de reserva dos consumidores, evitando que haja algum caráter discriminatório envolvido. Assim, concluem as mencionadas autoras que para os dados pessoais sensíveis serem utilizados como *inputs* de algoritmos, eles devem ser objeto de um tratamento cujo responsável seja capaz de demonstrar a razoabilidade, afastando-se a presunção de abusividade.

Nesse sentido, Koga analisa o princípio da não discriminação diante da prática de precificação personalizada e concorda que a auditoria de algoritmos é uma ferramenta para combater a desigualdade, assim como o fomento à transparência, direito à explicação, aumento da qualidade dos dados e estudos de impacto à privacidade do titular[58]. Trata-se, no entanto, de especulações no campo teórico, que merecem dados empíricos e uma dedicação da Autoridade Nacional de Proteção de Dados em relação ao tema em momento oportuno.

Por fim, o último princípio destacado nesta pesquisa é o princípio da responsabilização e prestação de contas. Tal princípio se refere à demonstração, pelo agente de tratamento, da adoção de medidas eficazes e capazes de comprovar a observância e o cumprimento das normas de proteção de dados pessoais e, inclusive, da eficácia dessas medidas. Assim, serve como ferramenta que auxilia na comprovação da conformidade da empresa à LGPD.

Apresentados alguns dos princípios dispostos na LGPD, é possível que seja necessário um eventual sopesamento entre eles de acordo com o contexto, valor e importância, como afirma Robert Alexy ao dizer que "[...] princípios têm pesos diferentes e que os princípios com maior peso têm precedência"[59]. Portanto, em determinadas situações, pode ser necessário um balanceamento de tais princípios, assim como um balanceamento dos interesses de titulares e agentes de tratamento envolvidos, o que se torna um dever reforçado quando a base legal é o legítimo interesse, conforme será visto no item 4.6.3.

Posto isso, tais princípios trazem exigências que devem ser cumpridas para que a prática de preços personalizados seja aceita no ordenamento jurídico nacional, com condutas que devem ser evitadas e outras estimuladas para que não haja um tratamento indevido de dados pessoais.

---

57. FUJIMOTO, Monica T.; MATTIUZZO, Marcela; MENDES, Laura S. Discriminação algorítmica à luz da Lei Geral de Proteção de Dados. p. 421-446. *In:* BIONI, Bruno et al. *Tratado de Proteção de Dados Pessoais.* São Paulo: Forense, 2021. p. 438.

58. Cf. KOGA, Bruno. *Precificação personalizada.* São Paulo: Almedina, 2021. p. 290.

59. ALEXY, Robert. *Teoria dos direitos fundamentais.* Trad. Virgílio Afonso da Silva. São Paulo: Malheiros, 2008. p. 93-94.

4.4 DIREITOS DOS TITULARES DE DADOS NA PRÁTICA DE PREÇOS PERSONALIZADOS

A privacidade[60] é o desdobramento da personalidade que passa a ser abalado em uma economia de dados, em que o consumidor se torna "de vidro", como apresentado por Lace[61]. Por esse e outros motivos, a LGPD contemplou direitos aos titulares, mas sem excluir aqueles que já estavam garantidos por meio de outras disposições normativas do ordenamento jurídico nacional, bem como tratados internacionais dos quais o Brasil seja parte, conforme dispõe o seu artigo 64.

Assim, além de outros direitos vigentes, a LGPD soma ao dispor expressamente sobre direitos do titular em relação ao tratamento de seus dados pessoais, incluindo a liberdade, liberdade de expressão, informação, comunicação e opinião, privacidade e intimidade, livre desenvolvimento da personalidade, autodeterminação informativa, honra, imagem, direitos do consumidor, direitos humanos e cidadania[62]. Alguns dos direitos decorrem dos princípios trazidos pela lei, sendo vistos como garantias do titular, cuja efetivação deve ocorrer de forma facilitada.

Entre eles, o artigo 6º, IV prevê o princípio do livre acesso, sendo necessário garantir ao titular de forma gratuita e fácil o acesso às informações sobre o tratamento realizado. Portanto, trata-se de um direito de acesso às referidas informações. É por esse motivo que o princípio é definido como "garantia".

Tal previsão está diretamente relacionada com o artigo 9º que abrange o direito de disponibilizar ao titular dos dados informações acerca do tratamento de seus dados, de maneira facilitada, incluindo finalidade específica do tratamento; forma e duração do tratamento, observados os segredos comercial e industrial; identificação do controlador e informações de contato; informações acerca do uso compartilhado de dados pelo controlador e a finalidade; responsabilidades dos agentes que realizarão o tratamento; e direitos do titular, com menção explícita aos direitos contidos no art. 18.

No inciso V do artigo 6º, em que se encontra o princípio da qualidade dos dados, depreende-se o direito do titular de ter garantida a clareza de seus dados, assim como a sua exatidão, relevância e atualização. Da mesma forma que o princípio do livre acesso, se trata de uma garantia prevista pela lei.

Ainda, o inciso VI do mesmo artigo 6º dispõe sobre o princípio da transparência e garante ao titular o acesso a informações claras sobre como o tratamento de dados será realizado, seu escopo e finalidade, o que é de fundamental importância para que a precificação personalizada não seja configurada uma prática ilícita.

---

60. Como mencionado anteriormente, proteção de dados pessoais não é sinônimo de privacidade, mas um está diretamente relacionado com o outro.
61. LACE, Susanne. Introduction. (LACE, Susanne (Ed.)). *The glass consumer*: life in a surveillance society. Bristol: The Policy Press, 2005.
62. Nesse sentido, recomenda-se a leitura de FRAZÃO, Ana. Direitos básicos dos titulares de dados pessoais. p. 33-46. *In*: ASSOCIAÇÃO dos Advogados – AASP. *Revista do advogado*, ano XXXIX, n. 144, nov., 2019.

No artigo 17, a lei reforça os direitos fundamentais e prevê que "toda pessoa natural tem assegurada a titularidade de seus dados pessoais e garantidos os direitos fundamentais de liberdade, de intimidade e de privacidade". Já o artigo 18 traz, em seus incisos, vários direitos que permitem ao titular assegurar a proteção de seus dados pessoais, da sua privacidade, assim como da possibilidade de autodeterminação informativa.

Notadamente, o direito à confirmação da existência de tratamento, acesso aos dados, correção de dados incompletos, inexatos ou desatualizados, anonimização, bloqueio ou eliminação de dados desnecessários, excessivos ou tratados em desconformidade com a LGPD, portabilidade, eliminação de dados tratados com base no consentimento, informação das entidades públicas e privadas com as quais o controlador realizou uso compartilhado de dados, informação sobre a possibilidade de não fornecer consentimento e sobre as consequências da negativa e a revogação do consentimento[63].

Ademais, o artigo 20 prevê o direito de o titular requerer a revisão das decisões tomadas unicamente com base em tratamento automatizado de dados pessoais que afetem seus interesses[64], incluídas as decisões destinadas a definir o seu perfil pessoal, profissional, de consumo e de crédito ou os aspectos de sua personalidade, como será visto no item 4.5.

Em termos de precificação personalizada, tais direitos são fundamentais e devem ser disponibilizados pelos agentes de tratamento. Por esse motivo, todos esses direitos, destacando o direito de acesso às informações sobre o tratamento de seus dados, finalidade, escopo; o direito de se opor ao tratamento ou revogar o consentimento; o direito de ter liberdade, intimidade e privacidade respeitadas; e o direito à revisão de decisões automatizadas, devem estar disponíveis e poderem ser exercidos de forma fácil e ágil pelos titulares. Caso contrário, haverá violação da LGPD.

---

63. Para mais informações sobre o tema, recomenda-se leitura de SILVA, Rodrigo da Guia; SOUZA, Eduardo Nunes de. Direitos do titular de dados pessoais na Lei 13709/18. p. 243-286. *In:* FRAZÃO, Ana; OLIVA, Milena D.; TEPEDINO, Gustavo (Coords.). *Lei Geral de Proteção de Dados e suas Repercussões no Direito Brasileiro*. São Paulo: Thomson Reuters Brasil, 2019.

64. Relevante mencionar que o GDPR não prevê exatamente o mesmo direito. O artigo 22 do Regulamento da União Europeia abrange o tema de decisões automatizadas dispondo que "1. O titular dos dados tem o direito de não ficar sujeito a nenhuma decisão tomada exclusivamente com base no tratamento automatizado, incluindo a definição de perfis, que produza efeitos na sua esfera jurídica ou que o afete significativamente de forma similar". Tal disposição não se aplica se a mencionada decisão for necessária para a celebração ou a execução de um contrato entre o titular dos dados e um responsável pelo tratamento; for autorizada pelo direito da União ou do Estado-Membro a que o responsável pelo tratamento estiver sujeito, e na qual estejam igualmente previstas medidas adequadas para salvaguardar os direitos e liberdades e os legítimos interesses do titular dos dados; ou for baseada no consentimento explícito do titular dos dados. (UNIÃO EUROPEIA. Parlamento Europeu e Conselho da União Europeia. Regulamento 2016/679, de 27 de abril de 2016. Relativo à proteção das pessoas singulares no que diz respeito ao tratamento de dados pessoais e à livre circulação desses dados e que revoga a Diretiva 95/46/CE (Regulamento Geral sobre a Proteção de Dados – GDPR). [s. l.], 2016. Disponível em: <https://publications.europa.eu/pt/publication-detail/-/publication/3e485e15-11bd-11e6-ba9a-01aa75ed71a1>. Acesso em: 15 maio 2020).

4 • PREÇOS PERSONALIZADOS: CONSIDERAÇÕES À LUZ DA LGPD

Por fim, destaca-se a necessidade de realizar o término do tratamento quando atingida uma das hipóteses do artigo 15 da LGPD, ou seja, alcance da finalidade ou verificação de que os dados deixaram de ser necessários ou pertinentes ao alcance da finalidade específica almejada; fim do período de tratamento; comunicação do titular, inclusive no exercício de seu direito de revogação do consentimento; ou determinação da autoridade nacional, quando houver violação ao disposto nesta Lei.

Para tanto, faz-se necessária a eliminação completa, cuja explicação importa-se do cenário da União Europeia, regida pelo GDPR, em que Busschel e Voigt respondem que "a noção de apagar não está definida no regulamento, mas que pode ser resumida como o ato de tornar o dado inutilizável de forma que impeça o controlador, operador ou qualquer outra parte de acessar, ler ou processá-lo – independentemente se isso consistir em destruição física ou tecnicamente"[65]. Assim, torna-se o dado inutilizável.

Como exemplo, cita-se entendimento da autoridade dinamarquesa ao decidir que informações pessoais devem ser apagadas de backups se isso for tecnicamente possível e, caso o backup seja reestabelecido, os dados devem ser inutilizados[66]. A autoridade francesa CNIL, por sua vez, reconheceu casos em que há impossibilidade técnica de eliminá-los, uma vez que tal tecnologia consiste, resumidamente, em uma tecnologia de registro distribuído que tem a descentralização como medida de segurança. Dessa forma, caberia ao controlador tornar os dados pessoais praticamente inacessíveis para assegurar um resultado prático equivalente ao de eliminá-los[67].

Posto isso, o artigo 16 da LGPD autoriza a não eliminação após o término do tratamento em algumas situações, como cumprimento de obrigação legal ou regulatória pelo controlador; estudo por órgão de pesquisa; transferência a terceiro; ou uso exclusivo do controlador desde que anonimizados os dados.

---

65. No original: The notion 'erasure' is not defined by law. However, it consists of making data unusable in a way that prevents the controller, the processor or any third party from accessing, reading out and processing the data – irrespective of whether it consists of physically destroying or technically deleting the data. *In*: BUSSCHE, Axel von dem; VOIGT, Paul. *The EU General Data Protection Regulation (GDPR) – A Practical Guide*. Berlim, Hamburg: Springer. p. 161.
66. Cf. DATATILSYNET. Exclusão. *Exclusão de dados pessoais*. Disponível em: <https://datatilsynet.dk/emner/persondatasikkerhed/sletning/>. Acesso em: 27 out. 2020.
67. Nos termos do relatório, "a CNIL observa que é tecnicamente impossível deferir o pedido de apagamento feito por um titular de dados quando os dados são registrados em um blockchain. No entanto, quando os dados gravados em o blockchain é um compromisso, um hash gerado por uma função keyed-hash ou um texto cifrado obtidos através de algoritmos e chaves de "estado da arte", o controlador de dados pode fazer com que os dados se tornem praticamente inacessível e, portanto, aproximar-se dos efeitos do apagamento de dados". Tradução nossa. COMMISSION NATIONALE INFORMATIQUE ET LIBERTÉS. *Blockchain – Solutions for a responsible use of the blockchain in the context of personal data*. Paris, 2018. Disponível em: <https://www.cnil.fr/sites/default/files/atoms/files/blockchain_en.pdf>. Acesso em: 27 out. 2020.

4.5 DECISÕES AUTOMATIZADAS DIANTE DA LGPD

Demonstrou-se no decorrer da pesquisa que a efetividade da prática de preços personalizados depende de uma prévia etapa. Esta consiste em definir perfis para os consumidores por meio da análise de seus dados pessoais, sejam eles colhidos de forma voluntária, involuntária ou inferidos pelas empresas. Assim, afere-se o preço que se está disposto a pagar por certo produto ou serviço, isto é, o preço de reserva do indivíduo. Para tanto, são utilizadas ferramentas tecnológicas de processamento, como algoritmos, que realizarão suas tarefas com a ajuda de um extenso banco de dados conhecido como Big Data.

Comumente não são pessoas naturais que analisam os dados pessoais de um indivíduo ou de um grupo de indivíduos para determinar seu preço de reserva, mas uma máquina, isto é, uma ferramenta tecnologia que envolve algoritmos e possivelmente inteligência artificial. Por esse motivo, na maior parte das vezes em que tal tratamento de dados ocorre, trata-se de uma decisão automatizada, sem relevante interferência humana.

Para fins desta pesquisa, entende-se que a definição de decisão automatizada corresponde a uma decisão baseada em processamento automatizado de dados que avalie aspectos pessoais de um indivíduo e tenha o potencial de causar efeitos em sua vida[68]. De acordo com Mattiuzo, essas decisões são amplamente aceitas no sistema jurídico, de forma que os algoritmos não poderiam ser considerados injustos e ilícitos apenas por empregar a mesma metodologia que já era utilizada antes, em decisões mecânicas. Além disso, a análise humana geralmente é inexata, de forma que não é sempre que uma decisão automatizada precisa da intervenção humana para ser considerada justa e lícita[69].

Por outro lado, algumas decisões automatizadas podem ser resultado de programações enviesadas, seja por preconceitos ou julgamentos parciais sobre determinado conjunto de dados, ofendendo o princípio da não discriminação, previsto expressamente na LGPD, assim como o direito à igualdade.

Em "Algoritmos de Destruição em Massa", O'Neil[70] explica que vieses e preconceitos estão em modelos e softwares que coordenam a vida da maioria dos indi-

---

68. A prática de formação de perfis pode, portanto, ser parte de uma tomada de decisão individual automatizada, mas esta não inclui necessariamente aquela, conforme explica o Grupo de Trabalho do Artigo 29 para Proteção de Dados: "As decisões automatizadas podem ser realizadas com ou sem definição de perfis; a definição de perfis pode ocorrer sem serem realizadas decisões automatizadas. Contudo, a definição de perfis e as decisões automatizadas não constituem necessariamente atividades levadas a cabo separadamente. Um procedimento iniciado como um simples processo de decisão automatizada poderia tornar-se um procedimento assente numa definição de perfis, dependendo da forma como os dados seriam utilizados". EUROPEAN COMISSION. *Guidelines on Automated Individual Decision-Making and Profiling for the Purposes of Regulation 2016/679*. Bruxelas, 2018. p. 8. Disponível em: <https://ec.europa.eu/newsroom/article29/item-detail.cfm?item_id=612053>. Acesso em: 09 jan. 2021.

69. Cf. MATTIUZZO, Marcela. "Let the algorithm decide": is human dignity at stake? *Revista Brasileira de Políticas Públicas*, Brasília, v. 11, n. 1. p. 342-369, 2021. p. 348.

70. Cf. O'NEIL, Cathy. *Algoritmos de destruição em massa* – como o Big Data aumenta a desigualdade e ameaça à democracia. Tradução Rafael Abraham. São Paulo: Rua do Sabão, 2020. p. 8, 15, 33.

víduos e, ao mesmo tempo, são caixas pretas, cujo segredo corporativo é ferozmente protegido. Um dos motivos pelo qual isto ocorre, de acordo com a pesquisadora, decorre do fato de que nenhum modelo de programação é capaz de incluir toda a complexidade do mundo real, deixando inevitavelmente alguma informação sem ser considerada.

Pelo exposto, compreende-se que decisões automatizadas têm capacidade de afetar as circunstâncias, o comportamento e a escolha dos indivíduos e até originar exclusão ou discriminação. Como consequência, suas expectativas e vontades podem ser impactadas, bem como facilitar a exploração de vulnerabilidades dos titulares de dados, no caso, consumidores[71].

Visando evitar tal problema, apesar de a LGPD não impedir a ocorrência de decisões unicamente automatizadas, como faz o GDPR [artigo 22(1)], há a garantia de que o titular dos dados poderá solicitar uma revisão quando a decisão afetar seus interesses, nos termos do artigo 20, exposto abaixo:

> Art. 20. O titular dos dados tem direito a solicitar a revisão de decisões tomadas unicamente com base em tratamento automatizado de dados pessoais que afetem seus interesses, incluídas as decisões destinadas a definir o seu perfil pessoal, profissional, de consumo e de crédito ou os aspectos de sua personalidade.
>
> § 1º O controlador deverá fornecer, sempre que solicitadas, informações claras e adequadas a respeito dos critérios e dos procedimentos utilizados para a decisão automatizada, observados os segredos comercial e industrial.
>
> § 2º Em caso de não oferecimento de informações de que trata o § 1º deste artigo baseado na observância de segredo comercial e industrial, a autoridade nacional poderá realizar auditoria para verificação de aspectos discriminatórios em tratamento automatizado de dados pessoais.
>
> § 3º (Vetado).

De tal disposição legal, destacam-se duas questões: a primeira delas é a indefinição do que o legislador pretendeu com a expressão "afete seus interesses". Não há nenhum detalhamento legal sobre a relevância dos interesses do titular para que seja permitida a revisão da decisão, o que permite a interpretação de que é possível a utilização de tal direito de forma ampla.

Ademais, a lei brasileira teve o dispositivo que previa a revisão da tomada de decisões individuais automatizadas por uma pessoa natural vetado pela Lei 13.853/19. Assim, apesar de o artigo 20 prever o direito de solicitar a revisão de tais decisões,

---

71. Nesse sentido, destaca-se entendimento do Grupo de Trabalho do Artigo 29: A definição de perfis é suscetível de perpetuar os estereótipos existentes e a segregação social. Pode igualmente amarrar as pessoas a uma categoria específica e limitá-las às respetivas preferências sugeridas, pondo assim em causa a sua liberdade para escolher, por exemplo, determinados produtos ou serviços, tais como livros, música ou fluxos de notícias. Em certos casos, a definição de perfis é suscetível de resultar em previsões imprecisas. Noutros casos, poderá dar origem a uma negação de serviços e bens e a uma discriminação injustificada. EUROPEAN COMISSION. *Guidelines on Automated Individual Decision-Making and Profiling for the Purposes of Regulation 2016/679*. Bruxelas, 2018. p. 06. Disponível em: <https://ec.europa.eu/newsroom/article29/item-detail.cfm?item_id=612053>. Acesso em: 06 fev. 2021.

essa revisão não necessariamente será feita por um ser humano como ocorre perante o GDPR, a não ser que a Autoridade Nacional de Proteção de Dados disponha de forma diferente sobre o tema.

Ocorre que uma decisão revista por uma máquina pode apenas refazer o caminho já percorrido, reafirmando a conclusão encontrada anteriormente. Assim, questiona-se se um direito de revisão implicaria em outras formas de realização de um mesmo procedimento a fim de corrigir falhas ou imperfeições ou se ele poderia se manter o mesmo, sem supervisão ou interferência humana. Convém que as empresas utilizem auxílio humano ou, ao menos, outro mecanismo para encontrar o resultado obtido que está sob revisão.

Ainda, o conceito de decisão unicamente automatizada está em aberto, podendo ser entendido de duas formas, sendo a primeira mais radical, excluindo a intervenção humana no processo de tomada de decisão de forma geral e a segunda como a ausência de uma atuação humana significativa no processo de tomada de decisões. Logo, a mera validação da decisão por um humano, um papel meramente formal, não descaracterizaria a decisão totalmente automatizada[72].

Mesmo que haja diferenças significativas entre as previsões sobre decisões automatizadas no ordenamento jurídico nacional e outros, como o GDPR que veda de antemão esse tipo de situação, é provável que uma decisão que determine o preço que um indivíduo irá pagar por um produto ou serviço afete a sua vida.

Nesse sentido, destaca-se o entendimento do Grupo de Trabalho do Artigo 29 no contexto de preços personalizados, ao considerar que tais decisões causam efeitos significativos quando resultam preços proibitivos ou excluam um indivíduo de certos bens ou serviços:

> As decisões automatizadas que resultem em preços diferenciados com base em dados pessoais ou características pessoais são igualmente suscetíveis de ter efeitos significativos se, por exemplo, se verificarem preços proibitivos, que excluam efetivamente alguém de certos bens ou serviços[73].

Entende-se, assim, que caberia ao consumidor o direito de requerer a revisão das decisões que imputaram os preços dos produtos e serviços que foram disponibilizados em plataformas digitais de acordo com um preço de reserva previamente aferido com base em perfis de consumo e comportamento.

Ademais, cabe ao controlador fornecer informações claras sobre os critérios e procedimentos utilizados para a realização de decisões automatizadas, sob pena de a Autoridade Nacional de Proteção de Dados verificar o tratamento discriminatório

---

72. Cf. DATA PRIVACY BR. Observatório da Privacidade. *Série LGPD em Movimento*: LGPD e Decisões Automatizadas. 14 dez. 2020. Disponível em: <http://35.227.175.13/2020/12/14/serie-lgpd-em-movimento-l-gpd-e-decisoes-automatizadas/>. Acesso em: 27 mar. 2021.

73. EUROPEAN COMISSION. *Guidelines on Automated Individual Decision-Making and Profiling for the Purposes of Regulation 2016/679*. Bruxelas, 2018. p. 25. Disponível em: <https://ec.europa.eu/newsroom/article29/item-detail.cfm?item_id=612053>. Acesso em: 06 fev. 2021.

de dados pessoais. Corrobora com isso o direito de livre acesso aos dados tratados previsto no artigo 18, II da LGPD.

No entanto, como essas tomadas de decisão acontecem majoritariamente por meio de algoritmos que utilizam inteligência artificial em sua programação, há uma opacidade que impede que os critérios e procedimentos sejam revelados de forma clara ao titular. Isso ocorre até mesmo ao controlador, que dificilmente terá o controle de cada passo dado pela máquina. De acordo com Frazão e Goettenauer, tal dificuldade decorre de três características dos sistemas algorítmicos: imprevisibilidade, incontrolabilidade e distributividade[74]. Nesse sentido, Wimmer afirma que:

> Ao mesmo tempo em que a crescente automação de tarefas oferece promessas de maior eficiência, objetividade e produtividade, a opacidade dos sistemas de IA, da qual decorre também a dificuldade de rastrear os critérios que conduziram determinada resposta, tende a suscitar questões difíceis, à medida que aumenta a capacidade extrair inferências imprevistas e cresce a dificuldade de concretizar ideias ligadas à transparência, à compreensibilidade e à auditabilidade[75].

Destaca-se a proteção dos segredos comerciais e industriais do controlador garantida pela LGPD. Esse limite de transparência aos titulares dá margem para discussões, visto que aquilo que for relevante para a empresa em relação ao seu negócio pode ser considerado um segredo comercial ou industrial e prejudicar o dever de transparência e o acesso a informações pelos titulares.

Por esse motivo, a precificação personalizada pode estar sujeita a vieses e discriminações, sendo necessária uma dedicação do controlador para programas de conformidade e transparência na empresa, além da auditoria de algoritmos na medida em que for possível para evitar a ocorrência de danos aos titulares. Nesse sentido, Doshi-Velez e Kortz defendem que haja não apenas transparência, mas uma explicação da decisão, isto é, descrição interpretável por humanos do processo pelo qual um tomador de decisão adotou um determinado conjunto de entradas e chegou a uma determinada conclusão[76].

De acordo com Hosni e Martins, os controladores (e operadores) deverão obedecer a princípios e obrigações legais para garantir que as técnicas empregadas não sejam discriminatórias e garantir que o titular de dados entenda e seja informado

---

74. Cf. FRAZÃO, Ana; GOETTENAUER, Carlos. Black box e o Direito face à opacidade algorítmica. p. 27-42. In: BARRETO, Mafalda; BRAGA NETTO, Felipe; FALEIROS JUNIOR, José de Moura; SILVA, Michael César (coords.). Direito digital e inteligência artificial – diálogos entre Brasil e Europa. Indaiatuba: Ed. Foco, 2021.

75. WIMMER, Mirian. Inteligência artificial, algoritmos e o Direito – um panorama dos principais desafios. p. 16-30. In: HISSA, Carmina; LIMA, Ana Paula; SALDANHA, Paloma (coords.). Direito digital – debates contemporâneos. São Paulo: Revista dos Tribunais, 2019. p. 19.

76. Cf. DOSHI-VELEZ, F.; KORTZ, M. Accountability of AI Under the Law: The Role of Explanation. Berkman Klein Center Working Group on Explanation and the Law, Berkman Klein Center for Internet & Society working paper, 2017, p. 2-3. Disponível em: <https://dash.harvard.edu/bitstream/handle/1/34372584/2017-11_aiexplainability-1.pdf?sequence=3>. Acesso em: 3 maio 2020.

sobre a natureza do tratamento realizado, tendo o poder de influenciar em tal tratamento caso seja necessário corrigir alguma informação ou completá-la[77].

Isso porque, como visto no item 4.3, o tratamento discriminatório de dados pessoais encontra óbice no princípio da não discriminação presente no artigo 6º, IX da LGPD, assim como nos fundamentos da lei, entre eles, os direitos humanos, o livre desenvolvimento da personalidade, a dignidade e o exercício da cidadania por pessoas naturais, conforme artigo 2º, VII.

Posto isso, conclui-se que a prática de preços personalizados está relacionada com decisões automatizadas e estas podem afetar interesses dos indivíduos. Assim, é possível que seja solicitada uma revisão da referida decisão. Em paralelo, os agentes de tratamento deverão realizar um tratamento lícito, transparente, com finalidades e períodos de retenção dos dados limitados, minimizando-os na medida do possível para atingir o objetivo esperado.

Contudo, foi visto que o controlador não será obrigado a abrir seus segredos industriais e comerciais, o que deixa uma margem subjetiva para a compreensão do tratamento de dados e sobre a conclusão de qual seria o preço de reserva do indivíduo a partir do seu perfil de consumo inferido e dos dados pessoais tratados.

4.6 BASES LEGAIS PARA A PRÁTICA DE PREÇOS PERSONALIZADOS

As operações de tratamento devem estar respaldadas nas bases legais previstas na LGPD para que sejam lícitas. Salvo as operações que envolvem dados pessoais sensíveis (artigo 11 da LGPD), deve existir pelo menos uma das dez bases legais previstas em rol exaustivo no artigo 7º da LGPD para legitimar a operação de tratamento realizada[78].

Sem grau de hierarquia, os incisos do mencionado artigo contemplam as seguintes bases legais: (i) o fornecimento de consentimento pelo titular, (ii) o cumprimento de obrigação legal ou regulatória pelo controlador, (iii) quando se trata da administração pública, para o tratamento e uso compartilhado de dados necessários à execução de políticas públicas previstas em leis e regulamentos ou respaldadas em contratos, convênios ou instrumentos congêneres; (iv) a realização de estudos por órgão de pesquisa; (v) quando necessário para a execução de contrato ou de procedimentos preliminares relacionados a contrato do qual seja parte o titular, a pedido do titular dos dados; (vi) para o exercício regular de direitos em processo judicial, administrativo ou arbitral; (vii) para a proteção da vida ou da incolumidade física do

---

77. Cf. HOSNI, David; MARTINS, Pedro. Automated Decision-making and Data Protection Regulation: Alternatives Presented by The Brazilian General Data Protection Law. p 149-187. *In:* CARDOSO, Renato C.; PARENTONI, Leonardo. *Law, Technology and Innovation* v. II: Insights on Artificial Intelligence and The Law. Belo Horizonte: Expert, 2021. p. 181-182.

78. Há discordância quanto à licitude na atribuição de mais de uma base legal para a mesma operação de tratamento pois ainda não há uma definição da ANPD sobre o tema.

titular ou de terceiro; (viii) para a tutela da saúde, exclusivamente, em procedimento realizado por profissionais de saúde, serviços de saúde ou autoridade sanitária; (ix) quando necessário para atender aos interesses legítimos do controlador ou de terceiros, exceto no caso de prevalecerem direitos e liberdades fundamentais do titular que exijam a proteção dos dados pessoais; ou (x) para a proteção do crédito, inclusive quanto ao disposto na legislação pertinente.

No cenário da presente pesquisa, algumas das bases mencionadas são inaplicáveis à operação central da prática de preços personalizados em plataformas digitais, que é a aferição de preço de reserva a partir do perfilamento do indivíduo e direcionamento de preços personalizados.

Assim, uma das bases legais que não se aplicaria à tal operação é o cumprimento de obrigação legal ou regulatória pelo controlador, vez que não existem obrigações para que haja o tratamento de dados pessoais com a finalidade de praticar preços personalizados em lei ou regulação do ordenamento jurídico nacional.

Tal base legal se aplica, por exemplo, em casos em que há o dever de guarda de dados, como o Marco Civil da Internet prevê para provedores, ou a guarda de informações sobre colaboradores, prevista pela legislação trabalhista, bem como obrigações específicas para instituições financeiras e entidades da área da saúde, como a utilização de medicamentos controlados para a Agência Nacional de Vigilância Sanitária.

Da mesma maneira, descarta-se a base legal de tratamento de dados para políticas públicas, pela administração pública, tendo em vista que o escopo de análise da pesquisa está voltado para empresas privadas que praticam preços personalizados para fins estritamente econômicos.

Ademais, preços personalizados em plataformas digitais não estão relacionados com estudos conduzidos por órgãos de pesquisa, vez que as plataformas digitais em contento não se enquadram em tal categoria, cujos objetivos são econômicos por meio da venda de produtos e serviços e o aumento do seu lucro.

Em paralelo, o tratamento de dados pessoais para praticar preços personalizados sob uma visão geral não se coaduna com o exercício regular de direitos em processo judicial, administrativo ou arbitral, assim como não se justifica para a proteção da vida ou da incolumidade física do titular ou de terceiros, para a tutela da saúde ou para proteção do crédito. Observa-se a impossibilidade de atribuição de tais bases pela simples leitura de suas descrições, visto que o objetivo econômico de empresas privadas que praticam a personalização de preços as afasta de tais bases legais.

No entanto, vale mencionar que a base legal de proteção do crédito contempla a técnica do *credit scoring*, isto é, a definição de perfis financeiros dos indivíduos sobre a sua pontuação em relação a instituições financeiras. Esta prática foi considerada lícita pelo Superior Tribunal de Justiça nos termos do artigo 5º, IV e 7º, I da Lei 12.414/11 desde que respeitados alguns requisitos, como a tutela da privacidade e a máxima transparência ao consumidor[79]. Nesse sentido, é possível alegar que os mesmos parâmetros se aplicariam para justificar analogamente a licitude da precificação personalizada, ainda que com outra base legal a fundamentando.

Além disso, existem algumas informações, como os dados pessoais sensíveis, já mencionados e definidos no artigo 5º, II da LGPD, que podem culminar em alguma discriminação ao indivíduo, implicando em maiores riscos aos seus direitos e liberdades. Tais dados não devem ser tratados com base nas hipóteses do artigo 7º da lei, mas com bases legais especiais dispostas no artigo 11, que divide em duas possibilidades: dados tratados com o consentimento do titular ou não. O consentimento, por sua vez, não é apenas uma manifestação livre, inequívoca e informada, mas também deve ser específica e destacada. Portanto, há uma maior proteção devido à categoria sensível e com potencial discriminatório dos dados tratados.

Em se tratando de dados sensíveis que não dependem do consentimento, estes devem ser indispensáveis para (i) cumprimento de obrigação legal ou regulatória pelo controlador; (ii) tratamento compartilhado de dados necessários à execução de políticas públicas pela administração pública; (iii) realização de estudos por órgão de pesquisa; (iv) exercício regular de direitos, inclusive em contrato e em processo judicial, administrativo e arbitral; (v) proteção da vida ou da incolumidade física do titular ou de terceiros; (vi) tutela da saúde em procedimento realizado por profissionais de saúde, serviços de saúde ou autoridade sanitária; (vii) garantia da prevenção à fraude e à segurança do titular, nos processos de identificação e autenticação de cadastro em sistemas eletrônicos, exceto no caso de prevalecerem direitos e liberdades fundamentais do titular que exijam a proteção dos dados pessoais.

Algumas das bases legais de tratamento de dados pessoais sensíveis se assemelham às bases previstas no artigo 7º da LGPD, mas o tratamento deve ser indispensável para a obtenção do objetivo mencionado. Como já exposto nos motivos mencionados acima, quando se trata de dados sensíveis, nenhuma dessas bases pode ser aplicada para justificar a precificação personalizada, a não ser o consentimento. Soma-se a isso a base legal fundamentada pela garantia da prevenção à fraude e à segurança do titular nos processos de identificação e autenticação de cadastro em sistemas eletrônicos, visto que não é o caso da presente pesquisa.

Ademais, caberia o questionamento da proibição da utilização de dados pessoais sensíveis para formação de perfis. Pode-se dizer que o artigo 11, parágrafo 5º da LGPD responde essa questão. Referida disposição destaca que operadoras de planos privados de assistência à saúde não podem utilizar dados pessoais sensíveis, como dados de saúde, para a prática de seleção de riscos dos beneficiários que é, basicamente, um estudo de seus perfis. Assim, não é permitida a utilização dessa categoria de dados para formar perfis dos usuários e discriminá-los no momento da contratação ou exclusão em um plano de saúde.

---

79. STJ. REsp 1419697/RS, Rel. Min. Paulo de Tarso Sanseverino. Dje 17 nov. 2014.

4 • PREÇOS PERSONALIZADOS: CONSIDERAÇÕES À LUZ DA LGPD | **141**

Por outro lado, a lei não dispõe sobre a utilização de dados pessoais sensíveis para a formação de perfis dos indivíduos com outras finalidades. Ou seja, o legislador optou por não proibir o tratamento em todos os casos, mas em um específico. Por esse motivo, considerando que a exceção está expressa, conclui-se que é possível utilizar esses dados para preços personalizados desde que estes não se refiram a planos de saúde.

Dessa forma, ao se considerar dados pessoais não sensíveis, as bases legais que poderiam ser exploradas para precificação personalizada seriam as do artigo 7º, I, V e IX, isto é, consentimento, execução de contratos ou procedimentos preliminares e legítimo interesse. Caso o tratamento inclua dados sensíveis, apenas a base legal disposta no artigo 11, I da lei seria capaz de justificá-lo, ou seja, o consentimento expresso e específico, além de livre, inequívoco e informado. Ver-se-á, no entanto, que tais bases legais enfrentam obstáculos tanto no campo jurídico, como econômico.

4.6.1 Consentimento como base legal para preços personalizados

A primeira base legal trazida nos incisos do artigo 7º da LGPD, mas não mais importante que as demais, é o consentimento, que deve ser informado por escrito ou outro meio que demonstre a manifestação de vontade do titular do dado, o que revela a preocupação de uma participação do titular do dado no fluxo de suas informações pessoais.

O consentimento deve corresponder a uma manifestação livre, informada e inequívoca voltada a uma finalidade determinada. A sua coleta e utilização devem ser restritivas, sem a possibilidade de extensão da autorização dada pelo titular para outro momento, outro objetivo ou outro indivíduo. Nesse sentido, afirma Danilo Doneda:

> [...] A fundamentação deste consentimento reside na possibilidade de autodeterminação em relação aos dados pessoais, e que esta autodeterminação deve o elemento principal a ser levado em conta para caracterizarmos tanto a natureza jurídica bem como os efeitos desse consentimento[80].

O controlador tem o ônus de demonstrar que o consentimento foi obtido conforme requisitos legais, ou seja, de forma livre, informada e inequívoca. É necessária, assim, uma gestão do consentimento.

Como uma manifestação livre, o titular não deve ter sofrido nenhuma pressão, intervenção ou situação que vicie ou force a sua escolha, como alguma coação, estado de perigo e simulação. Relaciona-se, assim, com o "poder de barganha" entre as partes, o que se pode se mostrar assimétrico quando se considera um empregador e um empregado, uma autoridade pública e um cidadão, um professor e um aluno, minando a voluntariedade do consentimento. Isso porque poderá ser considerado

---

80. DONEDA, Danilo. *Da privacidade à proteção de dados pessoais*. Rio de Janeiro: Renovar, 2006. p. 377.

um negócio jurídico nulo nos termos do artigo 166 do Código Civil, principalmente quando houver uma grande assimetria de poder entre as partes e a vulnerabilidade do titular.

A característica de um consentimento informado se associa ao fato de que o titular deve ter as informações suficientes sobre o tratamento que será realizado, assim como sobre sua forma e finalidade. Dessa forma, evitam-se assimetrias técnica e informacional, por meio de informações claras e adequadas sobre condições, riscos e consequências do processamento de dados pessoais, o que se associa com as disposições do artigo 9º da LGPD[81].

Assim, um consentimento informado colabora com o controle do titular sobre os seus dados pessoais, possibilitando uma proteção pessoal[82]-[83]. Ademais, evita que empresas utilizem finalidades genéricas para justificar as operações de tratamento, como a alegação de "tratamento de dados pessoais para a melhoria da experiência do usuário". De acordo com Bioni, o dever-direito de informação deve propiciar ao titular dos dados elementos para o começo de um processo de tomada de decisão sobre o fluxo de seus dados pessoais, eliminando-se a opacidade e obscuridade em relação ao trânsito de suas informações[84].

Já uma manifestação de consentimento inequívoca se relaciona com a ausência de ambiguidades nas informações dadas ao titular, ausência de pressuposições e clareza, evitando uma manifestação genérica para o tratamento de dados pessoais. Posto isso, a omissão do titular sobre determinada operação de tratamento de dados, bem como seu silêncio ou opções previamente validadas não podem ser entendidos como concordância e consentimento nos termos da LGPD. Não podem existir dúvidas sobre a intenção e aceitação do titular.

Em algumas situações, como em caso de alterações na finalidade do tratamento, o consentimento deverá ser obtido novamente, esclarecendo ao titular a possibilidade de sua revogação a qualquer momento, de forma gratuita e facilitada, nos termos do artigo 8º, parágrafo 5º. Qualquer operação de tratamento de dados pessoais que tenha como base legal o consentimento deve permitir ao titular tal revogação, além de expor ao titular as consequências em caso de negativa de consentimento.

---

81. Cf. TEFFÉ, Chiara S.; TEPEDINO, Gustavo. Consentimento e a proteção de dados pessoais na LGPD. p. 301. *In:* FRAZÃO, Ana; OLIVA, Milena D.; TEPEDINO, Gustavo (Coords.). *Lei Geral de Proteção de Dados e suas Repercussões no Direito Brasileiro.* São Paulo: Thomson Reuters Brasil, 2019.

82. Cf. BARBOSA, Fernanda N. *Informação:* direito e dever de informar nas relações de consumo. São Paulo: Revista dos Tribunais, 2008. p. 35.

83. As informações devem auxiliar o indivíduo na tomada de decisões, ao invés de prejudicá-lo. Nesse sentido, há aqueles que discutem que com um excesso de informações existe a possibilidade de gerar ao usuário uma "fadiga do consentimento", sobrecarregando o indivíduo de informações. Para mais informações, recomenda-se a leitura de CHOI, Hanbyul; PARK, Jonghwa; JUNG, Yoonhyuk. The role of privacy fatigue in online privacy behavior, *Computers in Human Behavior, [s. l.],* v. 81, abr. 2018. Disponível em: <https://www.sciencedirect.com/science/article/abs/pii/S0747563217306817>. Acesso em: 07 ago. 2021.

84. Cf. BIONI, Bruno Ricardo. *Proteção de Dados Pessoais:* a função e os limites do consentimento. Rio de Janeiro: Forense, 2019. p. 195-196.

Outras disposições na lei trazem a necessidade de um consentimento ser dado de forma específica e destacada, como para o tratamento de dados sensíveis ou daqueles que possam causar danos ao titular conforme estipulado no artigo 11, para o compartilhamento de dados com outros controladores nos termos do artigo 7º, parágrafo 5º; para o tratamento de dados de crianças de acordo com o artigo 14, parágrafo 1º e; em casos de transferência internacional consoante artigo 33, VIII. Tais exigências mostram uma preocupação adicional com os riscos que podem ser sofridos pelos titulares, visando o aumento de sua participação sobre a circulação de seus dados pessoais.

Diante das exigências para a obtenção de um consentimento válido pela LGPD, surgem alguns obstáculos para a precificação personalizada, quando se considera esta a base legal para fundamentar a operação.

Primeiramente, há de se analisar se o consentimento para a prática será livre, inequívoco e informado. O primeiro requisito já encontra obstáculos quando se tratar de um mercado em que não existem outras empresas comercializando produtos e serviços iguais e sob condições semelhantes, como ocorre em mercados altamente concentrados. Neste caso, haveria um impedimento, tornando a prática com base no consentimento ilícita. Por outro lado, em um cenário em que outras empresas oferecem os mesmos produtos e serviços, a obtenção do consentimento para adquirir produtos e serviços apenas sob a condição de preços personalizados pode ser uma opção válida e aplicável.

O segundo e terceiro requisitos estão associados à quantidade de informação disponível ao consumidor, que deve ser vasta e clara sobre a prática e suas consequências. Ocorre que a transparência pode inviabilizar a precificação personalizada. Estudos demonstram que em casos de utilização do consentimento como base legal para tratamento de dados, há perda de anuências dos consumidores[85]. Cerca de 83% não retiram sua concordância quando esta é estabelecida como padrão, mas apenas 42% dos consumidores dão sua anuência quando devem especificamente manifestar seu consentimento. Esta última hipótese é a exigida pelas regras de proteção de dados, por meio da ferramenta *opt-in*.

Portanto, a maior anuência ocorre quando esta é padrão, ou seja, quando o consentimento do titular aparece como sugestão. No entanto, isso desobedece às exigências do *privacy by design* e os sete princípios dele decorrentes, contemplados indiretamente na LGPD.

Mencionada expressão foi criada por Ann Cavoukian, ex-comissária de Informação e Privacidade na Província de Ontário no Canadá, na década de 1990, para

---

85. Cf. WAGNER; EIDENMÜLLER, Down by Algorithms? Siphoning Rents, Exploiting Biases, and Shaping Preferences: Regulating the Dark Side of Personalized Transactions. *University of Chicago Law Review*, v. 86, p. 581, 2019. Disponível em: <https://lawreview.uchicago.edu/sites/lawreview.uchicago.edu/files/13%20 Wagner_SYMP_Post-SA%2028KT%29.pdf >. Acesso em: 20 maio 2020.

se referir a uma estratégia metodológica de proteção à privacidade. De acordo com a estratégia, tal proteção se incorpora desde o início ao projeto, ou seja, desde a estrutura e concepção dos sistemas, processos e serviços que envolvem o tratamento de dados pessoais[86]-[87].

Assim, obedecendo aos princípios de *privacy by design*, as exigências da LGPD e as recomendações de autoridades competentes, incluindo referências da União Europeia sujeitas ao GDPR desde maio de 2018, as opções para anuir sobre o consentimento não devem estar pré-selecionadas, mas possibilitar o *opt-in* do usuário, de forma que ele opte por selecionar a caixa, garantindo a sua ciência e concordância.

Portanto, a coleta de um consentimento livre, inequívoco e informado traria ao consumidor a chance de recusar o tratamento de seus dados para a personalização de preços antes que ela ocorra, ao contrário de outras bases legais que permitem que o tratamento de dados seja feito, dando ao titular o direito de se opor posteriormente caso haja violação da LGPD.

Diante de tal contexto, acredita-se que será pequena a anuência dos usuários quando for necessário que deem seu consentimento. Corrobora com isso resultados de pesquisas que demonstraram que consumidores veem a prática de preços personalizados como algo danoso[88], o que prejudica sua percepção em relação à imagem da plataforma digital[89]. Com isso, a estratégia final das empresas praticantes ficaria prejudicada, pois sua lucratividade e expansão de vendas depende da anuência de vários consumidores.

Apoia tal fato a percepção de que indivíduos com nível de ensino mais elevado tendem a ter melhores condições financeiras no Brasil, por conseguirem melhores oportunidades de emprego e progressão de carreira. Consequentemente, terão mais acesso à tecnologia e mais familiaridade com o tema.

Estes indivíduos de condições financeiras melhores, cujos preços de reserva seriam maiores, estariam mais acostumados com o funcionamento de plataformas digitais e poderiam se esquivar da prática de preços personalizados com mais facilidade. Por outro lado, aqueles de menores condições seriam conduzidos à plataforma, adquirindo produtos a preços mais baixos.

A balança ficaria desequilibrada: os indivíduos que pagariam mais pelos produtos, por terem maiores preços de reserva, se esquivariam da prática de preços

---

86. Cf. ALVES, Carla Segala; VAINZOF, Rony. Privacy by design e proteção de dados pessoais. *Jota*, 2016.
87. Entre os princípios, encontra-se: (i) proatividade e prevenção; (ii) privacidade como configuração padrão; (iii) privacidade incorporada ao projeto; (iv) funcionalidade total; (v) segurança de ponta-a-ponta; (vi) visibilidade e transparência; (vii) solução centrada no usuário. Para mais informações sobre o tema, recomenda-se a leitura de CRONK, Jason. Strategic *Privacy by design*. IAPP, Portsmouth, 2018.
88. Cf. XIA, L.; MONROE, K. B.; COX, J. L. The price is unfair! A conceptual framework of price fairness perceptions. *Journal of Marketing*, 68 (4), 2004, p. 1-15.
89. RUST, R. T.; KANNAN, P. K.; PENG, N. The customer economics of internet privacy. *Journal of the Academy of Marketing Science*, 30 (4), 2002, p. 455-464.

4 • PREÇOS PERSONALIZADOS: CONSIDERAÇÕES À LUZ DA LGPD

personalizados, enquanto os indivíduos com preços de reserva menores adquiririam produtos a preços mais baixos, de forma que a empresa praticante da precificação não veria sua recompensa. Tal recompensa depende da apropriação do excedente de alguns consumidores para permitir a expansão da produção para outros, como visto no item 3.4.

Além de tal fator, a LGPD prevê o direito de revogação do consentimento de forma gratuita e facilitada, o que torna a base legal frágil e permite que o controlador perca usuários ainda que estes tenham fornecido o seu consentimento em um primeiro momento. Restaria, dessa forma, a decisão de vender produtos sem preços personalizados, como uma opção da plataforma, ou não vender para usuários que revoguem ou não deem o consentimento.

No primeiro caso, a própria curiosidade levaria os consumidores a retirarem o consentimento para analisar a qual preço estariam sujeitos sem a personalização e vice e versa. A plataforma não teria a possibilidade de vender produtos aos indivíduos com preços de reserva mais elevados pois, de acordo com pressupostos de racionalidade do homem médio, o usuário optaria pela opção mais barata, sem personalização.

Além disso, se os consumidores encontrassem preços inferiores no momento da retirada do consentimento, o seu senso de justiça poderia afastá-los da plataforma pelos motivos já mencionados, prejudicando imagem, reputação e, consequentemente, vendas da empresa.

Por outro lado, na hipótese de a plataforma não vender produtos caso o consumidor não dê o seu consentimento para preços personalizados, também poderia ocorrer uma diminuição nas vendas, pois os usuários que negassem o consentimento não comprariam os produtos oferecidos na plataforma pela impossibilidade de acesso.

Ademais, não se recomenda que a ausência do consentimento a um tratamento implique na impossibilidade de adquirir determinado produto ou serviço, pois tal obstáculo compromete um dos requisitos da validade do consentimento, que é a sua obtenção livre. A prestação de serviços ou o oferecimento de produtos condicionados à obtenção do consentimento pode invalidar o próprio consentimento coletado, pois o usuário não teria liberdade para decidir se aceita ou não o tratamento ao passo que a sua negativa implicaria na não obtenção do produto ou serviço desejado.

Além das consequências da utilização do consentimento como base legal já expostas se tornarem um obstáculo para a prática de preços personalizados, a LGPD prevê o princípio da não discriminação em seu artigo 6º, que pode se relacionar diretamente com o tratamento de dados de saúde, considerados dados pessoais sensíveis.

Nesse caso, a formação de perfis de consumo e posteriormente a personalização de preços encontrariam maiores riscos se utilizassem dados pessoais sensíveis, como dados relacionados à saúde e à origem étnica, pelo potencial discriminatório associado. Seria necessária a análise de uma utilização ilícita ou abusiva para verificação da validade do tratamento.

Soma-se a isso a necessidade de uma coleta de consentimento nos termos do artigo 11, I da LGPD quando envolver o tratamento de dados pessoais sensíveis, ou seja, o titular deverá consentir de forma específica e destacada, além de dever ser um consentimento livre, inequívoco e informado.

De acordo com Teffé e Viola, a condição "específico" se refere a um consentimento referente a propósitos concretos, claramente determinados antes do tratamento dos dados, retomando obrigações de granularidade relacionada com os princípios da proporcionalidade e razoabilidade, visto que se trata da divisão do consentimento em partes, evitando-se o formato "tudo ou nada". O consentimento "destacado" se relaciona com uma evidência no documento das informações sobre o tratamento, em especial o tratamento específico que será dado para os dados sensíveis[90].

Assim, havendo tratamento de dados que versam sobre origem racial, étnica, convicção religiosa, opinião política e filiação a sindicato ou à organização de caráter religioso, filosófico ou político, dados referentes à saúde, à vida sexual, dados genéticos e biométricos, condições especiais devem ser consideradas no tratamento, principalmente no momento da coleta do consentimento, visto que tal categoria de dados propicia mais riscos aos direitos e liberdades de seus titulares.

Posto isso, apesar de o consentimento se mostrar uma base legal razoável para a prática de preços personalizados pois a condiciona à vontade e manifestação livre, inequívoca e informada do consumidor, foram demonstrados obstáculos como a diminuição do público pela não anuência, menores lucros e a possibilidade de uma base inválida, a depender do caso concreto.

Portanto, ainda que pesquisas afirmem que a base legal para o tratamento de dados pessoais para preços personalizados seria o consentimento explícito, como Gaef[91] e Koga[92], conclui-se que a probabilidade de êxito na utilização do consentimento como base legal seria juridicamente possível, mas economicamente remota.

4.6.2 Execução de contratos ou procedimentos preliminares e preços personalizados

A base legal prevista no artigo 7°, V da lei dispõe sobre o tratamento de dados "quando necessário para a execução do contrato ou de procedimentos preliminares relacionados a contrato do qual seja parte o titular, a pedido do titular dos dados". Frise-se que não basta a existência de um contrato ou a sua expectativa, mas a

---

90. Cf. TEFFÉ, Chiara; VIOLA, Mario. Tratamento de dados pessoais na LGPD: um estudo sobre as bases de dados dos artigos 7 e 11. p. 117-148. In: BIONI, Bruno et al. *Tratado de Proteção de Dados Pessoais*. São Paulo: Forense, 2021.

91. Cf. GRAEF, Inge. "Algorithms and Fairness: What Role for Competition Law in Targeting Price Discrimination towards Ends Consumers." *Columbia Journal of European Law*, v. 24, n. 3, Fall 2018, p. 541-560.

92. Cf. KOGA, Bruno Y. S. *Precificação personalizada na era digital.* Consumo, dados e concorrência. 2020. Dissertação (Mestrado em Direito, Justiça e Desenvolvimento) – Instituto Brasileiro de Direito Público, São Paulo, 2020.

presença do titular como uma de suas partes, seja contratante ou contratada, e o pedido do tratamento. Ademais, tal base legal não contempla o tratamento de dados pessoais sensíveis. Ainda, devem ser observadas as condições impostas pelo Decreto 7.962/2013, que dispõe sobre contratações no comércio eletrônico.

No caso de preços personalizados em plataformas digitais, destacam-se políticas de privacidade, contratos de compra e venda eletrônicos e termos e condições de uso. Primeiramente, políticas de privacidade são "avisos de privacidade", servindo para prestar esclarecimentos, como uma fonte de transparência sobre os tratamentos dos dados, agentes, escopo e finalidades. Elas têm o objetivo de dar transparência às operações de tratamento de dados pessoais que ocorrem em relação à plataforma digital para prestação de determinado serviço, atendendo princípios da LGPD[93].

Portanto, a ciência do usuário não torna lícito o tratamento de dados que está disposto em seu conteúdo caso esteja em desacordo com a LGPD. Assim, entende-se que a política de privacidade e as operações nela dispostas não estão fundamentadas na base legal de execução de contrato ou procedimentos preliminares. A política de privacidade apenas apresenta os fundamentos utilizados pela empresa para tratar diversas operações que contêm dados pessoais, dando visibilidade ao titular. Assim, havendo precificação personalizada em plataformas digitais, independentemente da base legal utilizada, a prática deve estar mencionada de forma clara na política que rege a aplicação.

Ademais, a base legal do artigo 7°, V abrange a necessidade de que o tratamento de dados seja justificado e realizado apenas quando necessário para a execução ou procedimentos mencionados. Ou seja, a necessidade do tratamento deve ser questionada. Tal questão estaria relacionada com os princípios da finalidade, necessidade e da boa-fé previstos no artigo 6° da LGPD, de forma que o tratamento deve ser razoável e proporcional às expectativas do titular[94] e não apenas conveniente ao modelo de negócio.

Em se tratando de precificação personalizada, deve ser verificada a necessidade de tratar dados pessoais para analisar perfis dos consumidores e inferir seus preços de reserva para alcançar o objetivo final, que é a venda dos produtos ou serviços. Para o atingimento do objetivo final de contratos de compra e venda de plataformas digitais,

---

93. FREITAS, Carla. Notícias e Artigos. *Como elaborar uma política de privacidade aderente à LGPD?* Disponível em: <https://www.serpro.gov.br/lgpd/noticias/2019/elabora-politica-privacidade-aderente-lgpd-dados--pessoais>. Acesso em: 27 mar. 2021.

94. Em discussão realizada pelo Observatório da Privacidade por Data Privacy BR, houve um impasse sobre o significado do termo necessidade na base legal e a sua relevância no momento de definição da base para o tratamento. Marcel Leonardi menciona que o requisito "necessário" deveria se ligar à realidade dos fatos, e não necessariamente à letra do contrato. Isso porque poderiam ocorrer distorções ou a inclusão de tratamentos de dados que sejam interessantes e úteis a um modelo de negócio, mas não necessários para a entrega do produto ou serviço em questão. DATA PRIVACY BR. Observatório da Privacidade. *Decifrando a base legal da execução de contrato.* 18 nov. 2020. Disponível em: <https://www.observatorioprivacidade. com.br/2020/11/18/decifrando-a-base-legal-da-execucao-de-contrato/>. Acesso em: 27 mar. 2021.

em especial plataformas de comércio eletrônico, não há a necessidade de tratar dados pessoais para precificar de forma personalizada os valores cobrados. Portanto, contratos de compra e venda eletrônicos – quando diferentes dos termos e condições de uso – não poderiam utilizar a base legal da execução de contratos ou procedimentos preliminares para justificar preços personalizados, visto que não haveria necessidade.

Como última alternativa, cabe analisar se termos e condições de uso podem justificar o tratamento de dados para formar preços personalizados. O objetivo de tais contratos é relatar e estabelecer condições para a utilização da plataforma. No caso analisado, trata-se de uma plataforma em que a sua funcionalidade depende da precificação personalizada.

No entanto, poderia ser argumentado de que os termos e condições de uso devem descrever e reger o objetivo principal da plataforma, que é o oferecimento de produtos e serviços e não a sua forma de cobrança. Assim, o tratamento de dados para a alteração dos preços a serem cobrados dos consumidores não é algo necessário para que haja a comercialização dos produtos e serviços. Por esse motivo, poderia ser afastada a utilização da base legal, vez que não haveria necessidade.

Caso superada a questão da necessidade do tratamento para alcançar o objetivo do contrato, termos e condições de uso são documentos extensos e sequer lidos pela maioria dos usuários, apesar dos recentes esforços em legal design para alterar o formato e simplificá-los, deixando-os mais claros e compreensíveis ao destinatário. Pereira de Lima explica que existem várias razões pelas quais os usuários não leem os contratos eletrônicos:

> Há várias razões para os consumidores não lerem os contratos eletrônicos, dentre as quais: - por pressa, o usuário assume o risco de estar vinculado a cláusulas que desconhece; - pela falsa impressão de que na internet, pela facilidade e aparente gratuidade dos serviços oferecidos, os contratos não serão abusivos; - pela lógica do imediatismo, o usuário pretende satisfazer uma necessidade atual não se importando com as consequências futuras deste ato; - pela impossibilidade de compreender os termos estabelecidos de maneira padronizada e poluída nos quais se misturam clausulas importantes que mitiguem direitos dos consumidores; dentre outras[95].

Estudos comprovam esse fato, como pesquisa realizada em 2018 por pesquisadores da Universidade York de Toronto e da Universidade de Connecticut que demonstrou que 74% dos participantes do estudo não leram a Política de Privacidade apresentada e 86% leram os Termos de Uso em menos de um minuto, ou seja, sem dar a devida atenção ao seu conteúdo[96].

---

95. LIMA, Cíntia Rosa Pereira De. *O Ônus de Ler o Contrato no Contexto da "Ditadura" dos Contratos de Adesão Eletrônicos*. Disponível em: <http://publicadireito.com.br/artigos/?cod=981322808aba8a03>. Acesso em: 18 ago. 2020. p. 3.

96. OBAR, Jonathan A.; OELDORF-HIRSCH, Anne. *The Biggest Lie on the Internet*: Ignoring the Privacy Policies and Terms of Service Policies of Social Networking Services, 1 jun. 2018. TPRC 44: The 44th Research Conference on Communication, Information and Internet Policy, 2016. Disponível em: https://ssrn.com/abstract=2757465 e http://dx.doi.org/10.2139/ssrn.2757465. Acesso em: 27 mar. 2021.

Nesse mesmo sentido, Hillman fez um questionário a seus estudantes sobre a leitura dos contratos de adesão eletrônicos, como termos de uso, e apenas 4% responderam que leem, 17% leem a depender do termo, 36% leem a depender do fornecedor e 37% leem a depender do valor da transação envolvida[97].

Ademais, termos e condições de uso podem se apresentar como contratos de adesão, principalmente em plataformas digitais que comercializam produtos e serviços, sendo clara a relação de consumo com o usuário. Por contrato de adesão, Maria Helena Diniz defini o negócio jurídico que importa mera anuência a uma proposta da outra parte[98]. No CDC, o artigo 54, *caput* determina que "contrato de adesão é aquele cujas cláusulas tenham sido aprovadas pela autoridade competente ou estabelecidas unilateralmente pelo fornecedor de produtos ou serviços, sem que o consumidor possa discutir ou modificar substancialmente seu conteúdo". Nesse sentido, Lima Marques defini como:

> Contrato de adesão é aquele cujas cláusulas são preestabelecidas unilateralmente pelo parceiro contratual economicamente mais forte (fornecedor), *ne variatur*, isto é, sem que o outro parceiro (consumidor) possa discutir ou modificar substancialmente o conteúdo do contrato escrito. [...] Limita-se o consumidor a aceitar em bloco as cláusulas[99].

Os contratos de adesão devem contemplar alguns requisitos para terem validade, de acordo com o artigo 54 do CDC, como o tamanho da fonte e a redação de cláusulas em destaque quando estas implicarem limitação do direito do consumidor. Há, portanto, uma discussão sobre vícios em tais negócios jurídicos, diante da assimetria de poder entre as partes, seja informacional, técnica ou econômica e da ausência de uma fase pré-contratual decisiva.

Logo, o documento pode ter cláusulas consideradas abusivas de acordo com os artigos 6º, IV e 51 do CDC, que devem ser analisadas conforme os princípios legais estabelecidos na LGPD, como razoabilidade, proporcionalidade e necessidade, e no ordenamento jurídico nacional de forma geral. Tais cláusulas podem ser extirpadas do contrato ou a sua interpretação pode ser considerada em favor da parte mais vulnerável, nos termos do artigo 423 do Código Civil de 2002 e do artigo 47 do CDC.

Margaret Jane Radin afirma que tais contratos, com cláusulas obrigatórias padronizadas, violam o princípio do consentimento da doutrina contratual, não havendo convergência das declarações de vontade, bem como os princípios da

---

97. Cf. HILLMAN, Robert. On-line consumer standard-form contracting practices: a survey and discussion of legal implications. p. 08. *In: Cornell Law School: Legal Studies Research Paper Serie*s, n. 5-012, 2005, p. 1-30. Disponível em: <https://scholarship.law.cornell.edu/lsrp_papers/29/>. Acesso em: 17 abr. 2021.

98. Cf. DINIZ, Maria Helena. *Código Civil anotado*. 14. ed. rev. e atual. São Paulo: Saraiva, 2009, p. 367.

99. MARQUES, Claudia Lima. *Contratos no Código de Defesa do Consumidor*: o novo regime das relações contratuais. 4. ed. rev. ampl. e atual. São Paulo: Editora Revista dos Tribunais, 2002, p. 58.

boa-fé objetiva e do equilíbrio contratual. Por esse motivo, chama de "ditadura dos contratos de adesão eletrônicos"[100].

Questiona-se, assim, se seria razoável que os termos e condições de uso de uma plataforma que comercializa produtos e serviços estabelecessem que coletam e analisam dados pessoais de forma automatizada para inferir perfis de consumo e preços de reserva, sem dar a opção para o titular de negociar tal tratamento e, ainda, sem a transparência adequada. Como consequência, aplicar-se-ia o artigo 45 da LGPD, remetendo a questão às regras de responsabilidade previstas na legislação pertinente ao consumidor.

Por esses motivos, termos e condições de uso que justifiquem a precificação personalizada a partir da base legal da execução do contrato ou procedimentos preliminares parecem frágeis sob a análise jurídica realizada, apesar de economicamente possíveis.

4.6.3 O legítimo interesse como base legal para preços personalizados

A LGPD prevê, em seu artigo 7º, IX, o legítimo interesse de controladores ou terceiros uma base legal para o tratamento de dados pessoais. Dessa forma, Leonardi afirma que podem ser inseridos interesses comerciais, individuais ou mesmo interesses da coletividade e sociedade amplamente considerados[101]. Nesse sentido, afirma que:

> [...] Quando o tratamento for baseado no legítimo interesse de terceiro, a LGPD não exige a observância dos requisitos do artigo 10. Este é um ponto crucial, pois os interesses legítimos de terceiros englobam não apenas terceiros em uma relação negocial, mas também a própria sociedade amplamente considerada, ou seja, os interesses legítimos de certas categorias de pessoas ou mesmo de toda a população, conforme o caso[102].

Há uma amplitude no conceito do legítimo interesse, vez que não está delimitado na lei de forma clara e exaustiva. Por esse motivo, muitos agentes de tratamento exploram tal base legal como um coringa em suas operações de tratamento, isto é, não havendo encaixe da operação diante das outras bases legais, justifica-se com o legítimo interesse[103]. Ocorre que tal base requer mais cautela para ser aplicada.

---

100. RADIN, Margaret Jane. *Boilerplate*: the fine print, vanishing rights, and the rule of law. New Jersey: Princeton University Press, 2013. p. 19.

101. Cf. LEONARDI, Marcel. Legítimo interesse. *Revista do Advogado*, v. 39, 2019. p. 70.

102. LEONARDI, Marcel. *Publicidade personalizada e LGPD*: este parecer foi elaborado a pedido da Associação de Mídia Interativa ("IAB Brasil"), de forma a analisar algumas implicações da Lei 13.709/2018 (Lei Geral de Proteção de Dados Pessoais, "LGPD") à publicidade personalizada. Consulente IAB Brasil. 26 jul. 2021, São Paulo. p. 24.

103. Na União Europeia, o rastreamento e monitoramento de dados pessoais por meio de cookies deve ser antecipado pelo consentimento do titular, de acordo com a ePrivacy Directive 2002/58/CE do Parlamento Europeu e do Conselho e do julgamento da Corte de Justiça da União Europeia no caso Planet 49 Gmbh, C-673/17 em relação à validade do opt-in, isto é, caixas pré-selecionadas.

O legítimo interesse está presente no artigo 10 da LGPD, que deixa explícita a necessidade de averiguação do caso concreto para a sua utilização, bem como a existência de finalidades legítimas que incluem, mas não se limitam, ao apoio às atividades do controlador e à proteção do exercício regular de direitos do titular ou prestação de serviços que o beneficiem[104].

Outro conceito essencial trazido pelo artigo 10 é a legítima expectativa dos titulares de dados, isto é, o que é esperado pelo titular diante de determinado contexto, vinculada ao princípio da boa-fé. A sua relação com tal princípio pode ser vista como um dever de conduta do agente de tratamento para com o titular:

> O princípio da boa-fé irradia a existência de um dever de conduta por parte do agente de tratamento de dados, com destaque para: (i) lealdade junto ao titular dos dados, de sorte que não frustre a confiança nele depositada, o que somente é aferível caso a caso; com isso, abre-se espaço para que haja novos usos (secundários) dos dados, mas que não contrariem o contexto do fluxo informacional; e (ii) cuidado, que está ligado à noção de abuso de direito, isto é, que o direito em processar dados pessoais não "exceda manifestamente os limites impostos pelo seu fim econômico ou social, [...] pelos bons costumes". Nesse sentido, o instituto do abuso de direito seria o portal de entrada para os "os limites éticos e sociais impostos a uma atividade", justamente em um momento em que se verifica uma guinada da ética em meios aos debates regulatórios sobre as novas tecnologias[105].

Da mesma forma, a legítima expectativa do titular também se relaciona com o princípio da confiança, que decorre do princípio da boa-fé e segurança jurídica. Nesse sentido, Martins Costa aponta que:

> Esta, a boa-fé, liga-se, primariamente, ao dever geral de cooperação, impondo, para tal fim, pautas de correção, lealdade, probidade e consideração de interesses legítimos do parceiro; esta, a confiança, prende-se, primariamente, à geração de expectativas legítimas cuja manutenção pode construir um dever jurídico (dever de manter a confiança suscitada) e cuja frustração pode ocasionar responsabilidade por danos (responsabilidade pela confiança)[106].

---

104. Uma das questões interpretativas provenientes destas hipóteses contidas nos incisos do artigo 10 da LGPD se refere ao fato de serem alternativas ou cumulativas as condições apresentadas para a aplicação da base legal, apesar de não serem as únicas, como o *caput* esclarece. Assim, questiona-se a necessidade de a operação ser para apoiar as atividades do controlador e, ainda, proteger o exercício regular de direitos dos titulares e justificar uma prestação de serviços que o beneficie.

Bioni, Kitayama e Rielle afirmam que os incisos do artigo 10 seriam condições cumulativas por serem parâmetros que devem nortear a aplicação da base legal, para que o apoio às atividades do controlador não justifique o uso da hipótese sem balancear interesse e direitos dos titulares de dados pessoais. Soma-se a esta interpretação o uso do "e" ao final do inciso I ao invés de "ou". No entanto, um dos fundamentos da lei é o desenvolvimento econômico e tecnológico, o que poderia suportar que os incisos sejam condições alternativas e exemplificativas para a aplicação da base legal, evitando um engessamento das atividades voltadas a dados pessoais. Nesse sentido, BIONI, Bruno; KITAYAMA, Marina; RIELLI, Mariana. *O legítimo interesse na LGPD*: quadro geral e exemplos de aplicação. São Paulo: Associação Data Privacy Brasil de Pesquisa, 2021. p. 26.

105. BIONI, Bruno; KITAYAMA, Marina; RIELLI, Mariana. *O legítimo interesse na LGPD*: quadro geral e exemplos de aplicação. São Paulo: Associação Data Privacy Brasil de Pesquisa, 2021. p. 30.

106. MARTINS-COSTA, Judith. *A ressignificação do princípio da segurança legítima na relação entre o Estado e os cidadãos*: a segurança como crédito de confiança. Revista CEJ, Brasília, n. 27, out/dez. 2004. p. 98.

Posto isso, Azevedo conclui que "[...] o art. 10, parágrafo 2º da LGPD estabelece o princípio da confiança, aqui representado pela legítima expectativa do titular, como um verdadeiro contrapeso ao legítimo interesse do controlador dos dados [...]"[107]. Ademais, sendo a base legal da operação o legítimo interesse, dados sensíveis não podem ser tratados de acordo com a interpretação do artigo 11 que delimita as suas próprias hipóteses de tratamento para tal categoria de dados e em tal rol exaustivo não está contemplada referida base legal.

Assim, no caso de um tratamento justificado pelo legítimo interesse do controlador ou terceiro, excluem-se dados relativos à origem racial ou étnica, convicção religiosa, opinião política, filiação a sindicato ou a organização de caráter religioso, filosófico ou político, dado referente à saúde ou à vida sexual, dado genético ou biométrico. Com isso, limita-se o rol de opções das plataformas quando forem criar perfis de consumo e analisar dados para aferir os preços de reserva dos consumidores.

Essa limitação impõe questões práticas e técnicas, vez que deverão ser descartados dados que sejam sensíveis ou tenham potencial para tanto, assim como deve ocorrer se a base legal for a execução de contratos ou procedimentos preliminares, mencionada no item anterior.

Portanto, se um indivíduo faz compras de produtos para diabéticos, o seu histórico de compras não será necessariamente um dado sensível, mas a informação resultante do tratamento de dados relativos ao histórico permite inferir que ele tenha algum problema de saúde, o que não deve ser aceito para justificar um tratamento com base no legítimo interesse pelo agente de tratamento. Tal fato requer uma potente tecnologia de processamento, já existente no contexto atual, mas limitada a algumas empresas em melhores condições de desenvolvimento tecnológico.

Soma-se a isso o fato de o legítimo interesse gerar um ônus argumentativo em relação a alguns princípios da lei, como necessidade, finalidade e transparência[108]. No parágrafo primeiro, a LGPD esclarece que apenas dados estritamente necessários para o objetivo pretendido deverão ser utilizados, reforçando o princípio da necessidade e da finalidade, que deve ser específica e concreta para cada operação.

Assim, apenas dados necessários são permitidos quando explorada tal base legal, ressaltando-se a premissa de que seja observada a minimização dos dados tratados, isto é, que ocorra o tratamento apenas dos dados necessários para atingir a finalidade pretendida. Deve ser averiguada a existência de uma maneira alternativa para atingir o objetivo pretendido de maneira menos intrusiva ao titular e de outras formas de

---

107. Cf. AZEVEDO, Ricardo. O legítimo interesse e a legítima expectativa do titular dos dados. p. 118. *In*: COTS, Marcio; OLIVEIRA, Ricardo (coords.). *O legítimo interesse e a LGPDP* – Lei Geral de Proteção de Dados Pessoais. 2. ed. rev., atual., ampl. São Paulo: Thomson Reuters Brasil, 2021.

108. Cf. DATA PROTECTION NETWORK. *Guidance on the use of Legitimate Interests under the EU General Data Protection Regulation*. Reino Unido, 2017. Disponível em: <https://www.dpnetwork.org.uk/wp-content/uploads/2018/11/DPN-Guidance-A4-Publication-17111.pdf>. Acesso em: 21 abr. 2021.

tratamento que causem menos impacto aos seus direitos e liberdades fundamentais. Nesse sentido, Bioni, Kitayama e Rielli explicam:

> Diferente de outras bases legais, no caso do legítimo interesse há referência explícita ao princípio da necessidade como condição de aplicabilidade. A necessidade, ou minimização, divide-se em sentido estrito, que diz respeito ao tratamento da menor quantidade de dados possível para uma determinada finalidade, e sentido lato, que se refere à articulação de medidas de salvaguardas mitigatórias aos riscos para os direitos e liberdades fundamentais dos titulares. Trata-se, portanto, de um dever de cuidado duplo, que deflagra dois juízos distintos, um em torno da menor intrusividade do tratamento de dados, outro acerca da menor lesividade[109].

Já o parágrafo 2º do artigo 10 da LGPD reforça o dever de transparência no tratamento de dados pessoais. Mesmo não sendo necessária a aceitação do tratamento pelo titular, como ocorre quando se trata de consentimento, o controlador não pode usar o legítimo interesse como uma carta coringa, de forma opaca. Caberá ao responsável pelo tratamento a disponibilização de informação ao titular sem que ele precise exigi-las, reforçando a sua autodeterminação informativa.

O parágrafo 3º do mencionado artigo abrange a possibilidade de a Autoridade Nacional de Proteção de Dados solicitar ao controlador um relatório de impacto à proteção de dados pessoais, o que se relaciona com o artigo 37 que reforça o dever dos agentes de tratamento em manter registro das suas operações, em consonância com o princípio da responsabilização e prestação de contas disposto no artigo 6, X da LGPD.

O relatório de impacto, que será visto com maior profundidade no item 4.7, não deverá ser realizado previamente se a lei for interpretada de forma literal, mas para que o tratamento dos dados seja justificado pelo legítimo interesse, será necessária a análise prévia do impacto causado nos titulares, a fim de analisar a sua legitimidade.

Por esse motivo, antes mesmo da realização do relatório e com base no direito comparado[110], sustenta-se a necessidade de realização de um teste de proporcionalidade, também chamado de LIA (Legitimate Interest Assessment), no qual devem ser balanceados os direitos fundamentais e liberdades civis dos titulares, bem como suas expectativas, em relação ao legítimo interesse do controlador ou terceiros.

4.6.3.1 O teste de proporcionalidade do legítimo interesse

A base legal do legítimo interesse do controlador ou de terceiros para o tratamento de dados pessoais deixa uma margem subjetiva em relação à licitude da

---

109. BIONI, Bruno; KITAYAMA, Marina; RIELLI, Mariana. *O legítimo interesse na LGPD*: quadro geral e exemplos de aplicação. São Paulo: Associação Data Privacy Brasil de Pesquisa, 2021. p. 34.

110. Vale mencionar que a base legal do legítimo interesse na LGPD e no GDPR apresentam diferenças, como o direito de oposição que neste pode ocorrer pelo simples fato de o tratamento ocorrer com base no legítimo interesse, enquanto naquela deve existir violação da lei.

operação de tratamento e, como consequência, um ônus para que o próprio controlador aprecie a sua viabilidade diante das disposições da LGPD e da situação concreta.

Nesse sentido, por uma análise sistemática dos artigos 6º, X, 10 e 37 da LGPD, recomenda-se a realização de um teste de proporcionalidade entre os legítimos interesses envolvidos, sejam eles do controlador ou de terceiros, e os direitos e liberdades individuais dos titulares dos dados pessoais e suas legítimas expectativas, com o registro das operações de tratamento para arquivo e posterior apresentação à Autoridade Nacional de Proteção de Dados, se solicitado.

Analogamente, destaca-se teste já praticado pelo Supremo Tribunal Federal quando existe a necessidade de ponderação entre direitos constitucionais fundamentais[111], retomando conceitos de Robert Alexy que busca "máxima da proporcionalidade, com suas três máximas parciais - as máximas da adequação, da necessidade e da proporcionalidade em sentido estrito"[112].

O teste se desenvolve a partir de três requisitos: (i) adequação, (ii) necessidade e (iii) proporcionalidade em sentido estrito. De acordo com Mattiuzzo e Ponce, primeiramente se verifica se a medida – o tratamento de dados pessoais – é apto a alcançar o resultado esperado. Nesse sentido, Alexy previa que a adequação está relacionada com um procedimento "de maneira igualmente eficaz, mas de forma menos invasiva"[113].

O segundo requisito determina a verificação de existência de medida menos gravosa ao titular e ao direito fundamental atingido. Posteriormente, a proporcionalidade em sentido estrito deve ser realizada entre a intensidade de restrição do direito fundamental atingido e a importância da realização do tratamento em relação ao direito fundamental que se pretende alcançar justificando a adoção das medidas restritivas[114].

A utilização do teste para o balanceamento de direitos de titulares e controladores ou terceiros em relação a dados pessoais foi reforçada pela análise das Ações Diretas de Inconstitucionalidade n. 6.389, 6.390, 6.393, 6.388 e 6.387 de relatoria da Ministra Rosa Weber do Supremo Tribunal Federal sobre a Medida Provisória 945/2020 com a afirmação de que dados pessoais são objeto de proteção constitucional e, também, pela PEC 17/2019.

---

111. Cf. SILVA, Virgílio A. da. *O proporcional e o razoável*. São Paulo: Revista dos Tribunais, 798, 2002, p. 23-50. Disponível em: <https://constituicao.direito.usp.br/wp-content/uploads/2002-RT798-Proporcionalidade. pdf>. Acesso em: 09 jan. 2021.

112. Cf. ALEXY, Robert. *Teoria dos Direitos Fundamentais*. Editora Malheiros. Trad. Virgílio Afonso da Silva da 5. edição alemã. 2006. p. 588-590.

113. Cf. ALEXY, Robert. *Teoria dos Direitos Fundamentais*. Editora Malheiros. Trad. Virgílio Afonso da Silva da 5. edição alemã. 2006. p. 586.

114. SILVA, Virgílio A. da. O proporcional e o razoável. São Paulo: Revista dos Tribunais, 798, 2002, p. 40. Disponível em: https://constituicao.direito.usp.br/wp-content/uploads/2002-RT798-Proporcionalidade. pdf. Acesso em: 09 jan. 2021.

4 • PREÇOS PERSONALIZADOS: CONSIDERAÇÕES À LUZ DA LGPD 155

[...] A afirmação da força normativa do direito fundamental à proteção de dados pessoais decorre da necessidade indissociável de proteção à dignidade da pessoa humana ante a contínua exposição dos indivíduos aos riscos de comprometimento da autodeterminação informacional nas sociedades contemporâneas[115].

Nesse sentido, de acordo com Mendes, o direito fundamental à proteção de dados envolve sob uma perspectiva subjetiva a proteção do indivíduo contra os riscos que ameaçam a sua personalidade diante da coleta, processamento, utilização e circulação dos dados pessoais e sob uma perspectiva objetiva, a atribuição ao indivíduo da garantia de controlar o fluxo de seus dados[116].

De forma específica, como o legítimo interesse já era trazido na Diretiva 95/46/CE do Conselho da Europa em relação ao tratamento de dados pessoais por controladores ou terceiros, em 2014 o Grupo de Trabalho do Artigo 29[117] da Diretiva 95/46/CE dispôs sobre sua forma e metodologia, por meio da Opinião 06/14 sobre a noção de legítimo interesse do controlador de dados sob o artigo 7 da Diretiva 95/46/CE[118].

Conforme apresentado na Opinião mencionada, o teste deve considerar alguns fatores, como a natureza do legítimo interesse, o impacto nos titulares e salvaguardas adicionais, sendo composto por quatro fases[119].

Assim, com a finalidade de equalizar legítimos interesses e legítimas expectativas, deve-se verificar (i) a legitimidade do interesse; (ii) a necessidade do tratamento dos dados pessoais; (iii) realizar o balanceamento entre os interesses e direitos em cena; (iv) verificar salvaguardas[120]. Ao final, é necessário demonstrar conformidade com a legislação e transparência sobre a operação, assim como se os titulares podem se opor ao tratamento.

Para a verificação da legitimidade do interesse, em um primeiro momento, analisa-se a finalidade legítima presente em relação ao tratamento, isto é, qual o benefício trazido, bem como se o interesse está devidamente definido.

---

115. BRASIL. Supremo Tribunal Federal. Ação Direta de Inconstitucionalidade 6.389/DF. Brasília, DF, 07 de maio de 2020. Disponível em: < http://redir.stf.jus.br/paginadorpub/paginador.jsp?docTP=TP&docID=754358482>. Acesso em: 20 fev. 2021.

116. Cf. MENDES, Laura Schertel. *Privacidade, proteção de dados e defesa do consumidor*: linhas gerais de um novo direito fundamental. São Paulo: Saraiva, 2014, p. 176-177.

117. O Grupo de Trabalho do Artigo 29 da Diretiva 95/46/CE foi um órgão consultivo europeu independente em matéria de proteção de dados e privacidade. As suas atribuições encontravam-se descritas no artigo 30.º da Diretiva 95/46/CE e no artigo 15.º da Diretiva 2002/58/CE, encerradas com a vigência do GDPR que revogou a Diretiva 95/46/CE.

118. EUROPEAN COMISSION. Opinion 06/2014 on the notion of legitimate interests of the data controller under Article 7 of Directive 95/46/EC. Bruxelas, 2014. Disponível em: <https://ec.europa.eu/justice/article-29/documentation/opinion-recommendation/files/2014/wp217_en.pdf>. Acesso em: 27 jun. 2021.

119. Na fase 1, destaca-se os artigos 6 (4), b do GDPR e recital 47 e 50 da Diretiva 95. Na fase 2, destaca-se os artigos 6 (4), e do GDPR e recital 47 e 50 da Diretiva 95. Na fase 3, destacam-se os artigos 6 (1), f e 6 (4), c, d do GDPR e recital 47 e 50 da Diretiva 95. Na fase 4, destaca-se os artigos 6 (4), e do GDPR e recital 50 da Diretiva 95.

120. Cf. BIONI, Bruno Ricardo. *Proteção de dados pessoais*: a função e os limites do consentimento. Rio de Janeiro: Forense, 2019. p. 252 e ss.

Em seguida, para verificar a necessidade do tratamento dos dados pessoais, volta-se à prática da minimização dos dados pessoais, ou seja, se os dados que serão tratados são todos necessários para a finalidade almejada ou se esta pode ser alcançada com menos dados, impactando de forma menos significante a vida do indivíduo titular. Assim, um interesse é legítimo se não ofende nenhuma lei, além de ser suficientemente claro e concreto.

A terceira etapa se relaciona com o balanceamento dos impactos que o tratamento causará sobre o titular dos dados, ou seja, se as suas legítimas expectativas são compatíveis com o que será produzido e se suas liberdades e direitos fundamentais serão ameaçados de alguma maneira[121]. Por fim, a atividade de tratamento deve estar de acordo com princípios como a transparência. As salvaguardas estão relacionadas a esta questão, focando-se no dever de informar, nos direitos dos titulares e na mitigação dos riscos que os titulares podem sofrer.

Já a autoridade do Reino Unido Information Comissioner's Office (ICO), ao dispor sobre o UK GDPR[122], divide o teste em três etapas para analisar (i) o propósito do tratamento, (ii) a necessidade e (iii) o balanceamento[123]. Na fase de balanceamento, são consideradas as possíveis salvaguardas.

Na primeira etapa, chamada de teste de propósito ou identificação de legítimo interesse, verifica-se a existência de legitimidade no tratamento dos dados, o que se faz respondendo questões sobre propósito do tratamento, benefícios do controlador, de terceiros e público, importância dos benefícios identificados, impactos da não realização, conformidade com legislação, diretrizes e códigos de conduta, existência de questões éticas.

A segunda etapa verifica se o tratamento dos dados é necessário para o propósito identificado, questionando se ajudará a atingir a finalidade esperada, se é proporcional ao propósito determinado, se há como atingir a mesma finalidade sem referido tratamento ou por meio de menos dados ou de forma menos intrusiva.

Por fim, como um teste de balanceamento, o ICO recomenda que seja verificado o impacto nos interesses individuais, em seus direitos e liberdades, verificando se o tratamento não sobrepassa seu legítimo interesse. Para tanto, analisa-se a natureza dos dados, ou seja, se existem dados de categoria sensível, criminal, de crianças ou vulneráveis, se os dados são considerados privados pelos indivíduos, se os dados se referem a pessoas em suas capacidades pessoais e profissionais.

---

121. A lei prevê que o legítimo interesse pode ser do controlador ou de terceiro, o que pode dificultar na realização do teste, visto que deverão ser consideradas os interesses de um sujeito alheio à relação. BIONI, Bruno Ricardo. *Proteção de dados pessoais*: a função e os limites do consentimento. Rio de Janeiro: Forense, 2019. p. 255.

122. Em 31 de dezembro de 2020, conclui-se a saída do Reino Unido da União Europeia. Porém, o GDPR foi mantido como UK GDPR.

123. Na fase 1, destaca-se o artigo 6 (4), b do GDPR e recital 47 e 50 da Diretiva 95. Na fase 2, destaca-se o artigo 6 (4), a do GDPR e recital 47, 49 e 50 da Diretiva 95. Na fase 3, destacam-se os artigos 6 (1), f e 6 (4), c, d, e do GDPR.

4 • PREÇOS PERSONALIZADOS: CONSIDERAÇÕES À LUZ DA LGPD

Ato contínuo, são analisadas as expectativas razoáveis do titular, averiguando se há alguma relação previamente estabelecida, bem como se os dados são coletados diretamente dos titulares; quais as informações transmitidas no momento da coleta sobre finalidade; o momento da coleta e se surgiram tecnologias que possam afetar as expectativas dos titulares; a compreensão clara sobre a finalidade e o método; a existência de algum propósito inovador no tratamento; alguma evidência sobre expectativas dos usuários.

No mais, observa-se o provável impacto causado nos indivíduos, analisando as possíveis consequências. Por exemplo, verifica-se se os titulares irão perder algum controle sobre o uso de seus dados, se há probabilidade de um impacto severo, se os titulares podem considerar o uso dos dados intrusivo, se podem ser adotadas salvaguardas para minimizar o impacto, se há algum dano econômico, físico ou moral, se haverá limitação a produtos e serviços etc. Pergunta-se, ao final, sobre a possibilidade de oferecer aos indivíduos a oposição ao tratamento.

Assim, o teste verifica a natureza dos interesses (expectativas dos indivíduos, tipos de dados, natureza dos interesses do controlador), o impacto do tratamento (status do titular, status do controlador, forma de processamento, vieses do controlador, impactos causados nos titulares) e as possíveis salvaguardas (como minimização de dados, anonimização, pseudoanonimização, *privacy by design*, restrição de acesso, medidas adicionais de transparência, encriptografia, *opt-out*, limites de retenção de dados, múltiplos fatores de identificação, entre outros).

Analisadas as etapas mencionadas, caberá ao controlador concluir se o legítimo interesse é aplicável como base legal para o tratamento pretendido. Quando mais significante for o risco encontrado, mais aprofundada deve ser a justificativa do tratamento. Caso sejam identificados altos riscos aos direitos e liberdades dos indivíduos, o ICO recomenda a realização de um relatório de impacto à proteção de dados, em inglês nomeado *data protection impact assessment* ou DPIA, que apesar de se aproximar do teste de proporcionalidade do legítimo interesse, é mais aprofundado, como será visto no item 4.7:

> [...] DPIA é um processo de ponta a ponta muito mais aprofundado, com requisitos mínimos mais específicos quanto ao conteúdo e processo. Você só precisa fazer um DPIA se identificar que o processamento é de um tipo considerado provável de resultar em alto risco (consulte nossa lista de verificação de triagem DPIA), mas você precisa fazer isso independentemente da base legal que você está considerando. Se você não puder mitigar os riscos, deverá consultar a ICO antes de iniciar o processamento[124].

---

124. No original: "By contrast, a DPIA is a much more in-depth end-to-end process, with more specific minimum requirements as to content and process. You only need to do a DPIA if you identify that the processing is of a type considered likely to result in high risk (see our DPIA screening checklist), but you need to do it irrespective of what lawful basis you are considering. If you cannot mitigate risks, you need to consult the ICO before you can start processing". *In*: INFORMATION COMISSIONER'S OFFICE. For organisations. Guide to Data Protection. Guide to General Data Protection Regulation (GDPR). Legitimate Interests. *How do we apply legitimate interests in practice?* Londres. Disponível em: <https://ico.org.uk/for-organisations/

No contexto brasileiro, o teste de proporcionalidade do legítimo interesse também é defendido pela doutrina, conforme explica Bioni, Kitayama e Rielli, dividindo-o em quatro fases:

> Essas quatro etapas estão segmentadas em duas partes. A primeira parte, que compreende as três primeiras fases, atribui o juízo de valor da legitimidade do interesse ao controlador e/ou ao terceiro. A segunda parte, em que está condensada a quarta fase, consiste em uma espécie de contraditório e ampla defesa por parte do próprio titular e entidades representativas do seu interesse. Esse último momento do teste cumpre uma função de extrema importância, que é assegurar voz à outra parte cujo interesse deve ser sopesado ao do agente de tratamento de dados, em linha com um dos fundamentos da LGPD: a autodeterminação informacional[125].

Com base nos modelos apresentados do Supremo Tribunal Federal e do Grupo de Trabalho do Artigo 29 da Diretiva 95/46/CE, Mattiuzzo e Ponce propõem que referido teste seja dividido em quatro etapas com análises sobre (i) legitimidade, (ii) adequação, (iii) necessidade e, por fim, (iv) balanceamento[126]-[127].

A primeira etapa se mostra preliminar às etapas do teste da jurisprudência constitucional europeia[128], pois o teste constitucional de Robert Alexy envolve apenas adequação, necessidade e proporcionalidade em sentido estrito. Como visto acima, deve-se verificar se o interesse perseguido pelo agente de tratamento é legítimo analisando o propósito do seu tratamento no caso concreto. A etapa de análise de adequação se volta a avaliar se o tratamento é apto para alcançar o objetivo esperado, ou seja, se os dados pessoais tratados têm relação com o propósito analisado.

Superadas as etapas anteriores, a verificação da necessidade se relaciona com a existência de outras medidas menos gravosas aos direitos fundamentais atingidos para alcançar a finalidade desejada. Contudo, isso não se confunde com a análise de outra base legal para justificar o tratamento, pois isso deve ser feito em momento anterior ao teste do legítimo interesse, de acordo com a proposta de Mattiuzzo e Ponce[129].

Por fim, deve-se realizar o balanceamento entre os direitos e liberdades fundamentais dos titulares atingidos, as implicações do tratamento para estes, suas legítimas expectativas e as implicações ao controlador. Silva enumera a necessidade de

---

guide-to-data-protection/guide-to-the-general-data-protection-regulation-gdpr/legitimate-interests/how-do-we-apply-legitimate-interests-in-practice/>. Acesso em: 25 jan. 2021.

125. BIONI, Bruno; KITAYAMA, Marina; RIELLI, Mariana. *O legítimo interesse na LGPD*: quadro geral e exemplos de aplicação. São Paulo: Associação Data Privacy Brasil de Pesquisa, 2021. p. 39.

126. Cf. MATTIUZZO, Marcela; PONCE, Paula. O legítimo interesse e o teste da proporcionalidade: uma proposta interpretativa. p. 62 e ss. *In:* INTERNETLAB. *Internet&Sociedade*. p. 54-78, v. 1, n. 2, dez. 2020.

127. Na fase 1, destaca-se o artigo 10, *caput* da LGPD. Na fase 2, destaca-se o artigo 10, parágrafo 1° da LGPD. Na fase 3, destacam-se os artigos 6°, I, 7°, IX e 10, II da LGPD. Na fase 4, destacam-se os artigos 2°, 3° e 10 da LGPD.

128. Cf. RIVERS, J. Proportionality and variable intensity of review. *The Cambridge Law Journal*, 65(1), 2006, p. 174–207.

129. Cf. MATTIUZZO, Marcela; PONCE, Paula. O legítimo interesse e o teste da proporcionalidade: uma proposta interpretativa. p. 62 e ss. *In:* INTERNETLAB. *Internet&Sociedade*. p. 54-78, v. 1, n. 2, dez. 2020.

avaliar o grau de afetação do direito não-satisfeito, a relevância do direito colidente e se a importância da satisfação do direito colidente justifica a afetação ou a não afetação de outro direito[130].

Assim, a proposta do teste à luz da LGPD contempla a análise de implicações para o titular, para o controlador, sopesadas as legítimas expectativas do titular e a afetação de seus direitos e liberdades fundamentais, o que deve ser feito com base nos princípios previstos no artigo 6º da lei.

4.6.3.2 O teste de proporcionalidade e a precificação personalizada

No contexto da precificação personalizada, considerando a operação de tratamento de dados pessoais, o objetivo do controlador é a eficiência da sua operação e a aferição de lucro. De acordo com estudos, as empresas podem aumentar os lucros em até 12% apenas usando os dados de navegação na web dos consumidores[131].

Adotando-se o modelo do teste de legítimo interesse proposto por Mattiuzzo e Ponce e mencionado anteriormente, sem ignorar a necessidade de analisar a precificação personalizada casuisticamente, a legitimidade para o tratamento de dados estaria relacionada ao interesse do controlador em tratar dados pessoais para aferir vantagem econômica pela expansão da produção e alcance, captação de excedente e consequentemente o aumento da lucratividade da empresa.

Nesse sentido, afirmam Cots e Oliveira que "[...] é correto concluir que a busca pelo lucro permite o tratamento de dados pessoais sem o consentimento do titular e sem que tal tratamento esteja encaixado em nenhuma outra base legal, pois tal hipótese pode constituir hipótese de aplicação do Legítimo Interesse"[132].

A fase de adequação avalia, na situação concreta, se a medida tomada para tratar dados pessoais é apta a alcançar a finalidade do tratamento, isto é, preços personalizados. A fase que avalia a necessidade dos dados no tratamento retoma às considerações mencionadas no item 4.3 sobre princípios[133]. Quanto maior a quan-

---

130. Cf. SILVA, Virgílio A. da. *O proporcional e o razoável*. São Paulo: Revista dos Tribunais, 798, 2002, p. 40. Disponível em: https://constituicao.direito.usp.br/wp-content/uploads/2002-RT798-Proporcionalidade. pdf. Acesso em: 09 jan. 2021.

131. No estudo, foi sugerido que a Netflix poderia aumentar seus lucros em 12,18% aplicando a discriminação de preços de primeiro grau e que o excedente do consumidor agregado cairia 7,75%. *In:* SHILLER, Benjamin Reed et al. *First degree price discrimination using big data*. Brandeis Univ., Department of Economics, 2013. Disponível em: <https://www.brandeis.edu/economics/RePEc/brd/doc/Brandeis_WP58R2.pdf>. Acesso em: 18 jul. 2021. Outro estudo demonstra que o iTunes poderia aumentar suas receitas em 50% a 66% se usasse a discriminação de preços de primeiro grau, mas o excedente total do consumidor cairia entre 25% a 33%. *In:* SHILLER, Benjamin Reed; WALDFOGEL, Joel. *Music for a Song*: An Empirical Look at Uniform Pricing and its Alternatives, NBER Working Paper Series, Working Paper 15390, out. 2009, 30.

132. COTS, Marcio; OLIVEIRA, Ricardo. O legítimo interesse. p. 73. *In:* COTS, Marcio; OLIVEIRA, Ricardo (coords.). *O legítimo interesse e a LGPDP – Lei Geral de Proteção de Dados Pessoais*. 2. ed. rev., atual., ampl. São Paulo: Thomson Reuters Brasil, 2021.

133. Bioni e outros estudiosos mencionam a importância da análise da base legal na etapa da verificação da necessidade. Nesse caso, adota-se o posicionamento de Mattiuzzo e Ponce ao discordar do momento da

tidade de dados analisada, melhores as previsões sobre os preços personalizados de um indivíduo, tornando-se a prática mais efetiva.

Tal fato se justifica, pois, os perfis a serem moldados serão mais específicos a partir de uma maior quantidade de dados, que permitirá que uma maior variedade de situações seja prevista pelo algoritmo, conforme visto no item 3.3.1. Por outro lado, o princípio da necessidade e a etapa destinada à análise da necessidade dos dados se voltam a questionar se todos os dados presentes no tratamento são necessários para chegar à finalidade determinada ou se uma menor quantidade seria suficiente.

Nesse ponto, existem duas possíveis interpretações. A primeira delas se relaciona ao fato de que a precificação personalizada enfrentaria obstáculos em tal fase, vez que a quantidade de dados necessária para a formação de perfis e preços de reserva para determinado produto ou serviço é incerta e pode variar de forma ampla.

A outra possível interpretação se baseia no fato de que a atividade de formação de perfis e de preços de reserva requer uma enorme quantidade de dados pessoais para que encontre um resultado mais próximo da realidade. Assim, os dados tratados envolvidos estariam justificados sob tal perspectiva no caso da prática aqui tratada, como ocorrem em alguns casos de publicidade comportamental direcionada, vista no item 2.3.1.

Por fim, na fase de balanceamento, as expectativas dos usuários da plataforma digital devem ser consideradas, questionando-se sobre a possibilidade de dedução de um tratamento similar, ao invés de acreditar que irá utilizar a plataforma de modo anônimo, sem coleta de dados e análise posterior. Nesse momento, o resultado do teste novamente dependerá da situação concreta, contando com o princípio da transparência e as informações oferecidas ao titular no momento da sua utilização do serviço.

Além disso, de acordo com o princípio da transparência, é necessário que esteja clara a existência do tratamento de dados para inferir preços de reserva e, como consequência, alterar os preços dos produtos e serviços oferecidos. Essas informações podem estar em termos e condições de uso da plataforma e na política de privacidade da plataforma.

Contudo, deve-se evitar que tais documentos sequer sejam lidos pelos usuários. Para tanto, recomenda-se a utilização de estratégias de legal design, principalmente

---

análise da base legal, que seria antes do início do teste de proporcionalidade para averiguação do legítimo interesse. Cf. BIONI, Bruno. *Proteção de dados pessoais*: A função e os limites do consentimento. São Paulo: Editora Forense, 2019; TEFFÉ, C.; VIOLA, Mario. Tratamento de dados pessoais na LGPD: Estudo sobre as bases legais. *Civilistica.com*, 9, 2020 p. 1–38; MATTIUZZO, Marcela; PONCE, Paula. O legítimo interesse e o teste da proporcionalidade: uma proposta interpretativa. *Internet&Sociedade*, v. 1, n. 2, dez. 2020. Disponível em: <https://revista.internetlab.org.br/o-legitimo-interesse-e-o-teste-da-proporcionalidade-uma-proposta-interpretativa/>. Acesso em: 18 jul. 2021.

visual law, incorporando elementos gráficos, figurativos e audiovisuais para transmitir a mensagem[134].

Nesse momento, também deve ser analisada a possibilidade de uma restrição de direitos e liberdades do titular do dado, garantidos não apenas pela LGPD, mas por todo o ordenamento jurídico nacional. Entre eles, destaca-se o direito à intimidade, privacidade, consumo, igualdade de tratamento, não discriminação, dignidade, cada qual com várias implicações que podem ser apontadas casuisticamente a depender da situação analisada.

Já as salvaguardas são mecanismos de transparência que demonstrarão ao titular o destino de seus dados pessoais tratados e a possibilidade de oposição ao processamento para preços personalizados, a partir do *opt-out*, mesmo que o usuário não tenha sofrido alguma violação às disposições da LGPD.

Somam-se outras medidas de mitigação de risco que a plataforma digital pode oferecer, como criptografia, anonimização, logs de acesso, restrição de acesso aos dados, reforço de transparência, governança, mecanismos de segurança da informação, canais de ouvidoria e reclamação, disponibilização de informações adicionais etc.

Sugerem Wagner e Eidenmüller que a informação sobre preços personalizados venha de forma altamente sugestiva ao consumidor, com recursos visuais e sonoros, além de assegurar o direito de optar por não receber preços personalizados. Ressaltam, no entanto, que o direito de *opt-out* não implicaria na necessária venda do produto sem o preço personalizado, a depender da intenção da empresa. Os autores concluem que "o sistema de *opt-out* parece ser uma solução ganha-ganha em uma relação transacional entre a empresa que explora preços personalizados e um potencial consumidor que é contra a dinâmica"[135].

Enquanto ao consumidor o sistema se mostra uma vitória em comparação com a dinâmica de preços personalizados, o benefício para a empresa se relaciona com o fato de esta não perder um cliente que discorde da personalização, pois ele poderá comprar sem tal sistema. Um indivíduo que opta por sair da dinâmica da personalização pode encontrar um preço não personalizado mais alto e, retornando ao sistema, um valor ainda maior devido ao trabalho de algoritmos.

Restariam, assim, dois mercados: um para aqueles que optaram por sair da personalização de preços, cujo preço personalizado era mais elevado, e outro para os que ficaram com preços personalizados, seja por desconhecimento ou por ser mais vantajoso. Como consequência, a empresa perderia parte do excedente que

---

134. Para mais informações sobre o tema, recomenda-se a leitura de CALAZA, Tales; FALEIROS JUNIOR, José. (Org.). *Legal Design*. São Paulo: Editora Foco, 2021, v. 1, 464p.

135. No original: "[...] The opt-out regime appears to be a win-win solution in the transactional relationship between a firm using personalized pricing and a potential customer who objects to it". (GERHARD, Wagner; EIDENMULLER, Horst. Down by Algorithms? Siphoning Rents, Exploiting Biases, and Shaping Preferences: Regulating the Dark Side of Personalized Transactions. *The University of Chicago Law Review*, v. 86, n. 2, 2019, p. 581-609).

extrairia do consumidor com preço de reserva mais elevado, podendo culminar em um aumento nos preços personalizados, prejudicando consumidores que optaram por tal opção, desvirtuando um dos resultados e objetivos da personalização de preços que é a expansão da produção e o alcance daqueles com menores condições financeiras.

Contudo, relembram os autores que como a empresa deve ter algum poder de mercado, ela provavelmente manterá a personalização para maximizar seus lucros, desde que acredite que a probabilidade de seus clientes pararem de negociar e usufruir de seus produtos e serviços seja pequena[136].

Bioni sugere que a partir do momento em que medidas de transparência sejam aplicadas, o titular passa a ter o direito de se manifestar sobre o tratamento de seus dados e, havendo discordância por considerar que é contrário às suas legítimas expectativas, caso o controlador não respeite a decisão, a lei estaria descumprida, possibilitando o direito de *opt-out*[137]. Tal mecanismo, portanto, além de ser uma opcional salvaguarda ao titular oferecida pelo controlador[138], é obrigatoriamente uma das garantias impostas pela LGPD caso haja violação da lei.

Assim, a precificação personalizada justificada por meio do legítimo interesse deverá passar por um teste de proporcionalidade, que enfrentará vários desafios para ser aprovado. No entanto, sob algumas condições e a depender da situação concreta apresentada, é possível jurídica e economicamente que a precificação personalizada possa ocorrer diante de tal base legal desde que respeitados os direitos e implementadas salvaguardas aos titulares.

4.7 DA NECESSIDADE DE REALIZAÇÃO DE UM RELATÓRIO DE IMPACTO À PROTEÇÃO DE DADOS

O conceito de uma análise de impacto não é novidade na legislação nacional, pois no âmbito do Direito Ambiental, a Constituição Federal prevê a possibilidade de o Poder Público exigir um Estudo de Impacto Ambiental em seu artigo 225, parágrafo 1º, IV uma vez que podem existir riscos provenientes de atividades econômicas.

Nesse mesmo sentido, em proteção de dados, uma avaliação de impacto à privacidade e proteção de dados justifica a prevenção a riscos de direitos e

---

136. GERHARD, Wagner; EIDENMULLER, Horst. Down by Algorithms? Siphoning Rents, Exploiting Biases, and Shaping Preferences: Regulating the Dark Side of Personalized Transactions. *The University of Chicago Law Review*, v. 86, n. 2, 2019, p. 581-609.

137. BIONI, Bruno Ricardo. *Proteção de dados pessoais: a função e os limites do consentimento*. 2. ed. Grupo Editorial Nacional: Rio de Janeiro, 2020. p. 248.

138. EUROPEAN COMISSION. *Opinion 06/2014 on the notion of legitimate interests of the data controller under Article 7 of Directive 95/46/EC*. Article 29 Data Protection Party. Bruxelas, abr. 2014. p. 45. Disponível em: <https://ec.europa.eu/justice/article-29/documentation/opinion-recommendation/files/2014/wp217_en.pdf>. Acesso em: 28 jul. 2021.

liberdades fundamentais[139]. Assim, não se trata de um simples relatório ou um documento de registro, mas de um processo de avaliação de riscos nas operações de tratamento.

Da mesma forma, a LGPD não previu em quais situações em que o relatório de impacto à proteção de dados deve ser elaborado, limitando-se à existência de "riscos aos direitos fundamentais e liberdades civis dos titulares" em seu artigo 5º, XVII e facultando à Autoridade Nacional de Proteção de Dados requerer a apresentação do documento a qualquer momento, conforme artigo 38.

No entanto, a doutrina e o direito comparado, com as autoridades de proteção de dados de outros países[140], já dispuseram sobre situações em que o relatório deve ser elaborado pelo controlador em algumas situações específicas, como quando ocorre tomada de decisões automatizadas, criação de perfis, utilização de uma nova tecnologia, legítimo interesse como base legal, possibilidade de gerar algum dano ao titular etc.[141] Assim, situações em que possa ocorrer algum risco ou possível dano ao titular, recomenda-se a elaboração, redação, manutenção e armazenamento do relatório.

Portanto, é consenso a recomendação de sua realização quando existe tratamento de dados para a formação de perfis e uma avaliação sistemática e aprofundada de dados pessoais com base em sistema automatizado, cujas decisões que produzem efeitos que podem afetar um titular. Dessa forma, entende-se que a plataforma digital que realizar tratamento de dados para a precificação personalizada deve elaborar um relatório de impacto.

---

139. O relatório de impacto à proteção de dados tem sua base no GDPR, que prevê um Data Protection Impact Assessment – DPIA, caso possam existir altos riscos aos titulares provenientes das operações de tratamento.

140. INFORMATION COMMISSIONER'S OFFICE. *Data protection impact assessments*. For organisations. Guide to Data Protection. Guide to the General Data Protection Regulation (GDPR). Accountabily and governance. Londres. Disponível em: <https://ico.org.uk/for-organisations/guide-to-data-protection/guide-to-the-general-data-protection-regulation-gdpr/accountability-and-governance/data-protection-impact-assessments/>. Acesso em: 29 jul. 2021. INFORMATION COMMISSIONER'S OFFICE. Data protection impact assessments guidance for carrying out a data protection impact assessment on surveillance camera systems. Londres. Disponível em: <https://assets.publishing.service.gov.uk/government/uploads/system/uploads/attachment_data/file/881538/SCC__ICO_DPIA_guidance_V3_FINAL_PDF.pdf>. Acesso em: 29 jul. 2021. AGENCIA DE ACCESSO A LA INFORMACION PUBLICA; UNIDAD REGULADORA Y DE CONTROL DE DATOS PERSONALES. Guía de Evaluación de Impacto en la Protección de Datos. Argentina. Uruguai. 2020. Disponível em: <https://www.argentina.gob.ar/sites/default/files/guia_final.pdf>. Acesso em: 05 mar. 2021. COMMISSION NATIONALE DE L'INFORMATIQUE ET LIBERTÉS. Liste des types d'opérations de traitement pour lesquelles une analyse d'impact relative à la protection des données est requise. Disponível em: <https://www.cnil.fr/sites/default/files/atoms/files/liste-traitements-aipd-requise.pdf>. Acesso em: 29 jul. 2021. Disponível em: <https://www.cnil.fr/fr/RGPD-analyse-impact-protection-des-donnees-aipd>. Acesso em: 10 maio 2021. AGENCIA ESPAÑOLA DE PROTECCIÓN DE DATOS. *Guía Práctica para las evaluaciones de impacto en la protección de los datos sujetas al RGPD*. 2019. Disponível em: <https://www.aepd.es/sites/default/files/2019-09/guia-evaluaciones-de-impacto-rgpd.pdf>. Acesso em: 22 mar. 2021.

141. BRASIL. Ministério da Economia. Secretaria de Governo Digital. *Relatório de Impacto à Proteção de Dados Pessoais* – RIPD. Oficina LGPD. Brasília, 2020. Disponível em: <https://www.gov.br/governodigital/pt-br/seguranca-e-protecao-de-dados/apresentacoes/apresentacao_ripd.pdf>. Acesso em: 10 jun. 2021.

Por meio de tal documento, será possível identificar impactos, riscos e responsabilidades da empresa em relação aos titulares de dados; fornecer informações e realizar a proteção dos direitos dos titulares desde a concepção da prática – *privacy by design*; mitigar riscos e; implementar salvaguardas na operação de tratamento.

Ademais, a existência de um relatório de impacto evidencia a observância aos princípios da boa-fé, responsabilização e prestação de contas presentes no artigo 6º da LGPD, assim como no artigo 50, parágrafo 2º, e auxilia na demonstração da conformidade da empresa com a lei e a sua preocupação com o tema da proteção de dados, inclusive em casos de incidentes de segurança.

Assim, caberá ao controlador antes de iniciar a prática de preços personalizados determinar os participantes internos e externos e a operação que será objeto do relatório; descrever o contexto do tratamento; realizar uma gestão de riscos; definir um plano de tratamento de riscos; orientar a sua implementação; manter um acompanhamento sobre a operação e; revisar o relatório periodicamente. Apesar de a responsabilidade ser do controlador, é recomendável que o encarregado de proteção de dados acompanhe a elaboração do relatório e aprove as suas conclusões.

Quando a base legal para o tratamento for o legítimo interesse, o relatório de impacto pode utilizar os elementos trazidos no teste de proporcionalidade já realizado, incorporando-os na sua elaboração. É possível, ainda, que o relatório até substitua o teste de proporcionalidade, visto que é um documento mais completo e que o outro não está expressamente previsto na LGPD.

Na prática de preços personalizados, a elaboração de um relatório de impacto à proteção de dados pode se mostrar benéfica pois se trata de uma operação cuja interpretação tem chances de se voltar a uma restrição aos titulares. Isso porque a formação de perfis de consumo e inferir preços de reserva divide indivíduos em distintas categorias, diferenciando-os entre si. Logo, preços personalizados se aplicam mais altos para uns do que para outros, existindo a possibilidade de ocasionar risco aos direitos e liberdades dos titulares[142].

Além de tal fato, o relatório se mostra relevante para justificar as medidas de mitigação de riscos e salvaguardas que a entidade se preocupou em implementar, evitando uma violação à LGPD quando impõe preços personalizados. Por exemplo, podem ser encontrados em banco de dados pessoais um acesso não autorizado, modificação não autorizada, perda, apropriação, remoção não autorizada, coleção excessiva, informação insuficientes sobre a finalidade do tratamento, tratamento sem consentimento – se for a base legal, compartilhamento com outros controladores

---

142. O Grupo de Trabalho do Artigo 29 da Diretiva 95/46/CE, em 2017, dispôs sobre "Orientações relativas à Avaliação de Impacto sobre a Proteção de Dados e que determinam se o tratamento é suscetível de resultar num elevado risco para efeitos do Regulamento 2016/679". No documento, quando se trata de uma avaliação sistemática e completa dos aspetos pessoais relacionados com pessoas singulares, baseada no tratamento automatizado, incluindo a definição de perfis, sendo com base nela adotadas decisões que produzem efeitos jurídicos relativamente à pessoa singular ou que a afetem significativamente de forma similar.

sem o consentimento, retenção prolongada e desnecessária, falha de processamento, identificação de dados pseudonimizados etc.

Tais exemplos são riscos que podem corresponder a incidentes de segurança, cujo conceito não foi contemplado pela LGPD de forma expressa. Contudo, há, em seu artigo 46, a obrigação aos agentes de tratamento da adoção de medidas de segurança, técnicas e administrativas aptas a proteger os dados pessoais de acessos não autorizados e de situações acidentais ou ilícitas de destruição, perda, alteração, comunicação ou qualquer forma de tratamento inadequado ou ilícito.

Tendo tal obrigação como base, para a presente pesquisa, importa-se o conceito da legislação comparada, que define no GDPR, artigo 4 (12), violação de dados pessoais como uma violação da segurança que provoque, de modo acidental ou ilícito, a destruição, a perda, a alteração, a divulgação ou o acesso, não autorizados, a dados pessoais transmitidos, conservados ou sujeitos a qualquer outro tipo de tratamento.

Nesse sentido, a Autoridade Nacional de Proteção de Dados publicou, em fevereiro de 2021, uma explicação sobre o tema, definindo incidente de segurança com dados pessoais como qualquer evento adverso confirmado, relacionado à violação na segurança de dados pessoais, tais como acesso não autorizado, acidental ou ilícito que resulte na destruição, perda, alteração, vazamento ou ainda, qualquer forma de tratamento de dados inadequada ou ilícita, os quais possam ocasionar risco para os direitos e liberdades do titular dos dados pessoais[143]-[144].

Assim, deve haver uma governança dos riscos possíveis evitando, principalmente, incidentes de segurança com dados pessoais, isto é, violação de dados pessoais.

Como salvaguarda, já foi destacada a oposição ao tratamento ou a opção de *opt-out*, isto é, o usuário escolhe sair do tratamento dos dados para a prática de preços personalizados, conforme artigo 18, parágrafo 2º da LGPD. Em se tratando de um tratamento com a base legal do consentimento, bastaria a revogação do consentimento, direito previsto no artigo 8º, parágrafo 5º. No entanto, caso a operação esteja justificada pela execução de contrato ou procedimentos preliminares, o *opt-out* não seria possível pois os dados devem ser necessários para a realização da operação de tratamento.

De todo o modo, o *opt-out* do titular implica em dois caminhos já mencionados: o oferecimento dos produtos e serviços pela plataforma sem os preços personalizados ou o não oferecimento dos produtos e serviços da plataforma.

---

143. BRASIL. Autoridade Nacional de Proteção de Dados. *Comunicação de Incidente de Segurança*. Brasília, DF, 2021. Disponível em: <https://www.gov.br/anpd/pt-br/assuntos/incidente-de-seguranca>. Acesso em: 07 ago. 2021.

144. Sobre o tema, discute-se a suficiência da publicação da ANPD para conceituar incidentes de segurança, tendo em vista que não se trata de um ato com força normativa, apenas uma publicação na mídia. Assim, uma diretriz sobre o assunto seria bem-vinda às empresas, podendo auxiliar na tomada de decisões e definição do que é e do que não é uma violação de dados pessoais. Por enquanto, além do direito comparado, as ISOs permitem inferir o conceito, principalmente as ISOs 27.001 e 27.035.

Podem ser adotadas outras medidas de segurança, como a NBR-ISO 27700 recomenda em relação à segurança física e no ambiente, controles organizacionais e técnicos, direitos individuais, criptografia de ponta-a-ponta, anonimização, controle de acesso físico e lógico, rastreabilidade, monitoramento de integridade, arquivamento, segurança de documentos físicos, segurança operacional, repressão de software malicioso, gerenciamento de estações de trabalho, segurança do site e da plataforma, backups, manutenção, segurança da rede, segurança de hardware, limite de armazenamento, assim como controles de governança[145].

Tais elementos devem fazer parte de um programa de governança de dados, que tem como pontos chave a existência de um conteúdo acessível e de fácil compreensão, meios de distribuição de conteúdo de forma multidirecional e uma aprendizagem rápida e contínua. Como alternativas, existem firewalls, antivírus, sistema de detecção de intrusão, *data loss prevention* (DLP), acompanhados de gestão de vulnerabilidades, revisão de acessos, expiração de senhas, filtragem de conteúdo[146].

Portanto, um relatório de impacto deve estabelecer e demonstrar a conformidade da organização com a lei, apresentando as medidas adequadas para a operação de tratamento por meio da avaliação da sua necessidade e proporcionalidade, avaliação dos riscos aos titulares, medidas para mitigar tais riscos ou responder a eles e documentação. Trata-se de uma gestão de riscos, devendo ser revista e atualizada periodicamente, visando garantir direitos aos titulares, aumentar a transparência nas operações de tratamento e a conformidade com a LGPD.

De acordo com o ICO, um bom relatório de impacto deve evidenciar que o controlador considerou os riscos da operação de tratamento e as suas obrigações relacionadas à proteção de dados pessoais dos indivíduos envolvidos. Ou seja, identificou os riscos relevantes para os direitos e liberdades dos indivíduos, avaliou sua probabilidade e severidade e detalhou todas as mitigações, explicando suficientemente como a mitigação proposta reduz o risco identificado em questão, além de justificar o motivo de não adotar alternativas menos arriscadas para atingir os mesmos objetivos[147].

Portanto, um relatório de impacto auxilia na demonstração da conformidade da operação de acordo com a LGPD, contemplando o princípio da responsabilização e

---

145. Cf. BELLI, Luca. Como implementar a LGPD por meio da Avaliação de Impacto sobre Privacidade e Ética dos Dados (AIPED). *In:* BIONI, Bruno et al. *Tratado de Proteção de Dados Pessoais.* São Paulo: Forense, 2021. p. 21 e ss.
146. MONTANARO, Domingo. Medidas técnicas e administrativas para a segurança da informação. p. 119. *In:* MALDONATO, Viviane N. (coord.) *Manual do DPO – data protection officer.* São Paulo: Thonsom Reuters Brasil, 2021.
147. INFORMATION COMMISSIONER'S OFFICE. For organisations. Guide to Data Protection. Guide to the General Data Protection Regulation (GDPR). Accountability and governance. *Data protection impact assessments.* Londres. Disponível em: <https://ico.org.uk/for-organisations/guide-to-data-protection/guide-to-the-general-data-protection-regulation-gdpr/accountability-and-governance/data-protection--impact-assessments/>. Acesso em: 27 jul. 2021.

prestação de contas, assim como o da boa-fé. Por outro lado, podem ser encontrados riscos impossíveis de serem mitigados a depender das salvaguardas à disposição do controlador. Nesse caso, a atividade de tratamento deve ser repensada e, em certos casos, voltar-se à Autoridade Nacional de Proteção de Dados consultando sobre o tema.

4.8 A VIABILIDADE DA PRECIFICAÇÃO PERSONALIZADA PERANTE A LGPD

Toda operação que envolva tratamento de dados pessoais deve estar em consonância com os valores sociais morais e éticos, além de não dever prejudicar interesses da sociedade ou violar normas preexistentes e direitos humanos, tanto em âmbito nacional como internacional. Na Europa, este é o foco trazido pelas Diretrizes do Conselho da Europa sobre a proteção dos indivíduos sob o foco do processamento de dados pessoais em um mundo de Big Data[148].

Para a precificação personalizada, os agentes de tratamento devem respeitar as disposições da LGPD, os princípios nela trazidos e garantir a efetivação dos direitos dos titulares. Caso contrário, os riscos enfrentados pelos consumidores, que são os titulares de dados, serão majorados, como pode ocorrer com um tratamento de dados sem a base legal adequada, uma coleta excessiva de dados, a utilização de dados para além da finalidade esperada ou inicialmente designada, entre outras possíveis violações que culminam na diminuição do controle do indivíduo sobre tais dados.

Primeiramente, a empresa responsável pelo tratamento para a precificação personalizada deve cumprir com os princípios analisados no item 4.3. A partir disso, destacam-se os princípios da boa-fé, finalidade, adequação, necessidade, transparência e não discriminação, dos quais derivam algumas condutas que devem ser evitadas enquanto outras devem ser estimuladas, conforme resumido em quadro abaixo:

Quadro 2. Princípios e Recomendações

Princípio	Conduta a ser evitada	Conduta estimulada
Boa-fé	Agir violando as expectativas do titular em relação à conduta esperada. Não prestar informações a respeito do tratamento de dados pessoais.	Prestar informações sobre a operação de tratamento, mantendo o titular informado. Agir de forma a não extrapolar as expectativas dos indivíduos.
Finalidade	Tratar dados pessoais que estão destinados a outras finalidades que não sejam a precificação personalizada.	Esclarecer o objetivo e o escopo do tratamento justificado em base legal prevista na LGPD.
Adequação	Utilizar dados pessoais diferentemente da forma como o titular foi informado.	Adequar o procedimento do tratamento de acordo com a finalidade definida e informada.

---

148. CONCIL OF EUROPE. *Guidelines on the protection of individuals with regard to the processing of personal data in a world of Big Data.* Estrasburgo, 2017. Disponível em: <https://rm.coe.int/CoERMPublicCommon-SearchServices/DisplayDCTMContent?documentId=09000016806ebe7a>. Acesso em: 28 jul. 2021.

Princípio	Conduta a ser evitada	Conduta estimulada
Necessidade	Tratar dados pessoais de forma excessiva, desnecessária e desproporcional para personalizar preços.	Ater-se aos dados necessários para a precificação personalizada, ainda que não sejam poucos devido à técnica de formação de perfis.
Transparência	Não informar de forma clara sobre a prática de preços personalizados. Ocultar do titular dos dados a prática de preços personalizados e informações sobre os dados coletados.	Esclarecer ao titular que seus dados são tratados e destinados à precificação personalizada em local visível claramente, em linguagem compreensível e simples.
Não discriminação	Utilizar preconceitos na programação do código e input de dados nos algoritmos. Pré-julgar dados relacionados a raça, gênero, etnia, religião, política, saúde, entre outros com potencial discriminatório.	Evitar a formação de perfis enviesados e com pré-julgamentos em relação a determinados dados. Manter uma programação algorítmica auditável.
Responsabilização e prestação de contas	Ignorar medidas de mitigação de risco e não registrar o que foi feito para ser demonstrado ao titular.	Agrupar todas as medidas de mitigação de riscos e salvaguardas tomadas para a conformidade do tratamento de dados pessoais de acordo com a LGPD.

Fonte: elaborada pela autora (2021)

Frisa-se que o princípio da transparência – também firmado no CDC - está relacionado ao princípio da não discriminação, quando existem algoritmos envolvidos no tratamento de dados pessoais, cujo funcionamento pode ser opaco. O Relatório da Comissão Europeia sobre as Implicações em Matéria de Segurança e de Responsabilidades decorrentes da Inteligência Artificial, da Internet das Coisas e da Robótica reforça a importância de ainda que não sejam compreendidos todos os passos da tomada de decisão, é necessário criar condições que permitam que sejam compreendidos os resultados.

Continua dizendo que "isso seria particularmente importante para efeitos de mecanismos ex-post de fiscalização, pois daria às autoridades a possibilidade de identificarem responsáveis pelos comportamentos e escolhas dos sistemas de inteligência artificial"[149]. Por isso, o controlador, no caso a empresa praticante da precificação personalizada, deve se certificar de que o algoritmo utilizado integra certos parâmetros de segurança para não desrespeitar o princípio da não discriminação.

Em abril de 2021, foi publicada uma Proposta de regulamento sobre uma abordagem Europeia da Inteligência Artificial[150] pela Comissão da União Europeia, em

---

149. COMISSÃO EUROPEIA. Relatório da Comissão ao Parlamento Europeu, ao Conselho e ao Comitê Econômico e Social Europeu. Relatório sobre as Implicações em Matéria de Segurança e de Responsabilidades decorrentes da Inteligência Artificial, da Internet das Coisas e da Robótica. fev. 2020. Bruxelas. p. 11.

150. EUROPEAN COMISSION. Laying down harmonised rules on artificial intelligence (artificial intelligence act) and amending certain union legislative acts. Regulation of the European Parliament and of the Council. Bruxelas, 2021. Disponível em: <https://digital-strategy.ec.europa.eu/en/library/proposal-regulation-european-approach-artificial-intelligence>. Acesso em: 29 jul. 2021.

consonância com outros documentos como a Recomendação do Conselho sobre Inteligência Artificial da OCDE (2019)[151], Instrumento de Definição de Padrões Globais para Fornecer Inteligência Artificial com uma Base Ética Sólida, da UNESCO[152] (2020) e Quadro Jurídico sobre Design, Desenvolvimento e Aplicação de Inteligência Artificial com base nos padrões do Conselho da Europa (2020)[153].

No documento, foram identificadas práticas que devem ser proibidas porque violam direitos fundamentais dos indivíduos e colidem com valores da União Europeia. Entre elas, destacam-se a exploração de vulnerabilidades que tem a possibilidade de causar prejuízos ao usuário, o uso subliminar de técnicas que possam distorcer comportamentos e prejudicar o usuário, utilização de score social por autoridades públicas e o uso em tempo real de sistemas de identificação biométrica remota em espaços públicos para aplicação da lei[154].

Nas recomendações de conformidade prévia ao lançamento no mercado, reforça-se a necessidade de cumprimento das obrigações de transparência, exatidão e robustez, implementação de sistemas de gerenciamento de riscos, supervisão humana, registro de atividades, entre outras. Após o lançamento, a Proposta deixa clara a necessidade de vigilância, monitoramento e acompanhamento.

Portanto, além do respeito aos princípios trazidos pela LGPD, de acordo com as recomendações e boas-práticas internacionais, o algoritmo e a inteligência artificial responsáveis pela precificação personalizada devem obedecer e respeitar alguns parâmetros éticos[155].

Da mesma forma, no Brasil, tramitam Projetos de Lei sobre o tema, como o PL 21/20 que pretende estabelecer fundamentos, princípios e diretrizes para o desenvolvimento e a aplicação da inteligência artificial no Brasil, recentemente aprovado pela Câmara dos Deputados, assim como o PL 1969/2021 e o PL 240/2020, apensados

---

151. ORGANIZAÇÃO PARA A COOPERAÇÃO E DESENVOLVIMENTO ECONÔMICO. *Recommendation of the Council on Artificial Intelligence*. OCDE Legal Instruments. OCDE/LEGAL/0449 2019. Disponível em: <https://legalinstruments.oecd.org/en/instruments/OECD-LEGAL-0449#:~:text=This%20Recommenda-tion%20provides%20a%20set,human%2Dcentred%20and%20democratic%20values>. Acesso em: 20 jul. 2021.

152. UNITED NATIONS EDUCATIONAL, SCIENTIFIC AND CULTURAL ORGANIZATION – UNESCO. *Final report on the draft text of the Recommendation on the Ethics of Artificial Intelligence*. Intergovernmental Meeting of Experts (Category II) related to a Draft Recommendation on the Ethics of Artificial Intelligence, 2021. Disponível em: <https://unesdoc.unesco.org/ark:/48223/pf0000376712>. Acesso em: 10 jul. 2021.

153. CONCIL OF EUROPE. *Ad hoc Committee on Artificial Intelligence (CAHAI) – feasibility study*. Estrasburgo, 2020. Disponível em: <https://ai-regulation.com/the-council-of-europes-feasibility-study-on-ai-by-the--ad-hoc-committee-on-artificial-intelligence/>. Acesso em: 10 jul. 2021.

154. A prática de identificação biométrica remota em espaços públicos para aplicação da lei conta com algumas exceções, como a busca por vítimas, prevenção de ataques terroristas e localização de suspeitos de crime.

155. Nesse sentido, recomenda-se a leitura de FRAZÃO, Ana. Discriminação algorítmica: a responsabilidade dos programadores e das empresas - a necessidade da definição de parâmetros éticos e jurídicos para o design de sistemas algorítmicos, *Jota*, jul. 2021. Disponível em: <https://www.jota.info/opiniao-e-analise/colunas/constituicao-empresa-e-mercado/discriminacao-algoritmica-a-responsabilidade-dos-programa-dores-e-das-empresas-14072021>. Acesso em: 30 jul. 2021.

ao primeiro. No Senado Federal, destacam-se o PL 872/2021, que dispõe sobre o uso de inteligência artificial, que teve apensado o PL 5051/2019, e o PL 5691/2019 que visa instituir a Política Nacional de Inteligência Artificial para estimular a formação de um ambiente favorável ao desenvolvimento dessa tecnologia. Contudo, como afirma POLIDO, "as iniciativas de formulação normativa em IA ainda são incipientes" (2019, p. 186).

Assim, sem obedecer aos princípios e limites previstos em tais regulamentações, o titular dos dados teria maior dificuldade em exercer os direitos previstos na lei, como indicado no item 4.4. Tendo isso em vista, o Quadro 3 que será a seguir apresentado resume as considerações da autora sobre os principais direitos relacionados à precificação personalizada, notadamente, direitos de livre acesso, correção e eliminação dos dados, oposição ao tratamento ou revogação do consentimento, caso este seja a base legal, informações sobre a negativa do consentimento e a possibilidade de revisão da decisão feita de forma automatizada.

Quadro 3. Direito dos Titulares e Recomendações

Direito	Conduta estimulada
Livre acesso	Possibilitar o fácil e gratuito acesso aos dados e informações sobre a precificação personalizada.
Correção	Possibilitar que dados incorretos ou inexatos sejam corrigidos pelo titular.
Eliminação	Se dados forem tratados com o consentimento, a eliminação pode ocorrer assim que o titular solicitar.
Oposição ou revogação do consentimento	Possibilitar que o titular se oponha ao tratamento de seus dados para a precificação personalizada ou retire o seu consentimento.
Saber consequências de não consentir	Munir o titular de informações sobre a negativa do seu consentimento, caso ocorra, como a impossibilidade de adquirir certo produto ou serviço.
Confirmação da existência do tratamento	Possibilitar que o titular solicite e confirme a existência de tratamento de dados para a precificação personalizada.
Revisão da decisão automatizada	Permitir a revisão da decisão que formou o preço de reserva e/ou o perfil de consumo e comportamento.

Fonte: elaborada pela autora (2021)

Além das condutas que devem ser estimuladas diante de tais direitos, é necessário que haja uma forma de o titular requerer a efetivação de seus direitos, principalmente aqueles que impactam diretamente na precificação personalizada. Portanto, caberá à empresa que realizar tal tratamento estabelecer canais de comunicação e atendimento ao titular, para que este possa efetivá-los de forma facilitada.

Respeitados os princípios e garantidos os direitos, a fundamentação da operação de tratamento deve ser feita a partir de uma base legal. Procurou-se demonstrar nesta pesquisa que três bases legais mostram maior compatibilidade com a prática diante das outras, sendo o consentimento, a execução de contratos ou procedimentos preliminares e o legítimo interesse. No entanto, a depender da situação concreta, algumas podem ser juridicamente possíveis, mas economicamente improváveis ou o contrário.

Ademais, faz-se a ressalva à utilização de dados pessoais sensíveis, que merecem uma camada maior de proteção pelo seu potencial discriminatório e segregador. Apesar de o legislador ter optado por afastar a utilização de dados sensíveis apenas em casos de formação de perfis para operadoras de planos e seguro saúde, conforme artigo 11, parágrafo 5º da LGPD, entende-se que a prática de preços personalizados enfrentaria obstáculos ainda maiores caso estes sejam utilizados, o que não parece recomendável nem viável.

O consentimento, para figurar como base legal, deve ser uma manifestação livre, informada e inequívoca. No caso de envolver dados pessoais sensíveis, soma-se a uma manifestação específica e destacada. Como visto no item 4.6.1, uma manifestação de consentimento que condiciona a obtenção dos produtos ou serviços ao *opt-in* pode não ser considerada livre caso isso impeça o consumidor de adquiri-los. Por outro lado, existindo um maior nível de competitividade no mercado, em que outros estabelecimentos que disponibilizam os mesmos produtos e serviços sob condições similares, tal obstáculo poderia ser desconsiderado.

Já uma manifestação informada e inequívoca está relacionada às informações disponibilizadas ao usuário no momento da coleta do seu consentimento. Ou seja, o tratamento que será realizado com seus dados e a precificação personalizada devem estar claros, abrangendo seu escopo e amplitude, bem como as consequências de não ser dado o consentimento. Além disso, o consentimento deve ser coletado no formato de *opt-in*.

Diante de tais condições, pesquisas demonstram que existem menores chances de o indivíduo consentir com o tratamento dos seus dados para a precificação personalizada. Além disso, indivíduos com preços de reserva maiores, que consequentemente trariam lucro à plataforma digital por meio da captação do valor excedente, tendem a utilizar estratégias que anonimizem seus dados ou eliminem a precificação personalizada, caso seja uma opção. Logo, restaria à plataforma digital a venda de produtos e serviços para aqueles que possuem preços de reserva inferiores.

Nesse caso, os consumidores seriam primeiramente beneficiados, pois os usuários com maiores preços de reserva não entrariam na dinâmica da precificação personalizada, enquanto outros com preços de reserva inferiores adquiririam bens por valores inferiores. No entanto, a plataforma digital não poderia sustentar tal dinâmica por muito tempo, vez que sua fonte de capital que a permitiria – preços de reserva mais altos – estaria prejudicada. Com isso, seria possível um aumento de preço posterior.

Além disso, como demonstrado no item 3.4.1, os requisitos do consentimento poderiam abalar a reputação da empresa que ficaria com uma imagem de injusta e desigual, principalmente ao se considerar que usuários poderiam retirar o consentimento – caso aberta tal possibilidade, e verificar que o preço que seria pago com a personalização era maior que o preço de origem.

Destaca-se, novamente, o princípio da não discriminação previsto no artigo 6º da LGPD, trazendo maiores riscos ao controlador caso este opte por tratar dados que tenham potencial discriminatório, como os dados considerados sensíveis. Assim, seria necessária uma análise casuística de um tratamento com caráter ilícito ou abusivo[156].

Por tais motivos, ainda que seja considerada uma forma de validar a autodeterminação do titular de dados, dando poder ao consumidor no momento da relação de consumo, a base legal do consentimento encontra obstáculos que afastam a sua completa efetividade para a precificação personalizada. Portanto, na precificação personalizada, tal base legal é juridicamente possível, desde que cumpridos os requisitos legais, mas economicamente improvável.

No caso de a base legal ser a execução de contrato ou procedimentos preliminares, entende-se que a sua possibilidade jurídica de ser aceita e lícita é remota, apesar de economicamente possível, conforme exposto no item 4.6.2. Entre eles, destaca-se a probabilidade de os termos e condições de uso serem considerados como contratos de adesão, não darem a transparência devida ao consumidor e explorar as suas vulnerabilidades.

O legítimo interesse, por sua vez, também encontra desafios demonstrados no item 4.6.3 quando escolhido para ser a base legal da precificação personalizada em plataformas digitais, tendo em vista a necessidade de realização de um teste de proporcionalidade e a verificação da preponderância do legítimo interesse da empresa em relação aos direitos fundamentais e liberdades civis dos titulares.

Nos moldes descritos, adotando-se o que foi proposto por Mattiuzzo e Ponce, o teste de proporcionalidade adaptado às exigências da LGPD deve passar por quatro etapas, sendo (i) legitimidade, (ii) adequação, (iii) necessidade e (iv) balanceamento. Considerando o que foi disposto pelo Grupo de Trabalho do Artigo 29 da Diretiva 95/46/CE e Bioni, na etapa de realizar o balanceamento devem ser consideradas as salvaguardas.

Assim, em um caso hipotético de tratamento de dados pessoais para a prática de preços personalizados por uma plataforma digital, a legitimidade para o tratamento estaria relacionada ao interesse em processar dados pessoais para otimizar e viabilizar as atividades comerciais. Acredita-se em uma vantagem decorrente de tal tratamento associada aos efeitos trazidos no item 3.4, isto é, a expansão da produção, maior alcance de consumidores e o aumento da lucratividade da empresa.

A etapa de adequação dependeria da situação concreta e das medidas utilizadas para alcançar a finalidade esperada. Já a etapa da necessidade questionaria se todos

---

156. FUJIMOTO, Monica T.; MATTIUZZO, Marcela; MENDES, Laura S. Discriminação algorítmica à luz da Lei Geral de Proteção de Dados. p. 421-446. *In:* BIONI, Bruno et al. *Tratado de Proteção de Dados Pessoais.* São Paulo: Forense, 2021. p. 438.

os dados presentes seriam necessários para chegar à finalidade determinada. Neste ponto, existem duas alternativas, sendo uma delas a justificativa de que uma maior quantidade de dados é melhor para prever os comportamentos, perfis e preços de reserva do indivíduo, enquanto a outra tornaria irrazoável a prática pela quantidade de dados utilizada. Cabe à empresa justificar os tipos de dados que trata e a sua pertinência para a delimitação dos perfis.

Por fim, a fase de balanceamento consideraria as expectativas dos titulares, seus direitos e liberdades, em relação ao legítimo interesse da empresa, o que deveria ser analisado casuisticamente. Assim, restariam as salvaguardas para mitigação de riscos e aumento de transparência aos titulares, auxiliando na construção sólida do princípio da autodeterminação informativa.

Superadas tais fases, seria possível a utilização da base legal legítimo interesse jurídica e economicamente. Contudo, existem riscos de ser considerado um tratamento em desconformidade com a LGPD, o que pode ser considerado risco do negócio ao adotar a prática.

Ademais, sendo o legítimo interesse a base legal para preços personalizados em plataformas digitais, dados sensíveis não podem ser tratados visto que são dados com potencial discriminatório, merecendo maior proteção. Assim, cabe à empresa responsável pelo tratamento um investimento em tecnologia e sistemas capazes de filtrá-los e retirá-los do processamento.

Apesar da maior dificuldade no processamento, excluir tais dados no momento da construção de perfis dos consumidores e de seus preços de reserva não é impossível, podendo ser realizada uma separação no momento da programação e desenho do algoritmo responsável pela criação de perfis e precificação.

Nesse sentido, o Quadro 4 abaixo resume as conclusões encontradas após estudo e discussão sobre as bases legais e a aplicabilidade em relação à precificação personalizada em plataformas digitais.

Quadro 4. Bases Legais dos Preços Personalizados

Base Legal	Requisitos	Dificuldades	Viabilidade
Consentimento	Manifestação livre, informada, inequívoca.	Controvérsias sobre a liberdade do titular caso não haja opções. Resistência do titular em consentir e menor adesão. Abalo reputacional da plataforma e diminuição dos lucros.	Juridicamente possível. Economicamente remota.
Execução de contratos ou procedimentos preliminares	Transparência e informação ao titular.	Assimetria de informação do titular. Contrato de adesão com cláusulas abusivas.	Juridicamente remota. Economicamente possível.

Base Legal	Requisitos	Dificuldades	Viabilidade
Legítimo interesse	Balanceamento das legítimas expectativas do titular, seus direitos fundamentais e liberdades civis.	Não utilização de dados sensíveis. Demonstração da necessidade dos dados utilizados. Não violação de direitos fundamentais e liberdades civis. Teste de proporcionalidade superado.	Jurídica e economicamente possível.

Fonte: elaborada pela autora (2021)

Escolhida a base legal, como a precificação personalizada um tratamento de dados que se relaciona com a criação de perfis e a tomada de decisões automatizadas, é recomendável que o controlador realize um relatório de impacto à proteção de dados antes mesmo de a Autoridade Nacional de Proteção de Dados exigir, o que pode ocorrer a qualquer momento conforme previsão do artigo 38 da LGPD. A elaboração do documento está relacionada com o risco da atividade de tratamento de dados pessoais.

O relatório de impacto se faz necessário mesmo com a elaboração do teste de proporcionalidade, caso a base legal escolhida tenha sido o legítimo interesse. Nesse sentido, decidiu a Autoridade Nacional de Proteção de Dados em Nota Técnica[157] ao aplicativo WhatsApp, de Facebook Inc. (atualmente, Meta Platforms, Inc., pois não seria o mesmo escopo de análise, o teste não necessariamente possui descrição sistemática da operação de tratamento e da finalidade e podem faltar medidas técnicas e organizacionais adotadas para lidar com os riscos identificados.

Como previsto na LGPD, tal documento deve conter a descrição dos tipos de dados coletados, a metodologia utilizada para a coleta e para a garantia da segurança das informações e a análise do controlador com relação a medidas, salvaguardas e mecanismos de mitigação de risco adotados. A depender do seu resultado, a operação de tratamento para a precificação personalizada poderá ou não ser justificada e os riscos mitigados, o que será analisado de forma casuística.

Portanto, respeitados os princípios, os direitos dos titulares, as bases legais e os limites de tratamento, além de serem evitados tratamentos de dados com potencial discriminatório, como perfis de consumo e comportamento formados por meio de vieses algorítmicos, preços personalizados poderiam ser justificados sob o enfoque da LGPD com base no fundamento da lei que prevê o desenvolvimento econômico e tecnológico, visando aos efeitos mencionados no item 3.4.

---

157. GUEDES, Marcelo S.; MORAES, Thiago G. Nota Técnica n. 02/2021/CGTP/ANPD. Atualização da Política de Privacidade do WhatsApp. Processo n. 00261.000012/2021-04. Autoridade Nacional de Proteção de Dados. Brasília, mar. 2021. Disponível em: <https://www.gov.br/anpd/pt-br/assuntos/noticias/inclusao--de-arquivos-para-link-nas-noticias/NOTATECNICADACGTP.pdf>. Acesso em: 02 de ago. 2021.

CONSIDERAÇÕES FINAIS

A sociedade vivencia a Era da Informação, em que há grande consumo e fluxo de dados e informações, entre eles, dados pessoais. Nesta economia movida a dados, empresas adaptam e criam modelos de negócios que têm como peça fundamental o tratamento de dados pessoais. A partir da exploração destes, empresas passam a auferir valores, como ocorre por meio da personalização de produtos, serviços e preços.

Por outro lado, o consumidor da era digital se empoderou com o respaldo de ferramentas e instituições que propagam melhores práticas visando à sua proteção e ao seu bem-estar. Isso porque o ambiente digital pode aumentar a exposição das vulnerabilidades do consumidor, cuja atenção e informações passam a ser um elemento importante para alguns modelos de negócio. Nesse contexto, observa-se o emprego de ferramentas comportamentais, por meio da Economia Comportamental, que podem tanto influenciar o consumidor, enviesando suas escolhas, como direcioná-los às melhores decisões, por meio de empurrões ou *nudges*.

Demonstrou-se que a prática de preços personalizados em plataformas digitais, objeto do presente estudo, passa a ser possível com o emprego de ferramentas tecnológicas, como algoritmos e inteligência artificial. Tal fato decorre de dados pessoais tratados que permitem aferir preços de reserva após a formação de perfis de consumo e comportamento dos consumidores.

Assim, por meio de tais preços de reserva, é possível determinar quanto cada indivíduo pretende pagar por determinado produto ou serviço, dinâmica que ocorre majoritariamente em plataformas digitais de comércio eletrônico. A prática exige a presença de algumas condições no mercado, como a ausência de arbitragem – impossibilidade de troca e revenda de bens, um certo poder de mercado da empresa praticante – mas não absoluto e concentrado, bem como ferramentas tecnológicas que permitam o tratamento de uma grande quantidade de dados pessoais para gerar o resultado esperado.

Como consequência, preços personalizados em plataformas digitais permitem uma apropriação do excedente dos consumidores, ou seja, a apropriação de uma quantia a mais do que àquela destinada ao preço original sem personalização, cobrada de acordo com o que o consumidor está disposto a pagar.

Com isso, é possível que haja uma expansão da produção, culminando no alcance de indivíduos com menor probabilidade de comprarem os bens em seus preços originais, não personalizados. Ou seja, essa dinâmica permite que alguns consumidores paguem mais para outros pagarem menos. Contudo, como foi feita a ressalva ao longo do texto, não foram estudados os incentivos existentes para analisar a eficácia da prática, ou seja, se há, realmente, a expansão da produção após apropriação do excedente. Portanto, parte-se da premissa de que a expansão da produção para ampliação de acesso é possível e ideal, mas não necessariamente real. Ainda, há a intensificação da competição entre as empresas, que passam a disponibilizar melhores condições de compra para os consumidores, visto que têm ciência do quanto cada consumidor pretende pagar pelos produtos e serviços.

No entanto, há existência de assimetrias técnica, econômica e informacional entre consumidores e empresas, ficando aqueles em posição de vulnerabilidade. Assim, a prática de preços personalizados tem efeitos controversos e deve ser analisada de forma interdisciplinar, inclusive dentro do Direito. É possível estudá-la diante de diferentes lentes, além da proteção de dados pessoais, destacando questões constitucionais, concorrenciais e consumeristas.

Apesar de a presente pesquisa partir da premissa de que não há impedimento jurídico expresso para a prática de preços personalizados diante do ordenamento jurídico nacional, de forma que a prática não é considerada um ilícito *per se* principalmente em relação às esferas constitucional, consumerista e concorrencial, alguns pontos merecem destaque e podem ser foco de futuros estudos.

Em âmbito constitucional, a dignidade da pessoa humana, a igualdade e a não discriminação são princípios base que devem ser respeitados e compatibilizados com a livre iniciativa e a livre concorrência. Nesse contexto, discute-se a existência de uma discriminação e até mesmo um prejuízo moral e econômico a alguns consumidores que seriam tratados de forma diferenciada perante outros.

Por outro lado, há como se argumentar que, idealmente, a prática auxiliaria na propagação da igualdade substancial, erradicação da pobreza e desenvolvimento econômico, o que beneficia na lucratividade das empresas e a sua perpetuidade no mercado. Além disso, a precificação personalizada estaria compatível com o princípio da livre iniciativa e os ditames da liberdade econômica no país.

Na esfera consumerista, que tem como parte vulnerável o consumidor, existe um robusto sistema de proteção voltado a combater abusividades. Na era digital, foram disponibilizadas ferramentas para a capacitação e o empoderamento desses indivíduos por meio da informação e da garantia de transparência exigida pela sociedade. No entanto, nos casos concretos, faz-se necessária a análise da existência de um comportamento abusivo e ilícito do praticante, conforme vedação legal existente (regras consumeristas, *in casu*). Assim, deve-se contrapor e balancear a liberdade de contratar do consumidor à eventual desproporcionalidade que a prática pode gerar.

Ademais, como foi mencionado em item 4.3.2, a própria LGPD prevê no artigo 45 o diálogo com a legislação consumerista em casos em que há relação de consumo, como ocorre na precificação personalizada. Posto isso, vale mencionar que ainda não há um consenso sobre a possibilidade de aplicação de sanções administrativas de forma cumulativa por ambas as esferas em casos de violações, por exemplo, SENACON e Autoridade Nacional de Proteção de Dados, sob pena de ocorrer em bis in idem. No entanto, não restam dúvidas de que a legislação consumerista também será considerada no momento da apuração da prática e que as autoridades irão dialogar[1].

Em termos concorrenciais, apesar de preços personalizados estarem respaldados pelos princípios constitucionais da livre concorrência e livre iniciativa, um mercado altamente concentrado poderia tornar a prática ilícita, diminuindo a liberdade de escolha do consumidor, com base na lei antitruste e jurisprudência do CADE. Com isso, cabe analisar, caso a caso, um possível abuso de posição dominante, entre outras práticas anticompetitivas proibidas no ordenamento jurídico nacional, o que tem sido desafiador no ambiente digital[2]. Nesse contexto, também dialoga com o direito antitruste o desafio de evitar a prática de formação de perfis de forma abusiva, diante das grandes estruturas das Big Techs e do distinto cenário encontrado no Brasil face a outros países, como os Estados Unidos da América.

Ademais, diante da opacidade das ferramentas que formam os perfis de consumo e comportamento e formam os preços personalizados, o que inclui algoritmos e sistemas de inteligência artificial, cabe estudar em futuras oportunidades a efetividade da prática para a distribuição de renda e justiça social, tendo em vista a dificuldade de auditoria das empresas praticantes. Isso porque, após apropriarem-se do excedente do consumidor que têm um preço de reserva mais elevado, empresas não irão, necessariamente, expandir sua produção aos indivíduos com menor poder aquisitivo.

Além disso, as políticas públicas e soluções que podem ser apresentadas sobre o tema precisam necessariamente aprofundar pesquisas, bem como levantar dados e evidências sobre a discriminação algorítmica na formação de perfis e de preços de reserva, evitando beneficiar certos grupos em detrimento dos demais.

---

1. Nesse sentido, afirma Magalhães Martins que "[...] os mercados ricos em dados (*data-rich markets*) e especialmente os de natureza multilateral (*multi-sided markets*) impõem uma releitura da proteção consumerista a luz da legislação direcionada a tutela e a proteção de dados pessoais. Mais do que nunca, o consumidor que também é titular de dados pessoais e colocado em posição de vulnerabilidade quanto às más práticas que esse ambiente apresenta e a aplicação de institutos protetivos ganha novos contornos". *In*: MARTINS, Guilherme Magalhães. Responsabilidade civil, acidente de consumo e a proteção do titular de dados na Internet. pp. 77-89. In: FALEIROS JUNIOR, José de Moura; GUGLIARA, Rodrigo; LONGHI, João Victor Rozatti (coords.). *Entre dados e danos*. Indaiatuba: Ed. Foco, 2021. p. 87.
2. Nesse sentido, recomenda-se a leitura de DOMINGUES, Juliana O. Big Techs e o Direito Antitruste 4.0 – autoridades devem se preparar para desafios da economia digital. *Folha*, jun. 2019. Disponível em: <https://www1.folha.uol.com.br/opiniao/2019/06/big-techs-e-o-direito-antitruste-40.shtml>. Acesso em: 20 maio 2020.

Da mesma forma, não se esgota a problemática do abuso na utilização de ferramentas que influenciam as decisões do consumidor, como demonstrado pela Economia Comportamental em item 2.4.1. Tais ferramentas podem ser usadas para alterar a percepção e o preço de reserva do indivíduo destinado ao bem desejado, abrindo margem para discriminação pelos vieses presentes em decisões automatizadas.

Pontuada a importância de tais discussões que extrapolam o escopo da presente pesquisa, o estudo demonstrou a viabilidade e juridicidade da precificação personalizada em plataformas digitais à luz da LGPD, desde que respeitadas algumas condições. Destaca-se a necessidade de consonância da prática com valores sociais morais e éticos, sem prejudicar interesses da sociedade ou violar normas preexistentes, assim como o respeito a princípios, a garantia da efetividade de direitos dos titulares e a fundamentação da operação de tratamento de dados em uma das bases legais trazidas pela lei em seus artigos 7 e 11.

Os princípios devem ser considerados o alicerce da prática, presentes desde a sua concepção, principalmente aqueles relacionados à finalidade e adequação do tratamento, necessidade dos dados tratados, transparência em relação ao consumidor, desigualdade por critérios discriminatórios e, por fim, à prestação de contas e auditabilidade da prática.

Diante de tais princípios, algumas condutas devem ser evitadas no cenário da precificação personalizada, enquanto outras, ao serem estimuladas, podem contribuir para o bem-estar do indivíduo e o respeito aos seus direitos civis e liberdades fundamentais, conforme demonstrado em item 4.8. Nesse sentido, como resultado da presente pesquisa, sumarizou-se no Quadro 2 apresentado no item 4.8, intitulado Princípios e Recomendações, condutas relacionadas aos princípios que devem tanto ser evitadas como estimuladas.

Respeitados os princípios, aos titulares devem estar garantidos direitos, bem como um canal de comunicação com os agentes de tratamento de seus dados para que possam requerer a sua efetivação de forma facilitada e gratuita. Para a prática, destacam-se os direitos de livre acesso, correção e eliminação dos dados, oposição ao tratamento ou revogação do consentimento, caso este seja a base legal, informações sobre a negativa do consentimento e a possibilidade de revisão da decisão feita de forma automatizada.

Tendo isso em vista, o Quadro 3, intitulado Direitos dos Titulares e Recomendações, sintetizou no item 4.8 condutas que devem ser estimuladas aos praticantes da precificação personalizada referentes aos direitos destacados.

Ademais, o controlador deverá justificar a operação de tratamento para a precificação personalizada com uma das bases legais previstas na LGPD, nos artigos 7°, caso não sejam tratados dados sensíveis, ou no artigo 11, se tratados, o que dependerá do caso concreto e suas particularidades. Como visto, destacam-se três bases, sendo (i) o consentimento, (ii) a execução de contratos ou procedimentos preliminares e (iii) o legítimo interesse, com a ressalva de que as duas últimas não permitem o tratamento de dados pessoais sensíveis[3].

Como resultado da presente pesquisa, o Quadro 4 intitulado Bases Legais dos Preços Personalizados apresentou requisitos, dificuldades e viabilidade das bases legais mais propícias para fundamentar a prática objeto deste estudo: consentimento, execução de contratos ou procedimentos preliminares e legítimo interesse. Cada uma apresenta particularidades e exigências que devem ser seguidas para que o tratamento de dados seja legítimo e lícito.

A escolha da base legal dependerá do caso concreto, do cenário vivenciado e dos riscos que o controlador estará disposto a tomar, com consequências não apenas econômicas, mas reputacionais. Apesar disso, as três bases acima mencionadas são, na visão da autora, as mais aptas a justificar a precificação personalizada em plataformas digitais desde que cumpridas as exigências e recomendações necessárias.

Caso escolhida a base legal do legítimo interesse, recomenda-se a elaboração de um teste de proporcionalidade para que sejam equilibrados os direitos dos titulares, bem como suas liberdades civis, face aos interesses da sociedade empresária praticante. Apesar de tal instrumento não estar disposto como obrigatório na LGPD, trata-se de boa prática internacional a ser seguida, como visto no item 4.6.3.

Decidida a base legal, faz-se necessária a realização de um relatório de impacto de proteção de dados para auxiliar na escolha de ferramentas e estratégias de mitigação de riscos em relação à prática. Tal documento se relaciona com o risco da atividade de tratamento de dados e, na precificação personalizada, há formação de perfis de consumo e comportamento, bem como decisões automatizadas para a aferição de preços de reserva.

Esse instrumento pode demonstrar que são necessárias salvaguardas, a exemplo do *opt-out*, canais de comunicação eficiente com o titular, transparência e clareza nas informações, medidas de segurança e efetivação de direitos, tendo como objetivo a autodeterminação informativa do indivíduo. É possível, ainda, que tal relatório demonstre como resultado mais riscos do que vantagens aos agentes de tratamento, tornando a prática questionável.

Contudo, ainda que se considere a prática de preços personalizados viável e lícita diante do ordenamento jurídico nacional, em especial sob o enfoque da LGPD,

---

3. A base legal de execução de contratos e procedimentos preliminares prevista no artigo 7º, V da LGPD não está presente no rol de bases legais especiais voltadas ao tratamento de dados pessoais sensíveis, no artigo 11. No entanto, neste há a base legal de exercício regular de direitos em contrato (artigo 11, d).

desde que não esteja relacionada com planos de saúde, entende-se que existem mercados em que ela passa a ser problemática. Assim, alguns bens cuja demanda não é elástica[4] ou até mesmo bens considerados essenciais não deveriam estar sujeitos à precificação personalizada, a exemplo de medicamentos. Da mesma forma, em cenários em que não existem opções, tal prática pode se mostrar abusiva e ilícita, vez que não restaria alternativa ao consumidor senão se submeter a ela, como ocorre em mercados altamente concentrados[5].

Diante desse cenário, conclui-se que a demonstração da viabilidade da prática de preços personalizados diante do ordenamento jurídico nacional é um fomento ao debate sobre o tema. Isso porque, caso preços personalizados sejam considerados viáveis, incentiva-se a edição de diretivas, guias de boas práticas e recomendações, o que pode beneficiar tanto consumidores como as empresas. No futuro, não se exclui a possibilidade de uma autorregulação dos agentes econômicos no tema, demonstrando a transparência e comprometimento com o consumidor ou, até mesmo, uma corregulação das autoridades competentes.

Um dos motivos que sustenta tais afirmações decorre do fato de que a precificação personalizada é uma realidade atual, como demonstraram as pesquisas trazidas ao longo deste estudo, e isso tende a crescer com a difusão e avanço das tecnologias. As ferramentas existentes permitem que engenheiros e cientistas de dados apliquem referida dinâmica em modelos de negócios digitais, como já ocorre na forma de descontos.

Por exemplo, as compras feitas pelos consumidores em aplicativos como Ifood e Rappi muitas vezes são influenciadas pelo recebimento de cupons que se destinam a algumas categorias de produtos ou serviços, bem como restaurantes específicos. Previamente, houve uma programação para analisar o perfil do consumidor ao qual será destinado o desconto e o valor desse desconto. Algumas vezes, são selecionados restaurantes e estabelecimentos específicos para a sua aplicação. Há, assim, uma alteração no preço final do bem a ser adquirido.

Contudo, a identificação de preços personalizados não é uma tarefa simples, existindo pouca literatura sobre o tema em cenário internacional e, principalmente, nacional. Entre as pesquisas realizadas, o que se encontrou foram tentativas de desenvolver métodos que permitam encontrar a dinâmica da precificação personalizada em plataformas digitais, em especial, plataformas de comércio eletrônico.

---

4. ROSSI, Edvaldo. *Elasticidade da demanda*. [S.l.: s.n.]. Disponível em: <http://ead2.fgv.br/ls5/centro_rec/docs/elasticidade_demanda.doc#:~:text=Trata%2Dse%20de%20um%20produto%20do%20qual%20o%20consumidor%20n%C3%A3o,rela%C3%A7%C3%A3o%20a%20varia%C3%A7%C3%B5es%20nos%20pre%C3%A7os>. Acesso em: 27 mar. 2021.

5. Nesse sentido, recomenda-se a leitura de KAHN, Lina. Amazon's Antritust Paradox, *The Yale Law Journal*, v. 126, n. 3, 2017.

Nas leituras de políticas de privacidades de comércios eletrônicos no Brasil, como Americanas.com[6], Magalu[7], Amazon[8], Submarino.com[9], Mercado Livre[10], Walmart Brasil[11], Via Varejo[12], Netshoes[13] e Privalia[14], não foram reveladas informações que pudessem indicar a prática, a não ser a alegação de que o tratamento de dados serve para "melhorar a experiência do usuário e personalizar produtos e serviços". No entanto, não se sabe se tal prática não está descrita porque não ocorre ou está ocultada dos consumidores.

Assim, na dúvida sobre a viabilidade, licitude e a falta de diretrizes sobre a precificação personalizada, depreende-se que aqueles que a realizam a consideram um segredo de negócio, sem a transparência devida ao consumidor. Como consequência, direitos fundamentais dispostos em âmbito constitucional, estabelecidos na legislação consumerista e de acordo com a LGPD podem ser violados, prejudicando os indivíduos.

A opacidade da prática também pode ser prejudicial às empresas, sejam elas entrantes no mercado ou concorrentes, que passam a enfrentar barreiras ocultas e dificuldades para expandir seu modelo de negócio sem terem conhecimento sobre a utilização de preços personalizados e da alta tecnologia envolvida.

Por essas razões, recomendações das autoridades competentes sobre o tema, entre elas, Autoridade Nacional de Proteção de Dados, SENACON, CADE e PRO-CONs, se mostram benéficas e são incentivadas vez que permitirão a adaptação das empresas às condições propostas, com parâmetros e limites pré-estabelecidos.

Nesse sentido, em março de 2021, a Autoridade Nacional de Proteção de Dados e a SENACON firmaram um Acordo de Cooperação Técnica[15] que prevê apoio

---

6. AMERICANAS. *Política de privacidade*. Disponível em: https://www.americanas.com.br/hotsite/politica--de-privacidade. Acesso em: 17 abr. 2021.

7. MAGALU. *Política de privacidade*. Disponível em: https://especiais.magazineluiza.com.br/politica-de-privacidade/. Acesso em: 17 abr. 2021.

8. AMAZON. *Aviso de privacidade*. Disponível em: https://www.amazon.com.br/gp/help/customer/display. html?nodeId=201283950&initialSessionID=139-7112715-1363617&ld=NSGoogle#GUID-1B2BDAD-4-7ACF-4D7A-8608-CBA6EA897FD3__SECTION_E91BCC6F535C4B3BBD7B2935DC2D75AB. Acesso em: 17 abr. 2021.

9. SUBMARINO.COM. *Política de privacidade*. Disponível em: https://www.submarino.com.br/landingpage/ politica-de-privacidade#:~:text=Como%20exercer%20os%20seus%20direitos,%40submarino.com.br. Acesso em: 17 abr. 2021.

10. MERCADO LIVRE. *Política de privacidade*. Disponível em: https://www.mercadolivre.com.br/privacidade?section=data-usage#information-usage. Acesso em: 17 abr. 2021.

11. WALMART. *Política de privacidade*. Disponível em: https://www.walmartbrasil.com.br/sobre/politica-de--privacidade/. Acesso em: 17 abr. 2021.

12. VIA VAREJO. *Política de privacidade*. Disponível em: https://ri.viavarejo.com.br/outras-informacoes/ politica-de-privacidade/. Acesso em: 17 abr. 2021.

13. NETSHOWS. *Política de privacidade*. Disponível em: https://www.netshoes.com.br/institucional/politica--de-privacidade. Acesso em: 17 abr. 2021.

14. PRIVALIA. *Privacidade e cookies*. Disponível em: https://br.privalia.com/front/get/doc/privacidade-e--cookies.pdf. Acesso em: 17 abr. 2021.

15. DOMINGUES, Juliana; ORTUNHO JUNIOR, Waldemar. *Acordo de Cooperação Técnica n. 1/2021/GAB--SENACON/SENACON*. Autoridade Nacional de Proteção de Dados, Secretaria Nacional de Defesa do Consumidor. Brasília, 2021. Disponível em: <https://www.gov.br/anpd/pt-br/acesso-a-informacao/arquivos/ acordo_anpd_senacon_assinado.pdf>. Acesso em: 20 jul. 2021.

institucional e intercâmbio de informações, uniformização de entendimentos e coordenação de ações, elaboração conjunta de estudos, análises e notas técnicas, fomento à capacitação dos titulares consumidores, com a elaboração de materiais informativos. No mesmo sentido, em junho foi firmado Acordo de Cooperação Técnica entre a Autoridade Nacional de Proteção de Dados e o CADE[16].

Ademais, tais diretrizes e guias de boas práticas tornariam o tema mais popular e auxiliariam na exposição da prática aos consumidores e à sociedade de forma geral, culminando no aumento da conscientização sobre seus direitos e sobre os limites que devem ser respeitados pelas empresas.

Diante do exposto, a educação se mostra uma das mais poderosas ferramentas que pode auxiliar na conscientização sobre o tema. Corroboram com isso os ensinamentos da Economia Comportamental, pelos quais o indivíduo é livre quando o Direito assegura seu acesso à informação e protege sua esfera de empoderamento por intermédio de uma arquitetura normativa que facilita a sua experiência de consumo[17]. Contudo, vale mencionar que apenas o acesso a informações não é suficiente para resolver o problema da vulnerabilidade do consumidor, sendo necessária a análise de um cenário em que existam opções de escolhas.

Soma-se o fato de que, apesar da sua competência fiscalizatória, é pouco provável que a Autoridade Nacional de Proteção de Dados analise o funcionamento da precificação de plataformas digitais e descubra práticas que violam a LGPD sem que tenha havido alguma denúncia ou um incidente de segurança. A utilização de plataformas digitais, o consumo e o fluxo de dados pessoais aumentam a cada dia influenciados pela pandemia iniciada no início de 2020 causada pelo Sars-Cov-2, obrigando empresas e consumidores a se adaptarem e até mesmo migrarem para o ambiente digital. Não se sabe se o número continuará crescendo ou se estabilizará com o decorrer do tempo, mas já há relevante parcela da população no meio digital.

Pesquisas demonstram que mais de 7 milhões de brasileiros compraram online pela primeira vez no 1º semestre de 2020[18]. Nesse sentido, reportagem do G1 esclarece que o crescimento nas vendas foi de 68% na comparação com 2019, elevando a

---

16. ORTINHO JUNIOR, Waldemar; SOUZA, Alexandre Barreto de. *Acordo de Cooperação Técnica n. 5/2021*. Processos 08700.002088/2021-51 (SEI/CADE) e 00261.000483/2021-12 (SEI/ANPD). Autoridade Nacional de Proteção de Dados, Conselho Administrativo de Defesa Econômica. Brasília, 2021. Disponível em: <https://www.gov.br/anpd/pt-br/assuntos/noticias/act-tarjado-compactado.pdf>. Acesso em: 02 ago. 2021.

17. Cf. MARTINS, Guilherme. *O geopricing e geoblocking e seus efeitos nas relações de consumo*. p. 644. *In*: FRAZÃO, Ana; MULHOLLAND, Caitlin (coord.). *Inteligência Artificial e Direito* – Ética, Regulação e Responsabilidade. São Paulo: RT. 2019.

18. De acordo com EXAME, o Magazine Luiza registrou um salto de 148% nas vendas digitais no terceiro trimestre de 2020, ante o mesmo período em 2019. As ações da companhia tiveram alta de 104% ao longo de 2020. Já a B2W encerrou 2020 com ganhos de 21% na Bolsa. A Via Varejo registrou lucro de R$ 590 milhões no terceiro trimestre de 2020 – com o e-commerce correspondendo à 41% do total das vendas – e alta de 40% em suas ações em 2020. (MARTUCCI, Mariana. A pandemia fez o e-commerce decolar. Ainda há fôlego para mais? *Exame*, 26 jan. 2021. Disponível em: <https://exame.com/negocios/a-pandemia-fez-o-e-commerce-decolar-ainda-ha-folego-para-mais/>. Acesso em: 17 abr. 2021).

CONSIDERAÇÕES FINAIS **183**

participação do comércio eletrônico no faturamento total do varejo, que passou de 5% no final de 2019 para um patamar acima de 10% em alguns meses do ano passado[19].

Como consequência, incidentes de segurança como vazamentos de dados são cada vez mais frequentes, as reclamações dos consumidores aumentam e não sobra espaço para que haja uma investigação por parte das autoridades de uma atividade que não deixa vestígios e sequer levanta suspeitas[20].

Portanto, ao se falar sobre o tema e a sua viabilidade diante do ordenamento jurídico nacional por meio da publicação de diretivas, recomendações e guias de boas práticas, em especial sob o enfoque da LGPD, é provável que a transparência sobre a precificação personalizada aumente, culminando em uma maior disseminação de informação e empoderamento do consumidor, bem como adaptação das empresas às condições propostas.

Caso a prática seja feita de forma compatível com o ordenamento jurídico nacional, poderão ser encontrados benefícios em termos econômicos e sociais. No primeiro aspecto, como mencionado anteriormente com base na racionalidade e eficiência econômica, empresas praticantes podem captar o excedente do consumidor, expandir sua produção e seu alcance para consumidores que não poderiam pagar os valores sem personalização. Assim, preza-se pela liberdade econômica e livre iniciativa.

Já os benefícios sociais estão relacionados à justiça social e à distribuição de renda, aumentando o bem-estar geral dos consumidores. Com isso, incentiva-se o desenvolvimento econômico e a inovação, aumentando a concorrência e a rentabilidade de produtos e serviços inovadores de um lado, bem como a conscientização e empoderamento dos consumidores, de outro.

---

19. ALVARENGA, DARLAN. Com pandemia, comércio eletrônico tem salto em 2020 e dobra participação no varejo brasileiro. *G1*, 2021. Disponível em: <https://g1.globo.com/economia/noticia/2021/02/26/com--pandemia-comercio-eletronico-tem-salto-em-2020-e-dobra-participacao-no-varejo-brasileiro.ghtml>. Acesso em: 17 abr. 2021.

20. Como exemplo, no início do ano de 2021, foi revelado um vazamento de dados pessoais de 223 milhões de pessoas, cuja origem ainda não foi apurada. (Megavazamento de dados de 223 milhões de brasileiros: o que se sabe e o que falta saber. *G1*, 2021. Disponível em: <https://g1.globo.com/economia/tecnologia/noticia/2021/01/28/vazamento-de-dados-de-223-milhoes-de-brasileiros-o-que-se-sabe-e-o-que-falta-saber.ghtml>. Acesso em: 14 abr. 2021). Além disso, houve uma falha no sistema do Ministério da Saúde que expôs os dados de mais de 200 milhões de brasileiros com cadastro no Sistema Único de Saúde (SUS) e planos privados. (INSTITUTO BRASILEIRO DE DEFESA DO CONSUMIDOR. Vazamentos de dados de saúde coloca consumidor em risco; veja o que fazer. *IDEC*, 02 dez. 2020. Disponível em: <https://idec.org.br/noticia/vazamentos-de-dados-de-saude-coloca-consumidor-em-risco-veja-o-que-fazer>. Acesso em: 18 jul. 2021). Também foram revelados dados de pacientes com covid-19 e doenças preexistentes. (Vazamento de senhas do Ministério da Saúde expõe informações de pacientes de Covid-19, diz jornal. *G1*, 26 nov. 2020. Disponível em <https://g1.globo.com/bemestar/coronavirus/noticia/2020/11/26/vazamento-de-senhas-do-ministerio-da-saude-expoe-informacoes-de-pessoas-que-fizeram-testes-de-covid-19-diz-jornal.ghtml>. Acesso em: 18 jul. 2021).

REFERÊNCIAS

A INOVAÇÃO. *O Gigante de Harvard*: A Importância e o Legado de Clayton Christensen. Disponível em: <https://blog.aaainovacao.com.br/legado-clayton-christensen/>. Acesso em: 16 maio 2020.

ABCOMM. *E-commerce de produtos durante a pandemia da Covid-19*. Disponível em: <https://abcomm. org/Pesquisas/ecommerce-no-covid-konduto-abcomm.pdf>. Acesso em: 25 maio 2020.

ABRAMS, Martin. Boxing and concepts of harm. *Privacy and Data Security Law Journal*, [s. l.], set. 2009.

AGENCIA DE ACCESSO A LA INFORMACION PUBLICA; UNIDAD REGULADORA Y DE CONTROL DE DATOS PERSONALES. *Guia de Evaluación de Impacto en la Protección de Datos*. Argentina. Uruguai. 2020. Disponível em: <https://www.argentina.gob.ar/sites/default/files/guia_final.pdf>. Acesso em: 05 mar. 2021.

AGENCIA ESPAÑOLA DE PROTECCIÓN DE DATOS. *Guía Práctica para las evaluaciones de impacto en la protección de los datos sujetas al RGPD*. Espanha, 2019. Disponível em: <https://www.aepd. es/sites/default/files/2019-09/guia-evaluaciones-de-impacto-rgpd.pdf>. Acesso em: 22 mar. 2021.

ALEXY, Robert. *Teoria dos direitos fundamentais*. 2. ed. São Paulo: Malheiros, 2011.

ALEXY, Robert. *Teoria dos Direitos Fundamentais*. Trad. de Virgílio Afonso da Silva da 5ª edição alemã. São Paulo: Malheiros. 2006.

ALEXY, Robert. *Teoria dos direitos fundamentais*. São Paulo: Malheiros, 2008.

ALEXY, Robert. *Teoria dos direitos fundamentais*. Trad. de Virgílio Afonso da Silva. São Paulo: Malheiros, 2008.

ALVARENGA, DARLAN. Com pandemia, comércio eletrônico tem salto em 2020 e dobra participação no varejo brasileiro. *G1*, 2021. Disponível em: <https://g1.globo.com/economia/noticia/2021/02/26/com-pandemia-comercio-eletronico-tem-salto-em-2020-e-dobra-participacao-no-varejo-brasileiro. ghtml>. Acesso em: 17 abr. 2021.

ALVES, Carla Segala; VAINZOF, Rony. Privacy by design e proteção de dados pessoais. *Jota*, 2016.

ALVES, Giovani Ribeiro Rodrigues. Economia Comportamental. *In*: RIBEIRO, Marcia Carla Pereira; KLEIN, Vinicius (coord.). *O que é análise econômica do direito*: uma introdução. 2ª Ed. Belo Horizonte: Fórum, 2016.

AMAZON. *Aviso de privacidade*. Disponível em: https://www.amazon.com.br/gp/help/customer/display. html?nodeId=201283950&initialSessionID=139-7112715-1363617&ld=NSGoogle#GUID-1B2B-DAD4-7ACF-4D7A-8608-CBA6EA897FD3__SECTION_E91BCC6F535C4B3BBD7B2935DC-2D75AB. Acesso em: 17 abr. 2021.

AMERICANAS. *Política de privacidade*. Disponível em: https://www.americanas.com.br/hotsite/politica-de-privacidade. Acesso em: 17 abr. 2021.

ANDERSON, James C., et. al. Understanding Customer Value in Business Markets: Methods of Customer Value Assessment. *Journal of Business-to-Business Marketing*, [s. l.], v. 1, n. 01, 1993.

ASQUINI, Alberto. Perfis da empresa. *Revista de Direito Mercantil*, São Paulo, v. 35, n. 104, p. 109-126, 1996.

AT&T Gives Discount to Internet Customers Who Agree to be Tracked. *Adage*. c1994-2020. Disponível em: https://adage.com/article/digital/t-u-verse-ad-tracking-discount-subscribers/297208. Acesso em: 16 set. 2020.

AUSTRALIAN COMPETITION CONSUMER COMMISSION – ACCC. *Digital platforms inquiry*: final report. Australia: ACCC.gov, jun. 2019.

ÁVILA, Humberto. *Teoria dos princípios:* da definição à aplicação dos princípios jurídicos. 6 ed. ampl. e atual. São Paulo: Malheiros, 2006.

AZEVEDO, Ricardo. O legítimo interesse e a legítima expectativa do titular dos dados. *In:* COTS, Marcio; OLIVEIRA, Ricardo (coords.). *O legítimo interesse e a LGPDP* – Lei Geral de Proteção de Dados Pessoais. 2. ed. rev., atual., ampl. São Paulo: Thomson Reuters Brasil, 2021.

BAEK, Young Min. Solving the privacy paradox: a conter-argument experimental approach. *Computers in Human Behaviour,* [s. l.], v. 38, set. 2014.

BAGNOLI, Vicente. Concorrência na Era do Big Data. *In:* DOMINGUES, Juliana; GABAN, Eduardo; MIELE, Aluísio; SILVA, Breno. *Direito Antitruste 4.0* – fronteiras entre concorrência e inovação. São Paulo: Ed. Singular. 2019.

BAIRON, Sérgio; KOO, Lawrence. As formas de vida e do consumo digital e do consumo tradicional. *Signos do Consumo,* [s. l.], v. 4, n. 1, p. 125-134, 2012. Disponível em: <http://www.periodicos.usp.br/signosdoconsumo/article/view/49983>. Acesso em: 6 set. 2020.

BALDANZA, Renata F.; SERRANO, Paulo H. S. M. *Tecnologias disruptivas:* o caso do Uber. Revista Pensamento Contemporâneo em Administração. Rio de Janeiro, v. 11, n. 5, out/dez 2017.

BAPTISTA, Adriane. Big Data: os indivíduos, seus dados e as mudanças de paradigma tecnológico e jurídico. *In:* DOMINGUES, Juliana; GABAN, Eduardo; MIELE, Aluísio; SILVA, Breno. *Direito Antitruste 4.0* – fronteiras entre concorrência e inovação. São Paulo: Ed. Singular. 2019.

BARBOSA, Fernanda N. *Informação:* direito e dever de informar nas relações de consumo. São Paulo: Revista dos Tribunais, 2008.

BARBOSA, Suria. Saiba o que são as startups unicórnio – e quais brasileiras estão no ranking. 20 maio 2019. *Na prática.* Disponível em: <https://www.napratica.org.br/o-que-startups-unicornio/>. Acesso em: 11 maio 2021.

BAR-GILL, Oren. Algorithmic Price Discrimination: When Demand Is a Function of Both Preferences and (Mis) Perceptions. *The Harvard John M. Olin Discussion Paper Series,* [s. l.], n. 05, p. 18-32, 2018. Disponível em: <https://ssrn.com/abstract=3184533>. Acesso em: 06 jun. 2020;

BARNES, Susan B. A privacy paradox: social networking in the United States. *First Monday,* [s. l.], v. 11, n. 9, set. 2006. Disponível em: <https://firstmonday.org/ojs/index.php/fm/article/view/1394>. Acesso em: 07 out. 2020.

BASAN, Arthur Pinheiro; FALEIROS JUNIOR, José de Moura. A proteção de dados pessoais e a concreção do direito ao sossego no mercado de consumo. *Civilística.com.* Rio de Janeiro, ano 9, n. 3, 2020.

BASAN, Arthur Pinheiro; FALEIROS JUNIOR, José de Moura; MARTINS, Guilherme Magalhães. A responsabilidade civil pela perturbação do sossego na Internet. *Revista de Direito do Consumidor,* São Paulo, v. 128, mar.-abr. 2020.

BASAN, Arthur Pinheiro. Habeas Mente: garantia fundamental de não ser molestado pelas publicidades virtuais de consumo. *Revista de Direito do Consumidor,* São Paulo. v. 131, set.-out. 2020.

BECKER, Daniel; FERRARI, Isabela; WOLKART, Erik. Arbitrium ex machina: panorama, riscos e a necessidade de regulação das decisões informadas por algoritmos. *Revista dos Tribunais,* [s. l.], v. 995/2018, p. 635-655, set. 2018.

BELLEFLAMME, Paul; PEITZ, Martin. *Industrial Organization Markets and Strategies.* Nova Iorque: Cambridge University Press, 2010.

BELLI, Luca. Como implementar a LGPD por meio da Avaliação de Impacto sobre Privacidade e Ética dos Dados (AIPED). *In:* BIONI, Bruno et al. *Tratado de Proteção de Dados Pessoais.* São Paulo: Forense, 2021.

BENSAMOUN, Alexandra; LOISEAU, Grégoire (coord.). *Droit de l'Intelligence Artificielle.* Issy-les-Moulineaux: LGDG, 2019.

BERLINER BEAUFTRAGTE FUR DATENSCHUTZ UND INFORMATIONSFREIHEIT. Berliner *Datenschutzbeauftragte verhängt Bußgeld gegen Immobiliengesellschaft.* Berlim, 2019. Disponível em; <https://www.datenschutz-berlin.de/fileadmin/user_upload/pdf/pressemitteilungen/2019/20191105-PM-Bussgeld_DW.pdf>. Acesso em: 29 jul. 2021.

BIONI, Bruno Ricardo. *Proteção de dados pessoais:* a função e os limites do consentimento. Rio de Janeiro: Forense, 2019.

BIONI, Bruno Ricardo. *Proteção de dados pessoais: a função e os limites do consentimento.* 2. ed. Grupo Editorial Nacional: Rio de Janeiro, 2020.

BIONI, Bruno; KITAYAMA, Marina; RIELLI, Mariana. *O legítimo interesse na LGPD:* quadro geral e exemplos de aplicação. São Paulo: Associação Data Privacy Brasil de Pesquisa, 2021.

BLABLACAR. *In:* WIKIPÉDIA: a enciclopédia livre. Disponível em: <https://pt.wikipedia.org/wiki/Blablacar>. Acesso em: 18 maio 2020.

BONNA, Alexandre P. Dados pessoais, identidade virtual e a projeção da personalidade: "profiling", estigmatização e responsabilidade civil. *In:* MARTINS, Guilherme Magalhães; ROSENVALD, Nelson. *Responsabilidade civil e novas tecnologias.* Indaiatuba: Editora Foco, 2020.

BOOKING. *Booking.com,* c1996-2020. Disponível em: <https://www.booking.com/>. Acesso em: 16 set. 2020.

BORGESIUS, Frederik Zuiderveen. Behavioural Sciences and the Regulation of Privacy on the Internet. *University of Amsterdam,* Amsterdam, n. 2014-54, 23 out. 2014. Disponível em: <https://papers.ssrn.com/sol3/papers.cfm?abstract_id=2513771>. Acesso em: 22 out. 2020.

BORGESIUS, Frederik Zuiderveen; POORT, Joost. Online Price Discrimination and EU Data Privacy Law. *Journal of Consumer Policy,* [s. l.], v. 40, n. 3, p. 347-366, 2017.

BOURREAU, Marc; DE STREEL, Alexandre. The Regulation of Personalised Pricing in the Digital Era. *Social Science Research Network,* [s. l.], v. 150, 17 jan. 2019. Disponível em: <http://dx.doi.org/10.2139/ssrn.3312158>. Acesso em: 28 jun. 2020.

BOURREAU, Marc; DE STREEL, Alexandre; GRAEF, Inge. *Big Data and Competition Policy:* Market power, personalised pricing and advertising. *Social Science Research Network,* [s. l.], 21 fev. 2017. 61 p. Disponível em: <https://papers.ssrn.com/sol3/papers.cfm?abstract_id=2920301>. Acesso em: 06 jun. 2020.

BOYD, Danah; CRAWFORD, Kate. Six Provocations for Big Data. *In: A Decade in Internet Time:* Symposium on the Dynamics of the Internet and Society, *[s. l.],* set. 2011. Disponível em: <https://ssrn.com/abstract=1926431>. Acesso em: 17 abr. 2018.

BRASIL. Autoridade Nacional de Proteção de Dados. *Comunicação de Incidente de Segurança.* Brasília, DF, 2021. Disponível em: <https://www.gov.br/anpd/pt-br/assuntos/incidente-de-seguranca>. Acesso em: 07 ago. 2021.

BRASIL. Conselho Administrativo de Defesa Econômica. Nota Técnica 26/2016/CGAA4/SGA1/SG/CADE. Processo administrativo 08700.002600/2014-30. Representante: Companhia de Gás de São Paulo. Representada: Petróleo Brasileiro S.A. Suposta conduta unilateral de discriminação de preços e condições de contratação. Setor de transporte e distribuição de gás natural canalizado. Hipótese dos incisos IV e X do §3º do art. 36 da Lei Federal 12.529/2014, combinados com os incisos I e IV do *caput* do mesmo dispositivo, correspondentes ao art. 20, incisos I e IV, combinados com o art. 21, incisos V e XII, da Lei Federal nº 8.884/1994. Configuração da infração. Disponível em: <https://sei.cade.gov.br/sei/modulos/pesquisa/md_pesq_documento_consulta_externa.php?DZ2uWeaYicbuR-ZEFhBt-n3BfPLlu9u7akQAh8mpB9yPNifv2SSmeYbiYXhI9nM0cdHf5tZ8BlsLWGH-UgVGe1zE-9-0bARFFscWtr1-sb8wvm6ajgG0Y8iif4icMYCGrI#_Toc432066715>. Acesso em: 20 maio 2021.

BRASIL. Decisão de Aplicação de Sanção Administrativa – Processo 08012.002116/2016-21. *Diário Oficial da União.* 18 jun. 2018. ed. 115. Seção 1. Disponível em: <https://www.in.gov.br/materia/-/asset_publisher/Kujrw0TZC2Mb/content/id/26176368/do1-2018-06-18-despacho--n-299-2018-26176301>. Acesso em: 19 set. 2020.

BRASIL. Decreto 2.181/1997, de 20 de março de 1997. Dispõe sobre a organização do Sistema Nacional de Defesa do Consumidor – SNDC, estabelece as normas gerais de aplicação das sanções administrativas previstas na Lei 8.078, de 11 de setembro de 1990, revoga o Decreto 861, de 9 julho de 1993, e dá outras providências. Brasília, DF, 1997.

BRASIL. Decreto 3.689/1941, de 3 de outubro de 1941. Código de Processo Penal. Brasília, DF, 1941.

BRASIL. Decreto 4.657/1942. Lei de Introdução às normas do Direito Brasileiro. Brasília, DF, 1942.

BRASIL. Decreto 5.903/2006, de 20 de setembro de 2006. Regulamenta a Lei no 10.962, de 11 de outubro de 2004, e a Lei no 8.078, de 11 de setembro de 1990. Brasília, DF, 2006.

BRASIL. Escola Nacional De Defesa Do Consumidor – ENDC. A proteção de dados pessoais nas relações de consumo: para além da informação creditícia. Escola Nacional De Defesa Do Consumidor, elaboração Danilo Doneda. Caderno de investigações científicas. Brasília: SDE/SPDC, v. 2, 2010.

BRASIL. Governo Federal. Ministério da Justiça e Segurança Pública. Seus direitos. Consumidor. Disponível em: <https://www.justica.gov.br/seus-direitos/consumidor/notas-tecnicas/anexos/11-2019.pdf>. Acesso em: 27 fev. 2021.

BRASIL. Lei 1.251/1951, de 26 de dezembro de 1951. Altera dispositivos da legislação vigente sobre crimes contra a economia popular. Brasília, DF, 1951.

BRASIL. Lei 10.962/2004, 11 de outubro de 2004. Dispõe sobre a oferta e as formas de afixação de preços de produtos e serviços para o consumidor. Brasília, DF, 2004.

BRASIL. Lei 12.414/2011, de 9 de junho 2011. Conversão da Medida Provisória nº 518, de 2010. Disciplina a formação e consulta a bancos de dados com informações de adimplemento, de pessoas naturais ou de pessoas jurídicas, para formação de histórico de crédito. Brasília, DF, 2011.

BRASIL. Lei 12.527/2011, de 18 de novembro de 2011. Lei de Acesso à Informação. Regula o acesso a informações previsto no inciso XXXIII do art. 5º, no inciso II do § 3º do art. 37 e no § 2º do art. 216 da Constituição Federal; altera a Lei 8.112, de 11 de dezembro de 1990; revoga a Lei 11.111, de 5 de maio de 2005, e dispositivos da Lei 8.159, de 8 de janeiro de 1991; e dá outras providências. Brasília, DF, 2011.

BRASIL. Lei 12.965/2014, de 23 de abril de 2014. Marco Civil da Internet. Estabelece princípios, garantias, direitos e deveres para o uso da Internet no Brasil. Brasília, DF, 2014.

BRASIL. Lei 13.709, de 14 de agosto de 2018. Lei Geral de Proteção de Dados Pessoais (LGPD). Brasília, DF, 2018.

BRASIL. Lei 13.853/19, de 9 de julho de 2019. Conversão da Medida Provisória 869, de 2018. Altera a Lei 13.709, de 14 de agosto de 2018, para dispor sobre a proteção de dados pessoais e para criar a Autoridade Nacional de Proteção de Dados; e dá outras providências. Brasília, DF, 2019.

BRASIL. Lei 13.874/2019, de 20 de setembro de 2019. Institui a Declaração de Direitos de Liberdade Econômica; estabelece garantias de livre mercado; altera as Leis nos 10.406, de 10 de janeiro de 2002 (Código Civil), 6.404, de 15 de dezembro de 1976, 11.598, de 3 de dezembro de 2007, 12.682, de 9 de julho de 2012, 6.015, de 31 de dezembro de 1973, 10.522, de 19 de julho de 2002, 8.934, de 18 de novembro 1994, o Decreto-Lei 9.760, de 5 de setembro de 1946 e a Consolidação das Leis do Trabalho, aprovada pelo Decreto-Lei 5.452, de 1º de maio de 1943; revoga a Lei Delegada 4, de 26 de setembro de 1962, a Lei 11.887, de 24 de dezembro de 2008, e dispositivos do Decreto-Lei 73, de 21 de novembro de 1966; e dá outras providências. Brasília, DF, 2019.

BRASIL. Lei 7.347/1985, de 24 de junho de 1985. Disciplina a ação civil pública de responsabilidade por danos causados ao meio-ambiente, ao consumidor, a bens e direitos de valor artístico, estético, histórico, turístico e paisagístico (vetado) e dá outras providências. Brasília, DF, 1985.

BRASIL. Lei 7.716/89, de 5 de janeiro de 1989. Define os crimes resultantes de preconceito de raça ou de cor. Brasília, DF, 1989.

BRASIL. Lei 8.078/1990, de 11 de setembro de 1990. Código de Defesa do Consumidor. Dispõe sobre a proteção do consumidor e dá outras providências. Brasília, DF, 1990.

BRASIL. Lei 8.137/1990, de 27 de dezembro de 1990. Define crimes contra a ordem tributária, econômica e contra as relações de consumo, e dá outras providências. Brasília, DF, 1990.

BRASIL. Lei 9.784/1999, de 29 de janeiro de 1999. Regula o processo administrativo no âmbito da Administração Pública Federal. Brasília, DF, 1999.

BRASIL. Ministério da Economia. Secretaria de Governo Digital. Relatório de Impacto à Proteção de Dados Pessoais – RIPD. Oficina LGPD. Brasília, 2020. Disponível em: <https://www.gov.br/governodigital/pt-br/seguranca-e-protecao-de-dados/apresentacoes/apresentacao_ripd.pdf>. Acesso em: 0 jun. 2021.

BRASIL. Ministério da Justiça e Segurança Pública. Nota Técnica 11/2019/CGEMM/DPDC/SENACON/MJ. Processo n. 08012.001609/2017-25. Interessado: Departamento de Proteção e Defesa do Consumidor. Brasília, 2019. Disponível em: <https://www.gov.br/mj/pt-br/assuntos/seus-direitos/consumidor/notas-tecnicas/anexos/11-2019.pdf>. Acesso em: 27 fev. 2021.

BRASIL. Ministério da Justiça e Segurança Pública. Nota Técnica 2/2017/GAB-DPDC/DPDC/SENACON. Processo n. 08012.001609/2017-25. Interessado: Departamento de Proteção e Defesa do Consumidor. Secretaria Nacional do Consumidor. Direito do consumidor. Diferenciação de preços entre homens e mulheres. Afronta ao princípio da dignidade da pessoa humana e princípio da isonomia. Prática comercial abusiva. Utilização da mulher como estratégia de marketing que a coloca situação de inferioridade. Brasília, 2017. Disponível em: <https://www.justica.gov.br/news/diferenciacao-de-precos-em-funcao-de-genero-e-ilegal/nota-tecnica-2-2017.pdf/view>. Acesso em: 28 mar. 2021.

BRASIL. Ministério Público Federal. Câmara de Coordenação e Revisão. Sistema Brasileiro de Proteção e Acesso a Dados Pessoais: Análise de dispositivos da lei de acesso à informação, da lei de identificação civil, da lei do Marco Civil da Internet e da Lei Nacional de Proteção de Dados (Roteiro de Atuação, v. 3). Brasília: MPF, 2019. Disponível em: <http://www.mpf.mp.br/atuacao-tematica/ccr3/documentos-e-publicacoes/roteiros-de-atuacao/sistema-brasileiro-de-protecao-e-acesso-a-dados-pessoais-volume-3>. Acesso em: 05 set. 2020.

BRASIL. Superior Tribunal de Justiça. Recurso Especial 1419697/RS, Rel. Min. Paulo de Tarso Sanseverino. Brasília, DF, 17 de novembro de 2014.

BRASIL. Supremo Tribunal Federal. Ação Direta de Inconstitucionalidade 6.389/DF. Brasília, DF, 07 de maio de 2020. Disponível em: < http://redir.stf.jus.br/paginadorpub/paginador.jsp?docTP=TP&docID=754358482>. Acesso em: 20 fev. 2021.

BRAUDILLARD, Jean. *A sociedade de consumo*. Lisboa: Edições 70, 2011.

BREIDERT, Christoph et. al. *A Review of Methods for Measuring Willingness-to-Pay*. Innovative Marketing, *[s. l.]*, v. 2, n. 04, p. 8-32, 2006.

BRIDGES, Darren; LEWIS, David. *A alma do novo consumidor*. São Paulo: M. Books, 2004.

BUCCI, Maria Paula Dallari. *Direito Administrativo e Políticas Públicas*. São Paulo: Saraiva, 2002.

BULOS, Uadi Lammego. *Constituição Federal anotada*. São Paulo: Saraiva, 2002.

BURT, Andrew; VOLCHENBOUM, Samuel. How Health Care Changes When Algorithms Start Making Diagnoses. *Harvard Business Review*, *[s. l.]*, 8 maio 2018. Disponível em: <https://hbr.org/2018/05/how-health-care-changes-when-algorithms-start-making-diagnoses>. Acesso em: 10 jan. 2019.

BUSSCHE, Axel von dem; VOIGT, Paul. *The EU General Data Protection Regulation (GDPR) – A Practical Guide*. Berlim, Hamburg: Springer.

CALAZA, Tales; FALEIROS JUNIOR, José. (Org.). *Legal Design*. 1ed. São Paulo: Editora Foco, 2021, v. 1, 464p.

CALO, Ryan. Digital market manipulation. *Social Science Research Network*, *[s. l.]*, v. 82, n. 4, 16 ago. 2014. 57 p. Disponível em: <http://ssrn.com/abstract=2309703>. Acesso em: 16 fev. 2020.

CASTELLS, Manuel. *The rise of the network society*. The information age: economy, society, and culture. v. 1. 2 ed. Oxford/West Sussex: Wiley-Blackwell, 2010.

CHOI, Hanbyul; PARK, Jonghwa; JUNG, Yoonhyuk. The role of privacy fatigue in online privacy behavior, *Computers in Human Behavior*, *[s. l.]*, v. 81, abr. 2018. Disponível em: <https://www.sciencedirect.com/science/article/abs/pii/S0747563217306817>. Acesso em: 07 ago. 2021.

CLARKE, Roger. Profiling: A hidden challenge to the regulation of data surveillance. *Journal of Law & Information Science*, Camberra, v. 4, 1993.

CLIFFORD, Stephanie. Shopper Alert: Price May Drop for You Alone. *The New York Times*, Nova Iorque, 09 ago. 2012. Disponível em: <https://www.nytimes.com/2012/08/10/business/supermarkets-try--customizing-prices-for-shoppers.html#:~:text=Shopper%20Alert%3A%20Price%20May%20Drop%20for%20You%20Alone,-Jennie%20Sanford%20shopped&text=It%20used%20to%20be%20that,becoming%20a%20lot%20less%20egalitarian.>. Acesso em: 7 set. 2020.

COMISSÃO EUROPEIA. Relatório da Comissão ao Parlamento Europeu, ao Conselho e ao Comitê Econômico e Social Europeu. *Relatório sobre as Implicações em Matéria de Segurança e de Responsabilidades decorrentes da Inteligência Artificial, da Internet das Coisas e da Robótica*. Bruxelas, fev. 2020.

COMMISSION NATIONALE DE L'INFORMATIQUE ET LIBERTÉS. *Liste des types d'opérations de traitement pour lesquelles une analyse d'impact relative à la protection des données est requise*. Paris, [s. d.]. Disponível em: <https://www.cnil.fr/sites/default/files/atoms/files/liste-traitements-aipd-requise.pdf>. Acesso em: 29 jul. 2021. Disponível em: <https://www.cnil.fr/fr/RGPD-analyse-impact-protection-des-donnees-aipd>. Acesso em: 0 maio 2021.

COMMISSION NATIONALE INFORMATIQUE ET LIBERTÉS. *Blockchain* – Solutions for a responsible use of the blockchain in the context of personal data. Paris, 2018. Disponível em: <https://www.cnil.fr/sites/default/files/atoms/files/blockchain_en.pdf>. Acesso em: 27 out. 2020.

COMPETITION AND MARKETS AUTHORITY - CMA. *Pricing algorithms*. Economic working paper on the use of algorithms to facilitate collusion and personalised pricing. Londres, 08 out. 2018. Disponível em: <https://assets.publishing.service.gov.uk/government/uploads/system/uploads/attachment_data/file/746353/Algorithms_econ_report.pdf>. Acesso em: 07 set. 2020.

COMPETITION AND MARKETS AUTHORITY – CMA. *Pricing algorithms*. Economic working paper on the use of algorithms to facilitate collusion and personalised pricing. Londres, 08 out. 2018. Disponível em: <https://assets.publishing.service.gov.uk/government/uploads/system/uploads/attachment_data/file/746353/Algorithms_econ_report.pdf>. Acesso em: 07 set. 2020.

CONCIL OF EUROPE. Ad hoc *Committee on Artificial Intelligence (CAHAI)* – feasibility study. Estrasburgo, 2020. Disponível em: <https://ai-regulation.com/the-council-of-europes-feasibility-study-on-ai--by-the-ad-hoc-committee-on-artificial-intelligence/>. Acesso em: 0 jul. 2021.

CONCIL OF EUROPE. *Guidelines on the protection of individuals with regard to the processing of personal data in a world of Big Data*. Estrasburgo, 2017. Disponível em: <https://rm.coe.int/CoERMPublicCommonSearchServices/DisplayDCTMContent?documentId=09000016806ebe7a>. Acesso em: 28 jul. 2021.

CONSELHO DA EUROPA. *Proteção das pessoas relativamente ao tratamento automatizado de dados de caráter pessoal no âmbito da definição de perfis*. Recomendação CM/Rec(2010)13 e exposição de motivos. Conselho da Europa, 23 de novembro de 2010. Disponível em: <https://www.coe.int/t/dghl/standardsetting/cdcj/CDCJ%20Recommendations/CMRec(2010)13E_Profiling.pdf>. Acesso em: 24 de abril de 2020.

CONSUMERS INTERNATIONAL. *The State of Consumer Protection around the World*. United Kingdom: Consumers International, abr. 2013.

CORRÊA, Elisa Cristina Delfini. Consumidor de informação 3.0. *In:* DO PRADO, Jorge (org.). *Ideias Emergentes em Biblioteconomia*, São Paulo: FEBAB, v. 1306, 2016.

COSTA, Achiles Barcelos da. O desenvolvimento econômico na visão de Schumpeter. *Caderno Instituto Humanitas Unisinos*, [s. l.], ano 4, n. 47, 2006.

COTS, Marcio; OLIVEIRA, Ricardo. *Lei Geral de Proteção de Dados Comentada*. 2 ed., rev., atual. e ampl. São Paulo: Thomson Reuters Brasil, 2019.

COTS, Marcio; OLIVEIRA, Ricardo. O legítimo interesse. *In:* COTS, Marcio; OLIVEIRA, Ricardo (coords.). *O legítimo interesse e a LGPDP* – Lei Geral de Proteção de Dados Pessoais. 2. ed. rev., atual., ampl. São Paulo: Thomson Reuters Brasil, 2021.

CRAIG, Terence; LUDLOFF, Mary E. *Privacy and Big Data*. Sebastopol: O'Reilly Media, 2011.

CRONK, Jason. Strategic *Privacy by design*. IAPP, Portsmouth, 2018.

CRUVINEL, Guilherme Ferreira Araújo. A (hiper)vulnerabilidade do consumidor no tratamento de seus dados pessoais. *In:* LONGHI, João Victor Rozatti; FALEIROS JUNIOR, José Luiz de Moura (coord.). *Estudos essenciais de Direito Digital*. Uberlândia: LAECC, 2019.

CRUZ, Patrícia. Como lidar com as exigências do consumidor 3.0. *Jornal de Negócios*, São Paulo, ed. 275, mar. 2017. Disponível em: <https://m.sebrae.com.br/Sebrae/Portal%20Sebrae/UFs/SP/Not%-C3%ADcias/Jornal%20de%20Neg%C3%B3cios/2017/JN275_marco.pdf>. Acesso em: 6 set. 2020.

DA CUNHA MAYA, Paulo Cesar; OTERO, Walter Ruben Iriondo. A influência do consumidor na era da internet. *Revista da FAE*, [s. l.], v. 5, n. 1, 2002.

DATA EXHAUST. *In:* WIKIPÉDIA: a enciclopédia livre. Disponível em: <https://en.wikipedia.org/wiki/Data_exhaust>. Acesso em: 30 maio 2020.

DATA PRIVACY BR. Observatório da Privacidade. *Decifrando a base legal da execução de contrato*. 18 nov. 2020. Disponível em: <https://www.observatorioprivacidade.com.br/2020/11/18/decifrando-a-base-legal-da-execucao-de-contrato/>. Acesso em: 27 mar. 2021.

DATA PRIVACY BR. Observatório da Privacidade. *Série LGPD em Movimento*: LGPD e Decisões Automatizadas. 14 dez. 2020. Disponível em: <http://35.227.175.13/2020/12/14/serie-lgpd-em-movimento-lgpd-e-decisoes-automatizadas/>. Acesso em: 27 mar. 2021.

DATA PROTECTION NETWORK. *Guidance on the use of Legitimate Interests under the EU General Data Protection Regulation*. Reino Unido, 2017. Disponível em: <https://www.dpnetwork.org.uk/wp-content/uploads/2018/11/DPN-Guidance-A4-Publication-17111.pdf>. Acesso em: 21 abr. 2021.

DATATILSYNET. Exclusão. *Exclusão de dados pessoais*. Disponível em: <https://datatilsynet.dk/emner/persondatasikkerhed/sletning/>. Acesso em: 27 out. 2020.

DE SOUZA, Luiz Henrique Machado. *Discriminação de preços por geopricing*: um estudo de caso da Decolar.com. 2019. Monografia (Bacharelado em Ciências Econômicas) - Escola Paulista de Política, Economia e Negócios. Ciências Econômicas, Universidade Federal de São Paulo, Osasco, 2019.

DEEPL. *LINGUEE*, c2020. Dicionário inglês-português. Disponível em: <https://www.linguee.com.br/>. Acesso em: 16 set. 2020.

DINIZ, Maria Helena. *Código Civil anotado*. 14. ed. rev. e atual. São Paulo: Saraiva, 2009.

DOMINGUES, Juliana O. Big Techs e o Direito Antitruste 4.0 – autoridades devem se preparar para desafios da economia digital. *Folha*, jun. 2019. Disponível em: <https://www1.folha.uol.com.br/opiniao/2019/06/big-techs-e-o-direito-antitruste-40.shtml>. Acesso em: 20 maio 2020.

DOMINGUES, Juliana O.; FRAGA, Breno. A liberdade econômica tem limites? – reflexões sobre a aplicação do princípio da livre iniciativa e da livre concorrência. p. 257-280. *In:* RODAS, João Grandino. *30 anos da Constituição Federal*. São Paulo: Ed. Cedes, 2019.

DOMINGUES, Juliana O.; GABAN, Eduardo M. *Direito Antitruste*. 3 ed. São Paulo: Saraiva, 2013.

DOMINGUES, Juliana O.; GABAN, Eduardo M. *Direito antitruste*. 4 ed. São Paulo: Saraiva, 2016.

DOMINGUES, Juliana O.; GABAN, Eduardo M. *Livre-iniciativa, livre-concorrência e democracia*: valores constitucionais indissociáveis do direito antitruste? p. 11-130. *In:* NUSDEO, Fabio (coord.). A ordem econômica constitucional – Estudos em celebração ao 1º centenário da Constituição de Weimar. São Paulo: Revista dos Tribunais, 2019.

DOMINGUES, Juliana O.; GABAN, Eduardo M. MIELE, Aluísio; SILVA, Breno. *Direito Antitruste 4.0* – fronteiras entre concorrência e inovação. São Paulo: Ed. Singular, 2019.

DOMINGUES, Juliana O.; ORTUNHO JUNIOR, Waldemar. *Acordo de Cooperação Técnica n. 1/2021/GAB-SENACON/SENACON*. Autoridade Nacional de Proteção de Dados, Secretaria Nacional de Defesa do Consumidor, 2021. Disponível em: <https://www.gov.br/anpd/pt-br/acesso-a-informacao/arquivos/acordo_anpd_senacon_assinado.pdf>. Acesso em: 20 jul. 2021.

DOMINGUES, Juliana O.; SAAD-DINIZ, Eduardo. Ilícitos concorrenciais praticados por sistemas de inteligência artificial: da ficção ao compliance. *In:* MULHOLLAND, Caitlin; FRAZÃO, Ana.

(Coords.). *Inteligência artificial e direito*: ética, regulação e responsabilidade. São Paulo: Thomson Reuters Brasil, 2019.

DONEDA, Danilo. *Da privacidade à proteção de dados pessoais*. Editora Revista dos Tribunais: São Paulo, 2019.

DONEDA, Danilo. *Da privacidade à proteção de dados pessoais*. Rio de Janeiro: Renovar, 2006.

DOSHI-VELEZ, F.; KORTZ, M. *Accountability of AI Under the Law*: The Role of Explanation. Berkman Klein Center Working Group on Explanation and the Law, Berkman Klein Center for Internet & Society working paper, [s. l.], 2017. Disponível em: <https://dash.harvard.edu/bitstream/handle/1/34372584/2017-11_aiexplainability-1.pdf?sequence=3>. Acesso em: 3 maio 2020.

DUFF, Alistair. *Information Society Studies*. Londres: Routledge, 2000.

ECONOMIDES, Nicholas. *Antitrust Issues in Network Industries*. [s. l.], maio, 2008. Disponível em: <http://neconomides.stern.nyu.edu/networks/Economides_Antitrust_in_Network_Industries.pdf>. Acesso em: 1 maio 2021.

EISENBERG, Melvin A. Behavioral Economics and the Contract Law. *In: The Oxford Handbook of Behavioral Economics and the Law*, Londres: Oxford University Press, 2014.

EUBANKS, Virginia. *Automating inequality*: How high-tech tools profile, police, and punish the poor. Nova Iorque: St. Martin's Press, 2018.

EUROPEAN COMISSION. *Agência de Execução para os Consumidores, a Saúde, a Agricultura e a Alimentação*. Luxemburgo: Publications Office of the European Union, [2018?]. Disponível em: <https://ec.europa.eu/info/departments/consumers-health-agriculture-and-food_pt>. Acesso em: 13 set. 2020.

EUROPEAN COMISSION. *Commission Staff Working Paper* - Consumer Empowerment in the EU, Brussels: Publications Office of the European Union, 07 abr. 2011. Disponível em: <https://ec.europa.eu/info/sites/info/files/consumer_empowerment_eu_2011_en.pdf>. Acesso em: 10 abr. 2020.

EUROPEAN COMISSION. *Consumer market study on online market segmentation through personalised pricing/offers in the European Union*. Luxemburgo: Publications Office of the European Union, 2018. Disponível em: <https://ec.europa.eu/info/sites/info/files/aid_development_cooperation_fundamental_rights/aid_and_development_by_topic/documents/synthesis_report_online_personalisation_study_final_0.pdf>. Acesso em: 16 set. 2020.

EUROPEAN COMISSION. *Guidelines on Automated Individual Decision-Making and Profiling for the Purposes of Regulation 2016/679*. Bruxelas, 2018. Disponível em: <https://ec.europa.eu/newsroom/article29/item-detail.cfm?item_id=612053>. Acesso em: 06 fev. 2021.

EUROPEAN COMISSION. *Laying down harmonised rules on artificial intelligence (artificial intelligence act) and amending certain union legislative acts*. Regulation of the European Parliament and of the Council. Bruxelas, 2021. Disponível em: <https://digital-strategy.ec.europa.eu/en/library/proposal-regulation-european-approach-artificial-intelligence>. Acesso em: 29 jul. 2021.

EUROPEAN COMISSION. *Opinion 06/2014 on the notion of legitimate interests of the data controller under Article 7 of Directive 95/46/EC*. Article 29 Data Protection Party. Bruxelas, abr. 2014. Disponível em: <https://ec.europa.eu/justice/article-29/documentation/opinion-recommendation/files/2014/wp217_en.pdf>. Acesso em: 28 jul. 2021.

EVANS, David S. Rivals for Attention: How Competition for Scarce Time Drove the Web Revolution, What it Means for the Mobile Revolution, and the Future of Advertising *Social Science Research Network*, [s. l.], 08 fev. 2014. Disponível em: <https://papers.ssrn.com/sol3/papers.cfm?abstract_id=2391833>. Acesso em: 04 jul. 2020.

EVANS, David S. *The Antitrust Economics of Two-Sided Markets*. [s. l.], 2002. Disponível em: <https://ssrn.com/abstract=332022>. Acesso em: 17 maio 2020.

EVANS, David S. Why the Dynamics of Competition for Online Platforms Leads To Sleepless Nights, But Not Sleepy Monopolies. *SSRN Electronic Journal*, [s. l.], 2017.

EVANS, David S.; SCHMALENSEE, Richard. The Antitrust Analysis of Multi-Sided Platform Busines-ses. *NBER Working Paper n. 18783*. Fev. 2013. National Bureau of Economic Research. Cambridge. Disponível em: <http://www.nber.org/papers/w18783>. Acesso em: 04 maio 2020.

EVANS, David S.; SCHMALENSEE, Richard. The Industrial Organization of Markets with Two-Sided Platforms. *Competition Policy International, [s. l.]*, v. 3, n. 1, p. 151-179, 2007.

EZRACHI, Ariel; STUCKE, Maurice E. *Virtual Competition*. The promises and perils of the algorithm--driven economy. Cambridge, Massachusetts: Harvard University Press, 2016.

FALAVIGNA, Maria. *Os princípios gerais e os standarts jurídicos no Código Civil*. Tese de doutorado apre-sentado à Universidade de São Paulo. São Paulo, 317 p., 2007. Disponível em: <https://teses.usp.br/teses/disponiveis/2/2131/tde-23032008-183352/publico/TESE.pdf>. Acesso em: 20 mar. 2021.

FALEIROS JUNIOR, José de Moura. Discriminação por algoritmos de inteligência artificial: a respon-sabilidade civil, os vieses e o exemplo das tecnologias baseadas em luminância. *Revista de Direito da Responsabilidade, [s. l.]*, ano 2, p. 1007-1047, 2020.

FARIA, Luísa Campos; SANTOS, Luiza Mendonça da Silva Belo. O Big Data e a privacidade de dados no controle de estruturas. *In:* MAIOLINO, Isabela (coord). *Mulheres no Antitruste –* volume II. São Paulo: Singular, 2019.

FAZION, Cintia B.; MEROE, Giuliano P. S. de.; SANTOS, Adriana B. A. Inovação: um estudo sobre a evolução do conceito de Schumpeter. *Caderno de Administração, [s. l.]*, v. 5. n. 1. 2011. Disponível em: <https://revistas.pucsp.br/caadm/article/view/9014>. Acesso em: 11 maio 2020.

FERRELL, O. C. et al. Expectations and Attitudes Toward Gender-Based Price Discrimination. *Journal of Business Ethics, [s. l.]*, v. 152, n. 4, p. 1015-1032, 2018.

FINN, Ed. *What Algorithms Want:* Imagination in the Age of Computing. Cambridge: The MIT Press 2017.

FORTES, Pedro; MARTINS; Guilherme Magalhães; OLIVEIRA, Pedro. O consumidor contemporâneo no show de Truman: a geodiscriminação digital como prática ilícita no direito brasileiro, *Revista de Direito do Consumidor,* São Paulo, v. 124, jul.-ago. 2019.

FRAZÃO, Ana. Algoritmos e Inteligência Artificial. *In:* DOMINGUES, Juliana; GABAN, Eduardo; MIELE, Aluísio; SILVA, Breno. *Direito Antitruste 4.0 –* fronteiras entre concorrência e inovação. São Paulo: Ed. Singular. 2019.

FRAZÃO, Ana. Big Data e aspectos concorrenciais do tratamento de dados pessoais. p. 535-552. *In:* BIONI, Bruno et al. (coords.). *Tratado de Proteção de Dados Pessoais*. São Paulo: Forense, 2021.

FRAZÃO, Ana. Direitos básicos dos titulares de dados pessoais. p. 33-46. *In:* ASSOCIAÇÃO dos Advo-gados – AASP. *Revista do advogado*, ano XXXIX, n. 144, nov., 2019.

FRAZÃO, Ana. Discriminação algorítmica: a responsabilidade dos programadores e das empresas – a necessidade da definição de parâmetros éticos e jurídicos para o design de sistemas algorítmicos, *Jota*, jul. 2021. Disponível em: <https://www.jota.info/opiniao-e-analise/colunas/constituicao-em-presa-e-mercado/discriminacao-algoritmica-a-responsabilidade-dos-programadores-e-das-empre-sas-14072021>. Acesso em: 30 jul. 2021.

FRAZÃO, Ana. Discriminação algorítmica – compreendendo o que são os julgamentos algorítmicos e o seu alcance na atualidade. *Jota,* jun. 2021. Disponível em: <https://www.jota.info/opiniao-e-a-nalise/colunas/constituicao-empresa-e-mercado/discriminacao-algoritmica-16062021>. Acesso em: 15 jan. 2021.

FRAZÃO, Ana. Geopricing e geoblocking: as novas formas de discriminação de consumidores: os desa-fios para o seu enfrentamento. *Jota*, 2018. Disponível em: <https://www.jota.info/opiniao-e-analise/colunas/constituicao-empresa-e-mercado/geopricing-e-geoblocking-as-novas-formas-de-discrimi-nacao-de-consumidores-15082018>. Acesso em: 07 ago. 2021.

FRAZÃO, Ana; GOETTENAUER, Carlos. Black box e o Direito face à opacidade algorítmica. p. 27-42. *In:* BARRETO, Mafalda; BRAGA NETTO, Felipe; FALEIROS JUNIOR, José de Moura; SILVA, Michael César (coords.). *Direito digital e inteligência artificial –* diálogos entre Brasil e Europa. Indaiatuba: Ed. Foco, 2021.

FRAZÃO, Ana. Liberdade econômica para quem? A necessária vinculação entre a liberdade de iniciativa e a justiça social. p. 89-121. *In:* CUEVA, Ricardo Villas Boas; FRAZÃO, Ana; SALOMÃO, Luis Felipe (coords.). *Lei de Liberdade Econômica e seus impactos no Direito Brasileiro.* São Paulo: Revista dos Tribunais, 2019.

FRAZÃO, Ana. O poder das plataformas digitais. O que são e quais as suas repercussões sobre a regulação jurídica? *JOTA*, 11 jul. 2017. Disponível em: <https://www.jota.info/opiniao-e-analise/colunas/constituicao-empresa-e-mercado/o-poder-das-plataformas-digitais-11072017>. Acesso em: 16 maio 2020.

FRAZÃO, Ana. Proteção de dados e democracia: a ameaça de manipulação informacional e digital. p. 739-762. *In:* FRANCOSKI, Denise; TASSO, Fernando. *A Lei Geral de Proteção de Dados Pessoais* – aspectos práticos e teóricos relevantes no setor público e privado. São Paulo: Revista dos Tribunais, 2021.

FREITAS, Carla. Notícias e Artigos. *Como elaborar uma política de privacidade aderente à LGPD?* Disponível em: <https://www.serpro.gov.br/lgpd/noticias/2019/elabora-politica-privacidade-aderente--lgpd-dados-pessoais> Acesso em: 27 mar. 2021.

FUJIMOTO, Monica T.; MATTIUZZO, Marcela; MENDES, Laura S. Discriminação algorítmica à luz da Lei Geral de Proteção de Dados. p. 421-446. *In:* BIONI, Bruno et al. *Tratado de Proteção de Dados Pessoais.* São Paulo: Forense, 2021.

GARANTE PER LA PROTEZIONE DEI DATI PERSONALI. *Ordinanza ingiunzione nei confronti di Roma Capitale.* Provvedimenti. Ordinanza ingiunzione o revoca. Roma, 2020. Disponível em: <https://www.garanteprivacy.it/web/guest/home/docweb/-/docweb-display/docweb/9524175>. Acesso em: 29 jul. 2021.

GARANTE PER LA PROTEZIONE DEI DATI PERSONALI. *Provvedimento del 12 novembre 2020.* Provvedimenti. Provvedimento corretivo e sanzionatorio. Roma, 2020. Disponível em: <https://www.garanteprivacy.it/web/guest/home/docweb/-/docweb-display/docweb/9485681>. Acesso em: 29 jul. 2021.

GARTNER GROUP. *Hype Cycle for Artificial Intelligence*, 2019. Disponível em: <https://www.gartner.com/smarterwithgartner/top-trends-on-the-gartner-hype-cycle-for-artificial-intelligence-2019/>. Acesso em: 28 jul. 2020.

GAWER, Annabelle. *Supplementary Written Evidence accompanying statements to the UK House of Lords in its Inquiry on Digital Platforms*, Reino Unido, House of Lords, 2015. Disponível em: <http://data.parliament.uk/writtenevidence/committeeevidence.svc/evidencedocument/eu-internal-market-subcommittee/online-platforms-and-the-eu-digital-single-market/written/23342.html>. Acesso em: 15 maio 2020.

GERHARD, Wagner; EIDENMULLER, Horst. Down by Algorithms? Siphoning Rents, Exploiting Biases, and Shaping Preferences: Regulating the Dark Side of Personalized Transactions. *The University of Chicago Law Review*, [s. l.], v. 86, no. 2, p. 581–609, 2019.

GOMES, Heitor Simões. Como as robôs Alice, Sofia e Monica ajudam o TCU a caçar irregularidades em licitações. *G1*, 18 mar. 2018. Disponível em: <https://g1.globo.com/economia/tecnologia/noticia/como-as-robos-alice-sofia-e-monica-ajudam-o-tcu-a-cacar-irregularidades-em-licitacoes.ghtml>. Acesso em: 25 abr. 2020.

GUEDES, Marcelo S.; MORAES, Thiago G. Nota Técnica n. 02/2021/CGTP/ANPD. Atualização da Política de Privacidade do WhatsApp. Processo n. 00261.000012/2021-04. Autoridade Nacional de Proteção de Dados. Brasília, mar. 2021. Disponível em: <https://www.gov.br/anpd/pt-br/assuntos/noticias/inclusao-de-arquivos-para-link-nas-noticias/NOTATECNICADACGTP.pdf>. Acesso em: 02 de ago. 2021.

GRAEF, Inge. Algorithms and Fairness: What Role for Competition Law in Targeting Price Discrimination towards Ends Consumers. *Columbia Journal of European Law*, [s. l.], v. 24, no. 3, p. 541-560, 2018.

GRUNES, Allen P; STUCKE, Maurice E. No Mistake About It: The Important Role of Antitrust in the Era of Big Data. *Antitrust Source*, [s. l.], abril, 2015.

HANNAK, Aniko et al. Measuring Price Discrimination and Steering on E-commerce Web Sites. *In: Proceedings of the 2014 conference on internet measurement conference*, Vancouver, p. 305-318, nov. 2014. Disponível em: <http://www.ccs.neu.edu/home/cbw/static/pdf/imc151-hannak.pdf>. Acesso em: 17 set. 2020.

HAUSMAN, Daniel (Ed.). *The philosophy of economics*: an anthology. 2nd ed. Cambridge University Press, 1994.

HAWKINS, Jim. Exploiting advertising. *Law & Contemporany Problems, [s. l.]*, v. 80, 2017.

HILL, Kashmir. Would Monetizing Our Personal Data Ease Privacy Concerns? *Forbes*, 2010. Disponível em: <http://www.forbes.com/sites/kashmirhill/2010/09/20/would-monetizing-ourpersonal-data--ease-privacy-concerns/>. Acesso em: 03 fev. 2021.

HILLMAN, Robert. On-line consumer standard-form contracting practices: a survey and discussion of legal implications. p. 08. *In: Cornell Law School: Legal Studies Research Paper Series, [s. l.]*, n. 5-012, p. 1-30, 2005. Disponível em: <https://scholarship.law.cornell.edu/lsrp_papers/29/>. Acesso em: 7 abr. 2021.

HINDERMANN, Christoph Michael. Price Discrimination in Online Retail. *Econstor. [s. l.]*, 2018.

HOGAN, Kevin. Consumer Experience in the Retail Renaissance: How Leading Brands Build a Bedrock with Data. *Deloitte Digital, [s. l.]*, 06 jun. 2018. Disponível em: <https://www.deloittedigital.com/us/en/blog-list/2018/consumer-experience-in-the-retail-renaissance--how-leading-brand.html>. Acesso em: 15 set. 2020.

HOLLAND, Brian H. Privacy paradox 2.0. *Widener Law Journal*, Forthcoming, abr. 2010. Disponível em <https://papers.ssrn.com/sol3/papers.cfm?abstract_id=1584443>. Acesso em: 07 nov. 2020.

HOLLIS, Martin; NELL, Edward J. (1975). *O homem econômico racional*: uma crítica filosófica da economia neoclássica. Rio de Janeiro: Zahar Editores, 1977.

HOSNI, David; MARTINS, Pedro. Automated Decision-making and Data Protection Regulation: Alternatives Presented by The Brazilian General Data Protection Law. p 149-187. *In:* CARDOSO, Renato C.; PARENTONI, Leonardo. *Law, Technology and Innovation* v. II: Insights on Artificial Intelligence and The Law. Belo Horizonte: Expert, 2021.

HOUSE OF LORDS. *Online Platforms and the Digital Single Market*. Londres, 2016. Disponível em: <https://publications.parliament.uk/pa/ld201516/ldselect/ldeucom/129/129.pdf>. Acesso em: 1º jan. 2021.

HUNGARIAN COMPETITION AUTHORITY. The competition supervision procedure against Airbnb has been closed with the acceptance of commitments. *Gazdasági Versenyhivatal*, Budapeste, 19 jun. 2018. Disponível em: <http://www.gvh.hu/en/press_room/press_releases/press_releases_2018/the_competition_supervision_procedure_against_airb.html>. Acesso em: 16 set. 2020.

INFORMATION COMISSIONER'S OFFICE. For organisations. Guide to Data Protection. Guide to General Data Protection Regulation (GDPR). Legitimate Interests. *How do we apply legitimate interests in practice?* Londres, [s. d.]. Disponível em: <https://ico.org.uk/for-organisations/guide--to-data-protection/guide-to-the-general-data-protection-regulation-gdpr/legitimate-interests/how-do-we-apply-legitimate-interests-in-practice/>. Acesso em: 25 jan. 2021.

INFORMATION COMMISSIONER'S OFFICE. *Data protection impact assessments guidance for carrying out a data protection impact assessment on surveillance camera systems*. Londres, [s. d.]. Disponível em: <https://assets.publishing.service.gov.uk/government/uploads/system/uploads/attachment_data/file/881538/SCC___ICO_DPIA_guidance_V3_FINAL_PDF.pdf>. Acesso em: 29 jul. 2021.

INFORMATION COMMISSIONER'S OFFICE. For organisations. Guide to Data Protection. Guide to the General Data Protection Regulation (GDPR). Accountability and governance. *Data protection impact assessments*. Londres, [s. d.]. Disponível em: <https://ico.org.uk/for-organisations/guide-to-data--protection/guide-to-the-general-data-protection-regulation-gdpr/accountability-and-governance/data-protection-impact-assessments/>. Acesso 27 jul. 2021.

INSTAGRAM. *Instagram*, c2020. Disponível em: <https://www.instagram.com/>. Acesso em: 16 set. 2020.

INSTITUTO BRASILEIRO DE DEFESA DO CONSUMIDOR. Vazamentos de dados de saúde coloca consumidor em risco; veja o que fazer. *IDEC*, Brasília, 02 dez. 2020. Disponível em <https://idec.org.br/noticia/vazamentos-de-dados-de-saude-coloca-consumidor-em-risco-veja-o-que-fazer>. Acesso em: 18 jul. 2021).

INTERNATIONL ORGANIZATION FOR STANDARDIZATION. ISO26000. Guidance on Social Responsability. *Genebra: ISO*, v. 3, n. 4, 2010.

IORDANOU, Costas et al. *Who is fiddling with prices?* Building and deploying a watchdog service for e-commerce. In: *Proceedings of the Conference of the ACM Special Interest Group on Data Communication*, Los Angeles, p. 376-389, ago. 2017. Disponível em: <http://laoutaris.info/wp-content/uploads/2017/07/sigcomm17-final89.pdf>. Acesso em: 29 ago. 2020.

JOLLS, Christine; SUNSTEIN, Cass; THALER, Richard. A Behavioral Approach to Law and Economics. *Stanford Law Review*, [s. l.], v. 50, n. 5, p. 1471-1550. maio 1998. Disponível em: <http://www.jstor.org/stable/1229304>. Acesso em: 04 jan. 2021.

KAHN, Lina. Amazon's Antitrust Paradox, *The Yale Law Journal*, v. 126, n. 3, 2017.

KAHNEMAN, Daniel; KNETSCH, Jack; THALER, Richard. Fairness as a Constraint on Profit Seeking: Entitlements in the Market. *The American Economic Review*, [s. l.], v. 76, n. 4, p. 728–741, set. 1986.

KAHNEMAN, Daniel. *Rápido e Devagar*: duas formas de pensar. Trad. Cássio de Arantes Leite. Rio de Janeiro: Ed. Objetiva, 2011.

KAHNEMAN, Daniel; SIBONY, Olivier; SUSTEIN, Cass R. *Noise*: a flaw in human judgement. New York: Little, Brown Spark, 2021. p. 161.

KATZ, Michael L.; SHAPIRO; Carl. Systems Competition and Network Effects. *The Journal of Economic Perspectives*, [s. l.], v. 8, n. 2, p. 93-115, 1994.

KING, Jonathan H.; RICHARDS, Neil M. Three paradoxes of Big Data. *Stanford Law Review*, Stanford, 2013. Disponível em: <https://www.stanfordlawreview.org/online/privacy-and-big-data-three-paradoxes-of-big-data/>. Acesso em: 02 maio 2020.

KOGA, Bruno Y. S. *Precificação personalizada na era digital*. Consumo, dados e concorrência. 2020. Dissertação (Mestrado em Direito, Justiça e Desenvolvimento) - Instituto Brasileiro de Direito Público, São Paulo, 2020.

KOGA, Bruno. *Precificação personalizada*. São Paulo: Almedina, 2021.

KOTLER, Philip; KARTAJAYA, Hermawan; SETIAWAN, Iwan. *Marketing 4.0*: Do tradicional ao digital. Rio de Janeiro: GMT, 2017.

LABRECQUE, Lauren I. et al. Consumer power: Evolution in the digital age. *Journal of Interactive Marketing*, [s. l.], v. 27, n. 4, 2013.

LACE, Susanne (Ed.). *The glass consumer*: life in a surveillance society. Bristol: The Policy Press, 2005.

LAMBRECHT, Anja; TUCKER, Catherine E., Can Big Data Protect a Firm from Competition? *CPI Antitrust Chronicle*, [s. l.], v. 76, jan. 2017.

LANCIERI, Filippo M.; SAKOWSKY, Patricia A. M. *Concorrência em mercados digitais*: uma revisão de relatórios especializados. Departamento de Estudos Econômicos – DEE. Brasília, 2020.

LEE, Kai-Fu. *Inteligência artificial*: como os robôs estão mudando o mundo, a forma como amamos, nos relacionamos, trabalhamos e vivemos. Trad. Marcelo Barbão. Rio de Janeiro: Globo Livros, 2019.

LEMOS, André. Comunicação e práticas sociais no espaço urbano: as características dos Dispositivos Híbridos Móveis de Conexão Multirredes (DHMCM). *Revista Comunicação Mídia e Consumo*, [s. l.], v. 4, n. 10, jul., p. 23-40, 2007.

LEONARDI, Marcel. Legítimo interesse. *Revista do Advogado*, [s. l.], v. 39, 2019.

LEONARDI, Marcel. *Publicidade personalizada e LGPD*: este parecer foi elaborado a pedido da Associação de Mídia Interativa ("IAB Brasil"), de forma a analisar algumas implicações da Lei 13.709/2018 (Lei Geral de Proteção de Dados Pessoais, "LGPD") à publicidade personalizada. Consulente IAB Brasil. 26 jul. 2021, São Paulo.

REFERÊNCIAS

LETOUZÉ, Emmanuel. Big Data e desenvolvimento: uma visão geral. *In:* CETIC.BR. *Panorama setorial da Internet* – Big Data para o desenvolvimento, *[s. l.]*, ano 10, n. 1, maio, 2018. Disponível em: <https://www.cetic.br/media/docs/publicacoes/6/Panorama_estendido_maio_2018_online.pdf>. Acesso em: 28 jul. 2020.

LIMA, Cíntia Rosa Pereira De. *O Ônus de Ler o Contrato no Contexto da "Ditadura" dos Contratos de Adesão Eletrônicos. [s. l., s. d.].* Disponível em: <http://publicadireito.com.br/artigos/?cod=981322808aba8a03>. Acesso em: 18 ago. 2020.

LINDEN, Alexandre. Délibération du 18 novembre 2020. *Délibération de la formation restreinte n° SAN-2020-009 du 18 novembre 2020 concernant la société CARREFOUR BANQUE. 2020.* Commission Nationale de l'Informatique et des Libertés, Paris, 2020. Disponível em: <https://www.legifrance.gouv.fr/cnil/id/CNILTEXT000042564657>. Acesso em: 29 jul. 2021.

LOO, Van Rory. Helping buyers beware: the need of supervision of big retail. *University of Pennsylvania Law Review. [s. l.],* 1311. v. 163, 2015.

LOPES, Alexandra (ger.). *Guia Orientativo para Definições dos Agentes de Tratamento de Dados Pessoais e do Encarregado.* Maio, 2021. Autoridade Nacional de Proteção de Dados, Brasília, DF.

LOPES, Ana Maria D'Ávila. *Gênero, discriminação e tráfico internacional de mulheres.* Estudos sobre a efetivação do direito na atualidade: a cidadania em debate. Organizadora: Lília Maia de Morais Sales. Fortaleza: Universidade de Fortaleza, 2006.

LUNN, Pete. *Regulatory Police and Behavioural Economics,* OCDE Publishing, 2014. Disponível em: <https://read.oecd-ilibrary.org/governance/regulatory-policy-and-behavioural-economics_9789264207851-en#page22>. Acesso em: 19 out. 2020.

MADILL, John; MEXIS, Adrien. Consumers at the Heart of EU Competition Policy. *Competition Policy Newsletter,* [s. l.], n. 1, 2009. Disponível em: <ec.europa.eu/competition/publications/cpn/2009_1_7.pdf>. Acesso em: 15 set. 2020.

MAGALU. *Política de privacidade.* Disponível em: https://especiais.magazineluiza.com.br/politica-de--privacidade/. Acesso em: 7 abr. 2021.

MARQUES, Ana Luiz Pinto Coelho; NUNES, Dierle. Inteligência artificial e o direito processual: vieses algorítmicos e os riscos de atribuição de função decisória às máquinas. *Revista de Processo, [s. l.],* v. 285, p. 421-447, nov. 2018.

MARQUES, Claudia Lima. *Contratos no Código de Defesa do Consumidor:* o novo regime das relações contratuais, 4. ed. rev. ampl. e atual. São Paulo: Editora Revista dos Tribunais, 2002.

MARTINS, Guilherme Magalhães. O geopricing e geoblocking e seus efeitos nas relações de consumo. *In:* FRAZÃO, Ana; MULHOLLAND, Caitlin (coord.). *Inteligência Artificial e Direito* – Ética, Regulação e Responsabilidade. 1ª ed. São Paulo: RT, 2019.

MARTINS, Guilherme Magalhães. *Responsabilidade por acidente de consumo na internet.* 2ª Ed. São Paulo: Revista dos Tribunais, 2008.

MARTINS, Guilherme Magalhães. Responsabilidade civil, acidente de consumo e a proteção do titular de dados na Internet. p. 77-89. In: FALEIROS JUNIOR, José de Moura; GUGLIARA, Rodrigo; LONGHI, João Victor Rozatti (coords.). *Entre dados e danos.* Indaiatuba: Ed. Foco, 2021.

MARTINS-COSTA, Judith. *A ressignificação do princípio da segurança legítima na relação entre o Estado e os cidadãos:* a segurança como crédito de confiança. Revista CEJ, Brasília, n. 27, out/dez. 2004.

MARTUCCI, Mariana. A pandemia fez o e-commerce decolar. Ainda há fôlego para mais? *Exame,* 26 jan. 2021. Disponível em: <https://exame.com/negocios/a-pandemia-fez-o-e-commerce-decolar--ainda-ha-folego-para-mais/>. Acesso em: 17 abr. 2021.

MATTIUZZO, Marcela. "Let the algorithm decide": is human dignity at stake? *Revista Brasileira de Políticas Públicas,* Brasília, v. 11, n. 1. p. 342-369, 2021.

MATTIUZZO, Marcela. *Algorithmic Discrimination* – The Challenge of Unveilling Inequality in Brazil. Dissertação apresentada no Programa de Pós-Graduação Strictu Sensu da Faculdade de Direito da Universidade de São Paulo. São Paulo, 2019. 145p.

MATTIUZZO, Marcela; MENDES, Laura Schertel. Discriminação algorítmica: conceito, fundamento legal e tipologia. *Revista Direto Público*, Porto Alegre, v. 16, n. 90, p. 39-64, nov-dez. 2019. Disponível em: <https://www.portaldeperiodicos.idp.edu.br/direitopublico/article/view/3766>. Acesso em: 13 set. 2020.

MATTIUZZO, Marcela; PONCE, Paula. O legítimo interesse e o teste da proporcionalidade: uma proposta interpretativa. *Internet&Sociedade*, [s. l.], v. 1, n. 2, dez. 2020. Disponível em: <https://revista.internetlab.org.br/o-legitimo-interesse-e-o-teste-da-proporcionalidade-uma-proposta-interpretativa/>. Acesso em: 18 jul. 2021.

MAYER-SCHÖNBERGER, V.; CUKIER, K. *Big data*: a revolution that will transform how we live, work, and think. New York: First Mariner Books, 2014.

MAYER-SCHÖNBERGER, Viktor. CUKIER, Kenneth. *Big Data*: como extrair volume, variedade, velocidade e valor da avalanche de informações cotidianas. Trad. Paulo Polzonoff Junior. Rio de Janeiro: Elsevier, 2013.

MCCORMICK, Moira. What is geopricing? *Black Curve*, [s. l.], 20 abr. 2016. Disponível em: <https://blog.blackcurve.com/what-is-geographic-pricing>. Acesso em: 07 set. 2020).

McLUHAN, Marshall. *The medium is the massage: an inventory of effects*. Corte Madera: Berkeley Gingko Press, [s. l.], 2001.

MELLO, Celso Antônio Bandeira de. *Conteúdo jurídico do princípio da igualdade*. 3. ed. São Paulo: Malheiros, 2009.

MENDES, Laura S. *Privacidade, proteção de dados e defesa do consumidor*: linhas gerais de um novo direito fundamental. São Paulo: Saraiva, 2014.

MERCADO LIVRE. *Política de privacidade*. Disponível em: https://www.mercadolivre.com.br/privacidade?section=data-usage#information-usage. Acesso em: 17 abr. 2021.

MIKIANS, Jakub et al. Detecting price and search discrimination on the Internet. *In: Proceedings of the 11th ACM Workshop on Hot Topics in Networks*, Redmond, p. 79-84, out. 2012.

MINISTÈRE DE L'ÉCONOMIE ET DES FINANCES. *IP Tracking*: conclusions de l'enquête conjointe menée par la CNIL et la DGCCRF. Comission Nationale de L'Informatique et des Libertés, Paris, 27 jan. 2014. Disponível em: <https://www.economie.gouv.fr/files/files/directions_services/dgccrf/presse/communique/2014/cp_tracking_27012014.pdf>. Acesso em: 17 set. 2020.

MJV TEAM. *O que é inovação disruptiva?* Disponível em: <https://www.mjvinnovation.com/pt-br/blog/o-que-e-inovacao-disruptiva/>. Acesso em: 30 maio 2020.

MONTANARO, Domingo. Medidas técnicas e administrativas para a segurança da informação. *In:* MALDONATO, Viviane N. (coord.) *Manual do DPO* – data protection officer. São Paulo: Thonsom Reuters Brasil, 2021.

MONTEIRO, Gabriela. *Big Data e Concorrência*: uma avaliação dos impactos da exploração de Big Data para o método antitruste tradicional de análise de concentrações econômicas. Dissertação (Mestrado em Direito da Regulação) – Escola de Direito do Rio de Janeiro, Fundação Getúlio Vargas, 2017. Disponível em: <https://bibliotecadigital.fgv.br/dspace/handle/10438/20312>. Acesso em: 15 maio 2020.

MOORE, Taylor. *Trade Secrets and Algorithms as Barriers to Social Justice*. Center for Democracy and Technology, ago. 2017. Disponível em: <https://cdt.org/insights/trade-secrets-and-algorithms-as--barriers-to-social-justice/>. Acesso em: 0 maio 2021.

MORAES, Alexandre de. *Direito Constitucional*. São Paulo: Atlas, 2002.

MULLAINATHAN, Sendhil; THALER, Richard. *Behavioral Economics*. Working paper 7948. National Bureau of Economics Research, [s. l.], 2000. Disponível em: <www.nber.org/papers/w7048>. Acesso em: 23 out. 2020.

NARDO, Michela et al. The Consumer Empowerment Index. A Measure of Skills, Awareness and Engagement of European Consumers. *Munich Personal RePEc Archive*, Luxemburgo, n. 30711,

05 maio 2011. Disponível em: <http://ec.europa.eu/consumers/consumer_empowerment/docs/JRC_report_consumer_empowerment_en.pdf>. Acesso em: 14 fev. 2016.

NAZZINI, Renato. Online Platforms and Antitrust: Where do we go from here? *Rivista Italiana di Antitrust*, *[s. l.]*, n. 2015, 2018.

NERY JÚNIOR, Nélson. *Princípios do processo civil à luz da Constituição Federal*. São Paulo: Revista dos Tribunais, 1999.

NETFLIX. *In*: WIKIPÉDIA: a enciclopédia livre. Disponível em: <https://pt.wikipedia.org/wiki/Netflix>. Acesso em: 18 maio 2020.

NETSHOWS. *Política de privacidade*. Disponível em: https://www.netshoes.com.br/institucional/politica-de-privacidade. Acesso em: 17 abr. 2021.

NEWMAN, John M. Antitrust in Attention Markets, 2020. *University of Miami Legal Studies Research Paper 3745839*, Miami, *[s. d.]*. Disponível em: <https://ssrn.com/abstract=3745839>. Acesso em: 31 jul. 2021.

NEWMAN, John M. Antitrust in zero-price market: foundations. *University of Pennsylvania Law Review*, *[s. l.]*, v. 164, 2015. Disponível em: <https://scholarship.law.upenn.edu/cgi/viewcontent.cgi?article=9504&context=penn_law_review>. Acesso em: 02 fev. 2020.

NEWMAN, John M., Regulating Attention Markets, 2019. University of Miami Legal Studies Research Paper. Miami, *[s. d.]*. Disponível em: <https://ssrn.com/abstract=3423487>. Acesso em: 31 jul. 2021.

NOVELINO, Marcelo. *Direito Constitucional*. 4. ed. Rio de Janeiro: Forense; São Paulo: Método, 2010.

O'NEIL, Cathy. *Algoritmos de destruição em massa* – como o Big Data aumenta a desigualdade e ameaça à democracia. Trad. Rafael Abraham. São Paulo: Rua do Sabão, 2020.

O'NEIL, Cathy. *Weapons of Math Destruction*: how big data increases inequality and threatens democracy. New York: Crown Publishers, 2016.

OBAR, Jonathan A.; OELDORF-HIRSCH, Anne. *The Biggest Lie on the Internet*: Ignoring the Privacy Policies and Terms of Service Policies of Social Networking Services, 1 jun. 2018. TPRC 44: The 44th Research Conference on Communication, Information and Internet Policy, *[s. l.]*, 2016. Disponível em: https://ssrn.com/abstract=2757465 e http://dx.doi.org/10.2139/ssrn.2757465. Acesso em: 27 mar. 2021.

OFFICE FAIR TRADE – OFC. *The economics of online personalised pricing* – Note by UK. Londres: Crown Copyright, maio 2013. Disponível em: <https://webarchive.nationalarchives.gov.uk/20140402154756/http://oft.gov.uk/shared_oft/research/oft1488.pdf>. Acesso em: 01 set. 2020.

OFFICE OF COMPETITION AND CONSUMER PROTECTION – OCCP. Awareness of *Consumer Rights and Analysis of Barriers Preventing Consumers from Safe and Satisfactory Participation in the Market*. Warsaw: [*s. n.*], dez. 2009. Disponível em: <https://uokik.gov.pl/download.php?plik=8519>. Acesso em: 07 nov. 2016.

OFFICE OF FAIR TRADING - OFT. *The economics of online personalised pricing* – Note by UK. Londres: Crown Copyright, maio 2013.

O'NEIL, Cathy. *Weapons of math destruction*: How big data increases inequality and threatens democracy. Nova Iorque: Broadway Books, 2016. 268 p.

ORGANIÇÃO PARA COOPERAÇÃO DO DESENVOLVIMENTO ECONOMICO – OCDE. Algorithms and Collusion – Competition Policy in the digital age. [s. l.], 2017. Disponível em: <www.oecd.org/competition/algorithms-collusion-competition-policy-in-the-digital-age.htm>. Acesso em: 04 ago. 2020.

ORGANIZAÇÃO PARA A COOPERAÇÃO E O DESENVOLVIMENTO ECONÔMICO–OCDE. *Consumer Education* – Policy Recommendations of the OECD'S Committee on Consumer Policy, *[s. l.]*, 2009. Disponível em: <http://www.oecd.org/dataoecd/32/61/44110333.pdf>. Acesso em: 09 abr. 2020.

ORGANIZAÇÃO PARA A COOPERAÇÃO E O DESENVOLVIMENTO ECONÔMICO – OCDE. *Recommendation of the Council on Artificial Intelligence*. OCDE Legal Instruments. OCDE/LEGAL/0449 2019. *[s. l.]*, 2019. Disponível em: <https://legalinstruments.oecd.org/en/instruments/

OECD-LEGAL-0449#:~:text=This%20Recommendation%20provides%20a%20set,human%2D-centred%20and%20democratic%20values>. Acesso em: 20 jul. 2021.

ORGANIZAÇÃO PARA A COOPERAÇÃO E O DESENVOLVIMENTO ECONÔMICO – OCDE. *The effects of online disclosure about personalised pricing on consumers* – results from a lab experiment in Ireland and Chile. OCDE Digital Economy Papers. *[s. l.]*, jan. 2020. n. 303.

ORGANIZAÇÃO PARA A COOPERAÇÃO E O DESENVOLVIMENTO ECONÔMICO – OCDE. Vector of digital transformation. *OCDE Digital Economy Papers*. Paris: OECD Publishing, 2019. Disponível em: <https://www.oecd-ilibrary.org/science-and-technology/vectors-of-digital-transformation_5a-de2bba-en>. Acesso em: 20 abr. 2020.

ORGANIZAÇÃO PARA A COOPERAÇÃO E O DESENVOLVIMENTO ECONÔMICO – OCDE. *Measuring the digital transformation*: a roadmap for the future. Paris: OECD Publishing, 2019. Disponível em: <https://www.oecd.org/going-digital/measurement-roadmap.pdf>. Acesso em: 20 abr. 2020.

ORGANIZAÇÃO PARA A COOPERAÇÃO E O DESENVOLVIMENTO ECONÔMICO – OCDE. Exploring the Economics of Personal Data: A Survey of Methodologies for Measuring Monetary Value. *OECD Digital Economy Papers*. n. 220. Paris: OECD Publishing, 2013. Disponível em: <http://dx.doi.org/10.1787/5k486qtxldmq-en>. Acesso em: 03 maio 2020.

ORGANIZAÇÃO PARA A COOPERAÇÃO E O DESENVOLVIMENTO ECONÔMICO – OCDE. *Digital Economy Outlook 2017*. Paris: OECD Publishing, 2017. Disponível em: <https://www.oecd.org/Internet/oecd-digital-economy-outlook-2017-9789264276284-en.htm>. Acesso em: 20 abr. 2020.

ORGANIZAÇÃO PARA A COOPERAÇÃO E O DESENVOLVIMENTO ECONÔMICO – OCDE. *An introduction to online platforms and their role in the digital transformation*. Paris: OECD Publishing, 2019.

ORGANIZAÇÃO PARA A COOPERAÇÃO E O DESENVOLVIMENTO ECONÔMICO – OCDE. *Competition policy and regulatory reforms for Big Data*: propositions to harness the power of Big Data while curbing platforms' abuse of dominance. Paris: OECD Publishing, 2016. Disponível em: <www.oecd.org/daf/competition/big-data-bringing-competition-policy-to-the-digital-era.htm>. Acesso em: 10 mar. 2020.

ORGANIZAÇÃO PARA A COOPERAÇÃO E O DESENVOLVIMENTO ECONÔMICO – OCDE. *Two sided markets*. Paris: OCDE Publishing, 2009. Disponível em : <https://www.oecd.org/daf/competition/44445730.pdf>. Acesso em: 23 maio 2020.

ORGANIZAÇÃO PARA A COOPERAÇÃO E O DESENVOLVIMENTO ECONÔMICO – OCDE. *Unpacking E-commerce*: Business Models, Trends and Policies, Paris: OECD Publishing, 2019. Disponível em: <https://doi.org/10.1787/23561431-en>. Acesso em: 17 maio 2020.

ORGANIZAÇÃO PARA A COOPERAÇÃO E O DESENVOLVIMENTO ECONÔMICO – OCDE. *Algorithms and Collusion*: Competition Policy in the Digital Age. Paris: OECD Publishing, 2017. Disponível em: <www.oecd.org/competition/algorithms-collusion-competition-policy-in-the-digital-age.htm>. Acesso em: 20 maio 2020.

ORGANIZAÇÃO PARA A COOPERAÇÃO E O DESENVOLVIMENTO ECONÔMICO – OCDE. *DATA-driven Innovation for Growth and Well-being*: interim synthesis Report. Paris: OECD Publishing, 2014. Disponível em: <http://www.oecd.org/sti/inno/data-driven-innovation-interim-synthesis.pdf>. Acesso em: 2 fev. 2020.

ORGANIZAÇÃO PARA A COOPERAÇÃO E O DESENVOLVIMENTO ECONÔMICO – OCDE. *Digital Economy Outlook 2017*. Paris: OECD Publishing, 2017. p. 26. Disponível em: <https://www.oecd.org/Internet/oecd-digital-economy-outlook-2017-9789264276284-en.htm>. Acesso em: 20 abr. 2020.

ORGANIZAÇÃO PARA A COOPERAÇÃO E O DESENVOLVIMENTO ECONÔMICO – OCDE. *Measuring the digital transformation*: a roadmap for the future. Paris: OECD Publishing, 2019. Disponível em: <https://www.oecd.org/going-digital/measurement-roadmap.pdf>. Acesso em: 20 abr. 2020.

ORGANIZAÇÃO PARA A COOPERAÇÃO E O DESENVOLVIMETO ECONÔMICO - OCDE. *Recomendation of the OCDE Council Concerning Guidelines for Consumer Protection in the Context of Electronic Commerce* (1999). Paris: OCDE Publishing, 2000. Disponível em: <https://www.oecd.org/sti/consumer/34023811.pdf>. Acesso em: 16 set. 2020.

ORGANIZAÇÃO PARA A COOPERAÇÃO E O DESENVOLVIMETO ECONÔMICO - OCDE. *Personalised Pricing in the Digital Era* – Note by the European Union. Paris: OCDE Publishing, 2018. Disponível em: <https://one.oecd.org/document/DAF/COMP/WD(2018)128/en/pdf>. Acesso em: 29 jun. 2020.

ORGANIZAÇÃO PARA A COOPERAÇÃO E O DESENVOLVIMETO ECONÔMICO - OCDE. *Personalised Pricing in the Digital Era* – Background Note by Secretariat. Paris: OCDE Publishing, nov. 2018. Disponível em: <https://one.oecd.org/document/DAF/COMP/WD(2018)127/en/pdf>. Acesso em: 16 set. 2020.

ORGANIZAÇÃO PARA A COOPERAÇÃO E O DESENVOLVIMETO ECONÔMICO - OCDE. *Personalised pricin in the digital Era* – Note by Hungary. [s. l.: s. n.], nov. 2018. Disponível em: <https://one.oecd.org/document/DAF/COMP/WD(2018)122/en/pdf>. Acesso em: 16 set. 2020.

ORGANIZAÇÃO PARA A COOPERAÇÃO E O DESENVOLVIMETO ECONÔMICO – OCDE. *OCDE Guidelines for Multinational Enterprises*: Recommendations for Responsible Business Conduct in a Global Context. Paris: OCDE Publishing, 2011. Disponível em: <https://www.oecd.org/daf/inv/mne/48004323.pdf>. Acesso em: 16 set. 2020.

ORGANIZAÇÃO PARA A COOPERAÇÃO E O DESENVOLVIMETO ECONÔMICO – OCDE. *OCDE Consumer Policy Toolkit*. Paris: OCDE Publishing, 2010. Disponível em: <https://read.oecd-ilibrary.org/governance/consumer-policy-toolkit_9789264079663-en#page>. Acesso em: 16 set. 2020.

ORGANIZAÇÃO PARA A COOPERAÇÃO E O DESENVOLVIMETO ECONÔMICO – OCDE. *Consumer Protection in E-commerce*: OCDE Recommendation. Paris: OCDE Publishing, 2016. Disponível em: <https://www.oecd.org/sti/consumer/ECommerce-Recommendation-2016.pdf>. Acesso em: 16 set. 2020.

ORGANIZAÇÃO PARA A COOPERAÇÃO E O DESENVOLVIMETO ECONÔMICO – OCDE. *Personalised princing in the digital Era* – Note by Portugal. [d. l.: s. n.], nov. 2018. Disponível em: <https://one.oecd.org/document/DAF/COMP/WD(2018)125/en/pdf>. Acesso em: 16 set. 2020.

ORGANIZAÇÃO PARA A COOPERAÇÃO E O DESENVOLVIMETO ECONÔMICO – OCDE. *Personalised pricing in the digital era* – Note by the Netherlands. [s. l.: s. n.], 28 nov. 2018. Disponível em: <https://one.oecd.org/document/DAF/COMP/WD(2018)124/en/pdf>. Acesso em: 6 set. 2020.

ORGANIZAÇÃO PARA A COOPERAÇÃO E O DESENVOLVIMETO ECONÔMICO – OCDE. *Personalised Pricing in the Digital Era* – Note by the United Kingdom. [s. l.: s. n.], nov. 2018.

ORGANIZAÇÃO PARA A COOPERAÇÃO E O DESENVOLVIMETO ECONÔMICO – OCDE. *Introductory Chairs' note (part 1) Roundtable on Personalised pricing in the digital era*. Paris: OCDE Publishing, 28 nov. 2018.

ORGANIZAÇÃO PARA A COOPERAÇÃO E O DESENVOLVIMETO ECONÔMICO – OCDE. *Price discrimination* – Backgroung note by the Secretariat. [s. l.], nov. 2016.

ORGANIZAÇÃO PARA A COOPERAÇÃO E O DESENVOLVIMETO ECONÔMICO – OECD. *Competition and Regulation in Agriculture*: Monopsony Buying and Joint Selling, 2004. Paris: OECD Publishing, dez. 2005. Disponível em: <http://www.oecd.org/competition/abuse/35910977.pdf.>. Acesso em: 17 set. 2020.

ORTINHO JUNIOR, Waldemar; SOUZA, Alexandre Barreto de. *Acordo de Cooperação Técnica n. 5/2021*. Processos 08700.002088/2021-51 (SEI/CADE) e 00261.000483/2021-12 (SEI/ANPD). Autoridade Nacional de Proteção de Dados, Conselho Administrativo de Defesa Econômica. Brasília, 2021. Disponível em: <https://www.gov.br/anpd/pt-br/assuntos/noticias/act-tarjado-compactado.pdf>. Acesso em: 02 ago. 2021.

MOREIRA, Egon B. O Direito Administrativo da Economia, a Ponderação de Interesses e o Paradigma da Intervenção Sensata. *In*: CUÉLLAR, Leila; MOREIRA, Egon B. *Estudos de Direito Econômico*. Belo Horizonte: Fórum, 2004.

PÃO DE AÇUCAR MAIS. *Sobre o Programa*. São Paulo, 2021. Disponível em: <https://www.paodeacucar.com/mais/sobre-o-programa>. Acesso em: 20 jul. 2021.

PASQUALE, Frank. *The black box society:* The secret algorithms that control money and information. Cambridge: Harvard University Press, 2015.

PFEIFFER, Roberto A. C. Digital Economy, Big Data and Competition Law. *Market and Competition Law Review. [s. l.],* v. 3, n. 1, abril 2019.

PEREIRA DA SILVA, Juliana (coord.). *Manual de Direito do Consumidor.* 4. ed. rev. atual. Brasília: Escola Nacional de Defesa do Consumidor, 2014.

PIGOU, A. C. *The Economics of Welfare.* London: Macmillan. 1920.

PINDYCK, Robert Stephen; RUBINFELD, Daniel Lee. *Microeconomia.* 6 ed. São Paulo: Pearson Brasil, 2006.

POSNER, Richard A. *Antitrust law.* 2. ed. Chicago: University of Chicago Press, 2001.

PRESCOTT, Roberta; MARIANO, Rafael. Victor, a IA do STF, reduziu tempo de tarefa de 44 minutos para cinco segundos. *Convergência Digital,* 17 out. 2019. Disponível em: <https://www.convergenciadigital.com.br/cgi/cgilua.exe/sys/start.htm?UserActiveTemplate=site&UserActiveTemplate=mobile&infoid=52015&sid=3>. Acesso em: 09 maio 2020.

PORTO, Antônio José Maristrello. Princípios de análise econômica de direito. *In:* PINHEIRO, Antônio Castelar; PORTO, Antônio José Maristrello; SAMPAIO, Patrícia Regina Pinheiro (Orgs.). *Direito e Economia:* Diálogos. Rio de janeiro: FGV Editora, 2019.

PRIVALIA. *Privacidade e cookies.* Disponível em: https://br.privalia.com/front/get/doc/privacidade-e--cookies.pdf. Acesso em: 17 abr. 2021.

PROCON notifica Uber por prática abusiva contra consumidores da Capital. *Conexão Comunidade.* 22 jun. 2021. Disponível em: https://jornalconexao.com.br/2021/06/22/PROCON-notifica-uber-por--pratica-abusiva-contra-consumidores-da-capital/. Acesso em: 23 jun. 2021.

PROCON-SP multa decolar. *PROCONsp.* Notícias & releases. 23 jan. 2020. Disponível em: <https://www.PROCON.sp.gov.br/PROCON-sp-multa-decolar/>. Acesso em: 19 set. 2020.

RADIN, Margaret Jane. *Boilerplate:* the fine print, vanishing rights, and the rule of law. New Jersey: Princeton University Press, 2013.

RIBEIRO, Marcia Carla Pereira; TIUJO, Edson Mitsuo. A educação formal para consumo é garantia para uma presença refletida do consumidor no mercado? Uma análise com base na Behavior Law and Economics. *Revista Brasileira de Políticas Públicas, [s. l.],* v. 8, n. 2, ago. 2018.

RIVERS, J. Proportionality and variable intensity of review. *The Cambridge Law Journal, [s. l.],* 65(1), p. 174–207, 2006.

ROCHET, Jean-Charles; TIROLE, Jean. *Defining Two-Sided Markets, [s. l.],* 2003. Disponível em: <https://www.researchgate.net/publication/253323248_Defining_Two-Sided_Markets>. Acesso em: 28 de maio de 2020.

ROCHET, Jean-Charles; TIROLE, Jean. Platform Competition in Two-Sided Markets. *Journal of the European Economic Association, [s. l.],* v. 1, n. 4, p. 990-1029, jun. 2003.

ROCHET, Jean-Charles; TIROLE, Jean. Two-Sided Markets: A Progress Report. *RAND Journal of Economics, [s. l.],* v. 37, n. 3, outono de 2006.

RODOTÁ, Stefano. *Elaboratori elettronici e controlo sociale.* Bologna: Il Mulino, 1973.

ROSSI, Edvaldo. *Elasticidade da demanda.* [s. l., s. n.]. Disponível em: <http://ead2.fgv.br/ls5/centro_rec/docs/elasticidade_demanda.doc#:~:text=Trata%2Dse%20de%20um%20produto%20do%20qual%20o%20consumidor%20n%C3%A3o,rela%C3%A7%C3%A3o%20a%20varia%C3%A7%-C3%B5es%20nos%20pre%C3%A7os>. Acesso em: 27 mar. 2021.

RUBINFELD, Daniel L; GAL, Michal S. Acess Barriers to Big Data. *Arizona Law Review, [s. l.],* 2016.

RUST, R. T.; KANNAN, P. K.; PENG, N. The customer economics of internet privacy. *Journal of the Academy of Marketing Science, [s. l.],* 30 (4), p. 455–464, 2002.

SALESFORCE. Salesforce Unwraps its 2017 Connected Shoppers Report. *Salesfore blog*, [s. l.], 26 set. 2017. Disponível em: <https://www.salesforce.com/blog/2017/09/salesforce-2017-connected-shoppers-report>. Acesso em: 6 set. 2020.

SANTOS, Maria Stella Galvão. O consumidor em tempos de compartilhamento e acesso virtual. *Revista Intercom*, Recife, jun. 2012.

SCHUMPETER, J. A. *Capitalism, socialism and democracy*. New York: Harper and Brothers, 1961.

SCHUMPETER, Joseph A. *A Teoria do Desenvolvimento Econômico*. São Paulo: Abril Cultural, 1982.

SCHUMPETER, Joseph A. *A Teoria do Desenvolvimento Econômico*. Trad. Maria Sílvia Possas. Disponibilizado por Ronaldo DartVeiga. São Paulo: Ed. Nova Cultural, 1997.

SCHUMPETER, Joseph. The instability of Capitalism. *The Economic Journal*, [s. l.], v. 38, n. 151, p. 361-386, 1928. Disponível em: <http://www.jstor.org/stable/2224315>. Acesso em: 23 jun. 2020.

SHAPIRO, Carl; VARIAN; Hal R. *Information Rules*: A Strategic Guide to the Network Economy. Boston: Harvard Business School Press, 1999.

SHERIFF. *Detecting Price Discrimination*. 2017. Disponível em: <http://sheriff-v2.dynu.net/views/home>. Acesso em: 16 set. 2020.

SHILLER, Benjamin Reed et al. *First degree price discrimination using big data*. Brandeis Univ., Department of Economics, 2013. Disponível em: <https://www.brandeis.edu/economics/RePEc/brd/doc/Brandeis_WP58R2.pdf>. Acesso em: 18 jul. 2021.

SHILLER, Benjamin Reed; WALDFOGEL, Joel. *Music for a Song*: An Empirical Look at Uniform Pricing and its Alternatives, NBER Working Paper Series, Working Paper 15390, [s. l.], out. 2009.

SHY, Oz. A short survey of network economics. *Review of Industrial Organization*. [s. l.], mar. 2011, v. 38, n. 2.

SILVA, Rodrigo da Guia; SOUZA, Eduardo Nunes de. Direitos do titular de dados pessoais na Lei 13709/18. p. 243-286. *In*: FRAZÃO, Ana; OLIVA, Milena D.; TEPEDINO, Gustavo (Coords.). *Lei Geral de Proteção de Dados e suas Repercussões no Direito Brasileiro*. São Paulo: Thomson Reuters Brasil, 2019.

SILVA, Virgílio A. da. *O proporcional e o razoável*. São Paulo: Revista dos Tribunais, 798, 2002. Disponível em: https://constituicao.direito.usp.br/wp-content/uploads/2002-RT798-Proporcionalidade.pdf. Acesso em: 09 jan. 2021.

SOKOL, D. Daniel; COMERFORD, Roisin E., Antitrust and Regulating Big Data. *George Mason Law Review*, [s. l.], v. 23, n. 119, 2016.

STAPP, Alec. Why data is not the new oil. *In*: *Truth on the Market*, [s. l.], out. 2019. Disponível em: https://truthonthemarket.com/2019/10/08/why-data-is-not-the-new-oil/. Acesso em: 10 mar. 2020.

STEEL, Emily; ANGWIN, Julia. On the Web's Cutting Edge, Anonymity in Name Only. *Wall Street Journal*, Nova Iorque, 4 ago. 2010. Disponível em: <http://www.wsj.com/articles/SB10001424052748703294904575385532109190198>. Acesso em: 17 set. 2020.

SUBMARINO.COM. *Política de privacidade*. Disponível em: https://www.submarino.com.br/landingpage/politica-de-privacidade#:~:text=Como%20exercer%20os%20seus%20direitos,%40submarino.com.br. Acesso em: 17 abr. 2021.

SUNSTEIN, Cass R. *Infotopia*: How many minds produce knowledge. Oxford: Oxford University Press, 2006.

SUNSTEIN, Cass; THALER, Richard H. *Nudge*: Improving decisions about health, wealth, and happiness. [s. l.], 2008.

SUNSTEIN, Cass; THALER, Richard. Libertarian Paternalism. *American Economic Review*, [s. l.], v. 93, n. 2, maio 2003. Disponível em: <https://www.aeaweb.org/articles?id=10.1257/000282803321947001>. Acesso em: 04 jan. 2021.

SUTHERLAND, Max. *Advertising and the mind of the consumer*: What works, what doesn't, and why. 3a Ed. Australia: Allen & Unwin, 2008.

TEFFÉ, C.; VIOLA, Mario. Tratamento de dados pessoais na LGPD: Estudo sobre as bases legais. *Civilistica.com*, [s. l.], 9, 2020.

TEFFÉ, Chiara S.; TEPEDINO, Gustavo. Consentimento e a proteção de dados pessoais na LGPD. *In:* FRAZÃO, Ana; OLIVA, Milena D.; TEPEDINO, Gustavo (Coords.). *Lei Geral de Proteção de Dados e suas Repercussões no Direito Brasileiro*. São Paulo: Thomson Reuters Brasil, 2019.

TEICHMAN, Doron; ZAMIR, Eyal. *Behaviour Law and Economics*. Nova Iorque: Oxford University Press, 2018.

THALER, Richard H.; SUNSTEIN, Cass R. *Nudge*: Improving decisions about health, wealth, and happiness. Estados Unidos da América: Yale University Press, 2008. 312 p.

THALER, Richard. *Misbehaving*: A Construção Da Economia Comportamental. São Paulo, Editora Intrinseca, 2019.

THE WORLD'S most valuable resource is no longer oil, but data. *The Economist*, 06 maio 2017. Disponível em: <https://www.economist.com/leaders/2017/05/06/the-worlds-most-valuable-resource-is-no-longer-oil-but-data>. Acesso em: 16 maio 2020.

THOMPSON, Arthur A. Jr. *Microeconomia da Firma* – teoria e prática. 6 ed. Rio de Janeiro: Editora S.A., 2003.

TIMM, Luciano Benetti. A defesa do consumidor no Brasil - O que esperar diante das relações de consumo na economia digital? *Jota*, [s. l.], 11 set. 2019. Disponível em: <https://www.jota.info/opiniao-e-analise/artigos/a-defesa-do-consumidor-no-brasil-11092019>. Acesso em: 29 jun. 2020.

TOMASEVICIUS FILHO, Eduardo. Em direção a um novo 1984? A tutela da vida privada entre a invasão de privacidade e a privacidade renunciada. *Revista da Faculdade de Direito,* Universidade de São Paulo, dez. 2014, 109, 129-169. Disponível em: <https://www.revistas.usp.br/rfdusp/article/view/89230>. Acesso em: 17 jul. 2021.

TOMASEVICIUS FILHO, Eduardo. Finalmente entrou em vigor a LGPD! *Conjur*, ago. 2021. Disponível em: <https://www.conjur.com.br/2021-ago-03/tomasevicius-filho-finalmente-entrou-vigor-lgpd>. Acesso em: 03 ago. 2021.

TOMASEVICIUS FILHO, Eduardo. Inteligência artificial e direitos da personalidade: uma contradição em termos? *Revista Da Faculdade De Direito*, Universidade de São Paulo, 113, 133-149, 2018.

TOMASEVICIUS FILHO, Eduardo. Reconhecimento facial e as lesões aos direitos de personalidade. p. 129-142. *In:* BARRETO, Mafalda; BRAGA NETTO, Felipe; FALEIROS JUNIOR, José de Moura; SILVA, Michael César (coords.). *Direito digital e inteligência artificial* – diálogos entre Brasil e Europa. Indaiatuba: Ed. Foco, 2021.

TORRES, Claudio. *A Bíblia do Marketing Digital*: tudo o que você queria saber sobre *marketing* e publicidade na internet e não tinha a quem perguntar. 2. ed. Atual. Ampl. Novatec: São Paulo, 2018, n.p. Disponível em: <https://bit.ly/2ZwRZYc>. Acesso em: 01 jun. 2020.

TSAI, Janice et al. What's it to you? A survey of online privacy concerns and risks. *NET Institute Working Paper*, [s. l.], n. 06-29, 01 nov. 2006. 21 p.

TUCKER, Darren; WELLFORD, Hill B. Big Mistakes Regarding Big Data, *Antitrust Source*, [s. l.], v. 2973, dez., 2014.

TURING, Alan M. On computable numbers, with an application to the Entscheidungsproblem. *Proceedings of the London Mathematical Society*, Londres, v. 42, n. 1, p. 230-265, nov. 1936.

TUROW, Joseph. *The Daily You*: How the New Advertising Industry is Defining Your Identity and Your Worth. Estados Unidos da América: Yale University Press, 2011.

UBER. *In:* WIKIPÉDIA: a enciclopédia livre. Disponível em: <https://pt.wikipedia.org/wiki/Uber>. Acesso em: 18 maio 2020.

UNIÃO EUROPEIA. Parlamento Europeu e Conselho da União Europeia. *Regulamento 2016/679 de 27 de abril de 2016*. Relativo à proteção das pessoas singulares no que diz respeito ao tratamento de dados pessoais e à livre circulação desses dados e que revoga a Diretiva 95/46/CE (Regulamento Geral sobre a Proteção de Dados – GDPR). [s. l.], 2016. Disponível em: <https://publications.eu-

ropa.eu/pt/publication-detail/-/publication/3e485e15-11bd-11e6-ba9a-01aa75ed71a1>. Acesso em: 15 maio 2020.

UNIÃO EUROPEIA. Regulamento 2018/302 do Parlamento Europeu e do Conselho de 28 de fevereiro de 2018 que visa prevenir o bloqueio geográfico injustificado e outras formas de discriminação baseadas na nacionalidade, no local de residência ou no local de estabelecimento dos clientes no mercado interno, e que altera os Regulamentos (CE) n.o 2006/2004 e (UE) 2017/2394 e a Diretiva 2009/22/CE. Bruxelas, 2018. Disponível em: https://eur-lex.europa.eu/legal-content/PT/TXT/PDF/?uri=CELEX:32018R0302&from=EN. Acesso em: 24 abr. 2021.

UNITED NATIONS CONFERENCE ON TRADE AND DEVELOPENT – UNCTAD. *The benefit of competition policy for consumers*. Proceedings of the United Nations Conference on Trade and Development. Geneva: United Nations, jul. 2014.

UNITED NATIONS CONFERENCE ON TRADE AND DEVELOPMENT – UNCTAD. *Implementation Report on the United Nations Guidelines on Consumer Protection (1985-2013)*, Geneva: United Nations, 29 abr. 2013.

UNITED NATIONS CONFERENCE ON TRADE AND DEVELOPMENT – UNCTAD. *Manual on Consumer Protection*. Geneva: United Nations, 12 jul. 2018.

UNITED NATIONS EDUCATIONAL, SCIENTIFIC AND CULTURAL ORGANIZATION – UNESCO. *Final report on the draft text of the Recommendation on the Ethics of Artificial Intelligence*. Intergovernmental Meeting of Experts (Category II) related to a Draft Recommendation on the Ethics of Artificial Intelligence, [s. l.], 2021. Disponível em: <https://unesdoc.unesco.org/ark:/48223/pf0000376712>. Acesso em: 0 jul. 2021.

UNITED STATES OF AMERICA. *Big Data and Differential Pricing*, Executive Office of the President, fev. 2015.

VALENTINO-DEVRIES, Jennifer; SINGER-VINE, Jeremy; SOLTANI, Ashkan Devries et al., *Websites Vary Prices*, Deals Based on Users' Information. The Wall Street Journal, Nova Iorque, dez. 2012. Disponível em: <https://www.wsj.com/articles/SB10001424127887323777204578189391813881534>. Acesso em: 25 jul. 2021.

VARIAN, Hal R. *Microeconomic Analysis*, v. 3. Nova Iorque: W.W. Norton, 1992.

Vazamento de senhas do Ministério da Saúde expõe informações de pacientes de Covid-19, diz jornal. **G1**, 26 nov. 2020. Disponível em <https://g1.globo.com/bemestar/coronavirus/noticia/2020/11/26/vazamento-de-senhas-do-ministerio-da-saude-expoe-informacoes-de-pessoas-que-fizeram-testes--de-covid-19-diz-jornal.ghtml>. Acesso em: 8 de jul. 2021.

VERTRETUNG IN DEUTSCHLAND. *Disneyland Paris*: Kommission begrüßt Änderung der Preispolitik. [s. l.: s. n.], c2020. Disponível em: <https://ec.europa.eu/germany/news/disneyland-paris-kommission-begr%C3%BC%C3%9Ft-%C3%A4nderung-der-preispolitik_de>. Acesso em: 17 set. 2020.

VIA VAREJO. *Política de privacidade*. Disponível em: https://ri.viavarejo.com.br/outras-informacoes/politica-de-privacidade/. Acesso em: 17 abr. 2021.

VINGE, Vernor. The coming technological singularity: How to survive in the post-human era. In: Interdisciplinary Science and Engineering in the Era of Cyberspace. *NASA John H. Glenn Research Center at Lewis Field*, Cleveland, 1993.

WAGNER; EIDENMÜLLER, Down by Algorithms? Siphoning Rents, Exploiting Biases, and Shaping Preferences: Regulating the Dark Side of Personalized Transactions. *University of Chicago Law Review*, Chicago, v. 86, 2019. Disponível em: <https://lawreview.uchicago.edu/sites/lawreview.uchicago.edu/files/13%20Wagner_SYMP_Post-SA%20%28KT%29.pdf>. Acesso em: 20 maio 2020.

WALLHEIMER, B. Are You Ready for Personalised Pricing? *Chicago Booth Review*, 26 fev. 2018. Disponível em: <http://review.chicagobooth.edu/marketing/2018/article/are-you-ready-personalized-pricing>. Acesso em: 07 set. 2020.

WALMART. *Política de privacidade*. Disponível em: https://www.walmartbrasil.com.br/sobre/politica--de-privacidade/. Acesso em: 17 abr. 2021.

WALSH, B. 10 Ideas That Will Change The World. *Time Magazine*. 17 de março de 2011. Disponível em: <http://content.time.com/time/specials/packages/article/0,28804,2059521_2059717_2059710,00.html>. Acesso em: 24 abr. 2018.

WERTENBROCH, Klaus; SKIERA, Bernd. Measuring consumers' willingness to pay at the point of purchase. *Journal of marketing research*, [s. l.], v. 39, n. 2, maio 2002.

WIMMER, Miriam. Cidadania, Tecnologia e Governo Digital: a proteção de dados pessoais no Estado movido a dados. p. 27-36. *In:* NÚCLEO de Informação e Coordenação do Ponto BR (ed.). *Pesquisa sobre o uso das tecnologias de informação e comunicação no setor público brasileiro:* TIC Governo Eletrônico 2019. São Paulo: Comitê Gestor da Internet no Brasil, 2020.

WIMMER, Mirian. Inteligência artificial, algoritmos e o Direito – um panorama dos principais desafios. p. 16-30. *In:* HISSA, Carmina; LIMA, Ana Paula; SALDANHA, Paloma (coords.). *Direito digital –* debates contemporâneos. São Paulo: Revista dos Tribunais, 2019.

WIKIPEDIA. Wikipedia, c2020. A Enciclopédia Livre. Disponível em: <https://pt.wikipedia.org/wiki/Wikip%C3%A9dia:P%C3%A1gina_principal>. Acesso em: 16 set. 2020.

WU, Tim. *The curse of bigness:* antitrust in the new Gilded Age. Nova Iorque: Columbia Global Reports, 2018.

WU, Tim. *The master switch:* the rise and fall of information empires. Nova Iorque: Vintage, 2010.

XIA, L.; MONROE, K. B.; COX, J. L. The price is unfair! A conceptual framework of price fairness perceptions. *Journal of Marketing*, 68 (4), 2004.

ZANATTA, Rafael A. F. Perfilização, Discriminação e Direitos: do Código de Defesa do Consumidor à Lei Geral de Proteção de Dados Pessoais. *Revista dos Tribunais*, [s. l.], 2019. Disponível em: <https://www.researchgate.net/profile/Rafael_Zanatta/publication/331287708_Perfilizacao_Discriminacao_e_Direitos_do_Codigo_de_Defesa_do_Consumidor_a_Lei_Geral_de_Protecao_de_Dados_Pessoais/links/5c7078f8a6fdcc4715941ed7/Perfilizacao-Discriminacao-e-Direitos-do-Codigo-de-Defesa-do-Consumidor-a-Lei-Geral-de-Protecao-de-Dados-Pessoais.pdf>. Acesso em: 07 jul. 2020.

ZUBOFF, Shoshana. Big other: capitalism de vigilância e perspectivas para uma civilização de informação. p. 17-69. *In:* BRUNO, Fernanda et al. (Orgs.). *Tecnopolíticas da vigilância:* perspectivas da margem. São Paulo: Boitempo, 2018.